아무도 위하지 않는, 그러나 모두를 위한 니체

아무도 위하지 않는, 그러나 모두를 위한 니체

2019년 9월 20일 초판 1쇄 펴냄
2022년 3월 25일 초판 2쇄 펴냄

지은이 김동국
펴낸이 신길순
펴낸곳 (주)도서출판 삼인
(03716) 서울시 서대문구 성산로 312 북산빌딩 1층
전화 02-322-1845
팩스 02-322-1846
이메일 saminbooks@naver.com
등록 1996. 9. 16. 제25100·2012·000046호

표지 본문 디자인 끄레 어소시에이츠

ISBN 978-89-6436-167-2 93160

값 25,000원

아무도 위하지 않는, 그러나 모두를 위한 니체

『차라투스투라는 이렇게 말했다』 함께 읽기

김동국 지음

삼인

머리말
우리는 왜 니체를 읽는가

19세기 말, 유럽이 과학과 이성, 자본이라는 엔진을 달고 그야말로 진보를 향해 폭주하고 있을 때 니체는 이러한 진보 자체를 회의했습니다. 이 회의는, 결국에는 절대적 확신에 이르기 위한 '방법론적'인 것이 아니었습니다. 그는 유럽의 역사가 오래 전부터 타락의 길을 걷고 있음을 말하는 데 거리낌이 없었으며, 인류의 진보라는 거대한 믿음에 맹렬한 비난을 퍼부었습니다. 그의 눈에 세계와 인간은 결코 진보하고 있는 것이 아니었습니다. 당대의 유럽인들은 왜소화되었고, 타락에 타락을 거듭하였으며, 삶을 저주하는 괴물이 되었습니다. 그가 보았던 것은 끊임없이 진보하며 변화하는 듯이 보이는 세계의 배후에 악취를 풍기고 음험하게 자리 잡고 있는, 변화·발생·생성에 대한 거부였습니다. 기독교의 노예 도덕과 철학의 완강한 주체 개념이 그러한 악취의 근원이었습니다. 주체는 이성과 결합하고, 선악을 가르는 도덕 관념으로 무장하여 이 세계를 더 나은 세계로 만들고자 했습니다. 적어도 겉으로는 그렇게 보였을지도 모릅니다. 하지만 그 세계는 모든 악한 타자가 절멸된 후 순수한 선으로 가득 찬 고통 없는 세계라는 유치한 공상에 의해 지지되는 세계일 뿐입니다. 그 속에서 오히려 삶은 부정될 수밖에 없습니다.

그렇기 때문에 니체는 기존의 세계를 지지하고 있는 기둥들을 망치로 부수기 시작합니다. 그는 망설이지 않았습니다. 기독교를 비판하고, 예수와 소크라테스를 조롱하였으며, 도덕과 진리를 비웃었습니다. 이 세계의 모든 것을 부수어버리기라도 할 것처럼 그의 망치질은 거침이 없었습니다. 그는 인류와 인류의 역사 전체를 상대로 전쟁을 벌입니다. 그리고 그 폐허 위에서, 그는 모든 것을 부수었던 바로 그 망치로 새로운 서판을 새기기 시작합니다. 서판 위의 글귀들은 인류가 아직까지 읽지 못했던 문장, 니체에 의해 새롭게 창조된 개념들입니다. 위버멘쉬Übermensch, 힘에의 의지, 신의 죽음, 오류로서의 진리, 낙타-사자-어린아이, 주인 도덕, 선악의 피안, 안티크리스트, 차라투스트라, 디오니소스, 위대한 정오, 운명에의 사랑(amor fati), 그리고 영원회귀. 그는 위험한 철학자였습니다. 바그너와 헤겔, 소크라테스와 그리스도교를 적으로 삼은 대결자, 생을 창조하는 예술가이자 새로운 시대를 말하는 예언자, 세계의 수수께끼를 해석하는 자, 시대를 둘로 나누는 다이너마이트, 마침내 그 자신이 감당할 수 없는 광기에 무너져 미쳐버린 철학자. 그리고 우리가 마주한 이 모든 언어들의 장소로서의 니체. 위험한 철학자, 프리드리히 빌헬름 니체. 그것이 그의 정체였습니다.

니체는 자신의 이러한 입장에 대해 타협하거나 양보할 생각이 전혀 없어 보입니다. 그의 철학은 절대적 진리와 기독교 도덕의 가치를 폐기하고 철학에 다원성을 도입했습니다. 진리는 없으며, 존재하는 것은 오직 해석일 뿐이라는 니체의 말은 이제는 오히려 진부한 것처럼 보입니다. 하지만 니체의 다원주의는 모든 해석을 인정하자는 무분별한 상대주의와 그것의 필연적 귀결인 허무주의와는 분명히 구별되어야 합니다. 사람들의 일반적인 기대와는 다르게 다원성 안에서 타자와의 평화적 공존 상태란 존재하지 않습니다. 오히려 다원성은 전쟁을 동반합니다. 존재하는 것은 반동적인 억압의 상태(여기에 기독교 도덕, 원한 감정, 삶에의 의지, 진리에의 의지가 있습니다)이거나 창조적인 전쟁의 상태일 뿐입니다. 니체가 말하는 전쟁은 새로운 것을 창조하는 전쟁입니다. 그것은 상대를 말살시키고자 하는 전쟁과는 다른 전쟁입니다. 이 전쟁에 참여하는 자들은 모두 자신을 극복하는 힘의 흘러넘침에 몸을 내맡겨야 합니다. 이 전쟁에 참여하지 않는 것, 그것이 니체가 말하는 타락입니다. 니체의 관점주의는 상대주의적 공존이 아닌, 전쟁의 상태로 우리를 끌고 갑니다. 『차라투스트라는 이렇게 말했다』는 바로 이러한 전쟁의 기록입니다.

애초에 그는 자신에게 엄습한 영원회귀에 관한 아이디어를 거부하고

자 했습니다. 그리고 더 이상 그것을 거부할 수 없다고 생각했을 때, 이러한 사유를 '과학적으로' 풀어내려는 시도를 계획했었습니다. 그러나 우리에게 전해진 것은 하나의 긴 시편입니다. 알려진 바에 따르면 이는 루 살로메의 조언에 의한 것이라고 합니다. 이 조언은 너무도 적절해서, 니체는 이제껏 철학사가 본 적 없는 책을 탄생시키게 됩니다. 차라투스트라라는 격앙된 예언자의 목소리를 통해 니체는 자신에게 엄습한 영원회귀의 비의를 풀어냅니다. 영원회귀에 대한 관념은 니체를 덮치고 신음하게 합니다. 『차라투스트라는 이렇게 말했다』라는 책 자체가 니체에게는 이러한 열병의 치유 과정이자 회복의 시도이기도 합니다. 이것은 철학적 사유의 완성된 결과물이라기보다는 그 사유 자체를 담은 기록, 사유의 여행기이자 환자의 증상을 기록한 차트이며, 자기 내면의 가장 깊은 곳을 마주한 이의 비망록입니다. 우리는 이 기록을 통해 우리 자신이 서 있는 세계와 문명에 대하여, 그리고 앞으로 우리가 나아갈 세계의 운명에 대하여 다시금 사유해야 합니다. 여전히 니체는 우리에게 위험한 철학자여야 합니다.

탈근대는 말할 나위 없고, 4차 산업혁명, 인공지능, 트랜스휴먼조차 더 이상 새로워 보이지 않는 현재 시점에 선과 악, 진리, 주체 등의 개념과 대결하는 니체의 철학은 낡은 것으로 보일지도 모릅니다. 하지만 우리의 사회는 여전히 근대적 시민 사회의 토대 위에서 유지되고 있습니다. 기독교나 형이상학이 문제가 아닙니다. 진보와 이성, 과학의 합리성과 진리에 대한 신앙, 그리고 이를 가능케 하는 주체/주체성에 대한 오래된 신뢰, 도덕적 선악에 대한 반박할 수 없는 인식 등 니체가 대결했던 사유들은 결코 과거의 것이 아니며, 지금 여기에서 우리를 지배하고 있기 때문입니다.

그런데 이제껏 우리는 '위험한 철학자 니체'라는 떠들썩한 표제 아래 더 이상 위험하지 않은 니체만을 소환해왔습니다. 오늘날 니체만큼 대중적 인기를 얻고 있는 철학자는 없습니다. 한편에서 니체는 어느새 "죄의식을 벗고 자신의 삶을 긍정하라", "너의 한계를 끊임없이 극복하라"와 같은 통속적 격언의 설교자로 둔갑해 삶의 고통을 치유하고 위로하는 자로 여겨집니다. 니체를 '고통을 치유하는 자'로 이해하는 이러한 해석은 자본주의에 대한 비판의 범람 속에서도 정작 그 극복에 대해서는 굳건한 회의주의적 태도를 견지하는, 이른바 피로하고 무기력한 대중의 욕구와 결합되면서 끊임없이 확대 재생산되어 니체에 대한 오해에 한몫을 하고 있다고 생각합니다.

이러한 결과는 니체가 보여준 민주주의에 대한 혐오, 민중에 대한 경멸에서 기인하는 완강한 귀족주의, 공동체와 연대에 대한 비판적 시선, 노동의 가치에 대한 무시, 인간적이고 도덕적인 가치에 대한 폄하 등 우리로 하여금 선뜻 니체에게 동의할 수 없게 만드는 부분들을 순화하고자 하는 의도에 기인한 것으로 보입니다. 문제는 이러한 해석, 즉 미성숙하고, 충동적이며, 반동적인 부르주아 철학자 니체라는 기존의 선입견을 불식하고 니체를 수용 가능한 철학자로 순화시키려는 이러한 해석이 니체에게서 가장 핵심적이고 논쟁적인 부분을 회피하고 있다는 점입니다. 그러나 주체, 진보, 도덕, 진리, 민중 등 우리가 별다른 의심 없이 신뢰하고 있는 이 개념들이야말로 니체를 소환해야 하는 자리입니다. 그는 우리에게 여전히 위험한 철학자여야 합니다.

그러므로 왜 니체인가라고 묻는다면 역시 니체만큼 우리 자신에 대해 철저히 비판했던 철학자가 없기 때문이라고 말씀드리고 싶습니다. 게다가 그의 비판은 어떤 사유가 초래할 수 있는 부작용이나 그 사유가 미처 고려하지 못한 예외적 상황을 근거로 이루어지지 않습니다. 그는 자신이 비판하고자 하는 사유가 그 정점에 이르렀을 때 자신의 전쟁을 수행합니다. 이를테면 그가 기독교를 비판할 때, 일부 사제나 교단의 잘못들이 초점에 놓이지 않습니다. 혹은 '이러한 문제들은 진정한 기독교의 신앙이 회복된다면 해결될 수 있다'는 식으로 접근하는 것도 아닙니다. 니체는 이런 길을 가지 않습니다. 그는 변증법적 비판의 방식을 취하지 않습니다. 진정한 무엇인가를 찾는 것은 변증법적인 지양의 과정입니다. 그러나 니체는 말합니다. 기독교가 가장 기독교다울 때 그것은 가장 타락한 것이 며, 인간의 삶과 가장 멀리 떨어져 있다고. 그가 찾는 것은 '진정한' 무언 가가 아닙니다. 진정한 신앙, 진정한 주체, 진정한 도덕, 그런 것이 아닙니 다. 그는 신앙을 폐기하고, 주체를 폐기하고, 도덕을 폐기하고자 합니다. 그의 전쟁은 그러한 것입니다.

다수의 합리성이라는 관념에 의해 지지되는 대의민주주의, 계속해서 목록을 갱신하며 지속되는 선악의 절대성, 진보를 통해 당도할 수 있다 고 생각되는 이상적 사회에 대한 기대, 상대적 가치 존중에 따른 평화적 공존 등 우리 세계를 떠받치는 가치들은 니체에게는 여전히 인간의 타락 의 상징일 뿐입니다. 이 모두는 삶을 부정하는 니힐리즘적인 세계의 표상 들입니다. 우리가 니체를 읽는 것은 이 모든 니힐리즘과의 전쟁에 뛰어드 는 일을 의미합니다. 사유 안에서 사유를 극복하고, 철학을 통해 현재의 세계 너머를 사유하기 위해서는 이러한 문제들을 소홀히 할 수 없습니다. 그리고 그 전쟁은 두말할 것 없이 『차라투스트라는 이렇게 말했다』로 시 작되어야 합니다. 이 책이야말로 니체의 정점이기 때문입니다.

책을 쓰게 된 이야기를 조금 하고자 합니다. 이 책은 2014년 설립된 인문학 협동조합 '이문회우'의 강의를 위한 강의록에서 출발했습니다. 우 연히 이 협동조합에서 개설하는 첫 번째 강의를 맡게 되었고, 그때 강독 을 한 책이 바로 『차라투스트라는 이렇게 말했다』였습니다. 니체의 『차라 투스트라는 이렇게 말했다』를 강독하기 위해 모인 분들을 보고 니체라는 철학자에 대한 대중적 관심이 놀라웠습니다. 이 강의는 무려 30주나 지 속되었습니다. 일주일에 2시간씩 30주니까 대략 60시간 정도 될 것입니 다. 두 시간 안에 수업을 끝낸 적이 없으니, 아마 실제로는 그것보다 훨씬 긴 시간일 것입니다. 대충 생각해봐도 대학원 한 학기 수업 시간보다 더 긴 시간입니다.

문제는 수업에 참여하시는 분들이 대부분 비전공자인 데다가 철학 수업을 들은 적도 거의 없었기 때문에 이분들을 위한 적절한 참고 문헌 이 절실하다는 점이었습니다. 그러나 이를 찾기란 쉽지 않았습니다. 니체의 주저 『차라투스트라는 이렇게 말했다』의 각 장을 세세히 해석하는 책이 없었기 때문입니다. 니체(다른 철학자들도 마찬가지지만)의 해설서들은 모두 그의 주요 개념을 중심으로 집필된 까닭에, 니체 철학의 전체 의미를 조망하는 데는 도움이 될지 몰라도 정작 『차라투스트라는 이렇게 말했다』 강독을 진행하면서 함께 읽기에는 아쉬움이 많았습니다. 이는 그 책이 지닌 형식적 독창성에 기인합니다. 철학사를 통틀어서도 그러하지만 실은 니체 자신의 저작 목록에서도 독특한 아포리즘적 형식 때문에, 니체의 철학적 주장을 이해하는 것과는 별개로, 『차라투스트라는 이렇게 말했다』의 독해는 까다롭기 이를 데 없습니다. 그렇기 때문에 『차라투스트라는 이렇게 말했다』는 니체의 가장 대표적인 저작이고 다양한 버전의 번역본들이 있는데도 누구도 읽기 힘든 책이 되어버린 것입니다.

니체가 운문의 형식을 택한 것은 아주 단순한 이유 때문입니다. 그것이 철학적 논증의 방식보다 더 정확하게 자신의 생각을 표현할 수 있는 수단이었기 때문입니다. 시는 모호한 글쓰기가 아닙니다. 따라서 시적 글쓰기를 철학적 논증의 문장들로 풀어내려는 시도는 안타깝게도, 원래의 의도와는 다르게, 명징한 니체의 언어를 오염시키는 일과 다름없습니다. 니체 사유의 명징성에는 (특히 『차라투스트라는 이렇게 말했다』의 경우에는 특히 더 그렇습니다) 시적 아포리즘을 통해서만 도달할 수 있는 의미의 공간이 분명히 존재하기 때문입니다. 그러므로 이를 이해하기 위해서는 그에 맞는 접근법이 필요할 수밖에 없습니다.

이러한 이유로 매번의 강의를 위해 새롭게 강의록을 써야 했습니다. 그렇게 써내려간 강의록이 모여 이렇게 한 권의 책이 되었습니다. 이 책은 『차라투스트라는 이렇게 말했다』를 각 장별로 해석하고, 최대한 그 의미를 밝히고자 했습니다. 즉 니체의 시적 아포리즘이 창조한 의미의 공간에 가까이 가고자 한 하나의 시도입니다. 니체의 원전을 접하고 이내 포기했거나, 읽었지만 도무지 무슨 뜻인지 알 수 없어 오히려 니체의 철학에서 멀어지는 독자들에게 이 책이 조금이나마 도움이 되었으면 합니다.

책을 쓰면서 저 또한 기존의 니체 번역과 해설서로부터 많은 도움을

받았습니다. 더글러스 버넘Douglas Burnham과 마틴 제싱하우센Martin Jesinghausen이 쓴 『니체의 차라투스트라는 이렇게 말했다』(Nietzsche's Thus Spoke Zarathustra),[1] 스탠리 로젠Stanley Rosen의 『계몽의 가면: 니체의 차라투스트라』(The Mask of Enlightenment: Nietzsche's Zarathustra),[2] 일본어판 『니체 전집ニーチェ全集』 중 요시자와 덴자부로吉沢伝三郎가 번역을 하고 해설을 붙인 전집 제9권과 10권의 『차라투스트라ツァラトゥストラ』,[3] 그리고 콜리Colli와 몬티나리Montinari의 니체 고증판 전집(KGW: Kritischen Gesamtausgabe Werke) 출간 이후 1980년부터 발간된 학습용 고증판(KSA: Kritische Studienausgabe)의 주석집 등은 이 책의 집필에 많은 참고가 되었습니다.

파스칼이 아주 그럴듯한 말을 했더군요. "너무 빨리 읽거나 너무 느리게 읽으면 아무것도 이해하지 못한다"(Quand on lit trop vite ou trop doucement on n'entend rien).[4] 여러분들의 『차라투스트라는 이렇게 말했다』 읽기도 그러하다면 좋겠습니다.

감사를 드리고 싶은 분들이 있습니다. 이문회우의 수업에 참여해주신 분들, 그리고 노원문고, 일산의 한양문고, 진주문고 등에서 니체와 『차라투스트라는 이렇게 말했다』 수업에 참여하신 분들은 모두 강의록을 꼼꼼히 읽고, 이해가 가지 않는 점을 질문해주시곤 했습니다. 그분들 덕택에 문장들은 난해함을 덜 수 있었고 좀 더 선명하게 쓰일 수 있었습니다. 일일이 이름을 적을 수는 없지만 그분들은 이 책의 첫 번째 독자들입니다. 좋은 독자들을 만나는 것은 저자에게 가장 큰 기쁨일 것입니다. 그분들에게 마침내 기다리시던 책이 나왔다고 말씀드릴 수 있어서 무엇보다 기쁩니다.

누구보다 감사드려야 할 분은 이윤호 선생님입니다. 선생님이 아니었다면 아마 이 책은 나오지 못했을 것입니다. 좋은 인연들을 만들어주시고 많은 기회를 주신 선생님께 늘 감사하고 있습니다. 원고를 꼼꼼히 검토하고 책으로 만들어주신 김균하 편집자님께도 감사드립니다. 오랜 시간 원고를 기다려주신 홍승권 부대표님께도 감사를 드립니다. 삼인이라는 좋은 출판사를 만나게 되어 운이 좋다고 생각하고 있습니다. 언제나 곁을 지켜주는 든든한 아군인 김채린 선생님께도 감사를 드립니다. 함께 나누는 대화를 통해 제가 얼마나 많은 영감과 자극을 받는지를 온전히 전할 수 있었으면 좋겠습니다. 그리고 제가 삶을 살아가게 하는 가장 큰 동력인 김이산 군에게도 감사를 전합니다. 지금도, 앞으로도 이산 군과 함께하는 삶 자체가 저에게는 무엇보다 큰 선물입니다. 그리고 마지막으로,

어머님, 아버님께 이 책을 바칩니다. 제 모든 것은 두 분으로부터 시작되었습니다. 그것을 언제나 잊지 않고 있습니다. 사랑합니다.

2019년 9월
김동국

　　　　　　　　　　　　　　　　　　　　　　　　머리말

차례

제1권

제4권

여는 글
『차라투스트라는 이렇게 말했다』를 읽기 위한 5개의 키워드

너희가 두려워하고 있다면, 결코 두려워하지 말아라,

그러나 너희가 두려워하지 않고 있다면 두려워하여라.

　—블레즈 파스칼, 『팡세』[1]

떠날 바에야. 나의 심장은 나누고자 하는 집요한 욕망으로 쿵쿵거렸다.
떠날 바에야……. 나 상기된 얼굴로 어수룩한 얼굴로 그 나라에, 내 나라
에, 다다르곤 했다. 그러고는 그 진흙으로 내 살덩이를 지은 나라에 대고
말하곤 했다. "나 이리 오래 헤맸으므로 이제 외롭고 누추한 당신의 상
처 속으로 돌아가고자 하노라."

　—에메 세제르, 『귀향 수첩』[2]

1. 질스마리아

　니체가 『차라투스트라는 이렇게 말했다』[3]의 집필에 대한 아이디어를
처음 갖게 된 것은 1881년 8월 초였습니다. 정확히는 8월 6일, 스위스 남
동부의 질스마리아Sils-Maria라는 곳에서였습니다. 니체는 7월부터 그곳에
머물렀습니다. 건강상의 이유였지요. 니체가 10대 시절부터 견딜 수 없는
편두통과 악성 근시를 앓았던 사실은 유명합니다. 두통이 심해질 때는 사
흘 동안 꼼짝없이 침대에 누워 지내기도 했다고 합니다. 존경하는 스승
리츨 교수의 추천으로 25살에 바젤 대학교의 교수가 되었지만 결국 그만
둔 가장 큰 원인 중 하나가 바로 이 니체의 지독한 건강 상태였습니다. 바
젤 대학의 교수직을 그만둔 뒤 니체는 요양을 위해 유럽 각지를 이리저리

방랑하게 됩니다. 주로 공기가 맑고 햇볕이 좋은 곳들이었습니다. 토리노, 베네치아, 제네바, 니스, 로마 같은 도시들이었죠. 그리고 1881년 7월, 니체를 언급할 때 빼놓을 수 없는 도시인 스위스의 질스마리아를 찾게 됩니다.

질스마리아는 해발 1,800미터의 고산 마을입니다. 엔가딘 계곡에 있는 이 마을은 높은 산들 사이에 호수가 자리 잡은 아름다운 곳입니다. 니체는 이곳에 머물면서 요양합니다. 그러던 어느 날, 그러니까 니체가 질바플라나 호수를 산책하던 때였습니다. 갑자기 니체에게 '영원회귀'라는 사유가 엄습합니다. 수를레이 근처의 커다란 바위 옆에서요. 니체는 1888년 출간된 『이 사람을 보라』에서 자신이 그동안 집필한 책에 대한 자기 해설을 시도하는데, 여기서 이 깨달음의 순간을 다음과 같이 서술하고 있습니다.

> 이제 나는 차라투스트라의 내력을 이야기하겠다. 이 책의 근본 사상인 영원회귀 사유라는 그 도달될 수 있는 최고의 긍정 형식은—1881년 8월의 것이다: 그것은 "인간과 시간의 6천 피트 저편"이라고 서명된 채 종이 한 장에 휘갈겨졌다. 그날 나는 질바플라나 호수의 숲을 걷고 있었다; 수를레이에서 멀리 않은 곳에 피라미드 모습으로 우뚝 솟아오른 거대한 바위 옆에 나는 멈추어 섰다. 그때 이 생각이 나를 덮쳐왔다. […] 오전 오후의 두 산책길에서 『차라투스트라』 1권 전체가 떠올랐다. 특히 차라투스트라 자신이 하나의 유형으로서 떠올랐다: **정확히는 그가 나를 엄습했다……**[4]

지독한 편두통 때문에 책상에서 집중하여 작업할 수 없었던 니체는 언제나 산책 도중에 이런저런 구상을 하고 그것을 메모로 남겼습니다. 그리고 그렇게 기록된 —— 대부분 급하게 휘갈겨 써서 제대로 알아보기 쉽지 않은 —— 메모들은 친구들에 의해 정서되었습니다. 다음의 메모도 그렇게 기록된 것입니다. 니체가 종이 한 장에 휘갈겨 썼다고 한 이 메모는 위에서 니체가 말한 순간, 즉 『차라투스트라』가 잉태된 최초의 순간, 그를 사로잡았던 최초의 생각들을 보여줍니다.

동일한 것의 회귀
구상

1. 근본 오류의 체화

2. 열정의 체화

3. 지식의 체화와 포기하는 지식의 체화.(인식의 정열)

4. 죄가 없는 자. 실험으로서의 개개인. 삶을 가볍게 하기. 스스로 낮추기, 약해지기 — 넘어감.

5. 새로운 **주요 관심사:** 동일한 것의 **영원회귀**. 우리의 지식, 실수, 우리의 습관, 다가오는 모든 것에 대한 삶의 지혜, 이런 것들의 무한한 중요성. 남은 생 동안 우리는 무엇을 할 것인가?—가장 심각한 무지 속에서 삶의 대부분을 보내버린 우리들이? **우리는 가르침을 가르친다**—그것은 가르침을 자신의 것으로 체화시키는 최상의 수단이다. 우리 식의 희열감, 최고의 가르침을 가르치는 자가 되는 것.

1881년 8월 초 질스마리아,
해발 6천 피트, 그리고 모든 인간사로부터
훨씬 높이 떨어진 곳에서![5]

아직은 거친 구상을 담고 있는 메모이지만, 여기서 『차라투스트라』의 핵심 테마들을 읽어내기는 어렵지 않습니다. 그리고 3주 정도 뒤, 1881년 8월 26일이라는, 이례적으로 정확한 날짜가 기재된 메모는 니체 최초의 구상이 어떻게 진전되고 있는지를 보여줍니다. 이 메모에서 우리는 니체가 원래 이 책을 4권으로 기획했다는 것, 그리고 책의 제목을 '정오와 영원'(Mittag und Ewigkeit)으로 하려고 했다는 점, 그리고 무엇보다 중요한 사실로 '차라투스트라'라는 인물을 화자로 등장시켰다는 점을 알 수 있습니다.

11(195)

정오와 영원
새로운 삶에 대한 암시

우르미 호숫가에서 태어난 차라투스트라는 30세가 되던 해 고향을 떠나 아리아라는 지방으로 가서, 십 년 동안 고독한 산속에서 젠드아베스타를 썼다.

11(196)

인식의 태양은 또다시 남쪽에 떠 있다: 그리고 태양빛 아래 몸을 감은 영원의 뱀이 있다.—정오의 형제들이여, **너희들의** 시간이다!

11(197)

"새로운 종류의 삶에 대한 구상"을 위하여

제1권. 제9번 교향곡 제1악장의 형식으로. 혼돈 혹은 자연(**Chaos sive Natura**): **"자연의 탈인간화에 대하여."** 프로메테우스는 카프카스 산맥에서 쇠사슬로 묶인다. 크라토스, "힘"의 잔혹함으로 씌어짐.

제2권. 순간적-회의적-메피스토펠레스적. **"경험의 체화에 관하여."** 인식 오류, 유기적으로 되고, 유기체화하는 오류.

제3권. 씌어진 것 중 가장 내면적이고 가장 많이 하늘 위를 떠다니는 것: **"고독한 자의 마지막 행복에 관하여."**—그는 "속해 있는 사람"에서 벗어나 최고 단계의 "자기 자신에게 속한 자"가 된 사람이다: 완전한 자아: 이 자아에 와서야 비로소 사랑이 있다. 고독과 자신의 장엄함이 아직 절정에 도달하지 않은 이전의 단계에 존재하는 것은 사랑과는 다른 그 무엇이다.

제4권. 디튀람보스적 광대함으로, "영원함의 파기." 모든 것을 다시 한 번 그리고 무한히 경험하고 싶은 욕망.

끊임없는 **변신**─너는 짧은 기간 내에 다양한 개체들 모두가 되어야 한다. 그 방법은 **끊임없는 투쟁이다.**

1881년 8월 26일 질스마리아[6]

이 메모에서 우리는 경험, 변신, 투쟁, 혼돈으로서의 자연과 오류로서의 인식, 개체성의 극복, 그리고 영원회귀라는 새로운 인식 등 니체 사유의 주요 마디들과 만나게 됩니다. 영원회귀 사유와 조우했던 순간부터 집필에 이르기까지 니체는 운명처럼 자신을 덮쳐온 이 새로운 사유의 정체를 정확히 알기 위해서──그리고 어쩌면 버리기 위해서──수많은 사유의 실험을 해보았습니다. 결국 그는 항복하듯 친구 페터 가스트[Peter Gast]에게 편지를 씁니다.

나의 사상에 관해 말하자면, 그것을 가진다는 것은 내게 아무런 의미도 없네. 다만 이 사상을 버려야 한다고 생각해서 그러려고만 하면 지독히도 힘든 일이네.[7]

영원회귀라는 새로운 사유의 충격을 받은 뒤, 1881년 10월 질스마리아에서 제노바로 돌아가 니체가 바로 착수한 책이 『즐거운 학문』이었습니다. 이 책은 『아침놀』의 속편이자 『차라투스트라』의 해설서이기도 한 책입니다. 이듬해 1월까지 니체는 『즐거운 학문』의 첫 3부를 저술하여 이를 페터 가스트에게 넘깁니다. 그리고 『즐거운 학문』 4부(초판본에서는 4부가 마지막입니다)의 마지막인 342절에서 차라투스트라는 "비극이 시작되다"라는 표제 아래 처음으로 등장합니다. 그리고 341절에서 니체는 '영원회귀'에 대해 이야기합니다.

『차라투스트라』의 본격적인 집필은 18개월 후인 1883년 2월이 되어서야 시작됩니다. 불과 열흘 남짓한 기간 사이에 니체는 『차라투스트라』 1권을 완성합니다. 마찬가지로 2권과 3권은 그해 여름과 겨울에 각각 열흘이라는 짧은 집필 기간에 완성됩니다. 그래서 1883년에 1권과 2권이, 1884년에 3권이 출간됩니다. 1885년에는 자비로 4권을 출간합니다. 1886년에는 앞의 세 권을 묶어서 한 권으로 냅니다. 『차라투스트라』라는 책이 보여주는 사유의 폭과 깊이는 물론 은유와 상징으로 가득한 글쓰기 스타일을 생각할 때, 3권까지 완성하는 데 걸린 시간이 불과 한 달이라는 사실은 믿기 힘들 정도입니다. 하지만 니체에게는 그 이상의 시간이 필요하지 않았습니다. 먼저 이는 머리에 떠오른 단상들을 메모로 미리 작성하고 이를 토대로 작업하는 그의 글쓰기 방식에서 비롯됩니다. 하지만 단지 그 때문만은 아니었을 겁니다. 그의 말대로 그는 창조력으로 가득 차 있었고, 근육은 민첩하게 움직였습니다. 출간을 앞두고 페터 가스트에게 보낸 편지에서 그는 다음과 같이 쓰고 있습니다. 『차라투스트라』, 니체 최고의 책은 이렇게 탄생했습니다.

경애하는 벗에게

[……] 내가 무엇을 썼고 출판할지 듣는다면 아마도 당신은 기쁘겠지요. 100쪽 분량의 작은 책입니다. 하지만 이 책은 나의 **최고의** 책이고, 이로써 내 영혼에 놓인 무거운 돌을 치울 수 있게 되었습니다. 이보다 더 진지하고 (Ernsteres), 더 명랑한(Heitereres) 일은 없었습니다. 진정으로 이 색이—색이 섞일 필요도 없습니다—점점 더 나의 "자연스런" 색이 되길 바랍니다. 책 제목은 다음과 같습니다.

차라투스트라는 이렇게 말했다.
모두를 위한, 그리고 아무도 위하지 않는 책
F. N

이 책으로 나는 새로운 "고리"(Ring)에 들어섰습니다—이제부터 저는 독일에서 미치광이로 여겨질 것입니다. 그것은 "도덕적 설교"의 놀라운 기술입니다.

제가 더 이상 속해 있지 않은 독일에서의 체류로 인해 저는 완전히 당신과 같은 관점을 가지게 되었습니다, 친애하는 벗이여. 그리고 적어도, "차라투스트라에 따르자면", 저는 당신과 마찬가지로 지냅니다: 이 통찰력과 "입장"은 저를 격려했습니다.[8]

2. 차라투스트라

니체는 이 책에서 예언자 차라투스트라를 자신의 대변인으로 내세웁니다. 도대체 그가 누구기에 니체는 자신의 사유를 전달할 인물로 차라투스트라를 선택한 것일까요. 같은 시기에 저술된 『즐거운 학문』에서도 차라투스트라는 초판의 마지막 4부, 그리고 그 마지막 절인 342절에서 갑자기 등장합니다.

우선 이야기할 것은 차라투스트라가 페르시아의 현자라는 사실입니다. 페르시아란 기독교도의 증오의 대상인 이교도들이 사는 곳입니다. 다시 말해 여기서 니체는 기독교도들이 가장 증오하는 이교도의 현자를 그의 메시지를 전달할 대변인으로 삼은 셈입니다. 이것은 분명 반기독교적 뉘앙스를 강력하게 드러내는 일종의 도발이기도 합니다. 차라투스트라는 7세기경의 고대 페르시아 현자로, 기존 다신적 전통과는 다른 절대 유일신 숭배를 주장했다고 알려져 있습니다. '조로아스터교'라고 많이 알고 계시는 바로 그 종교입니다(조로아스터는 차라투스트라의 그리스식 발음입니다). 이 유일신이 창조되지도 소멸되지도 않는 불생불멸의 신 '아후라 마즈다Ahura Mazda'입니다. 아후라는 빛을, 마즈다는 지혜를 의미합니다. 즉 아후라 마즈다는 빛과 지혜의 신이자 이 세계를 창조하고 질서를 부여한 신이며 진리와 선의 영靈인 '스펜타 마이뉴Spenta Mainyu', 또 거짓과 악의 영인

'앙그라 마이뉴Angra Mainyu'를 탄생시킨 신이기도 합니다. 기존의 고대 종교와는 완전히 다른 선악 이분법과 유일신의 세계관을 기초로 한 이 조로아스터교는 이내 고대 페르시아의 공식적인 종교가 됩니다. 그런데 이 차라투스트라의 사상과 니체의 사상은 정면으로 대립합니다. 왜냐하면 니체가 거부하는 선악을 가르는 이분법적 세계관과 유일신에 기초한 사상이 조로아스터교의 핵심이기 때문입니다.

그렇다면 어째서 니체는 자신의 대변자로 차라투스트라를 선택했을까요. 어쩌면 니체 자신보다 더 유명해질 이름인지도 모르는데 말이죠. 그것은 먼저 차라투스트라Zarathustra라는 말의 원래 의미와 관련 있습니다. 조로아스터교, 즉 차라투스트라교의 경전은 아베스타Avesta어로 씌어 있는데, 이 아베스타어는 인도유럽어족의 인도이란어파에 속한 고대 이란의 언어입니다. 그런데 아베스타어에서 차라투스트라라는 말은 '낙타를 끄는 자'라는 의미를 가지고 있습니다. 낙타란 니체의 너무나도 유명한 상징이며, 바로 그가 끊임없이 비판하는 노예 도덕을 지닌 자들을 표상하는 동물입니다. 이러한 맥락에서 차라투스트라라는 이름은 너무나 적절해 보입니다. 그러나 이 해석만으로는 충분치 않습니다. 차라투스트라라는 이름의 의미를 제대로 이해하려면 니체 특유의 명명법을 알아야 합니다. 다시 말해 그가 이름과 개념을 어떤 식으로 전유하고 그 인물의 상징적 의미를 전복하는지를 말이죠.

니체는 극복되어야 할 것의 이름을 그것을 극복하는 자에게 붙여줌으로써 그 부정적 맥락을 완전히 뒤집어놓습니다. 새로운 개념을 만들어내기보다는 기존의 개념들을 이런 식으로 전복하면서 전통적 사유와의 전투를 수행하는 것입니다. 니체의 새로운 사유란 이러한 재해석과 새로운 명명에 기반을 둔 것입니다.

이를테면 니체가, 자신이 바그너(Richard Wagner) 이후 새로운 음악의 수호자라고 생각했던 하인리히 쾨젤리츠Heinrich Köselitz에게 페터 가스트라는 가명을 지어준 이유도 마찬가지입니다. 페터 가스트는 '석상 손님'(stone guest)이라는 뜻입니다. 이것은 모차르트의 오페라 〈돈 조반니Don Giovanni〉

에 등장하는 인물로 돈 조반니가 시비 끝에 죽이게 된 기사장을 가리킵니다. 기사장의 딸 돈나 안나에게 반한 돈 조반니는 그녀의 약혼자로 위장하여 그녀를 겁탈하려다 실패하고 쫓기게 됩니다. 그리고 그를 쫓아온 기사장과 결투를 하다 그만 그를 죽이고 맙니다. 그런데도 돈 조반니는 자신의 방탕한 삶을 전혀 반성하지 않습니다. 심지어는 죽은 기사장의 묘지에 있는 기사장의 석상을 농담으로 초대하는 오만함을 보이기도 합니다. 그런데 이 기사장의 석상이 실제로 돈 조반니 앞에 나타납니다. 그는 마지막으로 기회를 주어 돈 조반니에게 회개하라고 말하지만, 돈 조반니는 끝까지 회개하기를 거부하다가 지옥에 떨어지고 맙니다. 푸시킨Pushkin은 이 내용으로 「석상 손님」이라는 작품을 쓰기도 했습니다. 돈 조반니가 육체적 사랑의 찰나적인 가벼움을 상징한다면, 석상 손님이란 그러한 욕망을 억누르고 단죄하는 도덕의 무거움을 의미합니다. 그리고 죽어 석상의 모습을 하고서도 끝까지 나타나 돈 조반니를 응징하는 기사장은 복수, 원한의 존재이기도 합니다. 니체는 이 석상 손님이 생기발랄하고 명랑한 모차르트에게 도덕적 무거움을 부여한 상징적 존재라고 생각했습니다. 그리고 이 도덕적 무거움이란 니체가 시종일관 거부하였던 '독일적인 것'이기도 합니다.

뭐라고? 지금의 음악 연주가들이 그렇게 믿는 것처럼 보이는데, 연주 행위의 제일가는 미덕이 진정 더 이상 능가할 수 없는 두드러짐에 그 어떤 상황에서도 이르는 거란 말인가? 이것을 예를 들어 모차르트에 적용시켜 보면, 쾌활하고 열광적이고 부드러우며 사랑스러운 모차르트의 정신을 거스르는 진정한 죄이지 않을까? 그는 다행히도 독일인이 아니었다. 모차르트 정신의 진지함은 호의적이고 황금과도 같은 진지함이지, 독일의 우직한 자가 갖는 진지함이 아니다…… 하물며 돈 후앙에게 진실을 말해주는 '돌로 된 손님'의 진지함은 더더욱 아니다…… 하지만 그대들은 모든 음악이 '돌로 된 손님'의 음악이어야 한다고 생각한다는 말이지—모든 음악이 벽에서 뛰쳐나와 청중의 내장마저 흔들어놓아야 한다고 생각한다는 말이지?…… 그런 식으로 음악이 비로소 작용한다고 생각한다는 말이지!—그럴 때에 음악은 누구에게 작용하는가? 고귀한 음악가라면 결코 작용을 미치지 않아야 하는 그런 것에—대중에게! 성숙하지 않은 자에게! 둔감한 자에게! 병든 자에게! 바보들에게! 바그너주의자에게!……[9]

니체가 바그너에 대한 열광적 지지를 철회한 것은 바그너가 점점 더 독일적으로 변해갔기 때문입니다. 바그너가 대중의 열광적 숭배를 받는 존재가 된 사실도 니체의 심기를 불편하게 했습니다. 시간이 흐를수록 바그너의 음악이 대중, 미성숙한 인간들, 감성적인 자들, 병자들, 멍청한 이들, 즉 무기력한 대중의 감성을 자극하는 쪽으로만 일관하고 있기 때문이었습니다. 그리고 그의 음악이 기독교적 구원이라는 주제에 점점 더 집착한 점도 못마땅했습니다. 순수한 금욕주의자이자 미련스러울 만큼 선한 파르지팔Parsifal이 바그너의 마지막 이상형이라는 사실은 니체에게는 바그너의 타락을 의미할 뿐이었습니다. 니체는 바그너가 타락한 것처럼, 특유의 아름다움, 명랑함, 따듯함, 생기발랄함, 충만함으로 가득 찬 모차르트에게 어둠을 드리운 인물이 바로 이 〈돈 조반니〉의 마지막 장면에 등장한 석상 손님이라고 생각했습니다. 따라서 이제 타락한 바그너를 넘어 모차르트 특유의 명랑함을 되찾게 할 새로운 석상 손님이 등장해야만 할 때라고 생각했지요. 그렇기 때문에 오히려 역설적으로 이 '석상 손님'이라는 예명을 그가 발견한 새로운 음악가에게 붙여준 것입니다.

차라투스트라라는 이름 역시 이러한 니체식의 명명법을 통해 그 의미를 이해할 수 있습니다. 니체는 『이 사람을 보라』의 마지막 장인 「나는 왜 하나의 운명인가」에서 차라투스트라라는 이름의 의미에 대해 다음과 같이 풀어놓고 있습니다.

바로 내 입에서 나온, 최초의 비도덕주의자의 입에서 나온 차라투스트라라는 이름이 무엇을 의미하는지에 대해 내게 질문이 던져졌어야 했지만, 아무도 묻지 않았다: 왜냐하면 그 페르시아인의 역사상의 엄청난 독특성을 이루고 있는 것과 내가 말한 차라투스트라는 바로 정반대이기 때문이다. 차라투스트라는 선과 악의 투쟁에서 사물의 움직임의 본연적인 바퀴를 처음으로 본 사람이며 — 도덕을 형이상학적인 것으로, 즉 힘, 원인, 목적 그 자체라고 옮긴 것이 그의 작품이다. 하지만 이 문제가 본질적으로는 이미 이 문제에 대한 답이 될 수 있을 것이다. 차라투스트라는 가장 숙명적 액운인 도덕이라는 오류를 창조해냈으며; 따라서 그는 그 오류를 인식한 최초의 사람이지 않으면 안 된다. 그가 도덕에 대해서 그 어떤 사유가보다 더 오래 그리고 더 많이 경험했다는 것뿐만이 아니다—역사 전체는 진정 소위 말하는 '도덕적 세계 질서'라는 명제에 대한 실험적 반박인 것이다…… 내가 이해되는가?…… 진실성에서 나오는 도덕의 자기 극복, 도덕주의자들의 자기의 대립물로의 자기 극복—내 안으로의 자기 극복—. 이것이 내 입에서 나온 차라투스트라라는 이름이 의미하는 바이다.[10]

즉 페터 가스트가 니체가 극복하고자 한 상징적인 존재인 것과 마찬가지로, 차라투스트라 역시 니체가 극복하고자 하는 인물입니다. 자신의 사유를 차라투스트라가 말하게 함으로써, 니체는 차라투스트라라는 인물을 극복하고, 그가 가진 상징적 의미를 역전시키게 됩니다. 이를 통해 니체는 새로운 차라투스트라를 창조합니다. 그렇다면 왜 굳이 차라투스트라여야 했을까요. 차라투스트라는 바로 최초로 유일신을 섬긴 이이기 때문입니다. 그리고 그는 선악의 이분법과 악에 대한 선의 승리에 관해 말한 인물입니다. 많은 종교에서 흔히 그렇듯이, 차라투스트라 역시 악에 대해 승리하는 최고신 아후라 마즈다에게 직접 계시를 받았다고 전해집니다. 조로아스터교에서 악으로 일컬어지는 앙그라 마이뉴는 신으로부터 파생된 존재일 뿐입니다. 니체는 바로 선이 악을 누르고 유일신이 절대적 선의 이름으로 등장하는 최초의 역사적 순간에서 차라투스트라라는 이름을 가져온 셈입니다. 니체는 차라투스트라를 가져오면서 인류의 선과 악의 역사를 다시 쓰고자 하는 것입니다.

3. 아포리즘

『차라투스트라』에 대해 이야기할 때 늘 따라붙는 표현이 있습니다. 바로 '아포리즘적 글쓰기'라는 말입니다. 아포리즘^aphorism이란 간단히 말해 잠언, 경구, 금언을 뜻합니다. 아포리즘의 형태를 취한『차라투스트라』의 문체는 그것 자체로 니체의 철학적 지평이 가지는 불온성을 보여줍니다. 니체 자신의 이중적 욕망, 철학이면서 동시에 문학이고자 하는 새로운 글쓰기에 대한 전망, 그리고 철학을 단지 정신으로 환원하지 않으려는, 즉 철학에 고유한 육체성을 부여하려는 노력 등.

한 철학자의 문체가 이렇게 이야기된다는 건 사실 괴이한 일입니다. 그 누구도 칸트의 문체나 헤겔의 문체, 스피노자의 문체에 대해 왈가왈부하지 않습니다. 오직 니체만이 독특한 문체를 통해 그의 철학에 자신의 서명을 남겼습니다. 오직 니체의 문체만이 냉혹한 비난과 열렬한 호응이라는 극단적인 반응의 대상이 됩니다. 하인츠 슐라퍼^Heinz Schlaffer라는 학자는『니체의 문체』[11]라는 책을 쓰기도 했습니다. 도대체 니체의 문체란 것이 무엇이기에 이러한 일이 생길까요.

우선 우리는 문체가 무엇인지 알아볼 필요가 있겠습니다. 독일어로 문체란 Stil입니다. 번역이 쉽지 않은 말이지요. 양식, 방식, 유행, 품격, 표현, 문체, 서체, 어투, 습관, 태도, 풍 등등으로 다양하게 옮겨지기 때문입니다. 이 Stil, 영어로 style이라는 말은 라틴어 stilus에서 왔습니다. 더 거슬러 올라가자면 이 말은 '기둥'을 나타내는 그리스어 stylos에서 온 겁니다. 그리스어의 원래 의미와는 조금 멀어지긴 했지만, 라틴어 stilus는 돌을 깨는 데 쓰는 '정'과 같은 것을 가리키는 말이었습니다. 글쓰기와 관련해서는 글 쓰는 도구라는 뜻을 가지게 되지요. 어근인 sti는 뾰족한 것으로 찌르거나 구멍을 내는 것을 의미하는데, 같은 어원을 가진 말 중에 stick이라는 단어가 있습니다. 이러한 어원에 의하면 원래 스타일이란 문자의 형태, 혹은 문자를 쓰는 방식과 관련된 단어라는 걸 알 수 있습니다. 한자어로 옮기자면 서체 정도가 가장 적합한 역어가 되겠죠. 이렇게 스타일이라는 말은 애초 글 쓰는 도구라는 말에서 표현 방식, 글 쓰는 방식으로 이후에 뜻이 확장됩니다. 즉 원래 서체의 의미를 가진 말이 확장되어 문체를 가리키게 된 것이 바로 스타일입니다. 그리고 이 문체, 서체라는 말 속에는 '몸'(體)이라는 말이 포함되어 있습니다. 스타일, 즉 문체라는 말 속에는 바로 이 개인의 특이성으로서의 몸의 의미가 포함되어 있습니다.

그런데 서구의 철학은 언제나 이 사유의 몸을 무시하고 제거해왔습니다. 철학자에게서 문체가 전혀 고려 대상이 아닌 것은 철학이 기본적으로 사유이기 때문이고, 그 사유란 몸이 소거된 상태에서 논의되는 것이기 때문입니다. 『니체의 문체』에서 하인츠 슐라퍼는 니체의 문체와 독일의 산문 작가 길데마이스터(아마도 니체 당대에는 꽤나 유명했던 모양입니다)의 문체를 비교하면서, 후자를 '제로 문체'라고 말합니다. 이것은 문체 없는 문체, 곧 한 개인의 개성과 독특성이 삭제된 문체를 의미합니다. 이는 철학이라는 분야에서는 전혀 비난받을 것이 아닙니다. 철학적 저술을 읽을 때, 우리는 제로 문체의 저자로서 그들을 대합니다. 플라톤, 칸트, 헤겔을 읽을 때 중요한 것은 문체가 아니라 그 내용, 정신 그 자체이기 때문입니다. 문체는 전혀 고려 대상이 아닙니다.

니체의 철학적 독특성이 드러나는 장면이 바로 여기입니다. 여러 문장 부호의 잦은 사용, 현재성을 드러내는 표현, 속도감 있는 말투, 비유적이고 상징적인 개념들을 통해 니체는 자신만의 독자적인 스타일을 확립해나갑니다. 곧 이것은 '정신'으로 환원되는 철학에 대한 거부라고도 할 수 있을 겁니다. 그리고 이 문체의 독창성은 음악적인 것과 연결됩니다. 니체는 『차라투스트라』가 하나의 음악이라고 말합니다. 예술적 경쾌함, 아름다움, 음악성, 리듬, 정열은 차라투스트라의 언어가 가진 특징이지요. 다시 말해 니체의 문체는 낭독을 요구하는 문체이기도 합니다.

이러한 문체가 지닌 음악적 특성은 『차라투스트라』에 고유성을 부여할 뿐만 아니라 또 다른 특징을 새겨넣습니다. 즉, 독자들은 『차라투스트라』를 일종의 경전처럼 읽게 됩니다. 실제로 니체는 『차라투스트라』를 '제5복음서'라고 부르기도 했습니다. 아시다시피 예수는 일생 동안 어떤 글도 남기지 않았습니다. 예수의 복음은 언제나 그의 음성을 통해 전해집니다. 종교의 힘은 사실 이 음성의 힘에 기반하고 있다고 해도 과언이 아닙니다. 음성이란 사실 신비한 것입니다. 이와 관련해 헬레니즘의 시각중심주의와 대비되는 헤브라이즘의 청각중심주의를 이야기할 수도 있을 것입니다. 본다는 행위에는 대상과 주체의 거리가 필요합니다. 거리는 대상에 대한 관조를 가능하게 하고, 이는 객관적인 사고를 가능케 합니다. 그러나 듣는다는 행위는 이와 조금 다르죠. 청각에는 촉각적인 측면이 있습니다. 소리를 듣는다는 것은 고막에 와 닿는 진동을 느낀다는 것입니다. 청각을 통해서는 눈으로 보는 것과 같이 대상을 객관적으로 관조하기 힘듭니다. 청각으로는 완결된 총체성을 가진 대상을 구성하는 것이 불가능하기 때문입니다. 청각은 시각에 비해 감성적이며, 감각적입니다. 그런 점에서 헬레니즘의 철학과 헤브라이즘의 종교 사이의 대립은 시각과 청각의 대립이기도 합니다. 철학적 사고와 달리 신앙은 논리를 초월한 곳에서 존재합니다. 기도, 찬송, 암송, 복음서 읽기, 고해성사, 설교, 성가대의 합창 등 기독교의 종교 의식이 많은 부분에서 청각과 관련되어 있다는 사실 역시 의미심장합니다. 이슬람교도 예외는 아닙니다. 매일 다섯 번씩, 기도 시간마다 도시에 울려 퍼지는 아잔^{adhān}을 생각해보시기 바랍니다. 그것은 어떤 종교적인 설교보다 강력한 것입니다.

니체는 자신과 직접 마주하지 않은 사람에게 직접 말하듯 하는 글쓰기를 원했습니다. 그가 독자에게 원했던 것은 자신의 말에 대한 직접적 반응이지, 거리를 둔 냉철한 분석이 아니었습니다. 이를 위해 그는 자신의 사유를 표현할 수 있는 문체, 자신의 사유에 적합한 몸이 필요했던 것입니다. 철학에서 제거된 사유의 몸을 다시금 철학의 자리에 불러내는 것. 이것이 니체의 『차라투스트라』가 아포리즘으로 쓰인 이유입니다. 아이러니하게도 이러한 문체상의 특징은 니체를 비판하는 이들의 초점이기도 합니다. 니체의 철학은 감정적이고 비논리적이다, 논증하기보다 근거 없이 선언한다, 그나마도 주장에 일관성이 없고 지나치게 반복적이다 등등. 냉철하고 합리적 사유, 다시 말해 제대로 된 철학으로 이해하기에 적

합하지 않다는 뜻이죠. 니체를 비판하는 사람들이 니체를 미숙한 철학자라고 말하는 것은 바로 이 때문일 겁니다. 하지만 니체는 그가 말해야 하는 방식으로 말했을 뿐이며, 그의 사유를 다른 방식으로 표현하기는 불가능했을 것입니다. 그의 시적 글쓰기는 명징함을 위한 것입니다. 만약 철학적 논증의 방식으로 『차라투스트라』가 쓰였다면, 그러한 명징함은 불가능했을 것입니다. 철학적 논증이 한층 더 정확하게 개념과 의미를 전달할 수 있다는 것은 해묵은 오해일 뿐입니다. 시는 그 어떤 언어보다 명확하게 의미를 표현합니다. 철학적 논증으로는 결코 다다를 수 없는, 시적 아포리즘을 통해서만 도달할 수 있는 의미의 공간은 분명 존재합니다.

게다가 이러한 문체의 문제는 외재적 관점에서 당대의 사회적 맥락 속에서 이해할 수도 있습니다. 이는 언어를 이해하는 특정한 관점을 보여줍니다. 니체 이전에 이러한 관점을 가진 이들이 있었습니다. 바로 독일의 낭만주의자들이었습니다. 『니체의 문체』에서 하인츠 슐라퍼는 다음과 같이 말합니다. "연설, 글, 숫자는 문화적 몰락의 세 단계를 보여준다. 이에 대한 반감을 독일 낭만주의는 문명적 진보라는 이름으로 표현했다—더군다나 이 진보를 돌이키려는 목표를 갖고서." 즉 연설에서 글로, 다시 숫자로의 변화는 사실상 서구 문명의 거시적 단계에서는 이른바 진보적 발전의 단계입니다. 이것은 문화가 그 보편성을 획득해가는 단계라고도 말할 수 있을 겁니다. 아리스토텔레스가 설득의 세 가지 수단에서 말한 바 있듯이, 연설에서 내용의 논리적 설득력은 화자에 대한 사람들의 신망, 청중의 즉각적인 반응과 함께 고려됩니다. 따라서 그것은 공간적, 시간적 한계 속에서 다루어집니다. 글은 이러한 연설을 보편적 관점에서 지양한 것이라고 할 수 있습니다. 글 속에서 사유는 그 공간적·시간적 한계를 극복하며, 상황에 따라 좌지우지되지 않습니다. 그리고 다시 수數로의 도약을 이룹니다. 이것은 그야말로 보편적인 차원의 획득으로, 18세기 이래 실증주의는 바로 이 수의 세계에 바탕을 둡니다. 그러나 이러한 세계를 혐오하는 이들이 있었습니다.

숫자와 형상이 더 이상

모든 피조물의 본질이 아니라면

그리고 이들이 노래하고 입맞추는 모습을 보인다면

학식 있는 자들보다 더 많이 안다면

[……]

그리고 사람들이 민담과 시 속에서

진정한 세계사를 본다면

바로 그 어떤 비밀스러운 말 앞에서

온갖 곡해된 존재들은 사라지고 말 것이다[12]

　　낭만주의자 노발리스^Novalis는 위와 같은 시를 썼는데, 이 시의 정조는 아마 니체와도 공명하는 바가 있으리라 생각됩니다. 여러분은 수의 세계, 수학적 세계라는 것에서 아마 쉽게 합리주의, 실증주의와 더불어 자본주의를 떠올리실 겁니다. 자본주의가 그러하듯 수의 세계는 세계를 분석하고, 효율적으로 수단화하며, 양적으로 환원합니다. 여기에 저항한 것이 낭만주의였습니다. 낭만주의자들은 수에 의해 분열된 세계를 극복할 계기로 언어의 문제에 주목했습니다. 이것은 니체에게서도 여전하여, 그는 일관되게 실증주의, 합리주의라는 수학적 진리 개념을 비판하였습니다. 더불어 이러한 수학적, 논리적 진리에 의존하고 있는 분석적 언어란 니체적 관점에서는 수동적인 언어, 결코 창조적일 수 없는 언어이지요. 따라서 니체가 저작 전반에 걸쳐 시적 언어를 사용한 것도(물론 『차라투스트라』가 그 정점입니다), 일관되게 아포리즘의 형식을 고집한 것도, 현재형을 반복하고 각종 문장 부호를 빈번히 사용하는 것도 이러한 언어의 문제에 대한 인식에서 비롯된다고 할 수 있습니다.

4. 모두를 위한, 아무도 위하지 않는 책

이해된다는 것은 어려운 일이다: 특히 다른 방식으로 생각하고 살아가는 시끄러운 사람들 사이에서, 즉 거북이걸음으로 걷거나, 잘해야 '개구리 걸음으로 걷는' 느릿느릿한 사람들 사이에서 갠지스 강의 흐름처럼 유유자적하게 생각하고 산다면 이해되기 어렵다. 나는 정말이지 모든 것을 스스로 이해되기 어렵게 만들고 있는가? ― 우리는 정말로 몇 가지 정묘한 해석을 해주는 호의에 진심으로 감사해야만 한다.[13]

니체의 『차라투스트라』는 쉽지 않습니다. 그것은 부분적으로는 니체의 사유 자체가 가진 낯섦에서 기인할 것입니다. 그와 더불어 무엇보다 우리를 곤란하게 하는 것은 니체의 문체입니다. 차라투스트라는 철학적 저술이라기보다 시에 가깝습니다. 그러므로 우리는 온갖 시적 상징과 비유를 뚫고 그 뜻을 포착해야만 합니다. 게다가 니체의 글 속에서 독자들은 언제나 몇 겹이나 되는 의미의 지층을 발견하게 됩니다. 따라서 호기롭게 『차라투스트라』를 집어든 독자들은 이내 질려버리고 맙니다. 아마 그들은 책을 내던지고 두 번 다시 니체를 읽지 않게 되겠죠. "니체를 이해하는 사람은 『차라투스트라』를 이해할 수 있지만, 『차라투스트라』를 읽는 사람은 니체를 이해할 수 없다"며 니체를 해설했던 보임러(Alfred Baeumler)가 비난 아닌 비난을 한 것도 바로 그 때문일 겁니다. 니체는 자신의 작품에 대한 해석과 설명을 요구하는 편지에 답하면서 다음과 같이 말합니다. "왜 나에게 이런 편지를 보낸 것입니까. 내가 기꺼이 하고자 하는 말 이상을 말하도록 나를 자극하는 것인지요? 나의 차라투스트라(또는 그의 동물들)를 설명해야 하는 당치도 않은 역할을 내가 맡아야만 합니까? 이러한 일을 위해서는 언젠가 강좌가 개설되고 교수들이 강의하게 되리라고 생각합니다. 지금은 차라투스트라를 설명해야 할 충분한 시간이 없습니다."[14]

여기서 우리는 니체의 상반된 욕망을 마주하게 됩니다. 이해받고자 하는 욕망과 결코 이해되고 싶어 하지 않는 욕망이라는 이중적이고 모순된 욕망을 말이죠. 모두를 위한, 그리고 아무도 위하지 않는 책. 책의 부제는 니체의 모순된 욕망을 그대로 보여줍니다. 그는 자신을 증명하고 자신이 인식한 세계의 모습을 전하기 위해 책을 쓰지만, 동시에 그 자신이 어떤 식으로든 오해되는 것을 참지 못합니다. 동시에 그의 인식이 대중적 호응을 받는 것 역시 거부합니다. '대중'에 대한 경멸을 내내 숨기지 않은 니체에게 대중의 호응이란 그 자체로 모욕이었을 것입니다. 대중의 호응이란 니체에게는 자신의 사유가 범속한 것에 불과하다는 방증이기 때문입니다. 위 인용문의 출처는 『선악의 저편』인데, 바로 앞 장에서 니체는 다음과 같이 말합니다.

> 선택된 인간은 모두 본능적으로 자신의 성城과 은밀한 장소를 찾는다. 그곳에서 그는 군중, 다수의 사람들, 대중에게서 **해방되고**, 그들의 예외자로서 '인간'이라는 규준을 잊게 된다: ─그가 위대한 예외적인 의미의 인식자로, 좀 더 강한 본능에서 정면으로 이러한 규준에 부딪치게 되는 단 한 가지 경우는 예외로 하고 말이다. 인간과 교류할 때 때때로 구토, 혐오, 동정, 우울, 고독 때문에 녹색이나 회색으로, 즉 모든 곤궁한 색(Farben der Noth)으로 변하지 않는 사람은 확실히 더 고결한 취향을 가진 사람은 아니다.[15]

그는 특별한 자이기를 원했고, 자신의 사유가 뛰어난 정신을 가진 자들에게만 이해받기를 바랐습니다. 곤궁한 색깔이란 이미 앞서 이야기한 차라투스트라의 자연스러운 색깔, 그의 명랑성과 진지함을 보여주는 색과는 분명 다른 색입니다. 그에게 필요한 것은 자신을 오해하면서도 숭배할 대중이 아니라, 자신을 진정 이해하면서 자신과 겨룰 수 있는 동료이자 적이었습니다. 이것은 모든 철학자들의 욕망일 것입니다. 떠들어대질 않을 뿐, 철학자들은 '대중'에 대한 혐오를 은밀하게 공유합니다. 다만 니체는 그것을 서슴지 않고 폭로했을 뿐입니다. 비유와 상징으로 가득 찬 문체는 이 모순적 욕망의 표현 형식이라고 할 수 있을 겁니다. 또한 여기에는 시대로부터 철저히 외면받다시피 했던 니체 자신의 무너진 자긍심을 스스로 지키고자 하는 안간힘이 보입니다. 부제가 보여주는 과장된 수사는 바로 그러한 안간힘을 단적으로 드러냅니다. 그는 고독을 원했지만, 그 고독 때문에 괴로워한 자이기도 하기 때문입니다. 그는 은둔자가 되고자 했던 게 아닙니다. 고독은 은둔과는 다른 것입니다. 이제 독자들은 난해한 비유와 상징을 뚫고『차라투스트라』를 만나야 합니다. 동시에 이는 『차라투스트라』의 모순적인 욕망에 응답하는 것입니다. 달리 말하자면 독자들은『차라투스트라』를 이해하면서도 그의 사유를 통속화시키지 않아야 합니다. 그것이『차라투스트라』를 읽는다는 일이며, 또한 차라투스트라를 읽는 어려움이기도 합니다.

그러나 우리는 이 부제를 단순히 그의 욕망과 심리적 자괴감의 표현이라고만 읽어서는 안 됩니다. 여기에는 철학에 국한되지 않는 가장 넓은 의미에서의 문학, 즉 글쓰기에 대한 근본 질문이 내재되어 있습니다. 따라서 우리는 "모두를 위한, 그리고 아무도 위하지 않는"이라는 표현을 '철학/책이란 무엇인가'라는 질문과 함께 사유할 때 그 풍부한 함의를 읽어낼 수 있습니다. 이를 위해 페터 슬로터다이크Peter Sloterdijk가 제시한 '편지 쓰기로서의 휴머니즘'이라는 테마를 조금 들여다보겠습니다.

장 파울은 언젠가 책이란 친구에게 보낸 두꺼운 편지라고 말한 적이 있습니다. 이 문장으로 그는 휴머니즘의 본질과 기능을 핵심적으로 그리고 품위 있게 호명한 것입니다: 휴머니즘은 문자를 매개로 이루어지는 우애의 원거리 통신입니다. 키케로가 살았던 시대 이후 인간성으로 불리는 것은 가장 좁고 또 가장 포괄적인 의미에서 문자적 계몽에 속합니다. 철학이 문학의 한 장르로 존재한 이래 철학은 전염성이 강한 방식으로 사랑과 우애에 대해 글을 씀으로써 자신의 추종자들을 모아왔습니다. 철학은 지혜의 사랑에 관한 말인 것만은 아닙니다. 철학은 다른 사람들 역시 이러한 사랑을 할 수 있도록 그들을 움직였습니다. 글로 씌어진 철학이 2,500년 전보다 훨씬 이전에 시작한 이래 오늘날까지 여전히 우리를 감염시킬 수 있었던 것은 텍스트를 통해 친구를 만들 수 있는 철학의 능력이 성공한 덕택입니다. 철학은 세대에서 세대로 이어지는 연쇄적인 편지처럼 계속 쓰여질 수 있도록 만들어졌으며, 사본의 온갖 오류에도 불구하고, 어쩌면 그런 오류 덕택에, 베껴 쓰는 모방자와 해석가들을 철학이 가지고 있는 우애의 마력에 빠져들게 만들었습니다.[16]

책을 쓴다는 것이 편지를 쓰는 것이라면 독자들은 그 편지의 수신자일 테죠. 그러나 보통의 편지와는 차이가 있습니다. 책을 쓰는 저자들은 자신들이 보낸 편지의 수신자들을 미처 다 알 수 없습니다. 저자의 의도와는 달리 예상치도 못했던 이들, 그리고 종종 저자 자신이 그 편지의 수신인이 되길 원치 않았던 인간들에게까지 이들의 편지는 전해집니다. 도무지 누구에게 전해질지 모른다는 점에서 이 편지는 마치 보이저^{Voyager} 호에 실어 우주로 쏘아보낸 골든 레코드와도 같습니다. 철학적 전통이란 이러한 편지들의 연쇄, 편지들에 응답하는 편지들의 끝도 없는 역사와 같습니다. 플라톤이 쓴 편지는 당대의 아테네인들을 향한 것이었겠지만 그로부터 2,500년이 지난 시대의 우리들 역시 그 편지의 수신자인 것처럼, 그렇게 편지는 시대를 거쳐, 수많은 사람들의 또 다른 편지들을 통해 우리에게 전해졌습니다. 그리고 우리 중 누군가는 다시 그러한 편지에 응답하여 새로운 편지를 쓸 것입니다. "모두를 위한"이라는 부제의 의미는 이러한 맥락에서 읽혀야 합니다. 편지란 이웃에게 보내는 것이 아닙니다. 그것은 미지의 존재에 대한 사랑이며, 멀리 떨어져 있는 존재에 대한, 아직 도래하지 않은 이들에 대한 우정의 표현입니다. 니체는 특정한 누군가를 위해 글을 쓴 게 아닙니다. 이것은 또한 수단화에 대한 강력한 저항이기도 합니다. '모두를 위한 글'이란 동시에 '아무도 위하지 않는 글'이기도 합니다. '아무도 위하지 않는' 글이란 그의 글이 결코 수단이 되지 않는다는 뜻이기도 합니다. 그의 편지는 우정 어린 응답을 기대하지만, 결코 자신의 쓸모 있음을 알아줄 누군가에게 발견되길 바라지 않습니다. 플라톤은 문자로 된 글이 아버지를 잃은 자식처럼 오해와 오류에 놓이게 될 것을 염려했지만, 니체는 그러한 오해와 오류를 통하지 않고서는 인간이 인간에게 말을 건넬 수 없음을 알고 있었습니다. 그는 시간과 시간, 인간과 인간을 연결하는 '다리'가 되길 원했습니다.

그러나 전통과 문화를 보존하는 방식으로 그렇게 되기를 원하지는 않았습니다. 그의 철학은 문화와 전통, 동시대와 이웃에게 저항하는 것이며, 이는 그러한 문화와 전통, 시대의 산물인 스스로에게 저항하는 일이기도 했습니다. 문화란 지배이자 합의이며, 인간을 구속하는 감옥과도 같은 것입니다.

> 문화에 대해 이야기하는 것은 항상 이미 문화를 거역하는 것이었다. 문화라는 공통분모는 잠재적으로 이미 문화를 관리 대상에 포함시키기 위해, 파악하고 카탈로그화하고 분류하려는 경향을 내포하고 있다. 산업 사회가 문화를 완전히 포섭하게 됨으로써 비로소 문화의 이러한 개념은 완전히 타당한 것이 되었다.[17]

이 인용문은 마지막 부분을 제외한다면 마치 니체의 문장이라고 착각할 법도 합니다. 아도르노Adorno는 니체만큼 사회적 지배와 개인의 상실을 고민했던 철학자였습니다. 그러나 적어도 문화에 관해서 만큼은 아도르노는 니체보다 덜 래디컬합니다. 아도르노가 산업자본주의의 '문화(산업)'에 관해서 말했다면, 니체는 문화 전체를 겨냥하기 때문입니다. 그에게 문화란 언제나 다수의 합의에 의한 것, 몰개성적인 것, 규격화된 것, 평범한 것, 교환/이해 가능한 것, 무리적인 것, 타협적인 것, 평균적인 것, 병든 것입니다. 문화에 대한 니체의 저항은 유치한 반달리즘 같은 것이 아닙니다. 문화에 지배받는 인간이란 무리 짐승, 가축입니다. 니체는 단순히 자신을 긍정하기 위해서, 자신이 태어나 살고 있는 시공간을 철학적으로 정당화하기 위해 사유하지 않습니다. 그의 사유는 하나의 실험입니다. 그는 자신의 사유가 그러한 정당화를 넘어 어디까지 갈 수 있는지를 시험해보고자 합니다. 이러한 실험은 때때로 광기를 띠고 있어서 우리를 당혹스럽게 합니다. 그러므로 그의 실험은 다시 한 번 "모두를 위한, 그리고 아무도 위하지 않는" 것이 됩니다.

차라투스트라는 스스로 크레타인이 되고자 합니다. 그는 스스로가 크레타인이면서 모든 크레타인은 거짓말쟁이라고 말하는 자입니다. 그는 단순히 오류를 범한 것이 아닙니다. 그가 제기한 것은 결코 해결되지 않는 모순이면서, 동시에 인간이 거부할 수 없는 운명이기도 합니다. 이 질문이 제기된 순간 이후로는 누구도 그로부터 도망갈 수 없습니다. 다만 못 들은 척할 수 있을 뿐입니다. 차라투스트라는 어떤 자입니까. 자본주의의 산물이자 그 수혜자이면서 자본주의를 부정하고자 하는 자, 시대의 문화에 정통하면서 그 문화 전부로부터 도망가고자 하는 자, 언어의 한계를 끊임없이 언어로 제기하는 자, 일체의 의지를 부정하면서 다시 의지에 대해 말하는 자, 영원을 말하면서 오직 순간에 존재하는 자, 일체의 진리를 부정하면서 자신을 진리로 말하는 자, 아포리아로서의 삶과 존재이자 삶과 존재의 아포리아를 유일하고도 무한한 운명으로 짊어진 자. 니체이자 차라투스트라, 아무도 아닌 자, 그리고 다시 모두인 자. 이 책은 바로 그러한 자의 말입니다. 차라투스트라는, 이렇게, 이러한 자로서, 말합니다.

5. 명랑성

암울하지만 대중에게 책임 있는 일을 하면서 명랑함을 유지한다는 것은 실로 놀라운 일이다 : 그런데 그 어떤 것이 명랑함(Heiterkeit)보다 더 필요할 수 있단 말인가? 그 어떤 일도 들뜸이 동반되지 않고서는 잘되지 못하는 법이다. 지나칠 정도로 넘치는 힘이야말로 힘에 대한 증거이다.[18]

무거움에 병들지 않고 가벼움을 지향하는 것, 이것이 니체의 명랑성입니다. 그는 이것을 "그리스적 명랑성"이라고 부릅니다. 사실 니체의 철학은 가볍지 않습니다. 니체는 자신이 피로 쓴다고 말합니다. 피로 쓴 책이 가벼울 리가 없습니다. 그러나 그는 명랑하고자 했습니다. 가볍고자 했습니다. 아이와 같이 세계를 허물고 새롭게 만들어내는 일에 망설임이 없고자 했습니다. 삶에 대한 무거운 진지함으로부터 나온 명랑함, 그것이 니체의 명랑함일 것입니다. 『비극의 탄생』에서 이 명랑성은 공포를 두려워하지 않고 기꺼이 자신의 호적수를 만나고자 하는 정신이라고도 말해집니다. 학문과 진리가 안정을 바란다면, 명랑성은 끊임없이 위험을 바라며 이 위험을 통해 성장합니다.

니체가 영원회귀의 비의와 조우한 해발 1,800미터의 높이는 단순한 물리적 공간에 대한 기표가 아닙니다. 그건 니체가 저 아래 세상에 사는 인간들에 대해 느끼는 거리감이기도 합니다. 그러나 여기에는 어떤 역설이 있습니다. 즉 니체는 현실에서 벗어나 저 천상의 고도를 향함으로써 자신을 극복하려 한 것이 아닙니다. 오히려 그 반대였습니다. 즉 초월적이고 관념적인 세계에서 나와 대지로 향함으로써, 생생하게 변화하는 감각적 세계 속에서 그 자신만의 높이를 획득합니다.

1881년 니체가 새롭게 발견한 풍경과 음악은 바로 이러한 명랑성이 니체의 철학적 모티브가 된 결정적 순간입니다. 그 이전의 저술들에서 단편적으로 발견되었던 단서들은 이제 이 시기 이후 그의 철학의 중심이 됩니다. 1884년의 『선악의 저편』, 1887년의 『도덕의 계보』, 1888년의 『우상의 황혼』, 『디오니소스 찬가』 그리고 『니체 대 바그너』에 이르기까지, 니체 철학은 시종일관 인간을 무겁게 내리누르고 그를 삶의 노예로 만드는 것들과의 대결이라고 할 수 있습니다. 『차라투스트라』는 그 새로운 시작이며, 하나의 정점입니다. 니체의 명랑성은 서구 형이상학과 기독교 도덕의 무거움에 대한 저항입니다. 반복되어온 낡은 관습, 생에 대한 도덕적 태도, 현실을 초월한 내세에의 욕구, 목적에 묶인 삶과 역사는 생을 끝없이 무겁게 합니다. 니체는 이 무거움, 삶을 죽음으로 이끄는 무거움에 저항하고자 합니다. 춤출 줄 아는 신, 디오니소스는 이 무거움을 극복하기 위해 요청되는 신의 이름입니다.

『차라투스트라』를 통해 우리는 이러한 무거움과 가벼움의 문제가 단순한 것만은 아님을 알게 됩니다. 『차라투스트라』에서 영원회귀의 비밀을 차라투스트라에게 알려주는 이는 바로 무거움의 악령입니다. '영원회귀'의 비밀 속에는 거부할 수 없는 이 세계와 삶의 무거움이 있습니다. 니체가 『차라투스트라』를 집필한 시기는 최악의 건강 상태에서 회복한 시기이기도 합니다. 니체에게 이는 일종의 부활처럼 받아들여졌습니다. 죽음을 통해서만 인간은 다시 태어날 수 있습니다. 부활한 니체가 새롭게 발견한 것은 바로 새로운 풍경과 새로운 음악, 무거움에 저항하는 가벼움이었습니다. 그는 여전히 가볍고자 합니다. 그러나 그의 가벼움은 이제 무거움에 대한 단순한 저항이 아닙니다.

세계는 깊고, 무겁습니다. 영원회귀는 니체에게 그것을 알려주었습니다. 기독교적 도덕과 기존의 형이상학이 인간들에게 강요했던 무거움은 허위의 무거움이었습니다. 그것은 허상, 거짓이었습니다. 그러나 영원회귀가 그에게 알려준 무거움은 도덕의 무거움, 형이상학의 무거움과 다른 것이었습니다. 니체가 세계의 비밀과 조우하고도 그로부터 끊임없이 도망치고자 했던 것도, 하지만 끝끝내 도망칠 수 없었던 것도 바로 이 영원회귀가 피할 수 없는 생의 운명이기 때문입니다. 끊임없이 유동하는, 그토록 가벼워 보이는 표면의 세계, 생성의 세계가 실은 가장 무거운 세계라는 사실, 그것이 그에게 폭로된 비밀이며 그가 거부하고자 했으나 끝내 거부하지 못했던 진실이었습니다. 이 역설 속에서 비로소 우리는 '명랑성'의 의미를 곱씹어볼 수 있을 것입니다. 『차라투스트라』제1권의 7장 「읽기와 쓰기에 대하여」에서 차라투스트라는 다음과 같이 선언합니다.

나는 춤출 줄 아는 신만을 믿을 것이다.
그리고 내가 나의 악마를 볼 때, 나는 거기에서 그가 진지하고,—철저하고, 깊고, 엄숙하다는 것을 알았다; 그것은 중력의 정신(der Geist der Schwere)이었다.—모든 것이 그로 인해 낙하한다.
[……]

나는 걷는 것을 배웠다: 그로부터 나는 달렸다. 나는 나는 것을 배웠다: 그로부터 나는 어떤 곳에서 벗어나기 위해 우선 밀리고자 하지 않았다.

이제 나는 가볍다, 이제 나는 날아간다, 이제 나는 내 아래 나를 본다, 이제 나를 통해 하나의 신이 춤춘다.[19]

제1권

차라투스트라의 서문

은둔

'서문'은 차라투스트라의 은둔으로 시작합니다. 이 책을 니체 스스로 하나의 패러디라고 불렀던 만큼, 여기서 차라투스트라는 예수의 행적을 패러디하고 있습니다. 예수가 가르침을 시작한 것은 삼십 세쯤입니다. 차라투스트라는 오히려 서른 살의 나이에 은둔을 시작하지요. 이 은둔의 10년 동안 차라투스트라는 산속의 동굴에 은거합니다.

이것은 플라톤의 『국가』 제7권에 나오는 동굴의 비유를 떠올리게 합니다. 플라톤의 동굴은 아직도 세계를 제대로 인식하지 못한 자들이 무리 지어 머무는 곳입니다. 그들은 실재의 그림자만을 보고 그것을 진리로 착각하는 이들입니다. 바깥 세상(진리)을 보고 온 이가 아무리 바깥 세상에 대해 이야기하여도 이내 사람들의 조롱거리가 되고 맙니다. 그러니까 빛을 마주할 수 없는 이들이 머무는 이 동굴은 정신의 암흑지대입니다. 이 비유는 인류 전체의 역사로까지 확장될 수도 있을 겁니다. 인류는 집을 짓고 살기 이전에 이 동굴에서 살았기 때문이죠. 무지에 대한 동굴의 비유는 베이컨에게도 나타납니다. 다들 들어보셨듯이 동굴의 우상이 그것입니다. 『신기관』(*Novum Organum*)에서 프랜시스 베이컨은 종족의 우상과 대조적으로 저마다의 개인이 가진 인식의 오류의 근원으로서 동굴의 우상을 이야기합니다.

> 42. '동굴의 우상'은 각 개인이 가지고 있는 우상이다. 즉 각 개인은 (모든 인류에게 공통적인 오류와는 달리) 자연의 빛(light of nature)을 차단하거나 약화시키는 동굴 같은 것을 제 나름으로 가지고 있다. 그것은 개인 고유의 특수한 본성에 의한 것일 수도 있고, 그가 받은 교육이나 다른 사람에게 들

은 이야기에 의한 것일 수도 있고, 그가 읽은 책이나 존경하고 찬양하는 사람의 권위에 의한 것일 수도 있고, 첫인상의 차이(마음이 평온한 상태에서 생겼는지, 아니면 선입관이나 편견에 사로잡힌 상태에서 생겼는지)에 의한 것일 수도 있다. 그러므로 인간의 정신은 (각자의 기질에 따라) 변덕이 심하고, 동요하며, 말하자면 우연에 좌우되는 것이다.[1]

이처럼 동굴이란 아직 무지한 상태, 올바른 인식을 가로막는 어둠 등을 표현합니다. 그러나 차라투스트라의 동굴은 어둠이 기거하는 장소가 아닙니다. 일조량 좋은 동굴이지요. "너는 지난 십 년 동안 여기 내 동굴을 찾아 올라와 비추어주었다"고 차라투스트라는 해에게 말합니다. 무지한 군중이 모여 있는 플라톤의 동굴과 달리 여기서 차라투스트라는 고독 속에 홀로 머뭅니다. 다만 독수리와 뱀이 함께 기거할 뿐입니다.

차라투스트라는 자신의 '고향'(Heimat)을 떠나 이 산속의 동굴로 왔습니다. 고향이라고 흔히 번역되는 Heimat는 독일의 문화적 전통 안에서 풍부한 뉘앙스를 가진 말입니다. 단지 장소의 의미를 가질 뿐 아니라 한 인간이 속해 있고 자라난 사회적·문화적 토양, 토대를 뜻하는 말이기도 합니다. 낭만주의 시인 노발리스는 "모든 철학은 향수"라고 말한 바 있습니다. 철학이란 말 그대로 인간이라는 존재의 토대를 찾는 여정이기 때문입니다. 하이데거 역시 고향을 "존재 자체의 근저(Nahe)"로 이해합니다. 이러한 맥락에서 귀향(nostos)이란 자신의 근원으로 돌아가는 것입니다. 헤겔 역시 『정신현상학』 서문에서 비슷한 표현을 사용합니다. 독일의 시민 문화는 이러한 고향의 개념을 매개로 익숙한 것과 이질적인 것, 독일적인 것과 이민족/이교도적인 것, 이성적인 것과 비이성적인 것을 대립시켜왔습니다. 동시에 정착 생활을 통해 만들어진 이러한 고향/토대의 개념은 확고한 소유 관계와 사회적 질서를 전제하기도 합니다. '고향으로 돌아감'이라는, 언뜻 보기에는 그 자체로 문제될 게 전혀 없어 보이는 사유가 어떻게 나치즘으로, 잔혹한 학살로 변질되었는지 안다면 이 '고향'에 대한 우리의 이해는 그 이전과는 달라질 수밖에 없을 겁니다. 아도르노와 호르크하이머Horkheimer가 『계몽의 변증법』을 통해 독일 시민 문화의 원형으로서, 호메로스의 『오디세이아』의 귀향 설화를 주된 화제로 삼는 것은 바로 그런 이유에서입니다. 여기서 오디세우스의 방랑/귀향은 주체의 동일성을 해체하는 타자들(세이렌, 키클롭스, 키르케)의 위협을 견디어내는 일종의 통과의례로 해석됩니다. 주체의 동일성을 상징하는 고향으로 돌아감은 언제나 타자의 배제를 통해서만 그 여정을 마무리하게 됩니다.

그러나 차라투스트라는 타자를, 낯선 곳을 찾아나서는 자입니다. 그에게 방랑은 익숙한 곳으로 되돌아오는 필연적 귀향을 위한 여정이 아닙니다. 니체의 반反토대주의는 고향을 부정하는 데서 비로소 그 첫발을 내딛기 때문입니다. 그가 고향을 떠났다는 말은 그러므로 단순한 극적 요소가 아니라, 자신이 이제껏 살아왔던 사회·문화적 토양 및 그에 기초한 삶과 단절한다는 의미를 가집니다. 말하자면, 그의 방랑은 당대의 독일 문화, 그리고 그것이 기초하고 있는 서양 철학과 그리스도교의 토대를 벗어나는 여정입니다. 그런데 고향/귀향의 문제는 니체의 경우에 단순히 이렇게만 이야기할 수 없습니다. 그의 여정은 고향을 떠나오는 것이기도 하지만, 동시에 소크라테스 이전의 그리스, 아폴론과 디오니소스의 투쟁이 아직 존재하던 곳, 이후의 역사에 의해 왜곡되지 않은 진정한 고향으로의 또 다른 귀향 설화이기도 하기 때문입니다. 이러한 맥락에서 그의 방랑은 '낯선 곳으로의 귀향'이기도 합니다. 그것은 역사 속에서 한때 고향으로 존재했지만――물론 이것은 역사적 사실의 문제는 아닙니다――이제 망각된 '낯선 땅'으로 떠나는 방랑입니다.

고향을 떠나온 차라투스트라가 은둔하는 동굴은 새로운 삶을 탄생시키기 위한 곳입니다. 그러므로 새로운 생명을 잉태하기 위한 어머니의 뱃속과 같은 곳이기도 합니다. 홀로 있는 정신과 고독의 시간은 한 인간이 자신의 사유를 다듬기 위해 반드시 필요한 시간입니다. 어떤 사회적 관계와도 단절된 이 시간이야말로 새로운 사유를 위해 없어서는 안 될 시간이죠. 동굴이란 그런 의미에서 겨울잠을 자는 곳이며, 새로운 봄을 맞는 곳, 새로운 잉태의 자궁이자 부활의 장소입니다. 예수가 동굴에서 부활했듯이 차라투스트라 역시 이 동굴에서 새롭게 부활합니다. 『즐거운 학문』의 서문에서 니체는 다음과 같이 말합니다.

> 끝으로 가장 중요한 이야기를 해야겠다. 그러한 나락으로부터, 그러한 심각한 질병과 심각한 회의의 질병으로부터 돌아오면서 **사람은 새로 태어난다.** 낡은 껍질을 벗고, 더 민감해지고, 더 악의적으로 되고, 기쁨에 대한 더 세련된 취향을, 모든 좋은 것들에 대한 보다 섬세한 혀를, 그리고 더욱 쾌활해진 감각과 기쁨 안에서 이제 보다 위험한 두 번째의 순진함을 지니게 되며, 동시에 더 천진난만하고 이전보다 백배나 더 영리해진 사람으로 다시 태어나게 되는 것이다. 오, 이제 그에게 향락이란 얼마나 역겨운 것인가![2]

차라투스트라의 이 부활은 인식에서의 부활입니다. 그는 10년 동안 태양빛을 받으면서도 아침마다 빛을 기다렸고, 그 넘치는 풍요를 받아들였으며, 축복해왔다고 말하고 있습니다. 빛이 진리를 말한다고 할 때 그의 이 10년 동안은 매번 새로운 질문(그는 기다립니다)과 새로운 깨달음(넘치는 풍요라는 말에서 알 수 있듯이)의 연속이라고 말할 수 있을 것입니다.

독수리와 뱀

차라투스트라에게 동굴이 이러한 인식의 장소가 되는 것은 오직 침묵 속에서만 인간이 자기 자신과 세계를 오롯이 들여다볼 수 있기 때문입니다. 이러한 침묵의 시간과 대비되는 것이 바로 꿀벌의 시간입니다. 꿀벌은 성실하고 부지런하지만, 이 성실함과 부지런함 속에 전제되어 있는 것은 자신과 세계에 대한 무지입니다. 니체는 『도덕의 계보』 서문에서 이 꿀벌에 대해 자세히 언급합니다.

> 우리는 자기 자신을 잘 알지 못한다. 우리 인식자들조차 우리 자신을 잘

알지 못한다: 여기에는 그럴 만한 충분한 이유가 있다. 우리는 한 번도 자신을 탐구해 본 적이 없다. —우리가 어느 날 우리 자신을 찾는 일이 어떻게 일어날 수 있다는 말인가? "너희의 보물이 있는 그곳에 너희의 마음도 있느니라"라고 말하는 것은 옳다. 우리의 보물은 우리 인식의 벌통이 있는 곳에 있다. 우리는 태어나면서 날개 달린 동물이자 정신의 벌꿀을 모으는 자로 항상 그 벌통을 찾아가는 중에 있다. 우리가 진정으로 마음을 쓰는 것은 본래 한 가지 —즉 무엇인가 '집으로 가지고 돌아가는' 것뿐이다. 그 외의 생활, 이른바 '체험'에 관해서라면, —또한 우리 가운데 누가 그런 것을 살필 만큼 충분히 진지하겠는가? 아니면 그럴 시간이 충분한가? 내가 두려워하는 것은 그러한 일에 우리가 한 번도 제대로 '몰두한' 적이 없었다는 것이다.[3]

니체에게 꿀벌이란 그저 하나의 목적만을 위해 온몸을 던지는 존재입니다. 혹은 자신에게 일어난 일에 대해 사유하지 못하고 오직 결과만을 위해서 사는 존재라고도 할 수 있을 것입니다. 차라투스트라에게 동굴이란 결국 자신에게 '몰두'하기 위한 장소이며, 10년의 시간은 바로 그것을 위한 시간입니다.

꿀벌과 대비되는 동물이 바로 독수리와 뱀입니다. 차라투스트라는 독수리를 태양 아래서 가장 긍지 높은 짐승, 뱀을 태양 아래 가장 영리한 짐승이라고 말합니다. 이 두 동물은 니체의 영원회귀 사상을 상징하는 동물이지요. 독수리와 뱀은 어째서 영원회귀를 상징하게 되는 걸까요. 그것은 원이라는 형태와 관련됩니다. 독수리는 하늘에서 원을 그리며 나는 짐승입니다(사실 하늘에서 원형을 그리며 도는 새는 독수리가 아닙니다. 매죠. 이 때문에 영어에서는 vulture가 아니라 eagle이라고 흔히 번역하고 있습니다). 독수리는 또한 주인 도덕을 상징합니다. 『도덕의 계보』 제1논문의 13장에서는 독수리(맹금류라고 되어 있는)가 노예 도덕을 지닌 양과 대비되어 서술됩니다. 양은 무리를 지어 살며, 자신보다 강력한 독수리를 비난하지만, 독수리는 이에 개의치 않습니다. "우리는 그들, 이 선한 어린 양들을 전혀 싫어하지 않는다. 우리는 오히려 그들을 사랑한다: 연한 양보다 맛있는 것은 없다"[4]고 말하지요. 강한 자로서의 독수리는 자신의 강함을 부끄러워하지도 않고 죄책감을 갖지도 않습니다. 오히려 부끄러워해야 할 자들은 한없이 약한, 그래서 무리를 짓고 독수리에 대해 원한 감정을 발산할 뿐인 양들이죠. 독수리는 언제나 높은 곳에 머물며 존재들을 내려다봅니다. 그것이 독수리가 가장 긍지 높은 짐승이라고 불리는 이유입니다. 모든 존재를 내려다보는 독수리의 시선은 주인이 노예에 대해 가지는, 그리고 '위버멘쉬Übermensch'가 범속한 인간에게 갖는 거리의 파토스(Pathos der Distanz)를 보여줍니다. 이것은 거리의(거리를 두려는) 열정 정도로 이해 가능한 니체의 표현입니다. 주인이 노예보다 우월한 건 단순히 그가 더 강하기 때문이 아닙니다. 그가 노예와 겨루고, 그를 억압하고, 지배하기 때문이 아닙니다. 주인은 그가 노예에 대해 가지는 높이, 노예가 감히 범접할 수 없는 거리를 통해 범속한 자와 구분됩니다. 아주 높은 곳에서 보는 독수리의 눈에 지상의 존재들은 한없이 왜소할 것입니다. 강자가 약자에 대해 유지하는 거리야말로 거리의 파토스의 핵심입니다.

그러나 이러한 거리의 파토스, 높이로 상징되는 위대함은 어떤 초월적 도약에 의해 가능한 것이 아닙니다. 그렇기에 니체는 뱀을 독수리와 함께 이야기하는 것입니다. 뱀이란 배를 땅에 붙이고 사는 천박한 짐승, 이브를 유혹해 선악과를 먹게 한 죄악의 존재 아닙니까. 니체는 그러나 뱀이 태양 아래 가장 영리한 짐승이라고 말합니다. 이것은 두 가지 차원에서 해석할 수 있을 것입니다. 먼저 뱀이 땅에 배를 붙이고 있다 함은 뱀이 대지와 함께 살아감을 보여줍니다. 뱀은 자신의 온몸으로 대지를 받아들입니다. 위버멘쉬란 바로 대지의 뜻이기 때문입니다. 이때 대지는 서구 형이상학과 종교(기독교)가 이제껏 추구해온 초월론적 이상의 반대항을 의미합니다. 이제까지 인간의 삶이 부정되어온 것은 그들이 대지의 의미에 대해 이해하지 못했기 때문이며, 대지를 넘어, 다시 말해 삶 자체를 넘어 피안의 세계를 지향했기 때문입니다. 뱀은 바로 이 피안의 세계가 아니라 대지에 충실한 존재를 상징합니다. 현재의 삶 그 자체를 초월한 차원에서 전개되는 어떤 진리도 없다는 깨달음이야말로 니체 철학을 구성하는 가장 중요한 인식 중 하나입니다. 독수리가 상징하는 거리의 파토스는 바로 이 대지 위에 발을 딛고 살아감으로써 비로소 가능해집니다. 대지에 충실함으로써 하늘 위의 높이를 획득하는 존재, 그가 바로 차라투스트라입니다.

또한 뱀은 영원불멸을 상징하는 동물입니다. 이것은 우로보로스ουροβόρος/ouroboros라는 상징과 연관됩니다. 우로보로스란 꼬리를 삼키는 자라는 의미를 가진 희랍어입니다. 자신의 꼬리를 물고서 원형을 이룬 모습이 바로 이 우로보로스의 모습이지요. 고대인들은 뱀이 허물을 벗는 것이 낡은 육체를 버리고 새로운 몸을 얻는 행위라고 생각했습니다. 낡은 것에서 새로운 것으로의 탈바꿈은 언제까지나 죽지 않는 존재를 상징하지요. 이것은 곧 끝과 시작의 이어짐이라는 윤회의 사유로 이어집니다. 끝과 시작, 죽음과 탄생의 거듭되는 반복은 불사이자 무한의 존재를 상징합니다. 동시에 이러한 무한은 완전성과 끊임없는 변화를 상징합니다. 영원회귀의 사유를 말했던 니체가 이런 이미지를 놓칠 리 없습니다.

독수리와 뱀이 가지는 이러한 상징적 의미로 인해 이 둘은 차라투스트라의 동반자가 됩니다. 이 둘은 무한히 반복되는 영원회귀의 시간 속에서 차라투스트라의 곁에 머뭅니다. 차라투스트라는 이렇게 말합니다.

> 나 다시 오리라. 이 태양과 이 대지, 이 독수리와 이 뱀과 함께. 그렇다고 내가 새로운 생명이나 좀 더 나은 생명, 아니면 비슷한 생명으로 **다시 오는 것이 아니다**(3권, 「건강을 되찾고 있는 자」).

차라투스트라의 하강, 위버멘쉬를 가르치다

『차라투스트라』의 서문 전체는 한마디로 '차라투스트라의 하강'으로 요약할 수 있을 것입니다. 서문의 1장 마지막 부분은 다음과 같습니다.

'"보라! 잔은 다시 비워지기를, 차라투스트라는 다시 사람이 되기를 갈망하노라." 이렇게 해서 차라투스트라의 하강은 시작되었다.'

여기서 하강이란 독일어 'Untergang'의 번역으로, 영어로는 undergoing, 즉 아래로 내려간다는 뜻입니다. 이 때문에 하강, 하락 등으로 보통 번역됩니다. 그러나 독일어에서 이 말은 단순히 아래로 내려간다는 의미뿐만 아니라 어떤 상태에서 침몰, 소멸, 멸망, 파멸한다는 뜻으로 더 많이 사용되는 말입니다. 그러므로 '몰락'이라는 번역도 적절해 보입니다. 그런데 여기서 몰락한다는 것은 무엇을 의미할까요.

자기를 극복하는 자인 위버멘쉬와 이 몰락이 관련이 있다는 것은 얼핏 잘 이해가 가지 않을지 모릅니다. 직관적으로 극복이란 몰락, 하강의 이미지가 아닌 상승의 이미지를 연상시키기 때문입니다. 그러나 고통과 쾌락이 동시에 긍정되는 것처럼, 몰락과 상승은 별개의 것이 아닙니다. 니체는 몰락을 말하는 서문 1장의 마지막 구절 앞에서 잔이 다시 비워지기를 바란다고 씁니다. 비워지지 않은 잔은 채울 수 없기 때문입니다. 니체의 철학은 생성의 철학이라고 합니다. 변화하지 않는 이상, 이념, 진리 등을 부정하고, 변화와 생성을 긍정하는 철학이지요. 니체는 이러한 변화와 생성의 세계를 다음과 같이 말합니다. 니체를 이해하고자 할 때 빠지지 않고 인용되는 구절로, 니체 사유의 정수를 더 이상 잘 표현할 수 없을 정도의 명문입니다. 여기서 니체의 목소리는 단호하고, 명쾌합니다.

그대들은 내가 생각하는 '세계'가 무엇인지 아는가? 이 세계는 시작도 끝도 없는 거대한 힘이며, 더 커짐도 작아짐도 없이 청동처럼 단단한 고정된 크기의 힘이다. 이 힘은 고갈되지 않고 끊임없이 변화할 뿐이다. 전체로서는 그 크기가 불변하며, 지출도 손실도 없고 증가도 수입도 없는 가계 운영이며, 자신의 경계인 '무'에 둘러싸여 있고, 흐릿해지거나 허비되어 없어지거나 무한히 확장되는 것이 아니라 일정한 힘으로서 일정한 공간에 자리 잡고 있지만, 이 공간 어디에도 '빈' 곳은 없다. 이 세계는 도처에 가득 차 있는 힘이고 동시에 힘들과 그 파동이 엮어내는 놀이이며, 하나이자 동시에 '여럿'이다. 여기서는 쌓이고 저기서는 줄어들며, 스스로 휘몰아쳐 오고 스스로 휘몰아쳐 나가는 힘들의 바다이며, 영원히 변화하고 영원히 되돌아오며, 장구한 회귀의 세월 속에서 밀물과 썰물처럼 여러 형태를 취한다. 가장 단순한 것으로부터 가장 복잡한 것으로 움직여 나아가고, 가장 고요하고 딱딱하고 차가운 것을 넘어 가장 뜨겁게 이글거리고 가장 사나우며 자기 자신에 가장 격렬히 저항하는 것이 되었다가, 그 다음엔 충만함으로부터 단순함으로 다시 되돌아온다. 모순의 놀이로부터 다시 조화의 기쁨으로 되돌아오면서, 오랜 세월 동안 똑같은 궤도 위에서 자기 자신을 긍정하고, 영원히 되돌아올 수밖에 없는 것으로서의 자기 자신을, 포만도 권태도 피로도 알지 못하는 변화로서의 자기 자신을 축복하는 세계. 이러한 나의 디오니소스적 세계는 영원한 자기 창조와 영원한 자기 파괴의 세계이자 이중적 관능의 비밀스러운 세계이고 선과 악 저편의 세계이며, 순환의 행복 이외에는 아무 목적도 갖지 않으며 원환圓環의 고리가 자기 자신에 대해 갖는 선한 의지 이외에는 어떤 의지도 없는 세계이다. 그대들은 이 세계의 이름을 알고 싶은가? 그 모든 수수께끼에 대한 하나의 해답을 얻고 싶은가? 그대들, 가장 깊숙이 숨어 있는 자들, 가장 강하고 결코 놀라지 않는 자들, 한밤의 어둠 속에 있는 자들이여, 그대들 자신을 위해서도 한 줄기 빛을 원하는가?[5]

세계에 대한 이러한 인식은 파르메니데스Parmenides에게서 비롯된 것입니다.[6] 그의 독특한 존재론을 통해 니체는 이 세계의 형식과 생성의 문제에 대해 더 깊은 차원의 이해를 획득합니다. 니체가 긍정하는 생성은 무에서 유로 생겨나는 것, 혹은 그 반대의 것이 아닙니다. "존재하는 것은 존재하는 것이고, 존재하지 않는 것은 존재하지 않는 것이다"라고 파르메니데스는 말합니다. 그의 말대로 이미 존재하는 것과 존재하지 않는 것 사이를 가로지르는 일은 불가능합니다. 니체는 파르메니데스의 이러한 사유를 그대로 수용합니다. 그런데 문제는 그 다음입니다. 이러한 존재론을 바탕으로, 불변하고 영원한 것을 찾으려는 파르메니데스는 일체의 감각 세계를 부정합니다. 그러나 니체는 존재론적 입장에서 감각 세계를 부정하는 파르메니데스에게서 오히려 감각 세계, 가상假象에 대한 진정한 긍정과 끊임없는 생성에 관한 사유를 이끌어냅니다. 그는 파르메니데스를 통해 파르메니데스를 비판합니다.

존재라는 관점에서 말하자면, 감각 세계와 개념 세계는 결코 분리될 수 없습니다. 왜냐하면 감각 세계가 비존재, 즉 가상이자 기만이라면, 존재/비존재 사이의 생성을 허용하지 않는 파르메니데스적 세계 속에서 그것은 존재하지 않는 것이어야 합니다. 다시 말해 감각 자체가 기만적 존재, 실은 존재하지 않는 비존재라면 그것은 우리에게 기만으로 인식될 수도 없습니다. 그것이 하나의 기만이자 가상으로 인식된다는 사실이 이미 그것의 부정할 수 없는 존재 근거를 제공하는 셈입니다. 나아가 파르메니데스에게서 부정되는 운동과 다수성도 이성과 함께 긍정되어야 할 것임이 분명해집니다. 개념을 따른 이성적 사유가 실재적이라면, 개념이 사유하는 다수성과 운동성 역시 반드시 실재해야 하기 때문입니다. 니체는 이처럼 파르메니데스 존재론의 근본적 착상을 그대로 수용하면서도, 그로 인한 귀결로 여겨졌던 운동과 다수의 실재성에 대한 부정, 가상의 불가능성을 정면으로 반박합니다. 파르메니데스에 의해 쫓겨났던 다수성, 운동, 무한성 등은 니체의 표현대로 "유배지"에서 다시 돌아와, 파르메니데스의 "반대자들을 위한 무기"가 됩니다. 이 세계가 비존재가 아닌 존재라면 운동, 다수성, 가상 등은 그 자체로 존재할 수밖에 없습니다. 위의 긴 인용문은 이러한 사유에 바탕을 두고 있습니다. 왜냐하면 그 자체 불변하는 전체로서의 세계, 결코 비존재로부터 유래할 수 없고 비존재가 될 수도 없는 세계 전체의 존재 자체는 분명 불변하며 영원한 것입니다. 그러나 세계는 자신 안에서 끊임없는 유동하는 변화를 긍정할 수밖에 없습니다. 니체는 다음과 같이 말합니다.

탈레스나 헤라클레이토스의 방식으로 주장되었던 일자에서 다수가 발생하는 것, 유일한 근원적 성질에서 다양한 특성들이 발생하는 것, 간단히 말해 근원적 질료에서 세계가 파생하는 것은 같은 이유에서 마찬가지로 무의미하게 여겨졌다. 이제는 오히려 감각에 의한 착각과 가상의 이론으로 도망칠 필요도 없이 생성되지 않고 소멸하지도 않는 존재의 이론을 이 현존 세계에 적용하는 것이 근본적인 문제로 설정되었다. 만약 경험세계가 가상이 아니어야 한다면, 사물들이 무로부터 나오지도 않고 하나의 질료에서 파생될 수 없다면, 이 사물들은 진정한 존재를 포함하고 있어야 한다. 그들의 질료와 내용은 아무런 제약도 받지 않고 실재해야 한다. 모든 변화는 오직 형식, 즉 영원하고 동시에 실존하는 이 실체들의 위치, 질서, 배열, 혼합과 분리와 연관될 수 있다.[7]

창조와 파괴도 바로 이렇게 존재하는 세계의 구체적인 양상이라고 할 수 있습니다. 창조는 언제나 파괴를 동반합니다. 파괴를 동반하지 않는 창조란 있을 수 없죠. 초기 낭만주의의 대표적 인물인 프리드리히 슐레겔Friedrich Schlegel의 『루친데Lucinde』라는 소설에서도 이와 비슷한 대목을 발견할 수 있습니다.

"파괴와 창조: 하나이자 모든 것, 이 영원한 정신이 시간과 삶의 영원한 흐름이 될 것이며, 모든 이들은 그것이 사라지며 다시 오는 것을 볼 것이다."[8]

이러한 파괴는 결코 부정적인 것이 아닙니다. 이 우주의 근본적 본질인 변화에 수반되는 파괴와 창조이기 때문입니다. 세계를 완전히 새롭게 창조하려는 이들에게 파괴란 결코 피할 수 없는 계기입니다. 한 개체의 차원에서도, 우주적 차원에서도 마찬가지입니다. 동시에 이러한 파괴와 창조라는 변화의 과정은 모든 고통의 근원이기도 합니다. 니체는 디오니소스적 비극을 옹호하는 『비극의 탄생』을 쓰기 전에 「디오니소스적 세계관」이라는 논문을 씁니다. 여기서 니체는 다음과 같이 말합니다. "이것은 자연이 인간과 자신의 화해의 축제를 여는 하나의 전적으로 신비한 세계다. 신화는 아폴론이 찢겨 죽은 디오니소스를 다시 짜 맞추었다고 전한다. 이것은 아폴론을 통해 새롭게 창조된 자신의 아시아적 분열로부터 구원을 받은 디오니소스의 그림이다."[9] 여기서 니체가 말하는 디오니소스는 디오니소스 신화의 여러 버전 중 하나에 등장하는 디오니소스 자그레우스를 가리킵니다. 제우스와 페르세포네의 아들인 디오니소스는 분노한 헤라의 사주로 티탄족들에게 찢겨 죽는 고통을 당합니다. 그러나 제우스는 아폴론을 시켜 디오니소스의 찢겨진 조각들을 다시 짜 맞추도록 하지요. 처절하게 찢기고 다시 결합되는 디오니소스는 종교적 부활이자, 파괴와 창조의 변화를 의미합니다. 니체가 사상적 궤적의 초기부터 디오니소스를 말한 것은 이러한 종교적이고 신화적인 메타포를 삶과 이 세계의 근본적 본질로 사유하였기 때문입니다. 즉 세계의 변화란 곧 창조와 파괴이며, 이는 찢겨지고 다시 결합되는 디오니소스의 부활과 일치한다는 것, 그것이 니체가 이 세계를 이해하는 방식이었습니다.

니체가 진단한 당시 유럽의 병증은 이 창조와 파괴를 부정하는 것이 원인이 됩니다. 플라톤의 형이상학에서부터, 그리고 종교적 플라톤주의인 기독교에서부터 유럽적 사유의 역사 속에 변함없이 지속되는 유일신, 진리, 이데아, 이념, 주체 등은 모두 변화를 거부하고 안정된 상태로 머물러 있고자 하는 인간 욕망의 투영입니다. 그러나 이것은 '지금, 여기'의 삶을 부정하는 이념으로 작용합니다. 이 병든 유럽 문화에 대한 진단으로 제시되는 개념이 바로 니체가 말하는 파괴, 몰락, 변화, 생성 등의 가치입니다. 니체가 당대의 시대, 그리고 유럽 역사 전체를 데카당의 시대, 이를테면 몰락의 역사라고 말하는 것은 그들이 이러한 파괴에 따른 생성을 거부했기 때문입니다. 하지만 차라투스트라는 기꺼이 몰락하고자 합니다. 왜냐하면 이 몰락이야말로 그 자체로 생성과 변화를 긍정하는 행위이기 때문입니다.

몰락이란 자신이 가진 토대가 허물어져 현재의 모습으로 더 이상 존재할 수 없는 상태를 가리킵니다. 인간이 자신이 현재 처한 안정된 상태를 버리고 기꺼이 창조적이고자 하는 것, 이것은 단순한 수동성의 몰락과 달리 적극적인 하강이라고 할 수 있습니다. 사실 이러한 몰락은 종교적으로는 흔히 사용되는 비유입니다. "낮은 곳으로 임하소서"와 같은 말들을 생각해보면 이해가 되실 겁니다. 그러나 니체는 앞서 말한 대로 이러한 종교적 메타포를 인간의 창조적 삶이 전제해야 할 근본적 조건으로까지 이해합니다. 생성과 변화, 그리고 이를 위해 거부할 수 없는 계기로서의 몰락은 곧바로 위버멘쉬의 개념과 연결됩니다. 위버멘쉬가 자신을 극복하는 자라면, 그것은 자신의 현재 상태, 자신이 서 있는 토대로부터의 이탈을 전제할 수밖에 없습니다. 자신의 현재 상태를 부정하지 않는 변화는 변화일 수가 없기 때문입니다. 그리고 이 현재 상태에서의 이탈은 자신의 현재 사유, 이제까지의 자신, 주체를 부정한다는 것을 의미합니다. 푸코 (Michel Foucault)는 한 대담에서, 사유를 통한 새로운 주체의 구성과 변화에 대하여 '앎'과 '지식'을 구분하며 다음과 같이 말했습니다. 차분히 읽어볼 필요가 있는 대목입니다.

> 내가 "앎"(savoir)이라는 말을 사용하는 것은, 그것을 지식(connaissance) 과 구분하기 위해서입니다. 전자는 주체가 그 자신이 알고 있는 것들로 인해, 아니 차라리 알기 위해 행한 노동에 의해 변경되고 있는 과정입니다. 그것은 주체의 변경과 대상의 구성을 가능케 하는 것이지요. 그러나 지식은 알 수 있는 대상들을 증식시키고 그것들이 가진 명증성을 발전시키며 그것들의 합리성을 이해하게 만드는 과정으로서, 그 연구를 수행하는 주체는 항상 똑같이 남아 있습니다.[10]

여기서 앎이니, 지식이니 하는 어휘는 중요하지 않습니다. 중요한 것은 새로운 사유와 관련하여 근본적인 차이를 가지는 두 개의 사태가 이처럼 구분된다는 사실입니다. 푸코의 표현을 빗대어 말하자면, 니체의 '몰락'은 지식의 대상을 증대시키고 합리성을 통한 이해의 확장을 꾀하는 지식을 위한 것이 아니라, 주체의 변경 및 대상의 새로운 구성과 관계되는 것이라고 이해할 수 있습니다. 이는 주체의 항상성을 유지하면서 그 역량을 확대해나가는 것과는 구분됩니다(이러한 항상성의 차원에서 역량의 증대를 말한 이는 스피노자입니다). 왜냐하면 그것은 완전한 파괴와 이를 통한 새로운 창조이므로, 어떠한 항상성도 가능하지 않기 때문입니다. 이처럼 기존의 주체가 해체되고 새롭게 구성되는 과정은 디오니소스가 경험했던, 자신의 몸이 찢기는 고통을 동반합니다. 이런 점에서 위버멘쉬의 강함은 단순한 지배와 권력의 획득이라는 강함이 결코 아닙니다. 그것은 얼마만큼 고통을 감수하는가를 통해서 파악되는 강함일 것입니다.

신이 죽었다는 것을 아직도 알지 못하다니

서문의 두 번째 장에서 산을 내려오던 차라투스트라는 은둔해 있던 한 성자를 만납니다. 그는 신을 위해 노래를 짓고, 신을 찬양하는 이입니다. 그리고 숲속에서 뿌리/근거(Wurzeln)를 찾는 중이었습니다. 그는 차라투스트라를 보고 이렇게 생각합니다.

> 그때 너는 너의 재를 산으로 날랐다: 오늘은 너의 불을 골짜기로 가지고 가려는가? 방화범에게 주어지는 벌이 두렵지 않은가.

타고 남은 재가 다시 불이 되는 것은 차라투스트라가 자신의 고독 속에서 새로운 생명과 에너지를 죽은 재에게 불어넣었음을 보여줍니다. 타고 남은 재가 세상으로부터 차라투스트라에게 주어진 것이라면, 이제 그가 다시 산 아래로 가지고 가려는 건 사람들에게 전해줄 새로운 가르침일 것입니다. 노인은 그러나 그 가르침을 방화라고 말합니다. 차라투스트라의 가르침은 세상 사람들에게 결코 반겨지지 않을 것입니다. 어쩌면 차라투스트라보다 이 노인이 더 정확하게 사태를 판단하고 있는지도 모르겠습니다. 차라투스트라의 가르침은 수많은 오해와 왜곡 속에서 비난받았기 때문입니다. 이는 소크라테스의 재판을 연상시킵니다. 젊은이를 타락시켰다는 죄목으로 결국 사형을 당하고 마는 소크라테스처럼 차라투스트라도 결코 사람들에게 환영받지 못했습니다.

그러나 차라투스트라는 자신에게 주어질 벌을 염려하지 않습니다. 그는 아직도 신의 죽음에 대한 소식을 듣지 못한 성자에게 오히려 놀랍니다. 그는 마음속으로 다음과 같이 말합니다. "어찌 이런 일이 있을 수 있단 말인가? 저 늙은 성자는 숲속에 살고 있어서 신이 죽었다는 소문을 듣지 못했다는 말인가!"

"신은 죽었다"라는 광인의 외침은 니체의 수많은 문장 중 가장 유명한 문장일 겁니다. 이 짧은 문장으로 니체는 서구의 형이상학과 종교 전체를 대담하게 전복한 철학자가 된 것입니다. 신이 죽었다면, 더 이상 절대적이고 초월론적 지위에 존재할 수 있는 것은 아무것도 없을 터입니다. 그는 신의 죽음을 선언함으로써 진리, 불변, 완전성, 초월성 등 철학과 종교의 전통적 이상들을 여지없이 허물어뜨렸습니다. 그러나 이제부터 제가 말씀드리고자 하는 것은 신의 죽음으로 인해 절대적 이상은 존재하지 않는다는 흔한 이해가 아닙니다.

'영원회귀', '위버멘쉬' 등과 더불어 『차라투스트라』를 관통하는 '신의 죽음'이라는 테제가 처음 등장하는 것은 『즐거운 학문』의 125절입니다. "광인"이라는 표제를 달고 있는 이 텍스트에서 니체는 처음으로 신의 죽음을 이야기합니다. 신의 죽음은 광인에 의해 말해집니다. 하지만 이러한 소식은 바로 전해지지 않습니다. 니체의 말대로 "너무 일찍 세상에 나온"[11] 소식이기 때문입니다.

> 이 엄청난 사건은 아직도 진행 중이며 방황 중이다. 이 사건은 아직 사람들의 귀에 들어가지 못했다. 천둥과 번개는 시간이 필요하다. 별빛은 시간이 필요하다. 행위는 그것이 행해진 후에도 보고 듣게 되기까지 시간이 필요하다. 사람들에게 이 행위는 아직까지 가장 멀리 있는 별보다도 더 멀리 떨어져 있다.[12]

때를 기다리는 천둥과 번개는 『차라투스트라』에서도 여러 번 반복되는 비유입니다. 이 '때'란 새로운 가치 창조의 시간이며 차라투스트라의 가르침, 즉 '힘에의 의지'(Wille zur Macht)로서의 세계, 위버멘쉬라는 삶의 의미가 도래할 시간입니다. 그리고 신의 죽음의 의미를 비로소 이해하는 시간이기도 합니다. 여기서 "이 엄청난 사건"이란 신의 죽음을 말합니다. 그런데 니체는 신의 죽음이 아직도 진행 중이며, 방황 중인 사건이라고 말합니다. 신은 이미 죽었습니다. 이것은 비유가 아닙니다. 우리 모두 예수의 죽음과 부활에 대해 잘 알고 있기 때문입니다. 니체가 말하고자 하는 바는 그 죽음의 의미가 제대로 이해되지 않았다는 것입니다. 신이 존재했다는 것, 그리고 죽었다는 것, 우리는 신의 죽음이라는 사건을 말 그대로 소박하게 이해해야 합니다. 거기엔 더할 것도 뺄 것도 없습니다. 이러한 죽음을 추상적으로 사유해서 신의 허구성에 대한 이해로 곧바로 나아가면 이 사건의 의미는 결코 온전히 이해되지 않습니다. 니체는 그러한 죽음의 의미가 제대로 숙고되었는가라는 의문에서 출발합니다. 다시 말해 어째서 절대적 존재인 신이 구태여 인간의 몸으로 태어나 죽고 부활하는 일련의 과정을 거쳐야 했는가. 엄청난 사건이란 바로 이것을 의미합니다.

여러분들은 흔한 오해대로 니체가 신을 죽였다고 오해해서는 안 됩니다. 신이 니체의 말 한마디로 죽을 리는 없지 않겠습니까. 우리가 신의 죽음에 대해 들었듯이 그 역시 신이 죽었다는 소식을 들었을 뿐입니다. 신은 그러니까, 광인의 외침 이전에 이미 죽은 것입니다. 신의 죽음에 대한 또 다른 흔한 해석과 이해처럼 '신은 그저 허구일 뿐이다'라고 단순히 말하는 것과도 거리가 멉니다. 『즐거운 학문』에서 광인의 입을 통해 신의 죽음을 말할 때 그를 비웃는 이들은 이미 신을 믿지 않는 자들입니다.

그대들은 밝은 대낮에 등불을 켜고 시장을 달려가며 끊임없이 "나는 신을 찾고 있노라! 나는 신을 찾고 있노라!"라고 외치는 광인에 대해 들어본 일이 있는가? 그곳에는 신을 믿지 않는 많은 사람들이 모여 있었기 때문에 그는 큰 웃음거리가 되었다. 신을 잃어버렸는가? 그들 중 한 사람이 이렇게 물었다. 신이 아이처럼 길을 잃었는가? 다른 한 사람이 말했다. 신이

버렸는가? 신이 우리를 두려워하는가? 신이 배를 타고 떠났는가? 이민을 떠났는가? 이렇게 그들은 웃으며 떠들썩하게 소리쳤다.[13]

여기서 시장터에 있는 사람들에게 이미 신의 존재는 아무런 의미를 가지지 못합니다. 그들은 오히려 광인을 농담으로 조롱하기 때문입니다. 이 대목이 의미하는 바는 명확합니다. 즉 신의 죽음이라는 사건은 단지 신의 허구성을 이야기하기 위한 극적 장치가 아니라는 점입니다. 다시 말하지만, 그들은 이미 신을 믿지 않는 이들이기 때문입니다. 그러니 신의 죽음은 '신이 존재하지 않는다'는 말과는 전혀 다른 의미로 해석되어야 합니다. 신이 허구라는 것과 신의 죽음은 전혀 다른 것입니다. 애당초 신이 허구라면 신이 죽을 리도 없기 때문입니다. 보통의 이해와는 반대로, 광인이 말하는 신의 죽음은 오히려 신의 허구성을 부정하고 신의 존재를 말하고 있는 것입니다.

신의 죽음이라는 사건의 의미를 제대로 이해하기 위해서는 신의 존재를 육신을 가진, 다시 말해 죽을 수 있는 신의 탄생과 함께 이해해야 합니다. 신의 죽음이라는 사건은 죽을 수 있는 신이라는 존재를 전제하기 때문입니다. 신이 육신을 가지는 것을 육화(강생, incarnation)라고 합니다. 그런데 왜 신은 육화되었는가. 어째서 절대적 신에게 불완전한 인간의 육신이 필요했을까요. 어쩌면 질문은 여기서부터 시작되어야 합니다. 예수의 탄생 이전, 신의 가르침은 육화 이전에 언제나 말의 형태로 이루어졌습니다. 모세가 시나이 산에서 계명을 받을 때, 그에게 신은 하나의 목소리로 나타났습니다. 그러나 이 목소리만으로는 신은 아직 그 추상성에서 벗어나지 못합니다. 목소리란 곧 언어요, 개념이며, 사유, 정신에 불과하기 때문입니다. 신이 육화되어 예수라는 이름으로 지상의 육신에 그 근거를 삼은 것은 신앙의 실존성을 증명하는 사건입니다. 신의 계명이 보여준 도덕률은 예수라는, 불완전한 인간의 육신을 가진 신의 존재를 통해서 오히려 완전해집니다. 기독교적 이상에 대한 형이상학적 세계 인식과는 다른 인식을 보여주는 유일한 계기이기도 합니다. 신이 육체를 가졌다는 것은 결코 어떤 불완전함이 아닙니다. 신은 육신을 통하여 더욱 완벽해지는 것입니다. 그것은 그러므로 타락이 아니라 하나의 전개이며, 완전성을 위한 과정이라고 불러야 합니다. 저는 이것을 로고스를 완성하는 신체라고 표현하고자 합니다.

육화된 신이 보여준 것은 신의 가르침에 대한 실천입니다. 예수의 삶은 신의 삶이며, 그것은 그 자체로 신의 가르침이기도 하기 때문입니다. 그것은 신이 신으로 머물러 있는 동안에는 결코 보여줄 수 없는 것이기도 합니다. '신-인간'이 필요한 이유가 여기에 있습니다. 예수는 인간의 육신을 가지고, 신이자 인간으로 산 자입니다. 니체는 예수가 죽은 것이 다른 사람의 죄 때문이 아니라고 말합니다. 신은 인간으로서의 삶을 살면서, 스스로의 죄에 의해서 죽은 자였습니다. 그 죄란 무엇인가요. 그는 사제와 신학자를 부정하고, 이스라엘의 성자들에 대항했으며, 계급의 특권과 질서를 문제 삼았습니다.

> 예수라는 성스러운 아나키스트는 하층민과 배제된 자와 '죄인'과 유대교 내부의 찬달라에게 지배 질서에 대한 저항을 호소했다—복음서를 믿어도 된다면, 오늘날에도 여전히 시베리아 유형 신세가 될지도 모르는 말을 사용해서 말이다. 이런 그는 정치범이었다. 터무니없이 비정치적인 사회에서 가능한 그런 형태의 정치범이었다. 이 점이 그를 십자가로 몰고 간 것이다: 이에 대한 증거는 십자가에 붙어 있는 명패이다. 그는 자신의 죄 때문에 죽었다—그가 다른 이들의 죄 때문에 죽었다는 것은 비록 그것이 자주 주장된다고 하더라도 근거 없는 말이다. —14

그의 삶은 인간의 세계 속에서 인간에 의해 부정된 삶이었습니다. "엘리 엘리 라마 사박다니!"15 십자가에 매달린 예수의 이 외침은 그가 신으로 죽은 것이 아니라 인간으로 죽었음을 보여줍니다. "나의 하나님, 나의 하나님, 어찌하여 나를 버리셨나이까"라고 고통 속에 울부짖는 예수의 모습은 그가 그 스스로의 행위, 기존의 권위와 사제들의 부정, 계급적 질서에 저항하는 피와 살을 가진 인간으로서 이 세계 속에서 그가 짊어져야 할 필연성을 보여줍니다. 모든 인간들은 신의 아들입니다. 신의 아들이라고 말할 때 예수와 인간들 사이의 차이는 없습니다. 다만 유일한 차이는 예수는 스스로를 신의 아들로 선언하고 신의 아들로 행동했던 것뿐입니다. 그러므로 신의 죽음은 우리 인간들 역시 신의 아들임을 역설적으로 증명하는 사건입니다. 신의 죽음은 신-인간이라는 이중성을 통해 신의 존재에 역사성을 부여함으로써 정신과 육체, 무한성과 유한성의 통일을 시도하는 것이기도 합니다. 들뢰즈(Gilles Deleuze)는 이렇게 말합니다. "그것은 신의 현존을 어떤 종합에 의존시키며, 시간, 생성, 역사, 인간과 신의 관념의 종합을 행한다. 그것은 신이 현존했고 그 신이 죽었고 부활할 것이라는 것, 신은 인간이 되었고, 인간은 신이 되었음을 동시에 말하고 있다. '신은 죽었다'라는 정식은 사변적 명제가 아니라, 비극적 명제, 전형적인 비극적 명제이다."[16] 니체는 복음적인 실천만이 신에게 인도하며, 복음의 실천이 바로 '신'이며, 예수는 '인간을 구원하기' 위해서가 아니라 어떻게 살아야 하는가를 보여주기 위해 죽었다고 말합니다.

> 이 '기쁜 소식을 가져온 자'는 그가 살아왔고 가르쳤던 대로 죽었다―'인간을 구원하기' 위해서가 아니라, 어떻게 살아야 하는가를 보여주기 위해 죽었다. 그가 인류에게 남겨놓은 것은 바로 실천이었다.[17]

「요한복음」에 나오는 "말씀이 살이 되었다"[18]는 말은 바로 그러한 사태를 가리킬 겁니다. 예수는 신이 어떻게 인간의 삶을 살아내는가를 보여주기 위해서 존재한 것입니다. 예수는 신앙의 대상으로서의 신이 아니라, 어떤 행위의 유일무이한 전형으로서 존재합니다. 그러므로 그리스도교란 말은 이미 모순이며, 우리들 각자가 신의 아들이자 곧 신으로서 주어진 삶이 있을 뿐입니다.

'그리스도교'라는 말 자체가 벌써 오해이며 ―, 근본적으로 오직 한 사

람의 그리스도교인이 존재했었고, 그는 십자가에서 죽었다.[19]

　신의 죽음은 곧 신의 삶을 전제합니다. 십자가에서 신을 스스로의 손으로 죽였던 인간은 이제 신의 죽음을 통해 자신의 삶으로 신의 삶을 살아가야 합니다. 신을 죽인 인간은 이제 스스로가 신이 되지 않고서는 이 사건을 감당할 수 없습니다.

　　신은 죽었다! 신이 죽어버렸다! 우리가 신을 죽인 것이다! 살인자 중의 살인자인 우리는 이제 어디에서 위로를 얻을 것인가? 지금까지 세계에 존재한 가장 성스럽고 강력한 자가 지금 우리의 칼을 맞고 피를 흘리고 있다. 누가 우리에게서 이 피를 씻어줄 것인가? 어떤 물로 우리를 정화시킬 것인가? 어떤 속죄의 제의와 성스러운 제전을 고안해내야 할 것인가? 이 행위의 위대성이 우리가 감당하기에는 너무 컸던 것이 아닐까? 그런 행위를 할 자격이 있으려면 우리 스스로가 신이 되어야 하는 것이 아닐까? 이보다 더 위대한 행위는 없었다. 우리 이후에 태어난 자는 이 행위 때문에 지금까지의 어떤 역사보다도 더 높은 역사에 속하게 될 것이다![20]

　그것은 인간에게 주어진 숙명과 같은 것이기도 합니다. 위대한 삶이란 더 이상 명령으로서 존재하지 않습니다. 이제 명령하는 신은 없습니다. 오직 자신의 삶을, 유일한 그리스도교인으로서 자신의 삶을 살아낸 신이 있듯이, 신의 자리를 대신한 위버멘쉬의 삶이 있을 뿐입니다. 『안티크리스트』에서 니체는 예수의 부활에 대해서는 일절 언급을 삼갑니다. 그에게 중요한 것은 삶이요, 죽음은 그 삶의 일부이기 때문입니다. 그러므로 죽음 이후의 부활에 대해 말할 것은 없습니다. 신의 죽음이라는 사건이야말로, 예수라는 신이자 인간인 존재의 필연성이 가진 의미를 통해 이해되어야 합니다. 하나님에게 버림받았다는 것은 예수가 하나님에게 미움을 받았다거나 외면당했음을 의미하지 않습니다. 오히려 그의 죽음은 그가 자신의 행위에 대한 책임을 지는 자유정신의 소유자임을 증명합니다. 만약 십자가에서 그대로 죽지 않고, 마치 고대 그리스의 '기계 장치의 신'(Deus ex Machina)에 의해 구원받는 인물처럼 예수가 신에 의해 죽음에서 구해졌다면, 그를 자유정신의 소유자요 자유로운 자라고 말할 수 있을까요. '예수는 어째서 인간으로 태어나 인간으로 죽었는가?', 의미가 있는 질문은 그것입니다.

이처럼 신의 죽음이라는 사건은 자유정신의 삶이 어떤 것인지를 보여줍니다. 이것이 신이 구태여 인간의 육신을 빌려 세상에 등장한 이유일 것입니다. 보편적이면서 유일무이한 전형으로서의 신-인간, 저항하는 자로서의 신-인간, 복음을 말하는 자로서의 신-인간, 그 존재의 가능성이 신의 죽음이라는 사건에 담겨 있습니다. 신이 된다는 것은 인간의 필연성, 즉 필멸성, 육체성, 유한성, 구체성 등을 부정하고 영원불멸, 정신성, 추상성, 초월성 등을 획득함을 뜻하지 않습니다. 니체가 말한 것은 결코 이런 것이 아닙니다. 신의 죽음을 말하는 것은 신-인간의 존재를 말하는 것이고, 인간이 인간인 채로 신이 될 수 있다는 말이기도 합니다. 인간이 신이 되기 위해 유일하게 요구되는 것은 오직 인간 자체입니다. 인간 자신을 긍정하는 것, 복수와 죄의 관념을 떨쳐내는 것, 육체와 욕망을 힘에의 의지의 원천으로 사유하는 것이 필요합니다. 우리 스스로가 신이 되어야 한다는 말이 의미하는 바는 이것입니다. 신의 죽음이란 곧 신적 의지와 신적 무한성이 하나의 인간이라는 구체적 형상 속에서 존재할 수 있음을 보여준 사건입니다. 그것을 위해 우리에게는 다른 세계도, 또 다른 신도 필요하지 않습니다.

그러나 신의 부재를 부정하고, 그로써 신의 죽음이 지니는 의미에 대한 무지를 보여준 그리스도교만이 원죄의 개념과 함께 인간 자신을 끊임없이 부정해왔습니다. 원죄와 무염수태의 기적은 인간의 자기 부정과 혐오를 가장 극명하게 드러냅니다. 이제 인간은 용서받지 못할 존재, 죄책감으로 살아가야 할 존재가 되었습니다.

교회가 신의 무덤과 묘비가 아니라면 도대체 무엇이란 말인가?[21]

바로 여기에 기독교의 역설이 있습니다. 신을 믿고 신의 말씀을 실천하고자 하는 기독교는 인간이 자기 스스로를 혐오하게 할 뿐입니다. 광인이 스스로 신을 죽인 자가 아니라 '신은 죽었다'는 소식을 전하는 자인 것은 그리스도교가 망각한 신의 죽음의 의미를 다시금 환기시킵니다. 그리고 그 환기는 그리스도교 자신을 붕괴시킬 수밖에 없는 다이너마이트와 같은 것입니다.

줄타기 광대를 만나다

은자를 만난 숲에서 나와 차라투스트라는 시장터에서 줄타기 광대를 만납니다. 왜 니체는 광대를 통해서 위버멘쉬를 말하는 걸까요. 이 줄타기 광대는 어떤 면에서는 위버멘쉬와도 비슷합니다. 그 역시 고독하며, 위험하고, 동시에 불안한 존재이기 때문입니다.[22] 3권의 「낡은 서판과 새로운 서판에 대하여」에서 그는 다음과 같이 말합니다.

> 내가 나의 늙은 악마와 철천지 원수를, 중력의 영과 그가 만들어낸 모든 것, 강제, 규약, 필요와 결과와 목적과 의지와 선과 악을 재회한 곳에서
> 그렇다면, 그것을 넘어 춤추고, 춤추면서 건너가는 존재가 있어야 하지 않겠는가.

뛰어넘고, 춤을 추면서 저편으로 건너가는 사람. 광대의 이러한 행위들은 위에서 일종의 자기 극복 행위로 이해됩니다. 불안한 줄의 한쪽에서 저편으로 건너가는 어릿광대는 어찌 보면 고대 그리스 신화의 이카로스를 연상시킵니다. 브레히트(Bertolt Brecht)의 시 중에는 「울름의 재단사」라는 시가 있는데요. 이 시에서 브레히트가 그려내는 장면은 니체가 보여주는 광대의 줄타기 장면과 너무나도 흡사합니다.[23]

울름의 재단사(1592년 울름에서)

주교님, 저는 날 수 있어요.
재단사가 주교에게 말했습니다.
주의해 보세요, 제가 어떻게 나는지!
그리고 그는 날개처럼 생긴 것을
가지고 높고 높은 성당
지붕 위로 올라갔습니다.

주교는 계속해서 걸어갔습니다.
그것은 새빨간 거짓말이야.
인간은 새가 아니거든.
앞으로도 사람은 절대로 날 수 없을 거야.
주교는 재단사에 대하여 말했습니다.

그 재단사가 죽었어요.
사람들이 주교에게 말했습니다.
굉장한 구경거리였어요.
그의 날개는 부러져버렸고
그의 몸은 박살이 나서
굳고 굳은 성당 마당에 놓여 있어요.

성당의 종을 울리시오.
그것은 거짓말에 지나지 않았소.
사람은 새가 아니오.
어떤 사람도 절대로 날 수 없을 것이오.
주교는 사람들에게 이렇게 말했습니다.[24]

여기서 재단사는 기존의 사고방식을 넘어 새로운 비상을 시도하는 인물로 그려집니다. 하지만 그 시도는 결국 실패하고 말지요. 조력 자살,

그러니까 안락사로 생을 마감한 이탈리아의 좌파 정치사상가 루치오 마그리Lucio Magri는 브레히트의 이 시를 따서 『울름의 재단사』(Il sarto di Ulm)라는 책을 마지막 저작으로 발표하기도 했습니다. 이탈리아 좌파의 몰락을 목도하면서 그 역사를 반성하고 정치 문화 자체의 근본적 변혁을 요구하는 책이죠. 현실에의 좌절과 비판, 이를 극복하려는 새로운 변화의 시도와 비극적 최후 등에서 이들에게는 어떤 공통점이 있습니다. 울름의 재단사는 이카로스와 같이 기존의 세계를 부정하고 새로운 세계를 꿈꾸는 인물입니다. 전통적인 교훈적 독해에서 이카로스는 아버지의 가르침을 경솔하게 어기는 자로 취급됩니다. 과거의 가르침을 무시하고 자신의 독단으로 인해 파멸을 맞이하는 어리석은 인물이지요. 그러나 그렇기 때문에 역설적으로 이카로스는 기존의 권위를 벗어나 새로운 창조를 시도하는 예술가를 비유하기도 합니다. 시인들은 종종 지상을 도약해 하늘을 비상하는 새를 자기 정체성의 상징으로 삼았습니다. 그리스의 위대한 시인 호라티우스에게 백조가, 니체에게 독수리가, 보들레르에게 알바트로스가 그러했듯이 말입니다. 이러한 비상 이미지들의 오래된 신화적 원형이 바로 이카로스입니다. 동시에 이들 새에게는 하나의 공통점이 있습니다. 땅위에서는 자유롭지 못하다는 점입니다. 기존의 질서가 지배하는 세계에서 그들은 뒤뚱거릴 수밖에 없는 인물입니다. 그리고 그 모습은 사람들의 조소를 자아냅니다. 그들이 하늘 위에서 얼마나 자유롭고 아름답게 나는지, 그들은 모릅니다. 괴테 역시 『파우스트』에서 이카로스를 시인의 상징으로 차용한 바 있습니다. 파우스트와 헬레네 사이에서 태어난 오이포리온이 바로 이러한 인물이지요. 그는 말합니다. "더 이상 땅바닥에 처박혀 있기 싫어요"라고, "더욱 더 높이 올라가야지"라고 말입니다.

오이포리온 그래도 가야 해요! —— 양쪽 날개가
활짝 펼쳐집니다!
그곳으로! 가야겠어요! 가야 합니다!
날도록 허락해주세요!

그는 공중으로 몸을 던진다. 한순간 옷자락이 그의 몸을 지탱해준다. 그의 머리가 빛을 내고, 불빛의 꼬리가 길게 뻗친다.

합창　　　　　이카로스다! 이카로스야!
　　　　　　　너무나 슬프구나.

아름다운 청년이 부모의 발 앞에 떨어진다. 보아하니 사자^{死者}는 유명한 사람의 모습 같다. 그러나 육신은 곧 사라지고 후광이 혜성처럼 하늘로 올라간다. 옷과 외투와 칠현금만 남아 있다.[25]

이카로스의 비극적 운명은 『차라투스트라』의 줄타기 광대에게도 예외가 아닙니다. 두 탑 사이에서 아슬아슬하게 건너편을 향하던 그에게 갑자기 웬 사내가 뒤쫓아 옵니다. 위협적인 말을 하면서 뒤쫓아 오다가 마침내 광대를 뛰어넘어 그를 떨어지게 합니다. 이 사내는 누구일까요. 그는 광대를 이렇게 위협합니다. "여기 두 탑 사이에서 무엇을 하고 있는 것이냐? 네가 있을 곳은 저 탑 속이 아니더냐. 누군가가 너를 그 속에 가두었어야 했는데, 너는 지금 너보다 뛰어난 자의 길을 가로막고 있지 않느냐!"라고요. 그는 곧 위버멘쉬가 되고자 하는 자를 비웃고 욕하는 자이며, 그를 탑 속에 가두고자 하는 자입니다. 아무것도 새로이 시도할 수 없고, 기존의 세계 속에서의 삶을 강요받는 이, 그것이 바로 여기의 광대입니다. 결국 여기서 그는 죽음을 맞이하지요. 니체가 이 광대의 죽음을 보여주는 것은 밧줄을 넘어 건너편으로 간다는 일이 얼마나 힘든지를 드러내는 것이기도 합니다. 그는 수많은 방해꾼들과 구경꾼들을 넘어서야 하지요. 하지만 그렇다고 그만둘 수는 없습니다. 차라투스트라의 말대로 그것은 전혀 경멸할 대상이 아니기 때문입니다. 위험을 천직으로 삼는 자야말로 위버멘쉬이기 때문입니다. 「서문」의 7절에서 차라투스트라는 죽어가는 사내에게 이렇게 말합니다.

차라투스트라는 말했다. "그만하라, 너는 위험을 너의 천직으로 삼아왔고, 거기에 경멸할 만한 것은 없다. 이제 너의 천직으로 죽음을 맞았으니: 그래서 나는 너를 내 손으로 묻어줄 것이다."

여기서 니체는 인간이 밧줄이라고 말하고 있습니다. 왜일까요. 그것은 인간이 하나의 과정이기 때문입니다. 하나의 인간은 그 스스로를 극복해야만 합니다. 그것이 곧 위버멘쉬이지요. 하지만 그러기 위해서, 자신과 더불어 다른 인간을 넘어서야 합니다. 이것은 단순히 경쟁을 말하는 것이 아닙니다. 밧줄이 없다면 광대는 결코 건너편 탑에 이르지 못할 겁니다. 이제껏 존재했고 지금 존재하는 모든 인간들은 그러므로 하나의 밧줄이기도 합니다. 위버멘쉬에 이르는 밧줄이죠. 차라투스트라가 위버멘쉬에 대해 알려준다는 것은 그가 곧 밧줄로서 존재함을 의미하기도 합니다. 사실 차라투스트라는 "다리"라는 표현을 더 자주 씁니다. 마찬가지 맥락이지요. 차라투스트라는 우리에게 위버멘쉬에 이르는 길 자체입니다. 즉 인간은 위버멘쉬가 탄생하기 위해 거쳐야 할 과정인 동시에, 그 자신이 위버멘쉬가 될 수 있는 존재이기도 합니다. 우리는 그러므로 밧줄이자 광대여야 합니다.

정오의 시간

광대가 죽자 차라투스트라는 그를 묻어줍니다. 그러고는 그를 첫 길동무라고 말합니다. 차라투스트라에게 왜 길동무가 필요할까요. 니체는 누구보다 고독을 말한 이가 아니었던가요. 이를테면 『아침놀』에서 니체는 고독을 참지 못하는 인간에 대해 이렇게 말합니다.

고독을 배우는 것.—오, 그대들, 세계 정치가 이루어지는 대도시에 사는 가련한 무리들이여. 그대들, 젊고 유능하고 명예욕으로 고통받는 사람들이여. 그대들은 모든 사건에 대해 그대들의 의견을 말하는 것이 의무라고 알고 있다! 그리고 실로 항상 어떤 사건이 일어나고 있다. 그대들은 이런 식으로 먼지와 소음을 만들어내며 자신들이 역사를 이끌어가는 수레라고 믿는다. 그대들은 언제나 귀 기울이고 언제나 그대들의 의견을 던져넣을 수 있는 기회를 노리기 때문에 진정한 모든 생산성을 상실해버린다! 그대들이 위대한 일들을 하려고 아무리 열망해도 [그러한 일들을: 인용자] 잉태할 수 있는 깊은 침묵은 그대들에게 결코 찾아오지 않는다. 그대들은 그대들 자신이 사건을 쫓는다고 생각하지만, [사실은] 나날이 일어나는 사건들이 그대들을 지푸라기처럼 그 사건들 앞으로 몰아오는 것이다. 그대들, 가련한 무리들이여! 무대에서 주역을 맡으려면 합창에 끼어들 생각을 해서는 안 된다. 아니, 어떻게 합창하는지 알아서도 안 된다.[26]

니체에게서 무리 짓는 이들에 대한 거부감을 넘어선 혐오감을 발견하는 것은 어렵지 않습니다. 그는 『차라투스트라』의 「서문」 9절에서도 "나는 고작 가축 떼나 돌보는 목자가 되어서도 안 되며 송장이나 묻는 자가 되어서도 안 된다. 군중과는 더 이상 이야기하지 않으련다. 죽은 자에게 말하는 것도 이것으로 끝이다"라고 말합니다.

블랑쇼(Maurice Blanchot)는 『문학의 공간』에서 다음과 같이 쓰고 있습니다.

릴케가 (1907년 8월 3일) 솔름즈 라우바흐 백작 부인에게 "몇 주 전부터 두 번의 짧은 멈춤의 시간을 제외하고는 한 마디 말도 하지 않았습니다. 나의 고독은 마침내 밀폐되고 나는 과일 속의 씨앗처럼 작업 속에 있습니다"라고 적을 때, 그가 말하는 고독은 본질적으로 고독이 아니다. 그것은 몰입이다.[27]

블랑쇼는 문학의 고독과 우리가 흔히 이해하는 고독, 즉 몰입을 구분하기 위해서 이와 같이 말합니다. 그러나 저는 니체가 말하고자 하는 고독이 바로 이 몰입과 유사한 것이라고 생각합니다. 그것은 자신 안에 마치 '과일 속의 씨앗'처럼 머무는 것입니다.

고독을 말하는 니체는 어째서 벗을 찾는 것일까요. 흔히 비판되는 바와는 달리 니체는 연대를 부정하지 않습니다. 해당 장에서 다루겠지만 1권의 「벗에 대하여」에서 차라투스트라는 우정에 대해 이야기합니다. 그리고 우리는 이를 통해 연대의 가능성을 읽어낼 수 있습니다. 간단하게 말하자면, 고독한 개인들 사이의 연대라는 이름으로 말할 수도 있을 텐데요. 저는 이 고독과 연대가 모순이 아니라고 생각합니다. 마치 대지의 뱀과 공중의 독수리가 한 몸이 되어 날아오르는 것과 같이 고독과 연대는 어떤 맥락에서는, 아니 오직, 서로의 존재를 통해서만 완전해지는 가치이기 때문입니다. 고독이 없을 때 연대는 군중 이상의 것이 아니게 되며, 연대가 없을 때 고독은 자기 만족에 지나지 않기 때문입니다. 그렇기에 니체는 고독을 말하면서도 벗을 찾는 것입니다.

> 나 창조하는 자, 추수하는 자, 축제를 벌이는 자들과 벗하리라. 나 그들에게 무지개를, 그리고 위버멘쉬에 이르는 층계 하나하나를 남김없이 보여주리라.
> 홀로 있는 은자들에게, 그리고 단둘이서 세상을 피해 숨어 지내고 있는 자들에게 나, 나의 노래를 불러주리라. 그리고 일찍이 들어본 적이 없는 그런 말을 귀담아 들을 줄 아는 자의 가슴을 나 행복으로 가득 채워주리라 (「서문」 9절).

이것이 결국 차라투스트라가 10년의 은둔을 마치고 산을 내려온 이유입니다. 즉 그는 홀로 진리를 찾는 데 만족하지 않았습니다. 매일 아침 그의 동굴을 찾는 해에게 그가 벗이 되어주었듯이, 차라투스트라 역시 벗을 찾고자 했기 때문입니다. 그리고 이러한 목표를 그는 바로 "해가 그의 머리 위에 있을 때" 선언합니다. 정오의 시간이죠. 이 정오의 시간은 과거와 미래의 사이에 있는 시간, 즉 그 자체로는 텅 빈 시간이지만, 동시에 현재의 시간이고 우리가 언제나 살아가고 있는 시간입니다. 인간에게서 나온, 그러나 인간의 모습을 왜곡하는 그림자가 제일 짧아지는 시간이기도 하지요. 그러므로 이 정오의 시간은 니체에게 깨달음의 시간이요 새로운 세계를 맞이하는 시간입니다. 『이 사람을 보라』에서 그는 이렇게 말합니다.

> 내 과제는 인류 최고의 자기 성찰의 순간인 위대한 정오를 준비하는 것이다. 이때 인류는 과거를 회고하고 미래를 내다보면서, 우연과 사제의 지배에서 벗어나 "왜?" "무슨 목적으로?"라는 질문을 최초로 전체적으로 제기할 것이다.[28]

이제 뱀이 독수리의 목을 감고 한 몸이 되어 날아오릅니다. 차라투스트라는 그 광경을 보고 그 자신이 가장 영리한 뱀처럼 되기를, 그리고 가장 긍지 높은 독수리처럼 되기를 바랍니다. 이렇게 차라투스트라의 하강은 비로소 시작됩니다.

세 변신에 대하여

초두에 만나는 이 장은 『차라투스트라는 이렇게 말했다』 전체에서도 가장 유명한 장입니다. 아마 책을 읽어보시지 않은 분들도 니체가 말하는 낙타, 사자, 아이의 비유는 들어보셨을지 모르겠습니다. 낙타에서 사자로, 사자에서 아이로 상승하는 과정을 통해 『차라투스트라』 전체의 가장 중요한 주제인 위버멘쉬를 압축적으로 제시한 장이라고 할 수 있습니다.

니체는 정신의 변신을 세 개의 상징적 이미지로 포착해내고 있습니다. 낙타, 사자, 아이로의 변화는 그러므로 자연스러운 성장의 단계가 아니라, 니체가 파악한 세 유형의 자기 극복의 인간형이라고 할 수 있습니다. 니체의 『차라투스트라』는 수많은 인간의 모습을 나열하여 보여줍니다. 이를테면 니체의 인간학이라고 할 수 있습니다. 그러나 낙타, 사자, 아이로의 변신은 순차적인 발전의 단계가 아니라, 불연속적 변화이자 '도약'입니다. 마치 애벌레가 고치가 되고 고치가 다시 나비가 되는 것처럼 이러한 도약은 급작스럽고, 변신은 철저한 단절을 보여줍니다. 자연스러운 '변화'가 아니라 굳이 정신의 '변신'이라는 조금은 어색한 표현을 쓴 이유가 여기 있습니다. 여기서 정신의 변신은 단순한 인식의 변화가 아닌 존재 자체의 변화를 의미합니다. 어떤 사람이 낙타처럼 행동하는 한 그는 계속해서 낙타인 채로 머물 수밖에 없습니다. 사자처럼 행동하는 사람, 그는 다름 아닌 사자의 정신을 가진 사람입니다. 이것은 행위와 행위자를 구분할 수 없다고 니체는 『도덕의 계보』에서 말합니다. 정신과 신체/존재는 분리되지 않는 하나의 사태이자 사건입니다.

그런데 정신이 곧 신체라면 어떻게 인간이 낙타가 되고, 다시 낙타에서 사자가, 그리고 다시 사자에서 아이가 되는 것일까요. 니체는 이 장의 처음에, 정신이 '어떻게' 낙타가 되고, 낙타가 '어떻게' 사자가 되고, 사자가 '어떻게' 어린아이가 되는지를 말하겠다고 이야기합니다. 그러나 이 장 어디에서도 그 '어떻게'에 대한 대답을 찾을 수 없습니다. 그는 낙타, 사자, 아이의 정신이 무엇인지 말해줄 뿐, 그것이 어떻게 다음 단계로 가는가에 대해서는 전혀 말하지 않습니다. '어떻게'라는 질문에서 독자들이 정작 궁금해하는 것은 그런 것일 텐데도 말이죠. 니체는 왜 거기에 대해서 말하지 않을까요. 이 대목에서 니체는 무책임해 보입니다. 하지만 이것은 니체로서도 어쩔 수 없는 일일 겁니다. 왜냐하면 '어떻게'에 대해서 말하는 것은 불가능하기 때문입니다. 정신의 노예인 낙타에게 사자가 될 방법을 가르쳐줄 수 없는 이유는 간단합니다. 그 방법을 배우고 복종하는 순간 그는 낙타의 존재가 되기 때문입니다. '어떻게 주인이 될 수 있는가'라고 묻는 한, 인간은 아직까지 노예의 존재입니다.

여기서 주의할 것은 가장 낮은 단계의 낙타마저 이미 한 단계 도약한 상태라는 점입니다. '어떻게 낙타가 되는가'라고 니체는 말하고 있기 때문입니다. 차라투스트라는 여기서 이렇게 묻습니다. "가장 무거운 것은 무엇인가." 그것은 서양 철학과 도덕이 오랫동안 유지해왔던 규범들과 가치들입니다. 서양의 철학과 도덕은 언제나 자신의 과업을 어떤 고난이나 고통, 무거운 짐과 같은 것이라고 생각해왔습니다. 그것은 쉽지 않지만 감당해야 하는 것입니다. 니체는 『선악의 저편』에서 다음과 같이 말합니다.

"그들[사상가와 학자들: 인용자]은 필연성이란 모두 고난이라고, 고통스럽게 따라야만 하는 것이거나 강제되는 것이라고 생각한다. 그리고 그들은 사유 자체를 어떤 완만한 것, 주저하는 것이라고, 거의 노고라고, 때때로 '고상한 사람이 땀 흘릴 만한 가치가 있는 것'이라고 생각한다.—그러나 결코 어떤 가벼운 것이나 신적인 것, 춤이나 들뜬 기분에 가까운 것이라 여기지는 않는다! '사유한다는 것'과 어떤 일을 '진지하게 생각하는 것', '중요하게 여기는 것' — 이것은 그들에게는 상호 연관되어 있는 것이다: 오로지 이렇게 그들은 사유를 '체험'해왔다."[29]

이러한 규범과 가치의 전통들은 우리의 삶을 무겁게 잡아 누릅니다. 이 대목에서 저는 윌리엄 블레이크[William Blake]의 시 한 편을 인용하려 합니다.

사랑의 정원[30]

나 사랑의 정원으로 갔다가,
이제껏 본 적 없는 것을 보았으니:
교회당 하나,
내가 놀던 풀밭 한가운데 지어졌네.

교회당의 문은 닫혀 있었고,
"너는 해서는 안 된다"(Thou shalt not)라고 문에는 씌어 있었지;
그래서 사랑스런 꽃들 가득 품은

사랑의 정원으로 돌아 들어갔네.

꽃들이 있어야 할 그곳에서 나는
가득한 무덤, 그리고 묘비들을 보았네.
검은 가운의 신부들이 이리저리 오가며,
가시덤불로 나의 기쁨과 욕망들을 묶고 있었지.

낙타는 도덕적 구속에서 자유롭지 못한 존재입니다. '너는 해야만 한다'는 명령과 '너는 해서는 안 된다'라는 금지가 그의 삶을 짓누릅니다. 그렇다면 이 자유롭지 못한 정신이 이처럼 무거운 짐을 지는 이유는 무엇일까요. 단지 그들이 약한 존재이기 때문에? 그렇다면 문제는 단순해집니다. 하지만 낙타가 짐을 지는 것은 단순한 강제 탓이 아닙니다. 중요한 것은 그들은 기꺼이 스스로 짐을 지려는 존재라는 점입니다. 다시 말해 그들이 이처럼 무거운 짐을 지는 것은 이를 통해 자신의 강함을 증명하고, 타인들을 지배할 수 있기 때문입니다. 즉 낙타란 단순히 굴종만 하는 동물이 아닙니다. 우리가 착각하지 말아야 할 것이 있습니다. 낙타를 지배하는 것은 사자가 아니라는 사실입니다. 낙타와 사자, 아이 사이에는 어떠한 지배 관계도 존재하지 않습니다. 사자는 자유로운 자이고, 저항하는 자이지 지배하는 자는 아닙니다. 니체에게서 주인은 노예를 필요로 하지 않습니다. 오히려 스스로 존재하지 못하는 것은 노예입니다. 그는 자신이 행동하기 위해서 명령이 필요합니다. 그렇게 그는 언제나 주인이 필요한 존재입니다. 그러나 주인은 다릅니다. 자신이 삶의 주인이라고 말할 때 우리가 자신에게 복종하는 노예를 상정하지 않는 것과 마찬가지입니다. 주인은 스스로 주인이기 때문입니다. 그가 타인을 지배하는 순간에도 주인은 어디까지나 스스로에 의해 주인으로서 존재합니다.

그러므로 낙타와 사자 사이에 어떠한 힘의 관계를 상정함으로써 낙타를 복종하는 인간, 사자를 지배하는 인간으로 이해하는 것은 텍스트에 대한 정확한 이해가 아닙니다. 이렇게 니체의 텍스트를 독해하는 이들은

'힘에의 의지'란 권력을 갖고자 하는 의지라고 주장합니다. 또 니체를 더 강한 권력을 갖고 그 힘으로 사람들을 지배하는 것은 정당하다고 주장하는 철학자로 둔갑시킵니다. 이는 니체에 대한 잘못된 독해이자 심각하고도 악의적인 왜곡입니다. 만약에 니체가 이러한 의미로 낙타의 굴종을 이야기했다면, 니체의 철학은 권력에 의한 지배와 억압을 정당화하는 반동적이고 퇴행적인 철학에 불과할 것입니다.

차라투스트라는 낙타가 단지 약한 존재이고, 그렇기 때문에 타인의 지배를 받는 존재라고 말하려는 게 아닙니다. 낙타가 우리가 사는 현실을 지배하는 존재이며, 그들이 스스로 노예인 상태로 다른 인간들을 지배하고 있음을 말하고자 합니다. 그들은 이미 변화된 인간이지만 여전히 '지배하는 노예'일 뿐이라는 것, 그것이 차라투스트라의 메시지입니다. 그것은 동시에 우리의 사회에서 권력이 어떻게 획득되는가에 대한 해석이기도 합니다. 우리는 '낙타가 지배하는 사회'에 살고 있습니다. 낙타의 지배란 복종에 의한 지배입니다. 지배하는 낙타는 우리가 사는 현실 세계 속에서 무거운 짐을 짐으로써 권력을 가지고 있는 자들이며, 자신이 진 무거운 짐(기존의 가치)을 근거로 자신의 지배를 정당화하는 이들입니다. 그들은 언제나 자신이 진 짐, 즉 사회를 이끌어나가는 자로서의 책임, 기존의 가치와 질서를 수호하는 일의 어려움, 장밋빛 미래에 대한 전망 따위를 장황하게 이야기합니다. 사회를 지배하는 이들은 바로 이러한 '낙타'들입니다. 들뢰즈는 다음과 같이 말합니다.

노예가 권력을 갖는다고 해도 노예라는 데는 변함이 없다는 것, 연약한 자들이 계속해서 연약한 자라는 것은 분명하다. 반동적인 힘들이 지배해도 그것들이 반동적인 것이라는 데는 변함이 없다. 왜냐하면 니체에 의하면 모든 사물에 있어서 문제가 되는 것은 질의 유형론이며, 저열함과 고귀함이기 때문이다. 우리의 지배자들은 모두가 노예가 된 상태에서 승리하는 노예들이다. 유럽인, 길들여진 인간, 광대…. 니체는 근대 국가를 개미떼와 같은 것으로 묘사하고 있다. 거기에서 우두머리와 권력자들은 자신

들의 저열함에 의해서, 자신의 저열함과 광대 짓을 전염시킴으로써 승리하는 것이다.[31]

낙타란 자신에게 주어진 명령에 복종하는 이들입니다. 오히려 그들이 명령을 요구한다고 말할 수도 있을 것입니다. 만약 그것이 명령이라면, 그 어떤 무거운 짐이라도 그들은 기꺼이 지고자 합니다. 복종이 곧 그들의 능력이기 때문입니다.

정신에게는 많은 무거운 것들이 있다. 강인하고, 짐 질 줄 아는 정신에게는 경외감이 내재해 있다: 그들의 강함은 무거운 것을, 가장 무거운 것을 열망한다.

그런데 낙타의 복종에는 어떤 역설이 있습니다. 이러한 복종이 아이러니하게도 그들에게 무제한의 자유를 허용한다는 사실입니다. 도스토예프스키는 『카라마조프가의 형제들』에서 "신이 없다면 모든 것이 허용된다"고 썼습니다. 유명한 구절이죠. 말 그대로, 인간에게 명령하는 신이 존재하지 않는다면, 인간은 자신이 하고 싶은 대로 무엇이든지 할 수 있다는 의미입니다. 만약 도스토예프스키의 이 말을 따른다면 낙타는 실제로든 겉으로 보기에든 자유롭지 않은 존재로 그칠 것입니다. 그런데 지젝(Slavoj Žižek)은 오히려 이와 반대로 말합니다. 그는 라캉(Jacques Lacan)을 차용해 "신이 있다면 모든 것이 허용된다"는 말로 이를 바꾸어놓습니다.[32] 이러한 전복은 매우 흥미롭습니다. "신이 있다면 모든 것이 허용된다"는 말은 자유도 없이 무거운 짐을 지는 낙타의 정신과는 전혀 다른 사태를 가리키는 것처럼 보입니다. 그러나 신의 명령 아래 모든 게 허용되는 이 사태야말로 '낙타의 지배'가 가진 본질을 잘 보여줍니다. 낙타가 겉으로는 주인처럼 보이는 것은 바로 이러한 이유 때문입니다. 그들은 자신이 아닌 무언가에 복종하는 존재이며, 그래서 무거운 짐을 지는 존재들입니다. 그러나 이 복종은 자신의 행위를 정당화하는 근거가 됩니다.

이를테면 종교적 근본주의에서 이러한 사태를 보는 것은 어렵지 않습니다. 기독교 근본주의도, 이슬람 근본주의도 마찬가지입니다. 무고한 생명까지 공격의 대상으로 삼는 무참한 테러 행위에서부터 그러한 테러 행위에 대한 보복으로 수행되는 잔악한 침략 전쟁까지, 이 모든 건 신의 이름으로 행해집니다. 만약 그것이 신의 명령에 대한 복종이 아니었다면, 다시 말해 그러한 행위의 책임이 순전히 자기 자신의 도덕성에 주어진다면 이처럼 행동할 수 있을까 하고 묻지 않을 수 없습니다. 그들은 스스로를 자신이 믿는 신의 질서를 수호할 무거운 책임을 진 자들이라고 여깁니다. 그리고 더욱더 무거운 짐을 원합니다.

근본주의자들은 신의 명령을 받들어 타인을 절멸시키고자 하는 엄중하고도 잔인한 임무를 기꺼이 떠맡습니다. 그들이 이러한 행위를 즐거이 한다고 생각한다면 사태를 왜곡하는 일일 터입니다. 오히려 이들은 그 행위가 얼마나 잔인하고 잔혹한 것인지를 잘 알고 있습니다. 만약 신의 명령이 아니었다면 그들은 그런 일을 할 사람이 아닙니다. 잔혹한 범죄를 저지르는 테러리스트들은 살인을 즐기는 살인마가 아니라, 좋은 자식이자 훌륭한 부모일 겁니다. 하지만 그들은 테러를 통해 무고한 사람들의 생명을 뺏습니다. 그들에게 이러한 테러는 선을 위한 고난이요, 고통입니다. 그들은 기꺼이 그 짐을 지고자 합니다. 그들은 악을 행함으로써, 아니 자신이 그 악을 저지르는 희생을 함으로써, 선을 구제하는 숭고한 자가 되려 합니다. 낙타의 복종은 이런 것입니다. 현실 속에서 지배가 정당화되는 것은 바로 이러한 이들에 의해서입니다. 지배를 정당화하는 것은 가치입니다. 지배하는 낙타들은 결코 '자신이 그것을 원한다'고 말하지 않습니다. 자신의 행동은 언제나 '신의 뜻'이며, '국가와 민족을 위한 것'입니다. '대의를 위해서 자신이 어쩔 수 없이 악역을 맡는다'고 말합니다. 이렇게 이들은 자신들이 신봉하는 가치를 위해 자신을 희생하고, 기꺼이 악역을 마다하지 않는 이들입니다.

그러니 우리는 낙타가 현실적으로 허약한 존재라고 생각해서는 안 됩니다. 니체에게서 낙타는 분명 약한 정신입니다. 그러나 현실의 권력을 가진 존재라는 관점에서 낙타는 결코 약하지 않습니다. 낙타는 오히려 기존의 세계 질서 속에서 누구보다 강한 존재입니다. 낙타의 강함은 더욱더 무거운 짐을 지기를 원하게 합니다. 그리고 그는 기존의 가치들에 대한 복종으로 그 강함을 한계 없이 발휘합니다. 그러므로 우리는 오히려 이 세계의 가장 강한 자들 속에서 낙타의 정신을 보아야 합니다.

이제 차라투스트라는 이 낙타가 사자로 변화하는 데에 대해 이야기합니다. '너는 마땅히 해야 한다'라는 명령은, '나는 하고자 한다'라는 선언으로 바뀝니다. 이 말과 함께 낙타는 사자로 변신하고, 무거운 짐을 지는 대신 그 짐을 지게 한 거대한 용과 대적합니다. 이 용은 기존의 세계가 지닌 오랜 가치들을 금빛의 비늘로 가진 존재입니다. 동시에 용은 허구적이고 상상적인 동물이기도 하지요. 용은 다음과 같이 말합니다.

"모든 가치는 이미 창조되었다. 창조된 모든 가치—그것이 나다. 그러니 '나는 하고자 한다'(Ich will)는 더 이상 없어야 한다!"

용은 기존의 가치를 그대로 따를 것을 명령합니다. 하지만 사자는 이러한 명령에 저항합니다. 그는 자신이 원하는 바대로 행하고자 합니다. 낙타의 정신이란 자신의 가치도, 언어도, 개념도 없는 정신입니다. 그에게 있는 모든 가치와 언어는 외부에서 주입된 것일 뿐입니다. 사자는 이러한 가치의 복종에 저항합니다. 2권의 「명성이 높은 현자들에 대하여」에서 차라투스트라는 다음과 같이 말하고 있습니다.

굶주리고, 난폭하고, 고독하고, 신을 부정하는: 사자의 의지는 그러고자 한다.

노예의 행복에서 자유롭게 벗어나, 신들과 숭배로부터 구원되고, 두려움 없이 두렵게 하며, 위대하면서 고독한: 그것이 진실된 이의 의지이다.

진실된 자, 자유정신들은 예로부터 사막에서, 사막의 주인으로 거주했다: 그러나 도시에는 잘 먹고, 명성이 높은 현자가—수레 끄는 짐승이 살고 있다.

여기서 용의 '너는 해야만 한다'(Du sollst)와 사자의 '나는 하고자 한다'(Ich will)는 대립합니다. 그런데 이러한 대립에서 '너'와 '나'는 동일하지 않습니다. 용은 '너는 해야만 한다'고 말하지만, 이처럼 가치에 복종하라는 명령은 특수한 개인을 향해서만 발화되지 않습니다. '너는 해야만한다'는 말은 언제나 '너 또한, 너 역시, 너도 마찬가지로, 해야 한다'는 뜻입니다. 이러한 명령은 하나의 집합적 정체성을 전제합니다. '너는 해야만 한다'는 명령은 '너, 인간은, 너, 부모는, 너, 직원은, 너, 학생은, 너, 여자는, 너, 한국인은, 해야만 한다'는 명령이기도 합니다. 이러한 명령은 집합적 정체성의 토대 위에서 집단적 도덕을 강요합니다. 그리고 이 집단적 도덕이란 인간의 가능성을 특수한 체계, 특수한 지위, 특수한 도덕 속에 제한합니다. 보편이라고 말해지는 것은 실은 언제나 특수한 것에 불과합니다. 그것은 권리를 위계적으로 분배하고 할당합니다. 개별적 존재의 특수성과 차이는 이러한 명령 속에서 제거됩니다. 그러나 정작 여기서 제거되는 것은 개별적 특수성뿐만 아니라 보편적 존재로서의 인간입니다.

이에 대해 사자가 '나는 하고자 한다'라고 말할 때의 '나'는 어떤 존재인가요. 우리는 이 '나'를 개별적이고 특수한 존재로만 생각하기 쉽습니다. 그러나 즉 사자의 정신이 '나는 하고자 한다'라고 말할 때의 의지는 어떤 긍정적 규정성에서 유래한 게 아닙니다. 즉 이때의 '나'는 결코 어떤 규정된 존재가 아닙니다. 이러한 의지의 선언에서는 '하고자 한다'는 의욕의 표현과 더불어 그 의욕의 주체로서의 '나'라는 발화가 매우 중요합니다. 이렇게 '나'라고 선언하는 것만으로 기존의 규정된 정체성으로부터 벗어나는 것이 가능해지기 때문입니다.

그러므로 낙타에서 사자로의 변신은 규정된 존재에서 무규정적 존재로의 도약입니다. 사자는 자신에게 주어진 짐을 지기를 거부함으로써, 기존의 의무를 거부함으로써 이제 비로소 '나'가 됩니다. 따라서 이렇게 획득된 주체성은 개별적인 특수성을 가질 뿐 아니라 어떤 보편성을 가집니다. 그는 자신의 특수한 맥락 속에서 자신에게 주어진 명령을 거부하지만 이 거부를 통해 보편적 존재로 도약합니다. 왜냐하면 이때의 '나'란 그 어떤 것에도 구속받지 않고, 무엇도 될 수 있는 존재이기 때문입니다. 그것은 마치 신적 차원의 주체성과도 같습니다. 신이 규정되지 않는 존재인 것처럼, 나라는 정체성도 실은 영원히 미결정의 상태에 놓여 있습니다. 그러므로 나라는 주체성은 개성과 특수성으로 설명되는 것이 아니라, 보편성으로 설명되어야 합니다. 오히려 우리가 이제껏 보편적인 것으로 생각해왔던 집단적 정체성 규정이야말로 특수성의 맥락에 여전히 갇혀 있음을 알 수 있습니다.

이것은 조금 어려운 이야기일지도 모르겠습니다. 그렇다면 사자의 '나는 하고자 한다'(Ich will)라는 말이 무엇을 의미하는지에 대해 조금 더 살펴보는 게 좋겠습니다. 여기서 사자는 아직 새로운 가치를 만들어내는 정신은 아닙니다. 그렇다면 사자가 하고자 하는 것은 무엇인가라는 의문이 생겨날 수밖에 없습니다. 차라투스트라는 그것을 "자유를 창조하고 의무 앞에서 신성하게 아니라고 말하는 것"이라고 말합니다. 다시 말해 사자는 '나는 하고자 한다'고 말하지만, 정작 무엇을 의지하는가를 묻는다면 그는 '나에게 의무로 주어지지 않은 것을 나는 의지한다'라고밖에 대답하지 못할 것입니다. 그러므로 사자의 "나는 하고자 한다"는 의지 표명은 실은 '나는 더 이상 하지 않겠다'라는 선언입니다. 이 '하지 않겠다'는 것은 다만 기존의 세계에 대한 거부일 뿐, 아직까지는 결코 창조가 될 수 없습니다. 그러나 우리는 창조를 위해서 이 단계를 거쳐야 합니다,

위에서 저는 사자가 주어진 명령에 대한 거부를 통해 보편적 존재로 도약한다고 말했습니다. 이러한 거부는 구체적으로 어떤 겁니까. 그것은 나는 더 이상 '흑인'이 아니라는 선언, 더 이상 '여성'이 아니라는 선언, 더 이상 차별받는 인간이 되지 않겠다는 선언, 더 이상 주어진 명령만을 수행하는 부속품이 아니라는 선언이기도 합니다. 따라서 이는 어떤 주어진 정체성과 그것이 규정하는 명령에 복종하지 않겠다는 선언입니다. 이것이 바로 그의 '의지'입니다. 그러므로 사자의 "나는 하고자 한다"라는 말을 통해 획득된 정체성은 그 자체로 보편적인 주체를 상정합니다. 여성이 아니고, 노예가 아니고, 차별받는 인종이 아니라는 선언은 결국 '나는

하나의 인간이다'라는 선언이기 때문입니다. 이처럼 주체는 무규정적이며, 결코 구체적 경계를 가지지 않습니다. 그렇기 때문에 '나'라는 주체를 타자와 구별되는 개성을 가진 특수한 개인으로만 이해해서는 곤란합니다. 니체의 '나'를 그러한 특수성을 가진 개성적 자아로 이해할 때 우리는 상대주의적인 함정에 빠지기 쉽습니다. 우리는 니체의 철학이 마치 상대주의적인 자기 정체성을 옹호하는 철학으로 오해되는 경우를 너무나 많이 볼 수 있습니다. 니체를 읽은 이들은 '나는 하고자 한다'는 사자의 선언을 마치 자기 욕구에 대한 자연스런 긍정인 양 이해합니다. 이 긍정은, 나는 남자니까 이렇게 하고자 한다, 나는 백인이니까, 나는 권력을 가졌기 때문에 내가 원하는 대로 이러저러하게 행동하고자 하고 그것은 당연하다는 식으로 귀결되기 십상입니다. 그러나 나는 하고자 한다는 선언은 나는 내가 원하는 것을, 누구의 방해도 받지 않고, 내 마음대로 하고자 한다는 식의 주장이 결코 아닙니다. 이는 유치한 발상입니다. 만약 우리가 사자의 저 선언, 저 의지를 이런 식으로 해석해버리면 자유주의적 자본주의를 긍정하고 그 속에서 자신의 '자유'를 맘껏 구가하라고 종용하는 오늘날의 사회도, 자신의 권력을 유지하기 위해서 타인의 인권과 생명을 함부로 유린하는 이들도 비판할 도리가 없습니다.

그렇다면 사자는 왜 이렇게 기존의 가치를 거부할까요. 사자는 기존의 가치보다 더 뛰어난 어떤 가치를 가졌기 때문에, 기존의 세계에는 존재하지 않는 새로운 어떤 가치를 찾았기 때문에 거부하는 것이 아닙니다. 이 거부는 새로운 가치를 가지지 못한 상태에서의 거부이므로 실은 무모하기 짝이 없는 거부입니다. 막연하기 이를 데 없는 거부입니다. 이 거부는 미래에 대한 아무런 전망이 없는 상태에서 행해지는 거부이기 때문입니다. 그런데 차라투스트라는 그런 무모하기 이를 데 없는 거부를 "신성한 부정"(ein heiliges Nein)이라고 부르고 있는 겁니다. 그러나 이 무책임해 보이는, 사자의 정신이 행하는 신성한 부정은 기존의 가치를 거부하는 행위를 통해 주어진 명령과 주어진 정체성을 거부하고, 이를 통해 새로운 주체로서의 인간, 새로운 가치를 창조하는 행위를 위한 장을 마련합니다.

기존의 세계, 가치, 의무를 거부하는 이들은 언제나 새로운 세계에 대한 대안을 요구받습니다. 그러한 대안이 없다면, 기존의 세계에 대한 저항과 반박은 오히려 위험한 것, 의심스러운 것, 반대를 위한 무의미한 반대, 즉 어떤 것도 만들어내지 못하고 오직 파괴만 일삼는 비생산적 행위로 취급됩니다. 하지만 사자의 정신에 대하여 차라투스트라는 이 표면적으로 비생산적으로 보이는 행위야말로 가장 생산적인 행위의 토대임을 말하고 있습니다. 어떤 대안적 세계의 전망이 있기 때문에 기존의 세계를 거부할 수 있는 것이 아닙니다. 미래에 대한 합리적 대안이 있기 때문에 현재를 거부하는 것은 안전한 토대 속에 머물고자 하는 약한 자들의 생리일 뿐입니다. 합리적 대안이란 기존의 세계의 가치와 구조 속에서만 합리적일 수밖에 없기 때문입니다. 사자가 기존의 가치를 거부하는 것은 자신의 가치를 찾기 위해서입니다. 니체의 관점주의는 인식에서의 객관적이고 보편적인 진리를 부정합니다. 그것은 오직 주체의 관점에서만 진리로 주장될 수 있을 뿐입니다. 푸코는 이러한 니체의 입장을 정확하게 이해하고 있었습니다.

> 인식을 야기하는 것은 투쟁, 싸움, 싸움의 결과이며, 결국 위험과 우연입니다. 인식은 본능적인 것이 아니라, 반-본능적입니다. 마찬가지로 인식은 자연적인 것이 아니며 반-자연적입니다. [……] 니체는 인식의 근저에서 증오, 투쟁, 권력 관계 같은 것을 중심에 둡니다. [……] [니체에 따르면] 인식은 늘 인간이 놓여 있는 어떤 전략적 관계입니다. 이 전략적 관계가 인식의 효과를 규정하게 되며, 바로 그 때문에 불가피하게 편파적이며 치우쳐 있으며 원근법적인 성격을 갖지 않는 인식을 상상한다는 것은 완전히 모순적이게 될 것입니다. 인식의 원근법적 성격은 인간 본성에서 유래하는 것이 아니라 언제나 인식이 지닌 논쟁적이고 전략적인 성격에서 유래합니다. 전투가 있기 때문에 인식의 원근법적 성격을 말할 수 있는 것이며, 인식이 이런 전투의 효과이기 때문입니다.[33]

사자가 자신만의 가치를 새롭게 창조하는 것은, 이를테면 용에 맞서는 이 전투의 효과라고 할 수 있습니다. 자신만의 가치는 기존 가치의 명령을 받고 있던 낙타의 단계에서는 결코 얻어질 수 없는 가치입니다. 사자의 단계는 기존의 가치가 허물어진 공백지대로 나아가는 단계입니다. 굳이 불모의 사막에서 사자로 변신하는 이유가 어쩌면 여기 있을지도 모릅니다. 이제 이 공백지대에서 인간은 비로소 새로운 가치를 말할 수 있습니다.

그렇다면 새로운 가치의 창조는 어떻게 일어날까요. 이러한 창조를 위한 정신이란 과연 무엇일까요. 낙타와 사자를 거쳐 마침내 차라투스트라는 어린아이에 대해 이야기합니다. 이 어린아이는 니체가 말하는 위버멘쉬의 다른 이름입니다. 정신의 변신과 관련하여 아이는 새로운 가치의 창조를 의미합니다. 이 '놀이하는 아이'라는 상징은 니체의 세계관을 형성하는 데 영향을 끼친 헤라클레이토스에 의해 이미 2,500년 전에 말해진 것이기도 합니다. 헤라클레이토스는 그의 단편에서 "[영원의 시간] 아이온aion은 조각들을 움직이면서 놀고 있는 어린아이이다. 지배는 어린아이의 것이다[어린아이의 지배]"[34]라고 말합니다. 그리고 니체는 이러한 헤라클레이토스적 세계에 대해 다음과 같이 말합니다.

생성과 소멸, 건축과 파괴는 아무런 도덕적 책임도 없이 영원히 동일한 무구의 상태에 있으며, 이 세계에서는 오직 예술가와 어린아이의 유희만 있을 뿐이다. 어린아이와 예술가가 놀이를 하듯 영원히 생동하는 불은 순진하게 놀이를 하면서 세웠다가 부순다. ―영겁의 시간 아이온은 자기 자신과 이 놀이를 한다. 마치 아이가 바닷가에서 모래성을 쌓듯이 그는 물과 흙으로 변신하면서 높이 쌓았다가는 부수곤 한다. 이따금 그는 놀이를 새롭게 시작한다. 충족도 한순간, 그런 다음에는 새로운 창조 활동을 예술가에게 강요하는 것과 유사한 욕구에 새롭게 사로잡힌다. 다른 세계를 소생시키는 것은 오만의 욕구가 아니라 항상 새롭게 깨어나는 유희의 충동이다. 어린아이는 놀이 기구를 던져버리지만, 곧 그는 순진무구한 기분에서 놀이를 다시 시작한다. 그가 건축을 하면, 곧 내면적 질서에 따라 법칙적으로 결합하고 조합하고 형성한다.[35]

아이는 아무런 목적도 도덕적 책임도 갖지 않기 때문에 순진무구하며, 그로 인해 창조적입니다. 아이의 놀이는 놀이라는 말의 의미에 가장 충실한 차원에서 놀이 그 자체입니다. 새로운 가치의 창조는 바로 이러한 놀이의 차원에서 이루어져야 합니다. 노파심에서 드리는 말씀이지만, 여기서 차라투스트라가 기존의 가치를 부정한다고 해서 '가치' 자체를 냉소하는 것으로 오해해서는 곤란합니다. 그것은 수동적 허무주의일 뿐입니다. 일체의 가치를 부정하고, 그 스스로 비관적 세계 속에 빠져서 헤어나오지 못하는 것은 쇼펜하우어의 인식이 보여주었던 염세주의에 불과합니다. 그러한 수동적 허무주의는 극복되어야 합니다. 여기서 니체가 강조하는 것은 '능동적 허무주의'입니다. 그것은 기존의 모든 가치를 넘어 새로운 가치를 만들어내는 것을 의미합니다. 니체는 『선악의 저편』에서 "도덕을 극복한다는 것은 어떻게 보면 도덕의 자기 극복이기도 하다"[36]고 말합니다. '도덕의 자기 극복'은 도덕 자체가 도덕 아닌 것에 의해 축출된다는 것과는 완전히 다릅니다. 그것은 기존의 도덕의 가치를 묻고, 새로운 도덕(니체는 이 도덕이라는 말 자체를 거부했겠지만요)을 창출하는 일과 마찬가지이기 때문입니다. 이를 위해 차라투스트라는 아이와 같아야 한다고 말합니다. 창조란 기존의 것에 대한 참조에서 나오는 것이 아니라, 놀이하는 아이와 같이 과거에 대한 완전한 무지에서 나오기 때문입니다.

어린아이는 순진무구요 망각이며, 새로운 시작, 놀이, 스스로의 힘에 의해 돌아가는 바퀴이며 최초의 운동이자 거룩한 긍정이다.

그렇다, 창조의 놀이를 위해, 나의 형제들이여, 거룩한 긍정이 필요하다: 이제 정신은 자신의 의지를 의지할 것이고, 세계를 잃은 자는 자신의 세계를 얻는다.

아이의 놀이가 만들어내는 가치는 그 어떤 역사적 기원도 가지지 않는 가치, 근원이 없는, 완전히 새롭게 창조된 가치입니다. 그것이 새로운 시작, 스스로의 힘에 의해 돌아가는 바퀴의 의미입니다. 기존 세계 속에서 이러한 가치는 그 어떤 근거도 찾기 힙듭니다. 기존의 어떤 논리에 근거한 것이 아니기 때문입니다. 기존의 세계에서 억압되고 부정되었던 것이 이제 등장합니다. 그리고 이와 더불어 그 누구도 보지 못했던 새로운 세계가 창조됩니다.

아이의 놀이는 하나의 선언과도 같습니다. 선언이란 다른 근거에 기대지 않고 오직 그 선언 자체로 우뚝 솟아 있기 때문입니다. 인간이란 발견되는 게 아니라 발명되고 창조되는 존재입니다. 선언은 새로운 인간을 발명하는 데 그 진정한 가치가 있습니다. 예컨대 프랑스혁명의 저 유명한 선언, "인간은 권리에서 자유롭고 평등하게 태어나 생존한다"는 선언은 어떤 근거를 가지고 주장되나요? 경험적으로 우리가 도처에서 목격하고 확인하는 인간이란 평등하지 않은 인간입니다. 이것은 단순히 우리의 사회가 불평등하다는 것을 의미하지 않습니다. 사회적 특수성을 배제하더라도 인간의 지적·육체적 능력, 성별, 인종, 연령 등은 언제나 평등하지 않습니다. 그것은 부정할 수 없는 사실입니다. 그런데 왜 그들은 평등한 권리를 가져야 하나요.

만약 우리가 인간의 평등한 권리를 어떤 근거를 통해 확립하고자 한다면, 우리의 시도는 언제나 실패할 수밖에 없습니다. 어떤 조건의 충족에 의해서 얻어지는 평등한 권리는 그 자체로 불평등을 전제할 수밖에 없기 때문입니다. 그렇지만 우리는 인간의 평등을 요구합니다. 니체는 플라톤 이래로 서구 철학을 구성해왔던, 하나의 토대에서부터 연역적으로 추론되는 전통적인 철학적 사유 방식을 과감하게 거부합니다. 스스로의 힘에 의해 돌아가는 바퀴로서의 이 선언은 그 자체로 하나의 사건이자, 그 자신이 원인인 동시에 결과입니다. 따라서 이러한 관점에서는 우리는 이러저러한 원인으로부터 인간이 평등하다는 결론에 도달하는 것이 아닙니다. 그건 어떤 결론이 아닙니다. 오히려 인간의 평등이 그 자체로 거부할 수 없는 진리로 선언되는 것이지요. 그렇기 때문에, 프랑스혁명의 인권 선언은 인간의 권리에 관해 '증명'하지 않습니다. 그러한 권리를 '선언'하고 '발명'할 뿐입니다. 그것이 바로 〈인간과 시민의 권리 선언〉(Déclaration des droits de l'Homme et du citoyen)이 역사 속에서 하나의 사건으로 자신을 자리매김하는 방식입니다.

이와 같은 사건을 가리키는 말로 우리는 '창조'라는 말 이외에 다른 말을 찾기 힘듭니다. 그것도 그냥 창조가 아닙니다. 그야말로 신의 창조, 바로 무로부터의 창조(creatio ex nihilo)입니다. 이것이 니체가 말하고자 하는 최초의 지점이며, 과거의 억압에 대한 망각, 새로운 가치의 창조가 가지는 의미입니다. 기존의 세계를 상실한 자(Weltverlorene)는 반드시 새로운 세계를 얻습니다.

덕의 강좌에 대하여

이 장에서 차라투스트라는 자신의 연설을 그만두고, 다른 현자의 설교를 듣습니다. 이제 겨우 자신의 말을 시작했을 뿐인데 말이죠. 그는 하나의 설교를 마쳤을 뿐입니다. 여기서 차라투스트라는 소크라테스가 상대의 무지를 폭로하기 위해 듣는 자의 역할을 자처하는 모습을 연상시킵니다. 그러나 함께 대화를 주고받는 소크라테스와 달리, 차라투스트라는 현자의 말을 잠자코 듣고 있습니다. 여기서 차라투스트라는 소크라테스처럼 현자의 말 하나하나를 반박하지 않습니다. 소크라테스는 듣는 자이지만 사실은 함께 말하는 자이고, 말하는 자의 논리를 따져 묻는 감시자이기도 합니다. 그러나 차라투스트라는 현자의 설교를 독자들과 같이 듣고자 합니다. 이는 현자의 설교에 대해 독자들에게 묻는 것과 같습니다. 이 점에서 차라투스트라가 여기서 대화를 시도하는 상대는 현자가 아니라 오히려 독자입니다. 그리고 이를 통해 현자의 설교가 최종적으로 목적하는 것의 가치를 독자들에게 폭로하고자 합니다. 독자가 알아채길 요청한다고 말하는 편이 더 적절할지도 모르겠습니다.

현자의 설교는 편안한 잠을 자는 방법에 관한 설교입니다. 이 현자는 기독교의 사제일 것입니다. 편히 잠드는 기술, 차라투스트라는 기독교를 이렇게 부르기 때문입니다. "예전에는 그것을 '기독교'라고 불렀다. —그러나 오늘 나는 '편안히 잠들 수 있는 수단'이라고 부르고자 한다"고 니체는 이 장의 초고에 쓰고 있습니다. "모든 덕을 너의 집에 가지고 있다면, 이제 마지막 덕이 너에게 올 것이다, 편안한 잠"이라고 쓰기도 합니다.[37] 사제는 편안한 잠을 자기 위한 방법을 알려줍니다. 잠을 잘 자는 것은 좋은 일입니다. 그런데 무엇이 문제일까요. 현자는 여기서 깨어 있음 그 자체가 아닌, 편히 잠들기 위한 깨어 있음에 대해 설교합니다. 무언가 순서가 뒤바뀐 것 같지 않으신가요. 편안히 잠들기 위해 어떻게 깨어 있어야 할지를 말하는 것은, 잘 죽기 위해 어떻게 살아야 할지를 말하는 것과 같습니다. 삶 자체를 위해 삶을 말하는 것이 아니라, 죽음을 위해 삶을 말하는 것. 밤의 잠을 위해, 낮에 어떻게 살아야 할지를 말하는 것. 이것이 니체가 비판하는 기독교의 모습입니다. 현자는 이렇게도 말합니다. "자신의 양을 가장 푸른 풀밭으로 인도하는 자를 나는 언제나 최고의 목자라고 부른다: 그것은 편안한 잠과 잘 어울린다."[38] 양떼를 푸른 초원으로 인도하여 그들 모두를 잠자게 하는 목자라니, 삶에서 깨어 있음이 그저 잘 자기 위한 것이었던가요.

차라투스트라는 10이라는 숫자의 반복을 통해 그리스도교의 십계명을 패러디하고 있습니다. 현자는 단잠을 자기 위해서 열 번 자신을 극복하고, 열 번 자신과 화해하며, 열 개의 진리를 찾고, 열 번 웃어야 한다고 말합니다. 이 열 번의 극복, 화해, 진리, 웃음은 모두 합쳐 마흔 개의 깨달음을 의미합니다. 『성경』에서 마흔이라는 숫자는 중요한 일을 위한 준비 기간을 상징하는 숫자로 흔히 쓰입니다. 이는 또한 고난과 갱신의 시간이기도 합니다. 노아의 홍수는 40일간 비가 내리면서 시작되고, 이 물이 모두 빠지는 데 걸린 시간도 40일이었습니다. 모세는 율법을 전수받기 위해 호렙 산에서 40일간 금식했습니다. 엘리야 역시 40일간 사막을 횡단한 후 호렙 산에 이르러 자신이 할 일을 지시받게 됩니다. 그 외에도 40이라는 숫자의 상징은 『성경』 곳곳에 나타납니다. 이스라엘인들은 40일간 가나안 땅을 정탐했고, 이스라엘이 광야에서 방황한 기간도 40년이었습니다. 예수 역시 40일의 금식 후에 공생애를 시작했고, 부활 후 승천까지의 기간도 40일입니다. 여기서 보이듯이 40이라는 숫자는 아직은 도래하지 않은, 그러나 반드시 도래할 어떤 세계를 준비하는 시간이기도 합니다. 그러나 정작 그러한 고통과 고난의 시간 뒤에 도래하는 것은 죽음일 뿐입니다.

현자가 열 번 자신을 극복하고 화해하며, 열 개의 진리를 찾고, 열 번 웃어야 한다고 말하는 것은 십계명이라는 도덕적 규율 아래에서의 극복과 화해, 진리와 웃음이기도 합니다. 간음이라도 하면 어찌 될까, 이웃의 하녀에게 음욕을 품기라도 한다면 어찌 될까 하고 말하는 것도 바로 십계명의 가르침에 대한 직접적인 언급입니다.[39] 잠을 잘 들기 위해서는 이웃을 미워해서도 안 되며,[40] 마음이 가난한 자여야 합니다.[41] 여기서 현자의 덕은 교양을 습득하고 약간의 재산과 좋은 명성을 지닌 자들, 곧 차라투스트라가 인간 말종이라고 부른 자들의 귀를 위한 것입니다. 그들에게 이 덕이란 안락하게 잠들기 위한 것입니다. 그저 편안하기 위해 일체의 부조리에 복종하는 삶이기도 하죠. 관헌이 못된 자들이라 하더라도, 권력이 바로 서지 않아도 복종해야 한다고 현자는 말합니다.[42]

결국 편히 잠드는 인간은 어떤 인간입니까. 누구에게도 해를 끼치지 않는 인간. 불의를 저지르지도 악도 행하지 않는 인간. 복종하는 인간이란 수동성의 인간이기도 합니다. 이 현자에게서는 쓸데없는 분란을 만들거나 이웃과 화평하게 지내는 것을 막는 행동은 모두 편안한 잠을 가로막기 때문에 피해야 할 행동이 됩니다.[43] 이런 삶에 대해 우리는 이미 알고 있습니다. 바로 낙타의 삶입니다. 잠을 잔다는 것은 죽음과 함께, 무저항의 상태이기도 하기 때문입니다. 『인간적인, 너무나 인간적인』에서 니체는 "세상 사람들이 덕이라고 부르는 것은 보통 사람이 원하는 것을 벌을 받지 않고 성취하기 위하여 적당한 이름을 붙여놓은 것으로, 우리의 정념이 만든 환영에 지나지 않는다"[44]라는, 라 로슈푸코La Rochefoucauld의 책 『도덕의 격언과 금언』의 서두를 인용하고 있습니다. 이 장에서 현자의 가르침이 지향하는 바도 이와 다르지 않습니다. 결국 현자의 가르침은 사람들을 편안한 죽음으로 이끌 뿐입니다.

차라투스트라의 의도는 기존 도덕의 가치를 비판하는 것입니다. 특히 여기서 비판되는 대상은 기독교의 도덕입니다. 따라서 이 장은 기독교의 『성경』에 대한 수많은 패러디로 가득 차 있습니다. 현자의 설교는 달콤합니다. 그는 우리에게 잠드는 것에 대해 말하고 있기 때문입니다. 『성경』에서 이와 관련된 구절을 찾는 것은 어렵지 않습니다.

> 내가 편히 눕거나 잠드는 것도, 주님께서 나를 평안히 쉬게 하여 주시기 때문입니다(「시편」 4편 8절).

> 너는 누워도 두렵지 않고, 누우면 곧 단잠을 자게 될 것이다(「잠언」 3장 24절).

> 적게 먹든지 많이 먹든지, 막일을 하는 사람은 잠을 달게 자지만, 배가 부른 부자는 잠을 편히 못 잔다(「전도서」 5장 12절).

흔히 죽음 이후의 삶이야말로 진짜 삶이라고 종교는 가르칩니다. 이러한 가르침에 의하면 현재 우리가 살아가는 삶이란 죽음 이후에 어떤 삶을 살 것인가를 결정하도록 하는 일종의 예비적 삶입니다. 심판의 순간에 대차대조표를 작성하기 위한 삶, 정답이 정해져 있는 시험의 답안과도 같은 삶인 셈이죠. 따라서 현재의 삶에서 우리가 행하는 모든 것은 그것이 내세의 삶을 위한 것이 아니라면 모두 무의미해집니다. 현자는 결국 자신을 극복하는 일, 자신과 화해하는 일, 진리를 찾는 일, 웃는 일, 이 모든 걸 현재의 삶 자체를 위해서가 아니라 내세적 삶을 위한 진리로서 설교하고 있는 것입니다.

그러나 우리가 자신을 극복하고 화해하며 진리와 웃음을 찾는 일들, 그 과정에서 우리가 겪어야 할 모든 고통이 겨우 편하게 잠자기 위해서라면 이보다 더 큰 웃음거리가 어디 있겠습니까. 내세의 삶이란 죽음이 아닌 진정한 삶, 행복한 삶이라고 말하는 분들도 있을 것입니다. 그것이야말로 종교가, 아니 역사의 모든 인류가 꿈꾸는 유토피아라고 말입니다. 하지만, 니체는 이러한 유토피아란 역사가 그 종말을 거두고 삶에서의 어떠한 생성과 변화도 거부되는 곳으로 이해합니다. 동서양을 막론하고 이 상향을 노래하는 모든 이미지들은 이 시간의 정지를 말하고 있습니다. 시간이 정지된 곳에서 어떤 삶이 가능할까요. 고통이 제거된 곳에서 즐거움이 있을까요. 몰락이 없는 곳에서 어떤 상승이 가능할까요. 거기에는 오직 편히 잠자는 일만이 있을 뿐입니다. 차라투스트라는 이렇게 말합니다.

> 내가 보기에 마흔 개의 생각을 가지고 있는 이 현자는 바보다: 그러나 그는 잠에 대해서는 잘 이해하고 있는 것 같다.
>
> 이 현자 가까이에 사는 이들은 운이 좋다! 그러한 잠은 전염되고, 두꺼운 벽을 가로질러서도 전염되기 때문이다.
>
> 그의 강의에는 마력이 깃들어 있다. 그러니 젊은이들이 덕의 설교자 앞에 헛되이 앉아 있는 것은 아니다.

얼핏 들으면 차라투스트라는 현자의 말을 높이 평가하는 듯합니다. 그러나 이것은 일종의 반어법입니다. 여기서 잠을 잔다는 건 삶이 마비된 것과 같은 죽음의 상태를 의미합니다. 차라투스트라는 3권의 5장 「작게 만드는 덕에 대하여」에서 다시 이러한 행복과 덕에 대한 가르침이 그들을 왜소하게 만든다고 말합니다. 다시 말해 사람들이 그 설교의 도움으로 얻을 수 있는 것은 행복에 마쳐된 상태에 머무는 것, 결국 편안한 죽음과 다를 바 없는 상태에 놓이는 것일 뿐입니다.[45] 여기에 차라투스트라가 말

하는 삶, 생성·변화하고 자기를 극복하는 삶은 존재하지 않습니다. 사람들은 다만 편히 잠자기 위해 그러한 설교를 듣습니다. 그런데 그 설교는 이미 사람들을 꾸벅꾸벅 졸게 만들지 않습니까. 결국 죽음을 위한 삶이란 삶 자체를 죽음으로 만들어버릴 뿐입니다.

이제 나는 분명히 알았다, 언젠가 사람들이 덕의 스승을 찾았을 때 그들이 무엇을 찾았는지를. 편안한 잠과 그것을 위한 양귀비꽃의 덕을 그들은 찾았다!

이 모든 칭찬받는 현자들에게, 지혜란 꿈 없는 잠이었다. 그들은 더 나은 삶의 의미를 결코 알지 못했다.

이러한 덕의 교사와 같은 이들이 오늘날에도 여전히 존재하고, 그들이 반드시 정직하지는 않다: 그러나 그들의 시간은 이제 다 되었다. 그들은 이제 더 이상 길게 서 있지 못한다: 이제 그들은 벌써 누웠다.

이 졸린 자들에게 복이 있도다: 왜냐하면 그들은 곧 꾸벅꾸벅 졸게 될 테니.

배후 세계자들에 대하여[46]

이 장은 차라투스트라의 자기 고백으로 시작합니다. 그는 한때 그 자신이 배후 세계에 대한 망상을 가졌다고 말하고 있습니다. 이 배후 세계에 대한 망상은 그가 쇼펜하우어와 바그너에 심취했을 시기에 가졌던 망상입니다. 이를테면 니체의 힘에의 의지(Wille zur Macht) 개념은 쇼펜하우어의 의지(Wille) 개념에서 나온 것입니다. 니체가 리츨 교수의 지도로 문헌학을 공부하던 젊은 시절, 라이프치히의 한 고서점에서 우연히 쇼펜하우어의 저서를 발견한 이야기는 유명한 일화입니다. 니체는 쇼펜하우어를 발견하자마자, 곧바로 그의 염세적 사유에 경도되었습니다. 여기서 니체는 차라투스트라의 입을 통해 그러한 자신의 과거를 되돌아보고 있습니다.

쇼펜하우어의 '의지'는 칸트의 '물 자체'(Ding an sich)를 그의 독특한 염세주의적 세계관으로 전유한 개념입니다.[47] 칸트가 세계를 현상계와 예지계로 나눈 것처럼 그 역시 세계를 의지와 표상의 세계로 나누어 보았습니다.[48] 이 세계에 눈앞에 보이는 것들이 단순히 표상, 현상, 그러므로 결국은 일종의 가상에 불과하며, 감각적 세계로 포착되지 않는 세계가 실재의 세계라는 이러한 생각은 새삼스럽지 않습니다. 이미 플라톤 역시 세계를 가상으로, 이데아의 세계를 실재의 세계로 보았기 때문입니다.

여기서 우리는 '실재한다'(real)는 표현에 주의해야 합니다. 철학에서 이러한 표현은 아무래도 우리가 일상적으로 쓰는 용법과는 차이가 나기 때문입니다. 일상적으로 우리는 흔히 감각으로 확인할 수 있는 것을 '실재한다'라는 말로 표현합니다. 우리가 눈으로 보고, 귀로 듣고 하는 것들이죠. 물론 우리의 감각 중 가장 확실한 것은 아마 촉각이겠지만요. 여기서는 길게 말할 수 없지만, 감각의 지위에서 가장 낮은 자리를 차지하는 촉각이 가장 확실성을 보장하는 감각이라는 점은 감각에 대한 흥미로운 사유를 유발합니다. 아무튼, '실재한다'라는 말이 일상어로 쓰일 때는 대상을 감각을 통해 경험하고 확인할 수 있다는 의미로 주로 쓰입니다. 하지만 철학적 개념으로서의 '실재한다'는 이와 다릅니다. 즉 실재한다는 것은 우리의 인식 주관과 별개로 독립되어 존재함을 뜻합니다. 따라서 '실재'란 감각적으로 파악·경험되고 확인되는 것과는 무관합니다. 오히려 '실재'는 감각을 넘어서 존재하는 것을 의미합니다. 왜냐하면 우리의 감각적 표상은 인식 주체가 어떤 상황에 어떻게 놓여 있는가에 따라 시시각각 변화하기 때문입니다. 실재란 이러한 표상의 배후에, 자기 동일성을 유지하며 존재하는 것을 의미합니다. 그리고 그렇게 존재하는 것이 바로 '실체'입니다. 감각을 통해 드러나는 것은 이러한 실체의 표상일 뿐, 실체 자체는 결코 드러나지 않습니다. 형이상학적 이분법은 이러한 실체를 통해 이 세계를 파악하고자 합니다. 즉 실체란 불변하는 것이며, 물 자체이고, 플라톤의 이데아이며, 차라투스트라가 말하는 숨겨져 있는 신들이지요. 철학자들은 이들 실체를 존재의 근원으로 봅니다. 그렇기 때문에 그 것만이 '실재'한다고 말하는 것이지요.

이 같은 세계관은 그리스도교가 유럽에 전파되면서 세계에 대한 일 반적 해석이 됩니다. 니체가 그리스도교를 "대중을 위한 플라톤주의"[49]라 고 부를 때 그것은 바로 이러한 이분법적 세계관을 가리킵니다. 이 이분 법적 세계관은 플라톤과 기독교에서부터 칸트와 쇼펜하우어에 이르기까 지 유럽의 사유 체계를 지배합니다. 이러한 이분법으로 세계를 보는 이에 게 이 세계는 마치 연기와 같은 것에 불과합니다.

> 선과 악, 쾌락과 고통, 나와 너―이들은 창조자의 눈앞의 색색의 연기 로 내게 보였다. 창조자는 자신으로부터 눈을 돌리고 싶었다,―그때 그는 세계를 창조했다.

그러나 차라투스트라는 이러한 세계 인식을 거부합니다. 여기서 차 라투스트라가 사용하는 언어는 워낙 압축적이고 비유적이어서 그 의미하 는 바를 완전히 이해하기가 쉽지 않습니다. 그래서 니체가 그리스도교에 신랄한 비판을 가한 『안티크리스트』의 한 부분을 보고자 합니다. 이 장을 통해 니체가 말하는 배후 세계가 무엇을 가리키는지를 좀 더 확실하게 알 수 있을 것입니다.

> 그리스도교 안에서는 도덕도 종교도 실재성의 어떤 부분과도 접촉하지 못한다. 순전히 공상적 원인들('신', '영혼', '나', '정신', '자유 의지'―또는 '자유롭지 않은 의지'도); 순전히 공상적인 효력들('죄', '구원', '은총', '죄 의 사함'). 공상적인 존재들 사이의 교류('신', '영靈', '영혼'); 공상적인 자 연과학(인간 중심적이고; 자연적 원인 개념을 완전히 결여한다); 공상적 심 리학(순전히 자기 오해이고, 쾌와 불쾌라는 일반 감정에 대한 해석들이다. 예를 들면 교감신경의 상태를 종교적이고-도덕적인 특이 성질을 가진 상징 언어―'후회', '양심의 가책', '악마의 유혹', '신의 다가옴' 등의 도움을 받

아 해석해낸다); 공상적 **신학**('신의 나라', '최후의 심판', '영생'). — 이런 순전히 허구의 세계는 꿈의 세계와는 구별된다. **허구 세계**가 실재성을 왜 곡시키고 탈가치화시키며 부정하는 반면, 꿈의 세계는 실재성을 **반영**하기에, 이 구별은 허구 세계에는 불리한 구별이다. '자연'이 '신'의 대립 개념으로 고안된 다음부터 '자연적'은 '비난받아 마땅한'을 가리키는 말이어야만 했다. — 허구 세계 전체는 자연적인 것(—실재성!—)에 대한 **증오**에 자신의 뿌리를 두고 있으며, 실재성에 대한 깊은 불만족의 표현인 것이다…… **하지만 이렇게 해서 모든 것이 해명되어버렸다.** 그런데 도대체 어떤 자만이 실재성에서 **나가라는 거짓말**을 스스로에게 할 이유를 갖는가? 실재성으로 인해 **고통받는** 자. 그런데 실재성으로 인해 고통받는다는 것은 그 실재성이 **실패한** 실재성이라는 것을 의미한다…… 쾌에 대한 불쾌의 우세는 허구적인 도덕과 허구적인 종교의 **원인**이다: 그런데 그런 우세가 데카당스에 대한 공식을 제공하는 것이다……[50]

여기서 니체는 그리스도교가 만들어낸 수많은 공상적인 것들을 지적합니다. 그리고 이 공상적인 것들은 현실의 삶에서 실패한 이들이 자신의 쾌와 불쾌를 역전시키고자 고안했음을 알게 됩니다. 그들은 "몸에 절망"하고, "대지에 절망"한 이들입니다. 여기서 우리는 차라투스트라가 '그들이 무엇을 말하는가'뿐만 아니라 '누가 그것을 말하는가'에 주목했다는 점을 알 수 있습니다.

차라투스트라는 이들이 말하는 저편의 또 다른 세계가 가상임을 비판하는 데 그치지 않습니다. 그는 한 걸음 더 나아가 이들의 위선적 욕망을 폭로합니다. 차라투스트라가 기독교나 서구 형이상학의 이분법을 비판하는 것은 진리의 차원에서가 아닙니다. 즉 그들과 '진리'의 자리를 두고 겨루지 않습니다. 차라투스트라는 가상의 세계를 설파하는 자들이 지닌 자기 모순, 그리고 그러한 자기 모순 속에서 드러난 그들의 욕망과 원한을 폭로합니다. 이것은 일부 철학자들과 종교인들의 현실적 욕망에 대한 비판이 아닙니다. 이 욕망과 그것을 은폐하는 위선적 언어들은 저 철학과 종교가 가진 본질이기 때문입니다.

이들은 가상의 세계를 만들어내고 그 세계가 실재하는 듯이 말하지만, 실제로는 그 누구보다 그들이 부정한 세계에 매여 있는 존재입니다. 그들은 자신들의 실패와 절망, 자신의 "괴로움과 무능"에 대해 원한(resentment)을 품은 자들입니다. 그리고 현실에서 극복할 수 없는 자신들의 절망을 극복하기 위해서 그들은 마침내 저 거대한 '공상적인 세계'를 만들어낸 것입니다. 이는 "또 하나의 '다른' 삶, '더 나은' 또 다른 삶이라는 환상을 가지고 삶에 복수를 하는 것"[51]이기도 합니다. 그들은 그렇게 가상의 세계를 만들어냄으로써, 참된 세계를 없애버립니다. 그곳에서 우리는 삶의 부정만을 봅니다.

> 신이 기뻐하는 성자는 이상적 거세자이다…… '신의 왕국'이 시작되는 곳에서, 삶은 끝난다……[52]

그들은 입으로는 가상적 세계만이 실재하는 세계라고 말하면서, 몸과 대지로부터 만족을 취하고자 합니다. 그런데 이러한 공상적인 세계는 관념으로만 존재하지 않습니다. 그것은 일련의 사회적 제도와 문화적 행위를 통해 현실화됩니다.[53] 그들의 원한, 삶에 대한 복수는 이제 그들의 절망을 행복으로 바꾸어줍니다. 그들이 고안해낸 가상의 세계는 마침내 자신의 계략의 실제적 성공을 증명합니다. 감각적인 현상 세계가 한갓 거짓이라고 말하면서 그들은 그 현실적 감각 세계를 지배하고, 그 속에서 자신들의 행복을 쟁취하고자 합니다. 낙타의 정신을 가진 배후 세계자들은 그렇게 자신의 절망을 승리로 바꾸고자 합니다. 그게 낙타의 원한이 승리하는 방식입니다.

> 몸과 대지를 경멸하는 자, 천상의 세계와 구원의 핏방울을 꾸며낸 자들은 병자와 죽어가는 자들이다: 그러나 이 달콤하고 어두운 독조차도, 그들은 몸과 대지로부터 취한다.

그들의 불행으로부터 도망가려 하나, 별은 그들에게 너무 멀리 있다. 그때 그들은 탄식한다: "오, 다른 존재로 그리고 행복으로 몰래 들어갈 수 있는 천상의 길이 있다면!" — 그때 그들은 자신의 계략과 피의 음료를 꾸며낸다.

[……]

나는 이 신과 유사한 이들을 너무나 잘 알고 있다: 그들은 자신이 믿어지길, 그리고 의심은 죄가 되길 원한다. 그들 스스로 무엇을 가장 믿는지 또한 너무나 잘 알고 있다.

진정 배후 세계와 구원의 핏방울이 아니다: 오히려 그들은 몸을 가장 믿는다, 그리고 그들 자신의 몸은 그들에게 그들의 물 자체(Ding an sich)이다.

신체를 경멸하는 자들에 대하여

첫 번째 장인 「세 변신에 대하여」에서 차라투스트라는 위버멘쉬에 대해 말했습니다. 그리고 「덕의 강좌에 대하여」와 「배후 세계자들에 대하여」에서는 위버멘쉬의 대립 지점에 존재하는 기독교와 전통 형이상학의 왜곡된 가르침과 거짓 주장을 비판했습니다. 이제 차라투스트라는 신체에 대한 설교를 시작합니다. 이러한 장의 배치는 신체의 문제가 니체의 철학 속에서, 특히 위버멘쉬의 맥락 속에서 어느 정도의 위상을 차지하는지를 상징적으로 보여줍니다. 『즐거운 학문』의 제2판 서문(『차라투스트라』 출간 이후에 쓰인 것입니다)에서 니체는 다음과 같이 말합니다.

나는 전체적으로 보아 철학은 단지 신체에 대한 해석, 혹은 **신체에 대한 오해**에 불과한 것이 아닐까라는 질문을 스스로에게 자주 던져보았다. 개인에 의한 것이건, 신분에 의한 것이건, 인종 전체에 의한 것이건 간에 지금까지 사상사를 이끌어온 최고의 가치 평가의 배경에는 신체의 특성에 대한 오해가 숨겨져 있다. 형이상학의 저 모든 과감한 미친 짓거리, 특히 현존재의 가치에 대해 형이상학이 내놓는 답변은 항상 특정한 신체의 증상으로 간주될 수 있다. 이러한 세계 부정이나 세계 긍정 전체는 과학적으로 보면 전혀 의미가 없을지라도 역사학자나 심리학자에게는 이미 말한 대로 신체의 증상, 즉 신체의 성공과 패배, 충만, 힘, 역사 속에서의 자기 과시, 혹은 신체의 장애, 피로, 빈곤, 종말에 대한 예감이나 종말에의 의지 등으로서 가치 있는 암시를 제공한다. 나는 여전히 단어의 예외적인 의미에서 철학적인 **의사**醫師를 고대하고 있다. 민족, 시대, 인종, 인류의 총체적인 건강의 문제를 진단하고, 내가 제기한 의혹을 끝까지 추구하여 모든 철학이 지금까지 다루어온 것은 "진리"가 아니라 다른 어떤 것, 즉 건강, 미래, 성장, 권력, 삶 등이라는 명제에 과감하게 천착하는 그런 의사를 고대하고 있는 것이다……**54**

니체에게서 신체는 철학이 사유하는 여러 대상 중 하나가 아니라 철학의 목적이자 그 존재 근거입니다. 철학이란 병든 문명, 병든 사유를 극복하고 건강한 문명과 신체를 가능케 하는 것이어야 합니다. 하지만 차라투스트라가 도처에서 목도하는 것은 여전히 병든 신체, 그로 인한 병든 사유들입니다. 신체와 영혼은 별개의 것이며, 영혼은 우월하고 신체는 하찮은 것이다 —— 이것이 이천 년 넘게 이어져 내려온, 서구 형이상학의 이원론적 관점에서 신체와 정신을 보는 입장입니다. 플라톤의 이런 견해는 『파이돈』을 통해 잘 드러납니다.

우리가 몸을 갖고 있고 우리의 혼이 육체라는 악에 오염되어 있는 한, 우리는 바라는 것을, 말하자면 진리를 충분히 획득하지 못할 것이 확실하니 말이오. 몸은 필요한 자양분을 섭취하느라 수천 가지 방법으로 우리를 바쁘게 만드오. 그리고 몸이 병에 걸리기라도 하면 병이 우리의 진리 탐구를 방해하오. 게다가 몸은 우리를 욕구와 욕망과 두려움과 온갖 환상과 수

많은 어리석은 생각으로 가득 채워, 우리는 몸 때문에 정말이지 말 그대로 아무것도 생각할 수 없소. 전쟁과 내란과 전투는 다름 아닌 몸과 몸의 욕망에서 비롯되오. 모든 전쟁은 부를 획득하려는 욕구에서 비롯되는데, 우리는 몸을 섬기는 노예이니만큼 몸 때문에 부를 획득하지 않을 수 없기 때문이지요. 그리하여 이 모든 것 때문에 너무 바빠서 우리에게는 철학을 위한 여가가 없는 거요. [……] 그러니 우리가 어떤 사물에 대해 순수한 지식을 갖고자 한다면 몸에서 벗어나 대상 자체를 혼 자체로 관찰해야 한다는 사실이 실제로 밝혀진 셈이오. 우리의 논의에 따르면, 우리가 추구하며 우리가 사랑한다고 말하는 지혜는 생전이 아니라 우리의 사후에나 획득할 수 있을 것 같소. 몸과 함께해서는 어떤 순수한 지식도 획득할 수 없다면, 지식은 어디에서도 획득할 수 없거나 아니면 사후에나 획득할 수 있거나, 둘 중 하나일 테니 말이오. [……] 그러니 생전에 우리가 지식에 가장 가까이 다가갈 수 있는 방법은 몸과 어울리거나 필요 이상으로 몸과 함께하는 것을 되도록 피하는 것이오. 또한 우리가 몸의 본성에 오염되지 않게 하고, 신께서 친히 우리를 해방시켜주실 때까지 우리를 몸으로부터 정화하는 것이오.[55]

이처럼 플라톤에게 몸이란 악이며, 진리를 가로막는 장애물에 불과합니다. 그리고 정신, 혼은 몸과 독립적인 존재로 우리의 신체가 죽은 후에도 여전히 남아 있습니다.

데카르트 역시 근대 철학의 심신이원론을 대표합니다. 그는 세계를 사유 실체(res cogitans)와 연장 실체(res extensa)로 나누었습니다. 그는 신체를 삼차원 공간에 속하는 연장 실체로 보고 그것 자체는 기계 장치와 마찬가지라고 생각했습니다. 즉 인간의 신체는 다만 물리적 세계에 속하는 것으로, 그런 점에서 동물과 구분되지 않는다고 보았습니다. 말하자면 데카르트는 동물을 영혼이 없는 자동 기계일 뿐이라고, 인간 역시 신체라는 관점에서만 본다면 동물과 마찬가지라고 생각했던 겁니다. 마찬가지로 산 자와 죽은 자의 차이란 작동하는 시계와 고장 난 시계의 차이와 같을 뿐이라고도 말했지요. 이러한 인간을 동물과 구별해주는 것이 바로 영혼, 정신의 존재입니다. 결국 인간이 인간인 이유는 인간의 정신에 있고, 인간의 육체는 이 정신의 지배를 받는 기계 장치일 뿐이라는 것이 데카르트의 철학적 주장이었습니다. 데카르트에게서 인간이란 다름 아닌 사유하는 존재(cogito)이기 때문입니다. 근대 합리론은 바로 이 사유 실체로 인간 자아를 규정하는 데서부터 비로소 가능해집니다.

감각적 경험의 진리성에 대한 일체의 거부도 이러한 맥락에서 설명됩니다. 즉 우리가 외부 세계를 받아들이는 것은 정신이 아니라 신체를 통해서이고, 구체적으로는 시각, 청각, 후각, 미각, 촉각 등 인간의 다섯 가지 감각을 관장하는 기관을 통해서입니다. 하지만 신체는 시공간의 제약을 받으며, 끊임없이 변화하므로 결코 사물의 본질, 실체를 제대로 파악할 수 없습니다. 감각으로 파악된 것은 모두 일시적인 것이고, 우연적인 속성에 불과하기 때문입니다. 결국 감각 기관으로부터 영향받지 않는 것으로서의 사유만이 진리의 유일한 근원으로 인정됩니다. 근대 이성주의가 주장하는 합리성, 이성이란 곧 이러한 감각적인 것, 신체적인 것에 대한 철저한 배제를 통해서 비로소 가능해지는 것이죠. 칸트의 예지계와 현상계도, 쇼펜하우어의 의지와 표상의 세계도 마찬가지입니다. 철학에서 정신과 신체의 이분법이란 특정한 철학에 해당하는 것이 아니라, 철학적 사고의 기본이라고 할 만한 것입니다. 애초에 철학을 의미했던 형이상학(metaphysics)이라는 말 자체가 그러한 이원론을 전제한 표현이기도 합니다.

니체는 단호하게 이러한 정신과 신체의 이원론을 부정했습니다. 차라투스트라가 말하고 있는 신체란 정신의 지배에 의해 움직이는 단순한 기계적 장치가 아닙니다. 차라투스트라는 신체가 정신의 도구라는 전통 철학의 입장과는 정반대로 정신이 신체의 도구라고 말합니다.

> 형제여, "정신"(Geist)이라 불리는 너의 작은 이성 또한 네 신체의 도구요, 너의 거대한 이성의 작은 도구이자 장난감이다.
> 너는 "자아"(Ich)라고 말하고, 그 말에 우쭐해한다. 그러나 네가 믿지 못

하는 더 위대한 것이 너의 신체와 그것의 커다란 이성(grosse Vernunft)이다: 그것은 자아를 말하지 않고, 자아를 행한다.

그는 이렇게도 말합니다.

감각과 정신은 도구이자 장난감이다: 그들 뒤에 자기(das Selbst)가 자리 잡고 있다. 자기는 감각의 눈으로 보고, 정신의 귀로 듣는다.

또 이렇게도 말합니다.

형제여, 너의 생각과 감정의 뒤에, 더 강력한 지배자, 미지의 현자가 있으니 이를 자기라고 한다. 그는 너의 신체 안에 거주하고, 그는 너의 신체이다.
너의 최고의 지혜 속에 있는 것보다 더 많은 이성이 너의 신체 속에 있다. 그리고 너의 신체가 진정 무엇을 위해 너의 최고의 지혜를 필요로 하는지, 도대체 누가 아는가?

여기서 자아(Ich)란 근대의 이성적 주체를 가리키는 말입니다. 이와 대립되는 것이 자기입니다. 자기(das Selbst)는 감각과 정신의 결합을 의미합니다. 차라투스트라는 인간을 자아, 즉 이성이 아닌 신체로서 파악하고 이에 자기라는 명칭을 부여합니다. 이 장은 니체의 생리학적 인간관을 명확하게 보여줍니다. 곧 '신체=자기=커다란 이성'과 '자아=이성=정신=작은 이성=신체의 도구'라는 등식이 성립됩니다. 그런데 우리가 주의해야 할 게 있습니다. 여기서 차라투스트라가 말하는 신체는 기계론적인 신체가 아니라, 기존의 철학에서 이원론적으로 분리된 신체와 정신의 종합을 일컫는다는 점입니다. 이 때문에 어떤 해석자들은 이러한 자기로서의 신체를 육체와 정신의 종합이라고 말하기도 합니다. 그러나 신체를 육체와 정신의 종합이라고 말하는 것은 실상은 기존 철학의 이원론적 관점과 크게 다르지 않습니다. 이렇게 말할 수 있는 기계론적인 육체/신체가 이미

존재하지 않습니다. 신체 자체가 결코 단순히 뼈와 살과 근육 따위의 결합으로 이루어진 물리적이고 기계적인 무엇이 아니기 때문입니다. 신체란 하나로 통합된 생명 현상 그 자체입니다. 그러므로 니체는 신체의 의지라는 표현을 쓸 수 있는 것입니다.

> 더욱 놀라운 것은 오히려 **신체**이다: 어떻게 인간의 신체가 가능하게 되었는지: 어떻게 그렇게 엄청난 살아 있는 생명의 통합이, 각각 의존하고 예속하지만, 그러나 어떤 의미에서는 명령하고 자신의 의지 속에서 행동하며, 전체로서 살고 성장하고 특정 시간 동안 존속할 수 있는지는 아무리 경탄해도 끝이 없다 —: 이런 것은 명백히 의식을 통해 일어나는 일이 아니다! 그런 "기적 중의 기적"에 의식은 단지 하나의 "도구"일 뿐 그 이상이 아니다—위胃가 그것의 도구라고 하는 동일한 의미에서.[56]

물론 인간이라는 존재가 반성적 의식을 통해 다른 동물과 구분되는 자신만의 특수성을 가진 것을 부정할 수는 없습니다. 동물을 단순히 자동 기계 장치로 보는 것은 명백한 오류이지만, 그렇다고 해서 인간과 동물이 동일한 존재는 아니기 때문입니다. 신체를 기계 장치로 보는 이러한 시각과 반대되는 극단에는 인간뿐만이 아니라 자연의 사물 전체에 정신성을 부여함으로써 세계를 하나의 거대한 유기체로 인식하는 이론이 있습니다. 그러나 니체는 이러한 사유에도 동의하지 않습니다. 이런 식의 자연과 인간 사이의 결합은 그 자체로 인간과 자연이 정신에 의해 분리된다는 것만큼이나 하나의 커다란 편견이기 때문입니다.[57]

인간이라는 존재가 의식 이전에 —— 이것은 시간적인 선후를 말하는 게 아닙니다 —— 이미 신체로서 존재하고 살아가고 있다는 점은 명확합니다. 따라서 니체는 인간을 이해하기 위해서 철학적, 이성적, 합리적, 의식적 영역에 대한 고찰을 넘어선 생리학적, 심리학적, 생물학적인 이해를 요구합니다. 합리적, 의식적, 철학적 차원에서만 인간을 이해하는 것은 인간에 대한 편견에 지나지 않기 때문입니다.

이처럼 인간의 의식과 육체는 분리되지 않고 하나로 종합되어 있습니다. 그리고 이러한 종합은 신체 안의 종합이지, 결코 칸트가 주장하듯 '통각'(Apperzeption)에 의한 인식론적 종합은 아닙니다. 니체는 그러한 통각, 자아, 이성, 주체 등이 사유의 근본 원인으로 작용한다는 것을 부정합니다. 오히려 자아는 실체, 개인, 목적 등과 같은 사유의 구성물, 즉 그 결과물입니다. 그것은 결코 실체로서 존재하지 않습니다. 주체가 신체의 원인이 아니라 신체가, 신체의 활동이 주체의 원인입니다. 다시 말해 우리 신체의 활동에 의해 '나'라는 인식 가능한 어떤 대상이 주어지는 것뿐입니다.

> 가장 근본적으로 나를 형이상학자들과 구분하는 것은 다음과 같다: 나는 사유하는 것이 "자아"라는 그들의 견해를 인정하지 않는다: 오히려 나는 **자아 자체**는 "재료" "사물" "실체" "개인" "목적" "수"와 같은 등급의 **사유의 구성물**이라고 가정한다: 즉 그것의 도움으로 일종의 항상성, 따라서 "인식 가능성"이 생성의 세계에 부가되고 **가공되는 규제적 허구**일 뿐이라고 가정한다. 문법, 언어적 주어와 목적어, 활동 용어에 대한 믿음은 지금까지 형이상학자를 예속시켰다: 나는 이러한 믿음을 거부하는 법을 가르친다. 사유가 비로소 자아를 정립한다: 그러나 지금까지 "대중"이 믿듯이, 사람들은 "나는 생각한다"에 어떤 직접적이고 확실한 것이 있으며, 이러한 "자아"는 그 비유에 따라 우리가 그 밖의 모든 원인이 되는 관계들을 "이해하는" 사유의 주어진 원인이라고 믿었다.[58]

그러나 이렇게 자아가 신체이자 신체의 활동에 의해 구성된다고 이해한다 해도 아직 여전히 남는 의문이 있을 것입니다. 그것은 이 신체의 변화, 생성을 어떻게 이해할까 하는 점입니다. 여기서 비로소 차라투스트라가 말하는 '힘에의 의지'가 등장합니다. 그리고 이 대목은 니체의 신체/정신론에서 가장 중요한 지점이기도 합니다. 니체가 정신/신체의 이분법적인 구분을 비판하는 것은 그것이 정신에서 출발하거나 신체에서 출발하거나에 상관없이 '원인-결과'로 인간을 나누기 때문입니다. '자기',

'나'라는 존재의 어떤 부분을 분리해서 한쪽은 원인으로, 한쪽은 결과로 이름 붙이는 데 불과하기 때문입니다. '나'라는 생명 현상은 그 스스로가 원인이자 결과입니다. 정신과 신체를 분리하여 사고하면, 어느 쪽을 우선 하건 상관없이 우리는 죽은 정신과 죽은 신체를 마주할 수밖에 없습니다.

'힘에의 의지'는 니체가 말하는 생기生起존재론(Geschehensontologie)의 핵심적 개념이기도 합니다. 힘에의 의지는 우리가 그 말을 들었을 때 자동적으로 떠올리는 '(주체의) 의지'가 아닙니다. 그것은 주체적 의지가 아닌 의지로서, 힘 자체가 가진 충만이자 과잉이며, 그 과잉이 가진 방향성이기도 합니다. 이 힘에의 의지라는 말을 듣는 모든 이들이 어쩔 수 없이 주체적 의지를 떠올릴 수밖에 없는데도 그러한 오해에 자신의 새로운 사유를 노출하는 것, 그것이야말로 니체의 철학이 가진 일종의 전략이랄 수 있습니다. 이는 선악의 대결과 최종적인 선의 승리를 말했던 차라투스트라를 그의 대변자로 삼았던 사실, 또 새로운 모차르트라고 평가하던 괴젤리츠에게 페터 가스트라는 이름을 붙인 점과도 맥락을 같이합니다. 니체는 의지라는 말에 새로운 의미를 부여하고자 하는 겁니다. 그는 기존의 개념을 반박할 새로운 개념을 등장시키지 않고 기존의 개념을 전유하여 새로운 의미를 부여합니다.

신체는 결코 정지되어 있지 않고 세계 속에서 끊임없이 생성되고 변화합니다. 니체는 이처럼 생성하는 신체, 결코 멈추지 않는 생명 현상(죽음도 이것을 멈출 수는 없습니다)이자 스스로를 끊임없이 극복하면서 더 강해지고, 확장되며, 다양해지는 신체를 힘에의 의지라고 말합니다. 또한 신체는 힘에의 의지이며, 동시에 힘에의 의지가 발현되는 장소이기도 합니다. 즉 이 세계가 힘에의 의지인 한에서, 세계의 부분인 개별적 인간 역시 힘에의 의지입니다. 그리고 이때 자기(das Selbst)라고 불리는 하나의 신체는 그러한 힘에의 의지의 특정한 결합입니다.

다시 한 번, 힘에의 의지는 순수한 힘 자체이며, 의식적 의지가 아닙니다. 그런데도 니체가 굳이 '의지'라는 표현을 쓰는 것은, 그가 서구의 이원론적 세계관을 처음부터 차라투스트라의 이름을 '도용'해 다시 쓰듯이, '의지'라는 말의 의미를 바꾸고자 하기 때문입니다. 니체가 의지라고 말할 때는 그것이 방향과 지향을 가진다는 점을 의미할 뿐입니다. 니체는 『차라투스트라』 2권 12장 「자기 극복에 대하여」에서 "오직 생명이 있는 곳, 그것에만 의지도 있다. 그러나 나 가르치노라. 그것이 생명에 대한 의지가 아니라, 힘에의 의지라는 것을!"이라고 말합니다. 힘에의 의지는 "주인이 되고자 하고, 그 이상이 되기를 원하고, 더욱 강해지고자 하는"(Herr-werden, Mehr-werden, Stärker-werden)[59] 의지입니다. 존재란 곧 힘에의 의지입니다. 이것은 당연히 개체 —— 개인만을 말하는 것은 아닙니다. 하나의 집단도 통합된 개체가 될 수 있습니다 —— 차원에서의 이야기입니다. 세계 전체로서의 힘은 결코 증감이 없이 고정되어 있기 때문입니다. 그러나 독자들은 니체가 이 두 가지 관점 사이를 커다란 진폭을 가진 진자처럼 오고 간다는 점을 잊어서는 안 됩니다. 개체는 힘에의 의지를 바라고, 더 강한 힘을 가지고자 합니다. 그러나 세계라는 힘의 경제학에서 끊임없는 증가는 있을 수 없기 때문에 힘의 증가는 반드시 힘의 감소, 파괴를 불러올 수밖에 없습니다. 우리의 신체는 이러한 힘의 증가와 파괴가 일어나는 장소입니다.

우리의 신체란 바로 이 힘에의 의지의 장소이자, 힘에의 의지 자체입니다. 신체는 결코 고정된 실체가 아닙니다. 차라투스트라는 신체가 하나의 의미를 지닌 다양성, 전쟁이자 평화, 양떼이자 목자라고 말합니다. 이것은 주체의 다수성을 의미합니다. 인간이란 하나의 통합된 의식에 의해 지배받는 존재가 아니라, 신체라는 터 위에서 수많은 힘들이 협력과 투쟁을 반복하는 현상이기도 하기 때문입니다. 이로써 주체의 다수성은 가능해집니다. 이 주체의 다수성은 하나의 주체로서 인간을 지배하고 모든 경험을 종합하는 지속적 주체 대신, 매번 새롭게 생성되는 주체의 존재를 상정합니다.

하나의 주체를 가정하는 것은 아마도 필요하지 않다. 아마도 주체의 다수성을 가정하는 것이 똑같이 허락될 것이다. 이것들의 협력과 투쟁이 우리의 사유와 우리의 의식 일반의 근저에 있다. 지배가 존재하는, 일종의 '세포들'의 귀족정? 분명히 동등한 것들에 의한? 이들은 서로 함께 지배하는 데 익숙해지고 명령하는 법을 이해했을 터이다. 나의 가정: 다수성으로서의 주체[……][60]

다시 말해 하나의 의미를 지닌 다양성이란 우리의 신체라는 장 안에 수많은 힘들이 작용하고 있다는 뜻입니다. 이 힘들은 서로 전쟁하기도 하지만 때로는 어떤 균형을 통해서, 혹은 어떤 일정한 방향의 제시를 통해서 우리의 신체가 나아가게 만듭니다. 가축 떼이자 목자라는 말은 신체가 스스로를 이끄는 목자인 동시에 그렇게 이끌려 가는 신체(가축)라는 사태를 가리킵니다. 또한 이러한 힘에의 의지는 신체를 부정하는 이들에게서 몰락을 원하는 힘으로 드러나기도 합니다. 이것은 프로이트의 '죽음 충동'을 연상하게 합니다.

이처럼 신체는 '힘에의 의지'로서의 신체이며, 사건으로서의 신체이며, 자기와 세계의 끊임없는 생성 속에 있는 존재로서의 신체이기도 합니다. 그리고 우리가 신체를 이렇게 이해할 때에만, 인간의 자기 극복이 온전히 말해질 수 있습니다.

환희와 열정에 대하여

이제 차라투스트라는 "환희와 열정에 대하여"라는 표제 아래 '덕'에 대해 이야기합니다. 이 장은 이렇게 시작합니다.

형제들이여, 너희가 하나의 덕을 가지고 있고, 그것이 너희의 덕이라면, 너희는 그것을 누구와도 공유하지 못한다.

차라투스트라는 덕의 보편성을 거부하면서, 그것을 누구와도 공유할수 없다고 말합니다. 여기서 니체는 칸트를 겨냥하고 있는 듯이 보입니다. 잘 아시다시피 칸트는 우리의 행위를 제한하는 조건으로서 준칙의 보편타당성을 이야기했기 때문입니다. 따라서 칸트는 가언명령이 아닌 정언명령을 통해 윤리적 법칙을 구축해나갑니다. 그러나 차라투스트라는 덕의 공유 가능성을 정면으로 반박하면서, 보편적 덕의 존재 자체를 문제삼습니다. 그렇다면 우리는 니체의 덕을 어떻게 이해해야 할까요.

니체가 말하는 덕은 사실상 플라톤이 말한 아레테^Arete와 유사합니다. 플라톤은 인간 고유의 좋은 상태를 아레테라고 말했는데, 이 아레테가 바로 '덕'(Tugend/virtue)이라고 흔히 번역되는 개념입니다. 희랍 윤리학을 대표하는 말이기도 하지요. 이 말은 다르게는 '미덕' 또는 '탁월성'(excellence)이라고 번역되기도 합니다. 그런데 탁월성으로서의 덕이란 개별 존재들의 어떤 훌륭함의 기준으로 제시될 수 있는 것입니다. 이를테면 군인의 탁월성, 정치가의 탁월성이 존재하며, 둘은 서로 구분됩니다.[61] 그럼에도 이 덕이라는 것은 여전히 공동체적이며 보편적인 성격을 지니고 있습니다. 플라톤은 '선의 이데아'를 통해 이러한 개별적인 덕을 초월한 보편적 덕의 정의를 찾고자 합니다. 덕이 무엇을 의미하는가를 올바르게 아는 것이야말로 덕의 실현에 가장 근본적인 토대라고 생각하였기 때문입니다. 따라서 '덕은 지식이다'라는 명제를 통해, 이데아의 진리를 추구하는 행위가 곧 덕을 추구하는 행위와 마찬가지임을 강변합니다.

또한 그는 '덕은 하나이며, 분리 불가능한 것'이라고 말합니다. 즉 지혜, 용기, 친절, 정의, 정직 등의 덕은 분리되어 존재하는 것이 아니라 보편적인 덕의 이데아가 다양한 측면에서 해석된 것이라고 볼 수 있습니다. 플라톤이 말하는 덕과 칸트가 주장하는, 보편적 인간으로 지켜야 할 정언명령으로서의 도덕 법칙은 그 구체적인 내용이 너무나도 다릅니다. 그러나 덕 혹은 도덕의 보편성을 주장한다는 점에서는 일맥상통하는 부분이 있습니다.

앞 장에서 우리는 의식이 왜 공동체적인 기원을 가지는가에 대한 니

체의 설명을 보았습니다. 이 점에서 덕이야말로 철저히 공동체적 관점에서만 덕일 수 있습니다. 그러나 이 공동체적 가치로서의 덕에 대해 니체는 가차 없이 비판합니다. 그리고 니체는 이러한 덕은 사회적으로 강제된 것이라고 말합니다.

> 예를 들어 사회, 국가와 같은 더 큰 개체와 집단적 개체가 개인을 굴복시켜서 그들의 개별성에서 그들을 이끌어내어 집단으로 흡수하게 되면, 비로소 모든 도덕성을 위한 토대가 제대로 만들어지는 것이다. 도덕성에는 강제가 선행한다. 또한 도덕성 그 자체는 잠시 동안은 여전히 불쾌감을 피하기 위해서 사람들이 순응하는 강제일 것이다. 나중에 그것은 인륜이 되고 훨씬 후에는 자유로운 복종이 되며, 마침내는 거의 본능에 가까워지고 만다: 그때 그 도덕성은, 오랫동안 익숙해지고 자연적인 모든 것과 마찬가지로 쾌감과 결부되어 있다.─그리고 그것은 지금 덕이라고 불린다.[62]

개인을 공동체의 일원이라고 보고, 공동체 전체의 탁월성과 조화라는 기능을 실현하는 가치를 덕이라고 부른다면, 우리는 니체가 왜 덕의 공유를 불가능하다고 보았는지 어렵지 않게 짐작할 수 있습니다. 오히려 문제는 이 공유될 수 없는 덕이라는 관점이 지극히 개인주의적 가치를 긍정하는 것처럼 오해된다는 사실입니다. 개인의 덕이란 최초에는 공동체가 기존에 구성원들에게 강요하던 덕과의 대결을 통해서 획득된 것입니다. 그러므로 이것은 단순히 개인주의적 가치의 긍정이라기보다는, 실상 기존 사회의 가치를 부정하는 대결이며 전쟁입니다. 예컨대 니체는 사회와 그 구성원이 조화를 이루는 관계라는 것을 매우 부정적인 시선으로 봅니다. 다른 이들이 조화라고 부르는 것을 니체는 복종이라고 보기 때문입니다.

니체는 국가나 사회가 개인에 앞선다고 보지 않습니다. 오히려 그 반대입니다. 즉 개인이 국가를 위해 존재하는 것이 아니라, 국가가 개인을 위해 존재해야 한다고 봅니다. 니체에게 국가의 목적이란, 다름 아닌 위대한 인간을 길러내는 것입니다.

이 제도["훌륭하고 건강한 귀족 체제": 인용자]의 근본 신념은 사회가 사회를 위해 존재해서는 **안 되며**, 선택된 종류의 인간 존재를 좀 더 차원이 높은 과제로, 대체로 보다 높은 **존재**로 고양시킬 수 있는 토대나 발판이어야만 한다는 것이다.[63]

영웅주의적 역사관으로 오해받을 만한 이야기이지만, 니체가 말하고자 하는 바는 그런 수준의 것이 아닙니다. 그는 지배에 대해서가 아니라 새로운 종류의 인간에 대해 말하기 때문입니다. 니체에게서 위대한 인간이란 사회를 앞서서 이끌어가는 인간이 아닙니다. 니체가 말하는 영웅은 창조하는 자로서의 위버멘쉬이며, 그는 타인을 지배하기 위해 선택된 인간이 아닙니다. "보다 높은 존재"란 그 이전에 한 번도 보지 못한 인간의 새로운 모습을 계시하는 존재입니다. 보다 높은 존재를 만들어내는 사회라는 관점에서 보자면, 이는 역사의 진보와도 무관합니다. 위대한 인간을 역사의 진보라는 목적론과 결합시킬 때에만 우리는 영웅주의적 사관이라는 역사적 관점을 획득합니다. 길고 긴 역사적 과정을 통해 설정되는 사회의 목적론적 관점이 여기서는 부정되어야 합니다. 역사적 진보라는 관점을 부정할 때, 우리에게 남는 것은 민중을 이끄는 영웅이 아니라, 창조적 인간의 창조적 순간뿐입니다. 인간과 역사의 관점에서 목적론을 부정하는 니체적 관점에서 역사적 진보에 대해 말하는 것은 어불성설입니다. 그러므로 여기서 덕의 문제는 공동체의 운명에 대해 전혀 다른 방식의 접근을 요구합니다.

나는 그것을 신의 법으로 원치 않으며, 인간의 규칙이나 필요로 원치 않는다: 그 덕이 나에게 대지를 초월하고 낙원에 이르게 하기 위한 길잡이가 되지 않도록.
내가 사랑하는 것, 그것은 지상의 덕이다: 그 속에는 영리함은 조금 있고 모든 이들의 이성(Aller Vernunft)은 거의 없다.

여기서 차라투스트라가 말하는 덕이란 율법도, 제도도, 편의도 아니며, 이 세계를 넘어 존재하는 것도 아닙니다. 차라투스트라는 새롭게 창조된 것으로서의 자신만의 덕을 강조합니다. 이러한 덕은 사회의 승인을 요구하지 않습니다. 왜냐하면 기존의 이성과 인식의 차원에서는 이 새로운 가치, 덕을 평가할 수 없기 때문입니다. 그것은 진리의 관점에서나 선의 관점에서가 아니라, 차라리 기존 세계와의 불화와 오류라는 관점에서 이해됩니다. 관점주의가 요청되는 이유이기도 합니다.

> 너는 너의 주인이며 동시에 네 자신의 덕의 주인이 되어야만 한다. 과거에는 덕이 너의 주인이었다. 그러나 그 덕은 다른 도구들과 마찬가지로, 오로지 나의 도구여야 한다. 너는 너의 찬성과 반대에 대한 지배력을 획득하여 너의 더 높은 목적에 필요할 때마다 그 덕을 붙이거나 떼내버리는 것을 배워야만 한다. 너는 모든 가치에서 관점주의적 감각을 터득해야만 한다.[64]

그러므로 자신만의 덕은 위버멘쉬의 문제, 자기 극복의 문제일 수밖에 없습니다. 극복이란 그것이 온 세계와 맞서 싸우는 순간에도, 언제나 자기 극복일 수밖에 없습니다. 차라투스트라는 덕을 뱃속의 굶주림이라고 표현합니다. 동시에, 열정으로부터 세워진 목표라고도 말합니다. 덕은 외부에서 제시된 것이 아니라, 오직 자신에게서 새롭게 의지된 것입니다. 이성이 아닌 열정과 환희를 말하는 이유가 여기 있습니다. 자신의 새로운 덕이 열정으로 자라나고 이름 붙여지는 순간, 그것은 비로소 환희가 될 것입니다. 또한 차라투스트라는 여기서 덕들 사이의 전쟁에 대해 말합니다. 우리는 우리 안에 하나의 덕만이 아니라 대립하는 여러 종류의 덕을 가지고 있기 때문입니다. 「신체를 경멸하는 자들에 대하여」에서 차라투스트라는 신체를 하나의 의미를 지닌 다양성, 전쟁이자 평화라고 말한 바 있습니다. 이 장을 차라투스트라의 덕에 대한 설교와 연결한다면, 이 전쟁은 바로 덕들 사이의 전쟁이라고 말할 수도 있습니다. 즉, 우리의 신체는 우리 안의 덕들이 서로 싸우는 전쟁터입니다. 이러한 덕들의 전쟁은 그 자체로 부정되어야 할 것이 아닙니다. 인간이 스스로를 극복하기 위한 필연적인 과정이기 때문입니다.

보라, 너의 모든 덕이 가장 높은 것을 얼마나 갈망하는지를: 정신이 덕의 사자인 듯이, 그것은 너의 모든 정신을 원한다, 분노, 미움, 사랑 속에 있는 너의 모든 힘을 원한다.

모든 덕은 다른 덕을 시기한다, 그리고 시기란 무서운 것이다. 또한 덕들은 시기 탓으로 몰락할 수 있다.

시기의 불꽃에 휩싸인 이는, 마침내는 전갈처럼, 자기 자신에게 독침을 향한다.

아, 형제여, 너는 아직 덕이 스스로를 중상하고, 찔러 죽이는 것을 보지 못했는가?

이 마지막 구절에서의 파멸이 부정적인 의미로 쓰이지 않았다는 데 주의해야 합니다. 그것은 서문에서 말한 몰락과도 같은 것이기 때문입니다. 자기 극복을 위해, 우리는 우리 안에서 덕들의 싸움을 치러야 하고, 이 싸움을 통해 마침내 하나의 덕이 승리하는 지점까지, 그러므로 우리가 더 이상 과거의 우리 자신으로 남아 있지 않는 상태에까지 이르러야 합니다. 물론 자기 안의 어떤 덕이 다른 덕을 시샘하고 중상하고 모략한다면, 그럼으로써 어떤 덕도 남아 있지 않게 된다면, 인간의 자기 극복은 불가능할 것입니다. 그러므로 이 덕들이 언제까지나 전쟁 상태에 있을 수는 없습니다. 우리가 우리의 덕에 이름을 붙여준다는 것은 이러한 덕의 전쟁이 일단락되었음을 의미합니다. 이럴 때 마치 스스로 가치를 창조하고 결정하는 주인과도 같이 우리는 이렇게 말하게 될 것입니다.

그것은 **나의** 선이요, 나는 그것을 사랑한다, 그것은 무척 내 마음에 든다, 그렇게 나는 오직 나의 선을 원한다.

이 하나의 덕으로 인해, 차라투스트라의 말대로, 우리는 좀 더 가볍게 다리를 건너갈 수 있을 것입니다.

> 주의하라!: 수많은 위버멘쉬들이 있음에 틀림없다: 수많은 선은 오직 그
> 와 같은 사람들 아래서만 전개된다. 하나의 신이란 하나의 악마일 것이다!
> 하나의 지배 종족. "지상의 주인들"에 대해.[65]

창백한 범죄자에 대하여

창조하는 인간 내면의 분열과 갈등. 이것은 창조하는 인간이 가진 특징이기도 합니다. 동시에 이 장은 형벌, 죄, 도덕, 정의 등의 의미를 묻는 장이기도 합니다. 우리는 여기서 두 종류의 인간을 만납니다. 하나는 붉은 옷을 입고 재판을 하는 재판관입니다. 이 붉은 옷은 기독교의 추기경이 입는 옷을 상징합니다. 대사제의 색이죠. 다른 한 인간은 그 앞에서 창백한 얼굴로 재판을 받는 인간입니다. 이 인간은 범죄를 저지른 자, 강도를 하고 살인을 저지른 인간입니다. 그는 그가 저지른 행위로 인해 붉은 옷의 재판관 앞에서 재판을 받고 있습니다.

이 장면은 소크라테스의 재판에 대한 패러디처럼 보입니다. 소크라테스 역시 폴리스의 법 앞에서 창백한 범죄자와 마찬가지로 재판을 받습니다. 아테네의 젊은이를 타락시켰다는 죄목으로 법정에 오른 소크라테스는 결국 자신에게 내려진 사형 선고를 받아들임으로써 아테네의 법에 복종하는 것처럼 보입니다. 하지만 이 복종은 사실상 일종의 저항입니다. 그는 죽음 앞에서도 두려워하지 않습니다. 만약 그가 진정으로 아테네의 법에 복종했다면 '청년들을 타락시키는' 행위를 멈추었을 겁니다. 그러나 그는 그러지 않았습니다. 소크라테스의 죽음을 악법도 법이다, 법의 정당

성 여부와 무관하게 어떤 법이라도 마땅히 따라야 한다는 식으로 이해하는 것은 플라톤의 텍스트에 대한 심각한 왜곡입니다. 소크라테스는 죽음을 불사하고 저항한 인물이기 때문입니다.

혹시 어떤 독자들은 이 범죄자가 도스토예프스키의 『죄와 벌』의 주인공인 라스콜리니코프를 연상시킨다고 생각하실지도 모르겠습니다. 실제로 니체는 이 소설을 프랑스어 번역으로 읽었습니다. 하지만 그것은 1886년의 일입니다. 그러니까 『차라투스트라』 1권을 쓰고 3년 뒤의 일이죠. 그럼에도 이 장에서 니체가 묘사하는 창백한 범죄자는 라스콜리니코프와 너무나도 흡사합니다. 니체가 도스토예프스키를 두고 자기가 유일하게 무엇인가를 배운 심리학자라고 말했다는 이야기도 많이 들으셨으리라 생각됩니다.[66] 하지만 그런 식으로 말한다고 니체가 도스토예프스키의 세계관과 철학을 그대로 인정했다고 생각해서는 곤란합니다. 인간 본성에 내재한 악(자만)을 기독교적 윤리(겸허, 희생)로 극복하려 했던 도스토예프스키의 윤리적 주체는 힘에의 의지를 통해 끊임없이 자신을 생성해 나가는 니체의 위버멘쉬와 분명한 차이점이 존재하기 때문입니다.

라스콜리니코프가 소설의 초반부에서 죄를 저지르고 난 이후, 도스토예프스키는 줄곧 그가 감당해야 하는 심리적 갈등과 고통을 촘촘하게 묘사하고 있습니다. 도스토예프스키는 정말이지 그를 끊임없이 괴롭힙니다. 불쌍하다는 생각이 다 들 정도로 말이죠. 죄가 아니라 벌이 이 소설의 중심인 셈입니다. 그리고 마침내 소설의 마지막에 라스콜리니코프는 새로운 인간으로 태어나게 됩니다. 도스토예프스키가 인간의 악마성을 그려낸 것은 그것이 옹호되어야 할 대상이기 때문이 아닙니다. 그렇다고 그의 소설이 순진한 계몽 소설인 것도 아닙니다. 오히려 그는 계몽주의적 이상을 추구하는 이들이 가지고 있는 모순적 광기와 악마성을 그려냈지요. 라스콜리니코프는 합리적 이성을 그의 광기의 근거로 삼는 인물입니다. 그런 점에서 도스토예프스키의 소설은 계몽주의에 대한 20세기의 강력한 비판자인 아도르노나 벤야민(Walter Benjamin) 등의 사유를 선취했다고도 말할 수 있을 것입니다. 다만 도스토예프스키는 이들과는 다르게 기

독교의 윤리라는 소박한 해결책을 제시하는 데 그치고 말지요.

여기서 등장한 '창백한 범죄자' 역시 자신이 지은 죄 때문에 고통받습니다. 자기 자신에게 고통받고, 자신의 행위에 대한 생각 때문에 고통받지요. 그는 자신의 자아를 극복하려 하는 인물입니다. 낙타의 상태를 벗어나려는 인물이지요. 사자와 같은 인물이라고 할 수도 있겠습니다. "나의 자아는 극복되어야 할 무엇이다: 나의 자아는 나에게는 인간에 대한 거대한 경멸이다"라고 그는 말합니다. 그의 경멸은 그를 재판하는 이들에 대한 경멸, 그러니 기존 사회의 도덕에 대한 경멸인 동시에 자기 자신에 대한 경멸이기도 합니다. 그 자신이 낙타인 한에서 그 스스로 기존의 도덕을 정당화하는 인물이기 때문입니다. 극복은 언제나 자기 극복입니다. 그러나 여기서 창백한 범죄자의 극복은 아직까지는 제대로 된 극복이 아닙니다. 차라투스트라의 극복은 자기 경멸에서 비롯되지 않습니다. 그것은 자기 긍정에서 비롯되어야 합니다. 그렇기에 이 자기 경멸을 통해 창백한 범죄자는 아직까지 자기를 완전히 극복할 수 없습니다.

그에게 여전히 남아 있는 죄책감 역시 마찬가지입니다. 이미 자신이 생각한 바를 저지른 뒤에도 여전히 그는 그것을 입 밖으로 내어 외치기를 두려워합니다. 그의 최고의 순간은 "스스로를 재판하는 순간"입니다. 그러나 여기서 이 창백한 범죄자는 다시 자신의 "저급함"으로 돌아오고 맙니다. 그는 자신의 "광기"를 아직 완전히 이해하지 못한 병자이기 때문입니다. 그는 자신의 광기를 스스로 해석하여 그것이 "피"에 대한 욕망이라고 해석합니다. 그는 자신에게 상처 준 것들로 다른 이들에게 상처 주기를 원합니다. 그런 면에서 그는 아직까지 완전히 사자가 되지 못한 자입니다. 그는 '너는 해야만 한다'고 그어놓은 선을 넘어섰지만, 그것을 어떤 "피"에의 갈망으로밖에 해석하지 못합니다. 자신이 상처받은 방식으로 타인을 상처 주겠다는 것은 원한 감정일 뿐입니다. 그가 자신의 행위에 대해, 자신의 극복에 대해 긍정적 가치로 옹호하지 못하는 것은 바로 그 때문입니다. 결국 "바로 죽는 것이 아니라면, 스스로에게 고통받는 자를 위한 구원은 존재하지 않는다"고 차라투스트라는 어쩌면 가혹하게 말하는 것입니다. 그것은 재판관도 마찬가지입니다. 이 범죄자를 죽이는 일이 그들에게는 복수에 지나지 않기 때문입니다.

그러나 이러한 잔인성이 꼭 타자를 향하지만은 않습니다. 그것은 때로는 자기 자신을 향합니다. 아니 오히려 니체가 더욱 문제 삼는 것은 바로 이 자신을 향한 잔인성입니다. "투기장에서의 로마인, 십자가의 황홀경 속에 있는 그리스도교인, 화형이나 투우를 보고 있는 스페인인, 비극으로 돌진하는 오늘날의 일본인, 피비린내 나는 혁명에 대한 향수를 갖고 있는 파리 변두리의 노동자, 의지가 풀린 채 〈트리스탄과 이졸데Tristan und Isolde〉를 '참으면서 보고 있는' 바그너광 여자들─이 모든 이가 즐기고 비밀스러운 욕정에 휩싸여 마시려고 노력하는 것은 '잔인함'이라는 위대한 마녀의 약초술이다"[67]라고 그는 『선악의 저편』에 쓰고 있습니다. 잔인성을 타인의 고통을 바라보는 데서 생기는 것이라고 이해하는 것은 "어리석은 심리학"이라고 말합니다. 니체가 주목했던 것은 오히려 자신을 향한 잔인성이었습니다.

> 마지막으로 생각해보아야 할 것은, 인식하는 사람 자신도 정신의 성향에 **반하여** 그리고 가끔은 자신의 마음에서 원하는 소망을 거스르면서까지 인식하는 것을─즉 스스로가 긍정하고 사랑하고 숭배하고 싶어 하는데도 아니오라고 말하는 것을─스스로의 정신에 강요함으로써 잔인함의 예술가와 변용자로 존재한다는 사실이다. 이미 그렇게 깊이 철저하게 파고들어 생각한다는 것은 끊임없이 가상과 표면적인 것을 향하고자 하는 정신의 근본 의지에 대한 폭력이며 고통을 주고자 함이다.─이미 모든 인식의 의욕에는 한 방울의 잔인성이 포함되어 있는 것이다.[68]

창백한 범죄자, 그는 여전히 엉클어진 뱀 무리 속의 일원일 뿐입니다. 이것은 그가 아직은 기존의 가치에 대해 '부정적 허무주의'의 태도를 갖는 데 그치고 있음을 보여줍니다. 기존의 가치에 대해 저항하는 것이 곧바로 사자의 정신으로의 이행을 의미하지는 않습니다. 그는 기존의 가치에 저항하면서 더 근원적인 욕구로, 문명화되기 이전의 상태로, 피를 욕망하는 상태로 퇴행했을 뿐입니다. 그가 이해한 광기는 아직 창조적으로 되지 못한 광기, 어떤 무의 상태에 아직 완전히 다다르지 못한 광기일 뿐입니다. 이 광기는 진정한 광기의 본질이 아닙니다. 그는 아직 사자가 되지 못한 채 다른 뱀들과 뒤엉켜 있을 뿐입니다.

창백한 범죄자는 "그가 행할 때, 그의 행위와 같은 자"였습니다. 여기서는 행위와 행위자가 구분되지 않습니다. 이것을 차라투스트라는 '광기/망상'(Whansinn)이라고 말합니다. 여기서는 모두 세 번의 광기가 등장합니다. (행위의) 광기, 행위 이전의 광기, 그리고 행위 이후의 광기입니다.

행위의 광기란 "예외가 본질이 되는" 광기입니다. 여기서 예외란 하나의 행위를 가리키고, 본질이란 행위자를 가리킵니다. 즉 그가 행위를 할 때, 그는 흔히 본질이라고 생각되었던 행위자가 아니라 행위로서 본질이 되며, 그 순간 바로 생성의 한가운데에 있게 됩니다.

행위 이전의 광기는 그가 어떤 행위를 하게 한 광기일 테니, 여기서는 "피"에 대한 욕망이자, "칼의 행복"일 것입니다. 하지만 그의 행위를 정당화하기 위해서, 이해하기 위해서 재판관이 내세우는 이유는 다른 것입니다. 재판관들은 어떤 행위 이전에 그가 가진 목적을 그들 자신이 용인할 수 있는 범위 속에서 설명하려고 합니다. 즉 범죄자가 진정 원한 것이 "피"이자 "칼의 행복"이라는 사실을 재판관들은 용인하지 못하기 때문입니다. 그래서 그들은 차라리 "거기서 적어도 강도짓을 하고 싶지 않은가? 복수를?"이라고 묻습니다. 강도짓을 하고, 복수를 하는 것은 그들에게는 이해 가능한 것이기 때문입니다. 그들은 인간이 가진 피에 대한 욕구, 인간이 가진 원초적인 잔인성을 이해하지도, 용서하지도 않으려 합니다.

또 다른 광기는 행위 이후의 광기입니다. 이 광기는 이성에 따라 행위의 의미를 부여하는 광기입니다. 그래서 그 광기를 가지고 범죄자를 다시금 어떤 선 안에 가두려는 것입니다. 그러므로 이 광기는 행위자를 부끄럽고 비참하게 만드는 광기이기도 합니다. 본질이 되었던 행위는 여기서 다시 예외가 될 것입니다.

행위와 행위자가 하나가 되는 광기의 상태란 어떤 것인가요. 이것은 어떤 생성/생기/사건(Geschehen)입니다. 『도덕의 계보』의 다음 구절에서 니체는 행위와 행위자의 관계를 명확하게 보여줍니다.

일정량의 힘이란 바로 그와 같은 양의 충동(Trieb), 의지(Wille), 작용(Wirken)이다. ─오히려 이것은 바로 이와 같은 충동 작용, 의지 작용, 활동 작용 자체와 전혀 다르지 않다. 오직 모든 작용을 작용하는 자, 즉 '주체'(Subjekt)에 의해 제약된 것으로 이해하고 오해하는 언어의 유혹(언어 속에서 화석화된 이성의 근본 오류) 아래에서만 다르게 나타날 수 있다. 그것은 마치 사람들이 번개(Blitz)를 섬광(Leuchten)에서 분리하여 후자를 번개라 불리는 어떤 주체의 활동(Tun)이며 작용(Wirkung)이라고 가정하는 것과 마찬가지로, 민중의 도덕도 마치 강자의 배후에는 강한 것을 나타내거나 나타내지 않는 것을 자유롭게 할 수 있는 일종의 중립적인 기체가 있는 것처럼, 강한 것을 강한 것을 표현하는 것과 분리한다. 그러나 그러한 기체(Substrat)는 존재하지 않는다. 활동, 작용, 생성(Werden) 뒤에는 어떤 '존재'(Sein)도 없다. '활동하는 자'(Täter)는 활동에 덧붙여 단순히 상상에 의해 만들어진 것이다. ─활동이 모든 것이다. 사람들은 번개가 번쩍일 때, 실제로는 활동을 중복시킨다. 이것이 활동의 활동이다: 같은 사건을 한 번은 원인이라고 보고 다른 한 번은 결과라고 보는 것이다. 자연과학자들이 "힘이 움직이게 한다. 힘이 무엇을 일으키는 원인이다"라며 그와 같은 것을 말했지만, 사태를 좀 더 잘 만든 것은 아니다.[69]

여기서 니체는 활동/행위와 활동/행위하는 사람을 구분하는 것을 상상된 것이라고, 다시 말해 사태의 정확한 이해가 아니라고 주장합니다. 춤을 추는 사람과 춤추는 일을 구분하는 것, 책을 읽는 행위와 책 읽는 사람을 구분하는 것, 시위하는 사람들과 시위 행위를 구분하는 것 등을 통해 우리는 마치 어떤 행위의 주체가 단단하게 있고 그러한 행위가 그들에 의해 비로소 가능해진 것처럼 말합니다. 그러나 우리는 저 둘을 구분할 수 없습니다.

앞서 이야기한 도스토예프스키를 예로 들어보겠습니다. 도스토예프스키는 인간 내면의 악이 인간의 죄를 낳는다고 말합니다. 그렇다면 그 악은 어디 있습니까. 바로 개별적 주체의, 어디인지 정확히 알 수는 없지만 주체의 내면(과연 내면이란 무엇입니까) 어딘가에 있다고 그는 생각합니다. 우리가 일반적으로 인간과 그 행위를 이해하는 방식과 다르지 않죠. 그러나 행위의 원인으로서의 행위자, 그리고 그 행위자의 내면에 있는 악 따위는 존재하지 않습니다. 악, 그것은 끊임없는 작용, 활동, 사건 들이 해석되는 하나의 방식이고, 거기에 붙은 이름표일 뿐입니다. 그렇다면 여기서 재판관들은 붉은 옷을 근엄하게 차려입고 도대체 무엇을 심판하는 걸까요.

여기서 우리는 니체가 범죄를 어떻게 보았는지에 대해서도 알 수 있습니다. 그에게 범죄란 기존의 세계를 거부하는 것, 넘지 말아야 한다고 바닥에 그어놓은 선을 넘어서 다른 곳으로 가는 것, 이를테면 신들의 금기를 어기고 인간에게 불을 건네준 프로메테우스와 같이 되는 것입니다. "일찍이 의심과 자기를 향한 의지가 악한 것"이었듯이, 각각의 세계는 그 나름의 선과 악을 가질 수밖에 없습니다. 이러한 계보학적 관점에서는 주체의 내면에 근원적으로 존재하는 악과 같은 것은 들어설 여지가 없습니다. 어떤 가치가 역사성을 가진다는 것은 그것이 절대적이지 않다는 것, 변화한다는 것, 그 가치 자체가 어떤 사건과 더불어 나타난다는 것을 의미하기 때문입니다.

읽기와 쓰기에 대하여

모든 쓰인 것들 중에서 나는 오직 자신의 피로 쓰인 것만을 사랑한다. 피로 써라: 그러면 피가 정신이라는 것을 알 것이다.

차라투스트라는 "오직 피로 쓰인 것만을 사랑한다"고 말합니다. 피로 써진 것은 결코 가볍게 써진 것이 아닙니다. "빈둥거리며 읽는 자를 증오한다"라는 말에서 대중에 대한 니체의 노골적인 분노를 짐작하기는 어렵지 않습니다. 니체가 살았던 19세기는 대중이 본격적으로 등장한 시기이기도 합니다. 산업화로 인해 전통적인 농업 사회에서 유리되어 도시에서 새롭게 형성된 대중은 그 이전의 농민들과는 달리 글을 읽고 쓸 줄 알았습니다. 그러나 차라투스트라는 모두가 읽고 쓰게 됨에 따라 오히려 읽고 쓰는 것이 피상적으로 변했다고 말합니다. "모든 이들이 읽기를 배울 수 있다는 것은 결국은 쓰기뿐만 아니라 생각마저도 상하게 한다."

대중의 읽기와 쓰기, 교육의 민주적 평등과 대중적 저널리즘에 대한 이 혐오는 제12장인 「시장의 파리 떼에 대하여」에서도 다시금 나타납니다. 이러한 니체의 대중 혐오를 엘리트주의나 귀족주의로 읽는 이들이 있습니다. 니체가 '귀족'이나 '주인' 같은 말들을 사용할 때마다 니체 비판자들 사이에서 이러한 혐의는 확신으로 바뀌게 됩니다. 그러나 그의 엘리트주의나 귀족주의는 사회적 계급에 대한 옹호나 특정 계급에 대한 혐오와 전혀 무관한 일입니다. 이를테면 대중에 대한 그의 혐오는 당대 문화 전반에 대한 혐오이지, 특정한 계급에 대한 혐오가 결코 아닙니다. 차라투스트라의 목적은 계급 사회를 재구축하는 것이 아닙니다.

당대의 지배적 문화에 대한 그의 혐오가 지배하는 이들이 아니라 오히려 지배당하는 이들, 즉 노예이자 대중을 향하는 이유는 그러한 지배가 폭력에 대한 굴종이 아니라 문화를 통해 이루어지기 때문입니다. 지배가 문제가 아니라 기만이 문제이며, 억압이 아니라 복종이 문제가 됩니다. 노예를 생산하는 기만적 이데올로기는 사태에 대한 인식을 넘어서는 무력감도 생산합니다. 그러한 지배가 거대한 기만임을 인식하면서도 대중은 그 기만을 거부하지 못합니다. 기만은 쾌락을 생산하고, 대중은 기꺼이 그러한 쾌락의 노예가 되고자 합니다. 영화 〈매트릭스〉(The Matrix)에 나오는 사이퍼Cypher는 이러한 쾌락을 위해 주저 없이 스스로를 노예 상태로 만드는 자발적 복종의 화신입니다. 문화, 교양, 지식과 같은 것들은 오늘날 권력 지배의 가장 강력하고도 효과적인 수단이자 권력 지배의 효과이기도 합니다.

니체의 목적은 읽기와 쓰기의 본질을 상기시키는 것이며, 그것이 오락이나 시간 때우기가 아니라 진정한 삶의 방식이자 변화의 근원이 되기를 다시금 요구하는 것입니다. 그러므로 이 장에서는 자연스럽게 니체의 글쓰기 방식인 아포리즘이 다루어집니다. 혹은 이 장을 아포리즘에 대한 아포리즘이라고 말할 수 있겠습니다. 차라투스트라는 강조합니다. 쓰는 자만 피로 쓰는 게 아니라, 읽는 자 역시 피로 읽어야 합니다. 여기서 차라투스트라가 말하는 읽기와 쓰기는 어떤 종류의 문화적 행위나 생산적 행위가 아닙니다. 읽기와 쓰기는 다름 아닌 인간의 근원적 존재 방식이기 때문입니다. 동시에 그는 여기서 읽고 쓰는 것에 대한 대중의 태도에 대해서도 언급합니다.

그렇다면 피로 쓴 책은 어떤 책인가. 바로 인간의 삶 외의 다른 것이 아닐 겁니다. 읽는 것, 그것은 삶을/삶으로 읽는 것이며, 쓰는 것, 그것은 삶을/삶으로 쓰는 것입니다. 인간의 삶은 곧 읽고 쓰는 행위, 해석의 행위에 다름 아닙니다. 가다머(Hans Georg Gadamer)는 '해석학적 존재론'을 통해 인간의 존재 방식 자체가 세계를 이해하고 해석하는 행위임을 말한 바 있습니다. 이러한 맥락에서 존재란 다름 아닌 이해하는 존재(verstehende Sein)이기도 합니다. 인간이란 읽고 쓰는 존재라고 말해도 무리가 아닐 것입니다. 인간은 삶으로부터 읽고, 다시 삶에 무엇인가를 덧붙여 쓸 수 있어야 합니다.

그렇기 때문에 차라투스트라가 자신의 글이 암송되어야 한다고 말하는 것은 자신이 읽은 것을 기억하고 잊지 말아야 한다는 정도의 수준에서 가볍게 하는 말이 아닙니다. 암기한다는 것은 그것을 신체에 새기는 것이며, 내면화하는 것입니다. 그것은 소화하는 것이며, 언어가 자신 안에서 새로운 생명을 갖도록 하는 것입니다. 그러므로 일종의 잉태이기도 합니다. 『즐거운 학문』에서 니체는 다음과 같이 말합니다. **"지식을 체화하여 본능적으로 만드는 것은 여전히 전적으로 새롭고, 인간의 눈에 희미하며,**

전혀 명료하게 인식되지 않은 **과제**이다. 이 과제는 오로지 우리의 **오류**만이 우리에게 체화되어 있으며 우리의 모든 의식은 오류와 관계되어 있음을 파악한 사람들만이 알 수 있는 과제다!"[70]

산속에서 가장 **빠른** 길은 정상에서 정상으로 가는 길이다: 그러나 그것을 위해 너는 긴 다리를 가져야 한다. 금언은 정상이 되어야 한다: 그리고 금언을 듣는 자들은, 크고 높아야 한다.

여기서 우리는 차라투스트라의 역설을 보게 됩니다. 피로 쓰는 것, 다른 사람의 피를 이해하는 것은 무겁고 진지한 일이지만, 차라투스트라는 피와 금언을 읽고, 쓰고, 이해하는 자는 중력의 악령을 이기고 가벼워진다고 말하고 있기 때문입니다.

나는 걷는 것을 배웠다: 그로부터 나는 달렸다. 나는 나는 것을 배웠다: 그로부터 나는 어떤 곳에서 벗어나기 위해 우선 밀리고자 하지 않았다.
이제 나는 가볍다, 이제 나는 날아간다, 이제 나는 내 아래 나를 본다, 이제 나를 통해 하나의 신이 춤춘다.

산의 나무에 대하여

소나무와 번개

인간과 동물 위로 나는 높이 자랐다.
이야기하려 해도—아무도 나와 이야기하지 않는다.

너무 고독하게 나는 자랐다 그리고 너무 높게:

나는 기다린다. 그런데 무엇을 기다리는가?

내게 너무 가까이 구름이 있다.

나는 최초의 번개를 기다린다.[71]

니체가 유고에 남긴 시입니다. 번개를 기다리며 높게 자란 소나무는 고독한 존재입니다. 번개는 나무가 겪을 사건이며, 그를 이전과 다른 존재로 만드는 사건을 의미합니다. 이 비유는 『차라투스트라』에서 여러 번 반복됩니다.

여기서 차라투스트라는 한 청년을 만납니다.[72] 이 청년은 자기 극복의 의지와 그럴수록 커지는 자기 경멸로 고통받습니다. 마치 저 '창백한 범죄자'와 같습니다. 자기를 극복하는 자가 겪는 자기 경멸은 스스로를 영원히 극복하지 못하게 하는 부정적 힘입니다. 이것은 일종의 아포리아 aporia와 같습니다. 우리는 자기 극복을 통해 자신에 대한 경멸을 벗어나는 것이 아니라, 자신에 대한 경멸에서 벗어남으로써 자기 극복을 할 수 있기 때문입니다. 자기 극복이란 자기 경멸에서 벗어나는 일과 다르지 않습니다. 차라투스트라의 자기 극복은 결핍이 아니라 충만을 통해 가능합니다. 자기 극복은 자신의 결핍을 극복한다는 것과는 다릅니다. 결핍을 인식하는 자는 영원히 자기를 극복하지 못합니다. 자기 극복이란 이를테면 더 높은 사회적 지위를 원하는 자가 마침내 노력의 결실로 높은 사회적 지위를 얻는 일 같은 게 아닙니다. 그럴 때 그는 여전히 낙타에 불과합니다. 결핍의 인식, 자기 존재의 부정, 기존 세계에 대한 복종은 꼬리를 물고 이어지는 사슬과 같습니다.

그러나 그에게는 희망의 여지가 남아 있습니다. 차라투스트라는 청년에게 다가가 도와주고자 합니다. 여기서 차라투스트라는 드물게 다정합니다. 그는 울음을 터트린 청년을 안아주고, 그와 함께 길을 걷습니다.

그러나 우리가 보지 못하는 바람은 그가 원하는 곳에서 나무를 괴롭히

고 구부린다. 우리를 구부리고, 가장 괴롭히는 것은 바로 이 보이지 않는 손이다.[73]

여기서 인간을 괴롭히는 이 보이지 않는 바람은 곧 힘에의 의지입니다. 힘에의 의지는 인간 내면의 욕망이자, 충동인 동시에 거대한 자연 그 자체이기도 합니다. 바람에 흔들리는 나무란 근대인의 주체성과 자율성을 부정하는 이미지이기도 합니다.

근대인은 이성의 힘을 통해 자연을 지배할 수 있다고 소박하게 믿었습니다. 자연 지배 이전에 인간이 치러야 할 대가는 만만치 않았습니다. 자연의 지배를 위해 인간은 스스로의 욕망과 자유를 그러한 지배의 대상으로 삼아야 했습니다. 자연을 지배하고자 한 인간이 맨 처음 한 일은 자연을 죽은 존재로 만드는 것뿐이었습니다. 이때 자연은 인과 관계를 충족시키는 기계적 존재로 취급됩니다. 이런 식으로 인간은 자연을 죽이고, 그 죽은 자연에 스스로를 복종시켰습니다. 이제 인간은 자연 법칙을 따르고, 법칙은 자연과 인간(이 둘은 모두 자신의 자연/본성[Natur]을 가지고 있습니다)을 지배합니다. 그러니 근대적 인간이란 흔한 인식과는 달리 스스로의 욕망도, 외부의 자연도 완전히 지배하는 것이 아닙니다. 니체는 주체성에 대해 근대가 가졌던 신화와 욕망을 단호하게 부정합니다. 인간은 나무와 같고, 나무는 스스로 움직이지 못하며, 바람에 흔들릴 뿐입니다. 개인의 주체적 의지를 철저히 부정한 힘에의 의지의 세계가 여기 있습니다. 그러나 개인의 의지가 단순하게 부정되고만 만다면, 니체의 철학은 쇼펜하우어를 잇는 염세주의의 극단적 버전에 그쳤을 것입니다.

그러므로 여기서 차라투스트라는 다시 나무의 의지에 대해 이야기합니다. 더 높이 자라고자 함, 이것은 고스란히 인간의 자기 극복으로 번역 가능합니다. 바람에 흔들리는 존재이지만 나무는 그 흔들림 속에서도 높이를 지향합니다. 힘은 한 방향이 아닙니다. 바람이 자연의 힘이라면, 그 속에서 자라고자 하는 나무 역시 자연의 힘일 겁니다. 그렇다고 나무가 바람을 지배하기 위해서, 바람을 이기기 위해서 자라지는 않습니다. 차라투스트라는 나무는 바람에 흔들리는 존재라는 사실에 다른 어떤 말도 보태지 않습니다. 나무는 결코 바람을 지배할 수 없습니다. 다만 스스로 더 높이 자라고자 할 뿐입니다. 그리고 높이 자란 나무는 번개를 맞을 것입니다.

인간은 자연을 결코 지배할 수 없습니다. 자연의 지배에서 벗어나는 일도 불가능합니다. 차라투스트라가 말하는 인간의 자기 극복, 힘에의 의지는 결코 지배를 문제 삼는 것이 아닙니다. 그것이 내적 충동이 되었든 외적 자연이 되었든, 인간의 자기 극복은 자기 극복 자체에만 관심이 있습니다. 그것이 힘에의 의지이기 때문입니다. 이 장은 자기 극복의 의지에 대한 가장 정확한 은유를 제시합니다. 나무는 더 위로 자라고자 하고, 청년은 더 고귀해지길 원합니다. 그러나 그럴수록 나무는 더 습하고, 어두운 나락으로 파고들게 됩니다. 이것은 자기 극복의 이중성이며, 동시에 앞으로 차라투스트라에게 닥칠 시련에 대한 일종의 예언과도 같이 느껴집니다. 차라투스트라 역시 심연의 고통을 통해서 더 높은 곳을 향하게 되기 때문입니다. 역경이란 존재에게 고통을 가하지만, 이러한 고통이 약이 되는 자도 있고 독이 되는 자도 있을 것입니다. 차라투스트라는 이러한 고통을 통해서만 모든 존재가 성장할 수 있다고 보았습니다.

> **악** ─ 최고의 생산적인 인간과 민족들의 삶을 조사하면서 이렇게 자문해 보라. 나무가 악천후나 폭풍을 겪지 않고 자랑스럽게 하늘 높이 자라날 수 있겠는가? 외부에서 가해지는 불운이나 역경, 증오, 질투, 고집, 불신, 냉혹, 탐욕, 폭력 등은 이것들이 아니라면 덕의 위대한 성장이 불가능한 유익한 환경에 속하는 것이 아닐까? 나약한 천성을 지닌 자를 멸망케 하는 독은 강한 자를 강화시킨다 ─ 이때 강한 자는 이것을 독이라고 부르지 않는다.[74]

나를 죽이지 못하는 것은 나를 더욱 강하게 만든다.[75] 당연한 이야기입니다. 그러나 이것이 단순한 이야기인 것만은 아닙니다. 나무의 비유는 단순히 상승이 치러야 할 대가만을 이야기하지 않습니다. 달콤한 열매에 대한 대가로 치러야 할 고난이나 노력의 필요성은 새삼스러운 이야기가 아닙니다. "고통 없이는 수확도 없다", "고생 끝에 낙이 온다"는 식의 속담이나 경구는 아마 모든 시대의 문화에서 어렵지 않게 발견할 수 있을 법합니다. 차라투스트라가 말하는 것이 그뿐이라면 그저 시시할 따름입니다. 그러나 차라투스트라는 결과에 대해, 어떤 목표에 대해 말하는 것이 아닙니다. 여기서 말하는 것은 가벼운 처세술이 아니라, 높이의 필연적 전제이자 그 대립물로서의 심연의 존재입니다. 그것은 나무가 위로 자라는 그만큼 더 깊이 자랍니다. 나무는 그 심연에서 벗어날 수 없습니다. 그랬다가는 자신의 높이마저도 불가능하기 때문입니다. 그러므로 높이를 향하는 여정은 자신의 심연을 마주하는 여정이기도 합니다. 높이와 깊이는 언제나 함께합니다. 높은 존재는 곧 깊은 존재이며, 어두운 존재이기도 합니다. "강한 자는 이를 독이라 부르지 않는다"는 구절은 강한 자가 이미 선악의 판단 기준을 벗어난 존재임을 의미합니다. 강했기 때문에 벗어난 게 아닙니다. 그가 벗어났기 때문에 강한 것입니다. 그가 강해진다는 것, 더 높아진다는 것은 그가 얼마나 많은 심연을, 악을, 독을 자신 안에 품는지를 보여줍니다.

그러나 이 모든 것은 번개가 내리치기 이전의 일일 것입니다. 번개의 내리침은 사자에서 아이가 된다는 것, 그러므로 심연을 벗어나 진정한 도약이 가능해진다는 것을 의미하기 때문입니다.

죽음의 설교자들에 대하여

앞 장의 자기 극복에 대한 설교에 바로 이어, 차라투스트라는 지상에서 살아갈 가치가 없는 잉여의 인간들을 다룹니다. 이러한 극단적 대조는 죽음의 설교자들에 대한 더 강력한 거부 반응을 이끌어냅니다. 이들은 스스로 생을 부패시키고, 그러한 부패한 생으로부터 도피하려고 하는 자들입니다.

> 병자나 노인, 송장을 만나면, 그들은 똑같이 말한다 "생은 반박되었다!"
> 그러나 반박된 것은 존재의 한 면밖에 보지 못하는 그들의 눈과 그들 자신이다.

이제까지의 종교와 철학은 모두 현재의 삶을 부정해왔습니다. 그리고 현재의 삶이 부정된 곳에 가상의 세계를 세웠습니다. 이러한 가상의 세계와 현실의 삶의 간극을 채우는 것이 도덕입니다. 도덕은 의무와 존재 사이의 거리, 이상과 존재 사이의 거리를 설정하고 이 간극을 통해 자신의 가치를 정당화합니다. 그런 면에서 도덕은 결코 만족을 모릅니다. 존재가 추구하던 이상을 달성한다고 해서 도덕의 역할이 끝나지는 않기 때문입니다. 그것은 또 다른 이상을 설정하고 그 간극을 돌파하라고 도덕에게 요구합니다. 도덕이 도덕이기 위해서는 언제나 그 간극의 긴장이 필요합니다. 그러한 과정에서 존재는 언제나 부정당합니다. 죽음의 설교자들에 의한 현존재의 부정, 그 숨겨진 밑바닥에는 바로 이 도덕이 추구하는 '쾌快'의 무한 반복이 도사리고 있습니다.

삶에 대한 부정적 견해를 반복하는 염세주의자들은 생은 고난의 연속이라고 말합니다. 감각적 쾌락을 죄라고 말합니다. 그러면서 그들은 영원한 삶을 약속하는 자들이기도 합니다. 모든 쾌락을 부정한 곳에서 영원한 삶이란 어떤 것일까요. 동시에 저들은 새로운 생명의 잉태와 탄생을 부정합니다. 심지어는 근면한 자들까지도 차라투스트라에게는 하나같이 생을 부정하는 자들로 여겨집니다. 근면이란 자신을 잊고자 하는 도피의 방식이기 때문입니다. 서두에 등장했던 꿀벌을 기억하시기 바랍니다. 그들은 너무 많은 일을 하지만, 정작 스스로 무슨 일을 하는지 알지 못합니다. 차라투스트라는 이들을 "많아도 너무 많은 이들"이라고 부릅니다. 그들은 연민의 정을 가지고 있으면서, 그 연민으로 이웃들이 생을 혐오하도록 만드는 이들입니다.

저들이 전적으로 동정심이 있는 자들이라면, 그들의 이웃들이 삶을 싫어하도록 할 것이다. 사악해지는 것, 그것이 그들의 진정한 선이다.

전쟁과 전사족에 대하여

전쟁 중인 나의 형제들아! 나는 너희들을 진정 사랑하니, 나는 너희들과 같은 부류였고, 지금도 그러하다. 그리고 너희의 최선의 적이다. 그러니 내가 너희에게 진실을 말하도록 하라!

차라투스트라는 전쟁 중인 이들을 형제라고 부릅니다. 그리고 그 또한 그들과 하나라고 이야기합니다. 그러면서 동시에 그는 적이기도 합니다. 『차라투스트라』는 수많은 인간 군상을 담고 있습니다. 전사는 차라투스트라의 또 다른 모습이기도 합니다. 전사라는 인간형에 대한 니체의 호의적 태도는 그리스, 특히 호메로스의 서사시 속에서 충실히 묘사된 영웅들의 세계에 대한 일종의 이상화에 기초하고 있습니다. 이것은 니체의 철학적 사유 초기부터 등장하는 특징으로, 1872년에 쓴 「호메로스의 경쟁」(Homer's Wettkampf)과 같은 짧은 글들을 통해서도 쉽게 알 수 있습니다.

물론 호메로스의 서사시에 묘사된 영웅들의 모습은 이상화되고 과장된 것입니다. 고대와의 비교를 통해 당대를 타락한 시대로 보는 니체적 역사관은 문학적이라고 할 수 있습니다. 그러나 니체는 호메로스의 문학을 통해 그리스를 이상화하지 않았습니다. 그보다는 니체가 추구한 것이 호메로스에 의해 서술된 문학적 세계라고 말하는 편이 더 정확합니다. 전쟁에 대한 낭만적 감수성은 1800년대 후반부터 본격적으로 부각되었으며, 1차 세계대전까지 계속해서 이어집니다. 이는 독일이 통일을 이루고 군국주의화하는 시기와도 일치합니다. 전쟁에 대한 낭만주의적 관점에서 전쟁이란 산업 시대 이래 왜소화한 인간 개인이 그 왜소성을 떨치고 극한 상황 속에서 진정한 인간다움의 위대성과 영웅적 면모를 드러내는 계기로 인식되었습니다. 그러나 보불전쟁에 의무병으로 직접 참전했던 니체가 전쟁과 영웅에 대한 막연한 낭만주의를 갖고 있었다고 보기는 힘듭니다. 그는 누구보다 전쟁에서 비롯한 참상을 잘 알았을 겁니다. 그러므로 전사적 인간형에 대한 니체의 호의를 실제의 전쟁에 대한 니체의 열광으로 해석해서는 곤란합니다. 만약 그렇게 되면 우리는 군사적 패권주의에 의한 오염으로부터 니체의 텍스트를 구해낼 수 없습니다.

니체가 토리노에서 말의 목을 끌어안으며 쓰러진 이후 10년간 독일은 니체를 자신의 군국주의와 민족적 패권주의를 지지하는 철학자로 오독했고, 니체의 명성은 오히려 그의 사상과는 완전히 반대되는 것을 지지한 사람들에 의해 높아졌습니다. 하지만 니체가 누구보다 독일적 민족주의와 군국주의화에 대한 강력한 비판자였다는 사실을 잊어서는 안 됩니다. 이를 증명하기 위해 어려운 논증이 필요하지도 않습니다. 민족주의와 군국주의는 니체가 경멸해 마지않는 무리 도덕, 노예 도덕의 소산일 수밖에 없기 때문입니다. 이것은 니체에 대한 아주 간단한 이해만 있어도 오해하지 않을 사항입니다. 악의적이고 의도적인 왜곡이었건, 아니면 무지에 의한 오독이었건 상관없이, 한 철학자의 기본적이면서도 분명한 사상이 이처럼 어이없게 곡해당하는 모습을 보는 것은 안타까운 일입니다.

그렇다면, 그가 말하는 전사란 어떤 종류의 인간일까요. 차라투스트라는 전사와 군인을 다음과 같이 대비하고 있습니다.

나는 수많은 병사들(viel Soldaten)을 보고 있다: 나는 수많은 전사들 (viel Kriegsmänner)을 보고 싶다! 병사들이 입고 있는 것을 사람들은 "제 복"(Ein-form)이라 부른다: 그러나 그 속에 그들이 감추고 있는 것이 하나의 형태(Ein-form)가 아니기를!

군인이란 전쟁을 하는 무리 짐승과 다름없습니다. 그들의 전쟁은 자신의 싸움이 아닙니다. 그들은 명령에 복종할 뿐입니다. 하지만 전사란 자신의 싸움을 하는 존재이며, 자신에게 복종하는 존재입니다.

반역(Auflehnung)—그것은 노예의 고귀함이다. 너희의 고귀함은 복종 (Gehorsam)이어야 한다! 너희의 명령 자체가 하나의 복종이어야 한다!

『즐거운 학문』의 다음 구절에는 전쟁하는 인간과 관련하여 차라투스트라가 추구하는 인간형이 제시되어 있습니다.

용기를 다시 영예로 존중하게 될 더 남성적이고 더 전사적인 시대가 다가오는 것을 알려주는 모든 징후를 나는 환영한다!—왜냐하면 이러한 시대는 영웅주의를 인식하고, 이 사상과 그 결과를 위해 **전쟁을 벌일**, 보다 고귀한 시대로 나아가는 길을 열어줄 것이며, 그러한 시대가 필요로 하게 될 힘을 결집시킬 것이기 때문이다. 이를 위해서는 지금 용기를 지니고 준비하는 사람들이 많이 필요하다. 이러한 사람들은 무에서 생겨나는 것이 아니며, 오늘날의 문명과 대도시적 교육이라는 모래와 진흙에서 생겨나는 것은 더더욱 아니다. 그러한 사람들은 다음과 같은 덕성을 지닌 인간이어야 한다. 남들에게 보이지 않는 활동에 묵묵히 고독하고 결연하게 만족하는 불굴의 인간. 자신들이 **극복해야 할** 것을 모든 사물에서 찾으려는 내적인 성향을 지닌 인간. 쾌활함, 인내, 소박함을 지니고 있으며, 커다란 허영심을 경멸할 뿐만 아니라 승리했을 때는 관대할 줄 알고 패배한 자들의 작은 허영심에 관용을 보일 수 있는 인간. 모든 승자들에 대하여, 모든 승리와 명성에서 우연이 차지하는 부분에 대하여 예민하고 자유롭게 판단할 수 있는 인간. 자기 방식의 축제일과 근무일과 애도일을 지니고 있고, 명령하는 일에 익숙하고 확고할 뿐만 아니라, 필요한 경우에는 복종할 준비도 되어 있으며, 이러저런 일에 한결같이 긍지를 지니고 자신의 일에 복무하는 인간. 보다 많은 위험에 부딪히고, 보다 생산적이고, 보다 행복한 인간! 왜냐하면—내 말을 믿으라!—실존의 가장 커다란 결실과 향락을 수확하기 위한 비결은 다음과 같은 것이기 때문이다. **위험하게 살지어다!** 그대들의 도시를 베수비오 화산가에 세우라! 그대들의 배를 미지의 바다로 내보내라! 그대와 동류의 인간들, 그리고 그대들 자신과의 싸움 속에서 살라! 그대들 인식하는 자들이여, 지배자와 소유자가 될 수 없다면, 약탈자와 정복자가 되라! 겁 많은 사슴들처럼 숲속에서 숨어 살아가야 하는 지겨운 시대는 곧 지나갈 것이다! 마침내 인식은 자신의 영예에 걸맞은 것을 향해 손을 뻗을 것이다.—**인식은 지배하고 소유하기를** 원한다. 인식과 더불어 그대들도 그것을 원한다.[76]

니체에게서 인간이란 자연과 완전히 분리되지 않습니다. 사유의 기초에서부터 인간과 자연의 엄격한 분리를 전제하는 근대적 세계관을 니체는 철저히 부정합니다. 초기에 쓴 「호메로스의 경쟁」에서도 "우리가 인간성에 관해 말할 때는 그것이 이미 인간을 자연에서 분리시켜 특징짓는 것일 수 있다는 생각이 그 밑바탕에 깔려 있다. 그러나 그러한 분리는 실제로 존재하지 않는다"[77]라고 니체는 분명히 말하고 있습니다. 그렇기 때문에 "고대의 가장 인간적인 인간들인 그리스인들은 잔인함의 특성과 호랑이 같은 파괴 충동의 특성을 지니고 있다. 이것은 그리스인들이 그로테스크한 것으로까지 확대되어 투영된 상, 즉 알렉산드로스 대왕에게서 특히 뚜렷해지는 특성이다"라고 그는 말합니다. 즉 인간의 전사로서의 특성은 인간적인 특성과 모순되는 특성이 아닙니다. 인간은 전사로서의 특성을 자신의 본질적 충동으로 지니고 있는 것입니다. '자연적 특성'과 '인간적 특성'을 따로 분리하지 않는 것, 혹은 인간을 설명할 때 자연이라는 요소를 배제하지 않는 것은 '인간'이라는 종에 대한 오해를 막고, 불필요한 도덕적 명령으로 인간의 가능성을 구속하지 않기 위해 필수적인 전제이기도 합니다.

니체가 강박증 환자처럼 집요하게 붙들고 늘어지는 것은 평화, 형제애, 동정, 친절, 겸손 등 긍정적으로 평가되는 가치가 필연적으로 가질 수밖에 없는 위선적 성격이며, 그것을 통해 오히려 공공연하게 허용되는 실제의 폭력입니다. 이를테면 평화는 폭력에 기반을 둘 수밖에 없고, 동정이란 겉으로 보이는 것과 달리 경멸과 무시, 그리고 원한 감정과 적대감에 기반을 둡니다. 이처럼 저 긍정적인 가치들이 무엇에 기반하고 있는가는 중요한 문제이면서도 제대로 성찰되지 않은 문제입니다. 발터 벤야민의 「폭력 비판을 위하여」라는 논문을 꼭 읽어보시길 바랍니다. 그곳에서 벤야민은 법이 근본적으로 폭력에 의해 정초되어 있음을 신랄하게 분석하고 있습니다.

그런 점에서 전사와 대비되는 인간형, 이른바 평화주의자가 어떤 인간인지를 생각해볼 수 있습니다. 니체는 노예 도덕의 관점에서 좋은 인간(선한 인간)이란 언제나 위험하지 않은 인간이라고 말합니다. 하지만 인간에게 가장 위험한 것은 바로 이 위험하지 않은 인간입니다. 왜냐하면 그는 인간을 타락시키며, 사회 내에 필연적으로 생길 수밖에 없는 대립을 도덕과 선에 대한 복종으로 제거하는 인간이기 때문입니다. 차라투스트라가 바라는 것은 안전보다는 오히려 위험입니다. 우리 스스로에게 공포를 불러일으키는 자를 기꺼이 적으로 만나 자신의 힘을 시험해보는 것, 그것이 차라투스트라가 전쟁을 통해 원하는 것입니다.

침해, 폭력, 착취를 서로 억제하고 자신의 의지를 다른 사람의 의지와 동일시하는 것: 이것은 만일 그 조건이 주어진다면(말하자면 각 개인의 역량과 가치 척도가 실제로 유사하고, 그들이 같은 조직체에 소속되어 있다면), 어떤 개략적인 의미에서 각 개인 간의 선량한 풍습이 될 수 있다. 그러나 이러한 원리를 폭넓게 받아들여 혹시 사회의 근본 원리로까지 만들려고 하자마자, 바로 이것은 삶을 부정하는 의지로, 해체와 타락의 원리로 정체를 드러내게 될 것이다. 여기서 우리는 감상적인 허약함을 배격해야만 한다: 생명 그 자체는 본질적으로 이질적인 것과 좀 더 약한 것을 자신의 것으로 만드는 것이며, 침해하고 제압하고 억압하는 것이며 냉혹한 것이고, 자기 자신의 형식을 강요하며 동화시키는 것이며, 가장 부드럽게 말한다 해도 적어도 착취이다.

[……]

'착취'란 부패된 사회나 불완전한 원시적인 사회에 속하는 것이 아니다: 이것은 유기체의 근본 기능으로 살아 있는 것의 **본질**에 속한다. 이것은 생명 의지이기도 한 본래의 힘에의 의지의 결과이다.—이것이 이론으로는 혁신이라 할지라도—현실로는 모든 역사의 **근원적 사실**이다: 그러나 이것을 인정할 정도로 우리는 자신에게 정직해야 할 것이다! —[78]

니체는 착취란 사회의 근원적인 본질이라고 말합니다. 그리고 착취가 존재하는 사회에서 전쟁은 피할 수 없는 것이기도 합니다. 그러나 니체가 전쟁을 이렇게만 이해하는 건 아닙니다. 전쟁과 착취의 본성이 인간에게 내재해 있다 하더라도, 그것이 단순히 상대의 것을 뺏고 더 많은 것을 가지기 위해서만 발휘된다면 우리의 세계는 끔찍할 수밖에 없습니다. 그러므로 차라투스트라가 말하는 전쟁과 전사란 다른 의미를 가져야 합니다. 그렇다면 차라투스트라가 말하는 전사라는 인간은 어떤 인간인가, 그리고 전사의 전쟁이란 어떤 전쟁인가 우리는 다시 물어야 합니다.

이러한 질문에 대해 '아곤^Agon'이라는 개념은 중요한 가르침을 줍니다. 아곤은 고대 그리스 사회의 한 단면을 보여주는 중요한 개념인데, 간단하게는 '경쟁'이라는 의미로 번역할 수 있습니다. 그러나 이는 우리가 경쟁이라는 말로 가리키는 사태와는 큰 차이가 있습니다. 오늘날의 경쟁이란 희소성 때문에 발생합니다. 게다가 이를 추동하는 것은 남들과 같아지고자 하는 욕망이죠. 남이 가진 걸 나도 갖기 위해 우리는 경쟁합니다. 하지만 니체의 텍스트를 통해 알 수 있는 그리스의 아곤은 남들과 같아지고자 하는 욕망도 아니며, 그 목표가 한정되어 있지도 않습니다. 앞서 니체가 인간성을 자연과 완전히 분리된 것으로 파악하지 않았다고 말씀드렸습니다. 그러나 이 말 또한 오해되어서는 곤란합니다. 인간의 투쟁심, 잔인성,

대결 의식 등의 자연적 특징이 완전히 소거할 수 없다고 해서 인간이 동물과 마찬가지는 아니기 때문입니다. 호메로스는 그런 면에서 과거의 동물적·폭력적 세계와 그리스를 구분해주는 중요한 표지가 됩니다.

즉 호메로스 이전의 세계는 밤과 전율, 잔혹함, 투쟁, 사랑의 욕망, 노화와 죽음 같은 밤의 자식들만이 지배하는 세계입니다.[79] 그 속에서 인간은 보호받지 못하고, 공포에 떨 수밖에 없습니다. 그러나 비범한 예술가들에 의해 새롭게 탄생한 세계는 '예술적 기만' 속에서 더욱더 밝고, 부드럽고, 따뜻하게 나타납니다. 이러한 니체의 서술에서 주목할 만한 점은 그가 경쟁과 대비되는 것으로 증오와 파괴욕을 보았다는 사실입니다. 즉 경쟁은 상대에 대한 증오에 기반하지도, 상대의 파괴를 목표로 하지도 않습니다. 그것은 자신의 위대함을 발견하는 과정이며, 필연적으로 경쟁하는 상대의 위대함을 찾는 도정이기도 합니다. 이를테면 그는 플라톤의 『대화』가 일종의 문학적 형식을 지닌 것에 대해 웅변가와 소피스트, 그리고 극작가의 예술에 대한 경쟁심의 결과라고 말합니다. 니체는 플라톤의 입을 빌려 이렇게 말합니다.

> 보아라, 내 위대한 경쟁자들이 할 수 있는 것은 나도 할 수 있다. 그렇다, 나는 그들보다 더 잘할 수 있다. 어떤 프로타고라스도 나보다 더 아름다운 신화를 지어내지 못했고, 어떤 극작가도 이 철학적 대화의 「향연」과 같은 활력 있고 감동적인 전체를 만들어내지 않았으며, 어떤 연설가도 내가 「고르기아스」에서 한 것과 같은 연설을 하지 않았다.―나는 이제 이 모든 것을 통틀어 비난하며, 이 모든 것은 모방하는 예술에 불과하다고 매도한다! 오직 경쟁만이 나를 시인으로 만들고, 지혜론자로 만들고, 웅변가로 만든다.[80]

니체는 모든 재능은 싸우면서 만개해야 한다고 말합니다. 그리스의 국민 교육은 그러한 재능의 만개를 아곤이라는 경쟁적 형태로 추구했습니다. 반면 기독교적 윤리에 지배받은 유럽 사회는 이러한 싸움, 명예욕

의 폭발을 두려워한 나머지 그것을 악으로 취급해왔습니다. 니체가 당대의 인간들을 왜소한 인간으로 본 이유가 바로 여기 있습니다. 그리스가 도편 추방과 같은 제도를 세심하게 마련한 것도 바로 이 경쟁이 없어지는 것을 방지하기 위해서입니다. 여기서 우리는 경쟁의 반대말이 평화가 아닌 '독점'임을 분명하게 알 수 있습니다. 한 천재가, 한 권력자가 지배적 힘을 가지고 경쟁을 제거하는 것, 그것이 바로 사회를 병들게 하는 원인이 됩니다. "만약 우리가 그리스적 삶에서 경쟁을 제거한다면, 우리는 호메로스 이전의 심연, 즉 증오와 파괴욕의 소름끼치는 야만성의 심연을 보게 된다."[81] 이러한 아곤에 대한 논의는 현재의 세계를 다시 보게 합니다. 흔히 우리 사회를 지나친 경쟁의 시대라고 합니다. 그런데 니체라면 다르게 말할 것이 분명합니다. "이 사회에는 경쟁이 제거되어 있다, 여기에는 오직 증오와 파괴욕만이 있을 뿐이다!"

새로운 우상에 대하여

새로운 우상, 그것은 국가입니다. 그리고 이 장에서 "국가"라고 말하는 것은 바로 1871년 보불전쟁의 승리 이후에 성립된 독일제국을 의미합니다. 그것은 독일 최초의 근대적 국민국가였습니다. 아마 황제 빌헬름 1세는 낯선 분들도 이 시기에 활약했던 제국 수상 비스마르크의 이름은 익숙할 것입니다. 군소 국가의 동맹에 불과했던 독일이 이제는 하나의 거대한 제국이 되었습니다. 그것은 독일인들에게는 새로운 것이었습니다. 그리고 그것은 이제 자신만의 일련의 흐름을 만들어냅니다. 이미 19세기 초에 서서히 생겨난 민족주의가 마침내 독일이라는 제국을 이루고, 이 제국이 다시 그만큼의 시간을 경유해 20세기에 거대한 두 번의 전쟁을 치르게 됩니다. 이 시기를 장기 19세기, 즉 100년이 넘는 역사로 본다면 19세기 후반의 차라투스트라는 바로 그 한가운데 서 있는 셈입니다. 차라투스트라는 이미 국가의 몰락과 그 이후를 말하지만, 그 과정이 얼마나 참혹할지는 아마 미처 상상하지 못했을 겁니다.

그의 눈에 국가란 새롭게 등장한 우상이었습니다. 농업에 기반을 둔 봉건제와 달리 산업화된 국가는 도시를 중심으로 합니다. 그리고 이질적 기원과 문화를 가진 익명의 인간들의 공간으로서 국가는 그 효율적인 통치를 위해 단일한 통치 제도와 법이 필요합니다. 이제 국가는 법을 통해 선과 악을 말합니다. 차라투스트라는 그것을 '죽음을 향한 의지'라고 일축합니다. 이미 1871년의 한 유고에서 니체는 만인에 대한 만인의 투쟁이 민족들 사이의 무시무시한 전쟁으로 집중되었으며, 드물지만 더 강력한 학살을 낳는다고 비판합니다. 국가는 대중을 결합하고, 개체들에게 의무를 부여하고, 희생을 정당화합니다. 황폐화된 시골과 파괴된 도시, 야성화된 인간, 그리고 모든 것을 소진시키는 민족들의 증오[82]만 남은 곳이 국가입니다. 그러므로 그것들로부터 벗어나기 위해서는 국가를 벗어나야만 합니다.

차라투스트라는 말합니다. "국가는 모든 차가운 괴물들 중에서 가장 차가운 것을 일컫는다." 그리고 국가는 거짓을 말합니다. "나, 국가(Staat)가 민족(das Volk)이다." 그러나 민족을 창조한 것은 국가가 아닙니다. 새로운 "민족을 창조"하고, "신앙과 사랑을 제시"한 이는 창조하는 이였습니다. 여기서 민족과 국가의 차이에 주목해야 합니다. 민족은 저마다 선악의 기준을 가지고 있습니다. 그들의 전통과 문화는 온전히 그들만의 것입니다.

> 이 징표(Zeichen)를 나 너희에게 주노라: 모든 민족은 선과 악을 자신들의 언어로 말한다: 이웃들도 그것을 이해하지 못한다. 이 언어는 자신들의 풍속과 법 속에서 만들어냈기 때문이다.

민족이 시간의 흐름과 더불어 자연스럽게 형성되었다면, 국가는 인위적인 통치와 지배를 통해 실현됩니다. 차라투스트라는 이 민족을 기만하고 지배하는 것이 바로 국가의 통치라고 말합니다. 각각의 민족의 차이는 이제 국가 통치의 이념 아래서 제거됩니다. 이 민족은 그러므로 국민과 같은 것이 아닙니다. 민족이 사라진 곳에 국민이 새롭게 자리합니다. 차라투스트라에게 국가란 죽음을 설교하는 자들의 공간입니다. 이 "너무 많은 자들", 그들은 "남아도는 인간들(Überflüssigen)" 즉 쓸모없는 인간들입니다. 그들에 대한 차라투스트라의 묘사는 가차 없습니다. 그들은 자나깨나 병든 채 신음하는 이들이고, 자신들의 담즙을 토해내는 이들이며, 소화시키지도 못하면서 서로서로 먹어대는 이들입니다. 무능한 인간이며, 도둑질하는 인간, 왕좌를 얻기 위해 기어오르는 원숭이입니다.

너무 많은 자들, 남아도는 인간들을 위한 국가의 통치는 어떤 것인가를 생각해보시기 바랍니다. 그것은 평균적 인간을 생산해내는 것을 유일한 목표로 합니다. 권위주의와 전제주의를 극복한 이른바 민주주의 국가에서 이러한 평균적 삶에 대한 대중의 열망은 더욱 강력해집니다. 국가가 말하는 자유와 삶이란 니체가 보기에는 노예적인 것에 지나지 않습니다. 그들의 자유란 국가가 허용한 범위 내에서 무엇이든 할 수 있는 선택의 자유이며, 그들의 삶의 유일한 목표는 평균치의 인간이 되는 것입니다. 국가는 이를 효과적으로 수행하는가 여부를 통해 그 통치의 정당성을 인정받습니다. 국가는 국민의 요구에 따라, 평균적인 삶의 질을 유지하기위해서 수많은 정책을 펼칩니다. 푸코가 '생명 관리 정치'라는 개념을 통해 이러한 국가의 통치를 이야기하기 전에 니체는 이미 평균적 삶의 달성이라는 국가의 퇴행적 목표에 대해 날카롭게 통찰했습니다.

국가는 창조의 충동을 제어하기 위한 장치이지 그 반대가 아닙니다. 아리스토텔레스는 도시 국가 아테네의 안정적 통치를 위해서 다수인 중간 계급의 안정적 지배를 말했습니다. 아리스토텔레스가 말한 중간 계급은 부자도, 가난한 사람도 아닌 이들, 즉 '중산층'입니다. 아리스토텔레스가 말한 통치와 그리 멀지 않은 곳에 오늘날 현대 국가의 통치가 있습니다. 차라투스트라가 말하고자 하는 것은 정확히 그 반대편에 있습니다.

국가 속에서는 누구도 자기 극복의 삶, 위대한 삶을 꿈꾸지 않습니다. 안전과 안정만이 중요해지며, 남들과 다르지 않은, 남들이 누리는 것만큼을 나도 누리고자 하는 욕구가 '평등'이라는 정치적 요구로 강조됩니다. 수명, 소득, 지출, 문화 생활, 여가, 치안, 교육, 인구, 질병, 주거, 교통 등 모든 지표가 수량화되고, 평균적 인간의 삶을 달성하기 위한 목표 아래 국가의 모든 활동이 이루어집니다. 개개인의 삶 역시 수치화되어 정산되고 관리됩니다. 오늘날의 복지국가는 개인의 삶을 그 탄생에서 죽음까지 안전하게 관리하고, 개인은 그렇게 관리되는 평범한 삶의 행복을 누립니다. 국가는 이처럼 '죽음을 향한 의지'를 계산적 합리성과 효율성의 지원을 받아 훌륭하게 수행해냅니다.

니체의 분노가 주인과 지배가 아니라 노예/대중을 겨냥하는 것은 이 관리되는 사회의 기원이 주인과 지배에 있기 때문이 아니라 노예/대중의 안전/안정에 대한 욕망에 있기 때문입니다. 국가는 이제 더 이상 폭력적으로 개인의 삶을 억압하고 굴종을 강요하지 않습니다. 국가의 지배는 이제 더욱더 교활한 방식으로 이루어집니다.

사적인 문화 독점하에서 "폭군은 육체를 자유롭게 놓아두는 대신 곧바로 영혼을 공략한다. 지배자는 이제 더 이상 '너는 나처럼 생각하라, 그렇지 않으면 죽음을 당할 것이다'라고 말하지 않는다. 그는 이렇게 말한다. '나처럼 생각하지 않는 것은 자유다. 너의 생명이건 재산이건 계속 네 것으로 남아 있을 것이다. 그렇지만 오늘 이후 너는 우리들 사이에서 이방인이 될 것이다." 순응하지 않는 별종은 경제적인 무능 상태에 빠지게 되고 이는 나아가 정신적 무력증을 초래한다. 경제 생활에서 배제된 국외자는 쉽게 무능력자라는 판정을 받는다. [……] 소비자는 노동자나 회사원, 농민, 소시민 계층이다. 자본주의적인 생산은 그들의 육체나 영혼으로 하여금 자신들에게 제공된 것을 고분고분 받아들이도록 묶어놓는다. 피지배자들이 지배자들로부터 부과된 도덕을 지배자들보다도 더 진지하게 받아들이는 것이 자연스러운 것처럼 기만당한 대중은 성공한 사람들보다 더욱 성공의 신화에 사로잡힌다. 피지배자들은 그들의 소망을 포기할 수 없기 때문이다. 그들을 노예로 만든 이데올로기에 피지배자들은 아무런 심적 동요 없이 매달린다.[83]

호르크하이머와 아도르노가 지배 계층의 교활한 이데올로기라고 부른 것과는 달리 니체는 이러한 이데올로기 자체가 대중에게서 기원한다고 봅니다. 차라투스트라는 이러한 이데올로기를 만들어내는 이들을 2권의 8장 「명성이 높은 현자에 대하여」에서 "군중이라는 짐을 끄는 나귀"라고 말합니다. 우리는 이를 국가에 적용해서 말할 수도 있을 것입니다. 국가에게 이런저런 역할을 요구하는 것은 국민, 다수라는 이름을 지닌 대중의 의지입니다. 국가는 대중의 위임을 받고 단지 그것을 충실히 수행해낼 뿐입니다. 국가의 권력이란 곧 짐을 지는 낙타의 위세와 같은 것입니다. 언제나 그렇듯이 가장 민주적인 국가에서도 니체는 노예들의 지배를 봅니다. 니체 당대에는 확인할 수도 없었던 그러한 이상적 세계 속에서 니체는 죽음으로 가득한 노예들의 삶을 본 것입니다.

또한 그 스스로 합리적 지배를 주장하는 국가는 자신의 힘이 미처 닿지 않는 곳을 위해 여전히 종교가 필요합니다. 기독교가 영원한 삶을 미끼로 오히려 생을 부정하고 죽음을 설교하는 종교였다면, 국가 역시 다를 바 없습니다. 게다가 세속주의 국가 역시 종교를 통치에 이용한다는 사실은 변함이 없습니다. 대중을 구슬리는 데 종교만큼 효과적인 수단은 없기 때문입니다.

국가 또는 좀 더 명백히 말해서 정부가 미성숙한 많은 사람들의 후견인으로 임명되었다는 것을 깨닫고, 그들을 위해서 종교를 유지할 것인지 아니면 폐지할 것인지를 숙고해보는 한, 정부는 항상 거의 확실히 종교를 유지하는 쪽으로 결정하게 될 것이다. 왜냐하면 종교는 상실, 결핍, 두려움, 불신의 시간들, 즉 정부가 개인의 마음의 고통을 완화하기 위하여 직접적으로 그 무엇을 할 수 없다고 느끼는 바로 그곳에서 개별적인 심정을 만족

시켜주기 때문이다: 게다가 보편적이고 피할 수 없으며 우선은 불가항력
적인 재난(식량난, 금융위기, 전쟁들)에서까지도 종교는 진정시키고 기다
리며 신뢰하는 태도를 대중들에게 제공하기 때문이다.

[……]

나폴레옹이 이해하고 있었던 것처럼, 사제들의 도움 없이는 지금도 역
시 어떠한 권력도 '합법적'이 될 수가 없다.—이렇게 절대적인 후견인인
정부와 종교의 면밀한 유지는 필연적으로 서로 조화하고 있다. [84]

이제 차라투스트라는 그들이 없는 곳으로 가야 한다고 말합니다. 자
신의 시대를 극복하고자 하는 '반시대적 인간'인 차라투스트라는 기존 삶
의 토대를 극복하고, 새로운 삶의 가능성을 모색하고자 합니다. 그것은
아직 미지의 세계입니다. '그들이 없는 곳'이라고 말할 수밖에 없는 이유
가 여기 있습니다. 그것은 차라투스트라에게 어렴풋한 환영으로 존재하
는 곳일 뿐입니다. 국가가 사라지고, 남아도는 인간들이 사라진 곳에서
차라투스트라는 환상을 보고 듣습니다. 그는 꼭 필요한 자들의 노래, 단
한 번뿐이며 대체할 수도 없는 선율을 듣고, 무지개와 위버멘쉬의 다리를
봅니다. 위버멘쉬를 향한, 위버멘쉬에 이르는 다리가 아닙니다. 위버멘쉬
의 다리입니다. 위버멘쉬는 목적이나 도착 지점이 아니기 때문입니다. 위
버멘쉬가 된다는 것은 바로 다리가 된다는 것이기 때문입니다. 국가의 몰
락과 그 이후를 사유하는 니체는 근본적으로 아나키스트입니다. 그러므
로 군국주의의 사상적 토대를 제공하는 철학으로 읽어내는 것이 얼마나
터무니없는 오독인지는 더 이상 말할 필요가 없을 것입니다.

국가가 끝나는 곳, 그곳에서 남아돌지 않는 인간들이 비로소 시작된다:
그곳에서 꼭 필요한 사람들의 노래가, 유일하고 대체될 수 없이 시작된다
국가가 끝나는 곳, — 형제들이여, 그곳을 보라! 위버멘쉬에 이르는 무지
개와 다리가 보이지 않는가?

시장의 파리 떼에 대하여

이 장에서 차라투스트라의 가르침은 내면의 고귀함을 지키려는 자들, 모든 가치들을 재평가하려는 자들, 허무주의의 유혹을 극복하는 자들, 그리고 새로운 가치를 창출하는 자들을 향해 있습니다.[85] 오직 그와 같은 자들만이 그의 말을 들을 수 있는 귀를 가졌기 때문입니다. 그들에게 차라투스트라는 명령하고 충고합니다. 도망가라, 너의 고독 속으로!

여기서 우리는 고독이 은둔과는 다름을 알아야 합니다. 고독 속으로 도망가라는 니체의 말은 은둔의 삶을 살라는 권유와는 전혀 다른 이야기입니다. 니체에게 은둔자는 고독한 자와는 전혀 다른 맥락 속에서 이해된다는 것을 우리는 서문에서 이미 보았습니다. 니체가 산속에서 10년 동안 고독한 시간을 보낸 뒤 최초로 만나는 이가 바로 은둔자입니다. 그는 세상에 대해 등을 돌린 사람입니다. 은둔은 자신만의 세계에 갇혀버리는 것이며, 거기에서 인류의 존재는 찾을 수 없습니다. 오히려 은둔자에게 넘쳐나는 건 언제나 인류에 대한 경멸이죠. 그렇기 때문에 그들은 언제나 신과 대화하거나 자기 자신과 대화하거나 하는 데 그치고 맙니다. 그러나 니체의 고독은 바로 이 은둔자의 오두막과 파리 떼 가득한 시장터 사이의 대립을 넘어 새로운 삶의 공간을 열어 보입니다. 그것은 자신의 안에서 세계를 발견하는 일이기도 합니다. 니체가 고독 속에서 발견하는 것은 니체 자신이 아니라 오히려 '인간'입니다. 그가 고독 속에서 만나는 이는 그것이 설령 자신의 모습이라고 하더라도 타자이기 때문입니다.

이 역설을 이해하지 않고서는 고독의 의미가 제대로 파악될 수 없습니다. 또 이 역설에 의해 니체가 고독을 이해하는 태도는 예술가의 그것과 마찬가지 맥락에서 이해될 수 있습니다. 예술가들은 끊임없이 자신만의 것을 찾으려고 애쓰지만, 그렇게 찾아낸 자신만의 것이란 결코 자기 자신의 특수성이나 개별성의 차원에서만 이야기할 수 없습니다. 오히려 예술가들이 세계와 대결하면서 얻어낸 자신의 고유성 속에서 언제나 새롭게 발견하는 것은 인간이라는 넓은 대양이기 때문입니다. 니체가 고독 속에서 구하려고 한 것이 바로 그러한 것임을 우리는 잊어서는 안 됩니다. 위버멘쉬는 이런 점에서 보편성과 특수성을 동시에 개진하는 하나의 사건이랄 수 있습니다. 그것은 세계를 결코 보편자와 특수자로 나누지 않으며, 보편적인 것이 오직 특수한 계기를 통해서만 이 세계에 모습을 드러낼 수밖에 없음을 고백하는 사건이기도 합니다.

시장은 파리 떼와 배우들, 저급한 인간들이 모여 있는 공간입니다. 이러한 공간에서 대단한(groß) 이들에게 귀가 멀고, 왜소한(klein) 자들에게 찔리는 이들을 보고 차라투스트라가 내뱉는 말은 차라리 비명과도 같습니다. 이들에게 갉아 먹혀 마침내 그 자신이 저열해지기 전에, 차라투스트라는 이들을 피해 자신의 고독으로 가라고 말하는 것입니다. 고독은 차라투스트라 전체를 관통하는 일관된 테마입니다. 니체는 『이 사람을 보라』에서 다음과 같이 말합니다.

> 나의 『차라투스트라는 이렇게 말했다』 전체는 고독에 대한 송가이다. 또는 나를 이해할 수 있다면 순수에 대한 송가라고 할 수 있다 [……] 인간에 대한 구토, '잡것'에 대한 구토는 언제나 내게 가장 큰 위험이었다…… 차라투스트라가 구토로부터의 구제에 대해 하는 말을 들어보겠는가?[86]

구토라는 표현이 조금 과하다고 생각하실지도 모르겠습니다. 그러나 니체는 실제로 이렇듯 참을 수 없는 기분을 수없이 토로합니다. 그는 인간들을 혐오합니다. 참기 힘들어했다고 말하는 편이 더 적절할지도 모르겠습니다. 하지만 그는 그런 혐오의 공격적 발산을 해결책으로 삼지 않았습니다. 그것은 자기 자신에 대한 또 다른 모욕이기 때문입니다. 자신의 운명을 "파리채"로 삼지 않는 것, 그리고 "물방울과 잡초에 소멸하는 건물이 되지 않도록 하는 것", 바로 그런 것이 중요합니다. 또 이 혐오에서 벗어나는 일은 자신의 생존과 관련해서 중요한 조건이라고 말합니다. 위 인용문의 앞에서 니체는 "나 자신에 대한 극도의 순수함은 내 생존 조건이다. 나는 불결한 조건에서는 죽고 만다"고 말하고 있습니다. 단지 구토가 문제가 아닙니다. 그는 '죽는다'고 말합니다. 물론 유난스런 과장이 전혀 없다고는 할 수 없습니다. 하지만 당대의 문화가 그를 죽을 만큼이나 고통스럽게 만들었음은 분명합니다. 고독의 강조는 단순한 철학자의 허세라기보다 그의 생존 자체와 관련이 있습니다. 그리고 이 생존은 생물학적이고 1차원적 차원의 생존이라기보다 철학자로서의 존재 자체와 연결된다고 보아야 할 것입니다.[87]

이제 차라투스트라가 고독을 강조하는 이유는 두 가지 차원에서 이야기될 수 있습니다. 첫째는 그러한 고독 속에서야 인간에 대한 혐오와 동정에서 벗어날 수 있기 때문입니다. 이때의 인간이란 당대 대중을 의미하며, 여기에는 대중에 대한 깊은 혐오와 불신이 전제되어 있습니다. 이 혐오와 동정에서 벗어나지 못한다면 위버멘쉬도, 자유정신도, 허무주의의 극복도 모두 불가능할 수밖에 없습니다.

> 그러므로 좋은 공기가 필요하다! 좋은 공기가! 어쨌든 문화의 모든 정신병원이나 병원의 근처에서 멀리 떨어지자! 그러므로 좋은 사교 모임, 우리의 사교 모임이 필요하다! 어쩔 수 없을 때에는 고독이 필요한 것이다! [……] 나의 친구들이여, 이것은 우리가 바로 우리 자신을 위해 간직해두었을 수도 있는 두 가지 가장 악질적인 전염병에 대해서 적어도 잠시라도 우리 자신을 지키기 위해서 하는 것이다.—즉 **인간에 대한 커다란 혐오**에 대해서! **인간에 대한 커다란 동정**에 대해서![88]

둘째는 새로운 창조를 위한 계기로서의 고독입니다. 차라투스트라가 동굴에서 기거한 10년은 인간에 대한 혐오를 극복하게 했을 뿐만 아니라 그 자신의 새로운 세계를 탄생시키는 잉태 기간이기도 했습니다. 낙타가 사자가 되는 것도 바로 고독한 황야에서입니다.

모든 깊은 샘은 경험하는 데 오랜 시간이 걸린다; 그 깊은 곳에 **무엇이** 떨어졌는지 알기까지 그들은 오래 기다려야 한다.

　　　시장과 명성에서 떨어진 곳에서 모든 위대한 일들이 벌어진다. 새로운 가치의 창조자들은 자고로 시장과 명성에서 떨어져 거주한다.

　　시장과 명성에서 떨어진 곳에서 벌어진다고 차라투스트라가 말하는 위대한 일들이란 다름 아닌 새로운 가치의 창조를 가리킵니다. 시장은 창조를 위한 공간은 아닙니다. 시장이란 모든 질적 차이가 양적인 차이로 환원되는 무차별적 교환 공간입니다. 이러한 교환은 모든 가치의 평균화, 추상화를 거치지 않고서는 일어나지 않습니다. 서로 다른 사물들이 동일한 가치에 의해 평가되지 않고는 어떤 형태의 사회적 교환도 불가능하기 때문입니다. 이를테면 수많은 사람들이 시장에 모이도록 하는 요인은 욕망일 겁니다. 그 시장이라는 공간 속에서 욕망은 결코 다양한 방향성을 가지지 못하고, 추상화되고, 평균화된 가치 아래 획일화되고 맙니다. 가치를 창조하는 자가 시장에서 벗어나야 하는 이유는 여기서 분명해집니다. 니체는 시민 사회와 자본주의의 틀 안에서 새로운 창조의 불가능성과 가능성을 읽고 있는 것입니다.

　　　아, 나는 잘 안다. 너희는 고독이 무엇인지 모른다는 것을. 강력한 사회, 정부, 종교, 여론이 있는 곳에서, 즉 전제 정치가 지배하는 곳에서, 고독한 철학자는 증오의 대상이었다. 왜냐하면 철학은 인간에게 어떤 전제 정치가 침입할 수 없는 피난처, 내면의 동굴, 가슴의 미로를 열어주었기 때문이다. 그리고 그것이 독재자들을 격분시킨다. 고독한 사람들은 거기에 숨는다.[89]

　　니체 당대에 그와 유사한 맥락에서 대중 사회에 대한 혐오를 이야기한 인물이 있습니다. 바로 보들레르입니다.

매행마다 인간 타락의 가장 지독한 증상들과 아울러 성실·선행·자비에 관한 놀라운 허풍과, 진보와 문명에 대한 뻔뻔한 확인들을 발견하지 않고는 모년, 모월, 모일의 어떠한 신문도 훑어볼 수 없다.

모든 신문은 첫 행부터 끝까지 혐오의 연속일 뿐이다. 전쟁·죄악·도둑질·음란·고문, 군주들의 죄, 국가들의 죄, 개인들의 죄 등 어디에나 잔인성의 도취이다.

또한 문명화된 인간이 매일 아침 식사와 함께하는 것은 이 입맛 떨어지는 식욕증진제이다. 이 세상의 모든 것은 죄악을 발산한다: 신문, 벽보 그리고 인간의 얼굴.

순결한 손이 어떻게 불쾌감의 경련 없이 신문을 만질 수 있는지 나는 모르겠다.[90]

우리는 보들레르의 글에서 차라투스트라의 목소리를 읽어낼 수도 있을 것입니다. 그는 1867년에 죽었으므로 니체보다 약 1세대 전의 사람이라고 할 수 있습니다. 그 역시 니체처럼 계급 해방과 대중의 등장으로 인한 사회적 변화에 예민하게 반응한 사람이었습니다. 그의 대중 인식은 니체의 그것과 매우 유사합니다. 이를테면, 보들레르가 주장한 '댄디즘dandysme'이란 부르주아 전문가 집단과 군중 양쪽으로부터 벗어나서 고독한 영웅주의를 지향하는 태도라고 할 수 있습니다.[91] 이 고독한 영웅과 대비되는 존재가 바로 군중입니다. 신문은 바로 이러한 군중이 만들어내고, 군중을 만들어내는 근대의 산물입니다. 대중 사회는 시장, 인위적 공간, 익명성의 공간, 경제적 교환 공간, 정보와 뉴스의 교환 공간으로 인식됩니다. 그것은 군중의 공간이며, 야만성의 공간이기도 합니다. 앞에서도 읽어본 니체의 아래 글은 위에 인용된 보들레르와 어떤 위화감도 없습니다.

고독을 배우는 것.—오, 그대들, 세계 정치가 이루어지는 대도시에 사는 가련한 무리들이여. 그대들, 젊고 유능하고 명예욕으로 고통받는 사람들이여. 그대들은 모든 사건에 대해 그대들의 의견을 말하는 것이 의무라고 알고 있다! 그리고 실로 항상 어떤 사건이 일어나고 있다. 그대들은 이런 식으로 먼지와 소음을 만들어내며 자신들이 역사를 이끌어가는 수레라고 믿는다. 그대들은 언제나 귀 기울이고 언제나 그대들의 의견을 던져넣을 수 있는 기회를 노리기 때문에 진정한 모든 생산성을 상실해버린다! 그대들이 위대한 일들을 하려고 아무리 열망해도 [그러한 일들을: 인용자] 잉태할 수 있는 깊은 침묵은 그대들에게 결코 찾아오지 않는다. 그대들은 그대들 자신이 사건을 쫓는다고 생각하지만, [사실은] 나날이 일어나는 사건들이 그대들을 지푸라기처럼 그 사건들 앞으로 몰아오는 것이다. 그대들, 가련한 무리들이여! 무대에서 주역을 맡으려면 합창에 끼어들 생각을 해서는 안 된다. 아니, 어떻게 합창하는지 알아서도 안 된다.[92]

니체는 근대인이 "세 가지의 M, 즉 순간(Moment)과 여론(Meinung), 유행(Mode)에 시달리는 노예"[93]가 된다고 보았습니다. 저널리즘은 이러한 세 가지 M이 그대로 드러나는 곳이기도 합니다. 당대 사회에 대한 니체의 혐오는 당시의 대중 사회에 대한 평가에서 자연스럽게 도출됩니다. 『차라투스트라』에서 대중은 다양한 이름으로 불립니다. 대중, 민중, 남아도는 자, 많아도 너무 많은 자(Viel-zu Vielen) 등등. 그들은 하나같이 수동적이고, 모방적입니다.

그런데 니체의 이러한 주장을 대중과 대중 문화에 대한 혐오라고 간단히 해석해버리고 니체에게 엘리트주의자라는 딱지를 붙이는 이들이 있습니다. 그러나 이 넘쳐나는, 너무나도 많은 이들이란 어떤 존재 방식을 일컫는 것입니다. 니체가 말하고자 하는 것은 단순히 수준 낮은 대중 문화 따위의 이야기가 아닙니다. 그건 피상적이기 이를 데 없는 이야기입니다. 아직도 많은 이들이 이런 식의 구분을 통해 무의미한 토론을 하고 있는 것을 보면 안타깝기만 합니다. 대중 문화의 수준을 말하는 대신에 우리는 그것이 어떤 방식으로 유통되고 소비되는지를 보아야 합니다. 이를테면 아도르노가 야유를 담아 만들어낸 '문화산업'이라는 말이 어떤 거리낌도 없이 사용되는 상황 자체를 보시기 바랍니다. 이것은 참담하다고 말할 수밖에 없는 현상입니다. 오늘날의 문화는 다만 상품에 불과한 것으로, 언제나 누가 다수의 지지를 받는가에 의해 평가됩니다. 어떤 책이 베스트셀러인가, 얼마만큼 많은 관객이 든 영화인가, 얼마나 많은 음반이 팔렸는지가 오늘날 문화를 평가하는 가장 강력한 잣대가 됩니다. 이러한 차원에서 고급 문화와 대중 문화의 구별은 아무런 생산적 논의를 이끌어내지 못합니다. 인간의 자유가 이러한 상품들에 대한 소비의 자유로 전락함에 따라 자유 자체는 질식해버리고 맙니다.

대중이 수동적인 것은 그들이 아무것도 하고 있지 않아서가 아닙니다. 오히려 그들이 너무 많은 걸 하기 때문입니다. 모든 사건에 대해 자신의 견해를 말하고자 하는 사람들이 제시하는 것은, 스스로의 생각과는 달리, 능동적인 활동이 아니라 수동적인 반응, 매번의 새로운 자극에 대한 하나의 반응일 뿐입니다. 대중은 위대한 예술을 통한 고양을 희망하는 것이 아니라 노동으로 누적된 피로를 풀기 위한 쾌락, 자신의 비참한 삶에 계속해서 환상을 공급할 대상으로서의 오락을 바랄 뿐입니다. 이 오락은 때때로 긴장을 완화시키는 방법 대신 과도한 자극의 방식을 이용합니다.[94] "시대는 전도된 욕망을 갖는다: 그것은 무엇보다 우선 편안함과 만족감을 원한다. 그것은 때때로 공공성과 큰 공연의 소음을 그리고 그들의 큰 대목의 취미에 어울리는 큰 꽹음을 원한다."[95] 니체가 바그너에게 실망하게 된 이유도 바로 여기에 있었습니다. 특히 바이로이트 축제는 그에게는 끔찍한 경험이었습니다. 그곳에서는 오직 열렬히 숭배받는 바그너 외에는 다른 것이 존재하지 않았기 때문입니다.

바이로이트에서 사람들은 오직 대중으로서만 정직하고, 개인으로서는 거짓말을 하며, 자기 자신을 기만한다. 사람들이 바이로이트로 갈 때, 그들은 자기 자신을 집에 놓고 나온다. 그들은 스스로의 발언권과 선택권을 포기하고, 그들의 취미의 권리를 포기하고, 그들이 신과 세계에 대해 자신의 집 네 벽들 사이에서 갖고 있었고 실행하기도 한 그들의 용기에 대한 권리조차 포기해버린다 [……] 극장 안에서 사람들은 대중, 군중, 여성,

바리새인, 줏대 없는 투표권자, 교회의 후원자 — 즉 **바그너주의자**가 된다. 거기에서는 또한 가장 개인적인 양심마저도, 다수라는 평준화의 마법에 굴복하게 된다. 거기에서는 이웃이 지배한다. 거기에서 사람들은 이웃이 된다.[96]

이 평준화의 마법은 바그너의 '독일적인 것'에 대한 열광을 낳았으며, 결국 전체주의를 위한 토대를 마련하고 맙니다. 결국 그들이 누렸던 자유는 부자유를 위한 가장 든든한 토대, 강력한 전제가 되고 만 셈입니다. 시장터의 파리 떼들은 그렇게 세계를 파괴합니다.

순결에 대하여

차라투스트라는 이 장에서부터 20장까지 이어지는 8개의 장에서 사랑에 대해 이야기합니다. 사랑이란 창조, 곧 잉태와 이어집니다. 1권의 17장 「창조하는 자의 길에 대하여」에서 차라투스트라는 "연인은 창조하기를 원한다"고 말합니다. 새로운 생명(사유)를 탄생시키는 행위로서의 사랑이란 자기 극복의 계기입니다. 이런 맥락에서 위버멘쉬란 사랑하는 자이기도 합니다. 차라투스트라는 사랑에 대해 말하면서 곧 위버멘쉬에 대해 말하는 것입니다. 그리고 차라투스트라는 제일 먼저 순결과 관능에 대해 이야기합니다. 자신의 관능을 긍정하지 못하는 이에게 사랑이란 불가능하기 때문입니다.

나는 숲을 좋아한다. 도시에서는 살기 어렵다: 거기에는 욕정에 불타는 이들이 너무 많다.

차라투스트라에게 도시는 욕정으로 가득한 곳입니다. 숲의 고독에서 벗어나 그가 제일 먼저 향한 도시인 '얼룩소'에서 본 모습이기도 합니다. 얼룩소는 다양한 색채로 가득한 곳입니다. 이 다양한 색채는 곧 욕망의 색채입니다. 여기에는 아이러니가 있습니다. 차라투스트라는 욕정을 금지하고 순결을 명령하는 이들에게서 감추어진 욕망이 불타고 있음을 봅니다.

> 내가 너희에게 관능을 죽이라고 하는가? 나는 너희에게 관능의 무죄를 충고하고 있다.

차라투스트라는 관능(Sinne)과 욕정(Brunst)을 구분합니다. 관능에 대한 긍정은 자연스런 순결로 이어지지만, 관능에 대한 기독교적 금욕은 욕정으로 이어질 뿐입니다. 관능, 긍정, 순결과 금욕, 부정, 욕정이 여기서 대립합니다. 순결이란 욕정의 반의어이지, 관능의 반대말은 아닙니다. 욕정은 금지를 동반합니다. 욕정을 금지하는 것은 욕정을 이기지 못하기 때문입니다. 그들은 자신의 신체와 그 신체의 자연스런 감각이자 관능을 부정합니다. 기독교와 그 외 모든 종교의 금욕의 정체입니다. 그들은 그러한 금욕을 정신적으로 보상하고자 합니다. 그러므로 그들은 정신적으로 누구보다 잔인하고 잔혹합니다. 그들은 "악마를 쫓으려다 암퇘지 무리 속에 빠지는" 이들입니다. 그들에게 순결이란 "지옥에 이르는 길, 영혼의 진흙과 욕정의 길"이 될 뿐입니다. 차라투스트라는 동정도 "가면을 쓴 감각적 쾌락"에 불과하다고 말합니다. 이러한 자들은 잔인한 눈을 하고 고통받는 이들을 지켜봅니다. 결국 순결을 추구하는 이들이란 자신의 신체를 긍정하지 못하는 이들이며, 그러면서도 그 관능의 늪에 끊임없이 빠져드는 자들을 말합니다.

관능의 힘을 부정하는 이들은 금욕을 강조함과 동시에 그러한 관능, 욕망, 쾌락을 관리하고자 합니다. 자본주의의 문화산업은 인류 역사를 통틀어 가장 성공적으로 '안전한 쾌락'을 제공하고 관리하며, 이를 통해 사회를 지배합니다. 자본주의는 인간의 쾌락을 상품의 형태로 제공함으로써 인간을 상품 경제의 노예로 지배해왔습니다. 그러한 만족의 대가로 우리가 최종적으로 지불해야 할 것은 우리 자신 역시 하나의 상품으로 시장에 내놓는 일입니다. 자본주의는 가장 권위주의적이지 않은 방식으로 우리 스스로를 그러한 지배에 기꺼이 맡기도록 인간의 욕망을 교묘하게 조작해왔습니다. '순결'이란 자신의 관능을 긍정하는 것인 동시에, 그것을 사회의 지배에 내맡기지 않는 것입니다. 그러므로 순결은 추구해야 할 목표가 아닙니다. 자신의 관능에 충실한 자들, 그러므로 '순결'에 대해 무심한 자들이야말로 가장 순결한 자들이기 때문입니다. 그들은 자신에 대해 건전하게 긍정할 수 있는 자들입니다. 이것이 순결이 우리에게 온다고 말할 때의 의미입니다.

"순결이란 어리석은 것이 아닌가? 그러나 이 순결이 우리에게 온 것이지 우리가 그에게 간 것이 아니었다."

친구에 대하여

최고의 경멸자이자 적으로서의 친구.

존엄한 자는 얼마나 적은가!

친구의 **양심**이 되는 것. 모든 굴욕을 알아차리는 것. 양심을 단지 도덕적으로만 받아들이는 것이 아니라 취향으로도, 자신의 한계에 머물러 있는 것으로도 받아들이는 것.

악령이자 천사로서의 친구. 그들은 서로 사슬을 묶을 수 있는 자물쇠를 가지고 있다. 그들이 가까이 있으면 사슬 하나가 떨어져 나간다. 그들은 서로를 고양시킨다. 그리고 둘의 한 자아로, 그들은 위버멘쉬에서 자양분을 얻으며 친구를 소유하게 된 것에 환호성을 지른다. 왜냐하면 그 친구가 그

들에게 두 번째 날개를 주기 때문이다. 이것이 없으면 다른 날개는 쓸모가 없다.[97]

위 인용문은 유고의 한 부분으로, 우리는 여기서도 『차라투스트라』와 크게 다르지 않은 서술을 확인할 수 있습니다. 『차라투스트라』와 인용된 유고의 구절에서 '친구'를 표현하는 말들은 다음과 같은 것들입니다. 경멸자, 적, 악령, 천사, 하나의 자아, 맑은 대기, 고독, 빵이자 약. 이러한 관념들 사이의 공통점은 쉽게 잡히지 않습니다. 마치 모순되는 관념들의 나열처럼 보이기도 합니다. 그러나 이 이미지들은 모두 위버멘쉬, 즉 자기 극복의 문제와 이어집니다. 1권 후반부의 장들은 인간이 맺는 사회적 관계의 다양한 양상에 대한 설교로 채워져 있습니다. 개체의 수준에서 행위와 존재는 힘에의 의지라는 관점, 즉 힘의 증가와 감소라는 맥락 속에서 그 가치가 평가됩니다. '친구'도 마찬가지입니다. 친구는 자기 극복을 위한 '계기'입니다. 이 '계기'라는 말을 '수단'의 다른 표현으로 여겨 거부감을 느낄 분들도 계실 것입니다. 이는 마치 철저히 이기적인 관점에서의 판단처럼 보입니다. 그러나 친구가 자기 극복의 계기가 되기 위해서는 나의 적이자 동시에 동지여야 합니다. 이것은 단순히 타자를 자신의 목적을 위한 수단으로 삼는 관계와는 전혀 다릅니다. 타자를 수단으로 삼는다면, 그를 통해 자기 극복을 이루기는 불가능합니다. 또한 타자를 자기 극복의 계기로 삼는다 함은 스스로가 타자의 자기 극복의 계기가 된다는 뜻이기도 합니다. 같은 높이에서 서로를 고양시키지 않는다면 이러한 자기 극복은 불가능해지기 때문입니다. 따라서 이를 단순히 타자를 수단으로 삼는 일과 혼동해서는 곤란합니다.

이러한 친구의 의미를 더 고민하기 위해서는 우정과 사랑, 적과 친구라는 유사하거나 대립되는 개념들을 살펴보아야 합니다.

먼저 친구와의 우정과 사랑에 관해 니체가 무슨 말을 하는지 들어볼 필요가 있습니다. 니체는 우정이란 사랑의 한 형태이기도 하다고 말합니다. 그러나 이 사랑은 여타의 사랑과 다릅니다. 우정이라는 사랑의 한 형태와 구별되는 것은 이성에 대한 사랑입니다. 니체는 이성에 대한 사랑을 소유욕의 변형태로 봅니다. 사랑이 타자에 대해 요구하는 독점은 소유욕에 불과합니다. 소유욕이란 무엇입니까. 타자(사물이건 사람이건 상관없이)에게 권력을 행사하고자 하는 욕구입니다. 소유는 내가 타자와 맺고 있는 관계의 양상을 표현합니다, 니체는 그 관계를 '권력 지배'로 보는 것입니다. 또 소유욕은 근본적으로 소유하지 못한 것에 대한 욕구이기도 합니다. 그것은 결핍과 연관된 개념입니다. 결핍은 지배를 원합니다. 그리고 이 지배는 이미 소유한 것에 대해서가 아니라 소유하고자 하는 대상에게 가장 강력하게 작용되는 것이기도 합니다. 이미 소유한 것에 대한 소유욕이란 존재하지 않기 때문입니다. 소유를 통해 소유욕은 해소됩니다. 타자에 대한 소유욕, 곧 그에게 지배를 행사하고자 하는 의지는 타자를 완전히 자신의 소유물로 만듦으로써 가능해지지만, 동시에 그러한 지배를 통해 타자는 타자로서의 의미와 가치를 상실합니다. 소유욕은 타자를 자신과 같게 만들고자 하는 욕구에 불과합니다. 그것은 타자를 자신의 신체로 삼는 것으로, '수족으로 부린다' 같은 표현에서 이러한 관계를 분명히 알 수 있습니다. 이러한 관계에서 자기 극복은 결코 일어나지 않습니다. 오히려 소유는 자신을 안정된 상태에 두고 타자를 자신의 안정된 상태로 동화시키려는 시도이며, 이 시도의 성공은 이미 자기 극복의 차원에서는 실패와 다름없습니다. 소유를 통해 남는 것은 지루한 자기 확장일 뿐입니다.

이성 간의 사랑은 그러한 소유욕과 지배가 가져오는 비극적 결말이 가장 극명하게 드러나는 계기입니다. 사랑이 원하는 것은 상대에 대한 "무조건적인 독점", "사랑하는 사람의 영혼과 육체에 대한 무조건적 권력"[98]입니다. 여기서 사랑이란 정복자의 사랑, 착취자의 사랑이며, "보물 창고를 지키는 용"[99]의 탐욕스러움에 불과합니다. 이 장의 마지막에서 차라투스트라가 여인들이 우정을 나눌 능력이 없다고 말하는 것은 이러한 맥락에서입니다(그렇다고 차라투스트라가 남성들이 우정을 잘 나눌 수 있다고 말하는 것은 아닙니다). 이러한 사랑은 위버멘쉬의 자기 극복과 무관하고, 타자에 대한 소유와 영향력 행사를 목표로 삼습니다. 그 종착지는 자기 동일성의 재생산과 확장입니다. 그러나 분명히 말씀드리자면, 우정 역시 여전히 어떤 종류의 소유욕이지만, 사랑과는 달리 상대를 원하는 소유욕이 아닙니다. 우정의 상대는 어디까지나 소유되지 않은 채 타자로 머물러야 합니다. 그 대신 우정은 자기 극복이라는 가치를 타자와 공유하는 데서부터 가능해집니다.

> 때로는 지상에도 서로에 대한 두 사람 사이의 소유욕이 일종의 새로운 욕망과 소유욕에, 다시 말해 그들을 초월해 있는 이상을 향한 더 높은 공동의 갈망에 자리를 비켜주는, 일종의 사랑의 속편이 있다. 그러나 이런 사랑을 누가 알고 있는가? 누가 이런 사랑을 경험했는가? 그것의 올바른 이름은 우정이다.[100]

그러므로 이 자기 극복의 계기로서 타자는 자신에 대한 경멸자이며 적, 심지어는 악령이라고 말하고 있습니다. 차라투스트라가 친구란 위버멘쉬를 향한 화살이자 동경이자 적이라고 말하는 이유는 아셨으리라 생각합니다. 당연하게도 친구라면 기꺼이 적이 될 수도 있어야 합니다. 차라투스트라는 친구 안에서 최선의 적을 발견한다고 말합니다. 동정 혹은 연민이란 친구를 대상으로 한 것이 아닙니다. 그것은 노예의 감정이며, 노예를 향한 감정이기 때문입니다. 친구가 되기 위해서는 노예를 원해서도, 즉 폭군이 되어서도 안 되고, 노예가 되어서도 안 됩니다.

친구에 대한 우정이 자기 극복 의지의 표현이라는 점에서 우정의 밑바닥에는 자기 자신에 대한 사랑이 있습니다. 친구란 자기 욕망의 투사投射이자, 자기 극복 의지의 투사이기도 합니다. 친구에 대한 동경은 자신 안에 자신이 믿고자 하는 것을, 자기 자신을 폭로한다고 말합니다. 친구라는 타자는 그러므로 주체를 반영하면서 동시에 주체에 반박하는 이중적인 타자입니다. 그런 면에서 친구란 또 다른 주체, 자아에 대한 이른바 타아(alter-ego)이기도 합니다. 타자이면서 자기인 자의 이름, 그것이 '친구'입니다.

이러한 관점은 사회 관계를 규정짓는 주요한 매개로서 주체-타자의 대립을 전혀 새로운 시각으로 조명하게 합니다. 이는 강력한 정치적 뉘앙스를 가집니다. 굳이 슈미트(Carl Schmitt)를 언급하지 않더라도, 적과 아군을 구별하는 피아의 식별은 타자와 함께 공동체를 이루고 사는 동안 자기 유지를 위한 중요한 판단으로 취급되어왔습니다. 그리고 이 피아의 식별을 위해 습관적으로 동원되는 것이 윤리적 선악 판단입니다. 니체는 그것이 윤리적이라는 이름으로 불리지만 실제로 얼마나 반윤리적인가를 정확하게 꿰뚫어 보았습니다. 윤리적 판단은 언제나 자기 중심적 판단입니다. 말하자면 '나는 선하고, 너는 악하다'라는 판단, 이것이 모든 윤리적 판단의 숨은 전제입니다. 타자의 배제, 심지어는 타자의 절멸을 통해 스스로를 정당화하는 반동적인 힘이야말로 모든 윤리적 판단에 내재된 것입니다. '타자는 악하다, 왜냐하면 타자이기 때문이다'라는 순환 판단의 오류가 이 윤리적 판단에서는 교묘하게 정당화됩니다. 반동적 힘의 노예적 성격은 바로 여기서 발생합니다. 그것은 타자의 부정을 통해 자신을 긍정합니다.

진리에의 의지도 마찬가지입니다. 윤리적 판단이 자기 중심적이듯이, 진리의 판단도 자기 중심성을 벗어나지 못합니다. 니체가 도저히 참을 수 없는 분노를 느끼는 곳이 바로 이 지점입니다. 즉 그는 윤리적 판단에 관한 기독교와 형이상학의 오류가 선과 악이라는 허위의 대립을 통해 삶을 파괴하고 있다고 보았습니다. 그는 이러한 자기 파괴가 신의 이름으로 정당화되는 것을 그냥 보아넘기지 않습니다.

니체가 더욱더 대단해 보이는 점은 심지어 양심의 가책을 통해 이러한 판단이 역전되더라도 사태의 본질은 다르지 않음을 통찰했다는 것입니다. 즉 너는 선하고, 나는 악하다라는, 자기 중심적 판단과는 전혀 달라 보이는 판단도 결국은 그 자기 중심성의 변형에 불과하다는 점을 니체는 결코 놓치지 않습니다. 『도덕의 계보』는 이러한 기독교적 위선에 대한 비판입니다. 피아의 식별, 타자의 배제를 통한 자기 유지 —— 이는 비웃음을 사야 마땅합니다. 그리고 이러한 선악의 판단은 결국 자기 파괴적 결과를 낳는다는 점을 잊지 말아야 합니다. 윤리적 판단의 자기 파괴적 성격은 언제나 은폐되어왔습니다. 사제들의 지배를 통해, 또한 그들 자신의 지배를 위해 이러한 윤리에 따른 자기 파괴는 반동적 가치들의 지배에 의해 정당화된 것입니다. 그러나 더 이상 윤리적 자기 중심성에 의한 판단은 중요하지 않습니다. 중요한 것은 강도이자 높이, 얼마만큼 서로가 서로에게 위버멘쉬로 이르는 다리가 될 수 있는가입니다.

니체가 친구를 자신의 최고의 적이라고 말하는 의미가 여기서 드러납니다. 선악의 윤리적 판단의 제거는 흔히 생각하는 것처럼 비윤리적 행위의 무한정한 허용이 아닙니다. 오히려 윤리라고 불리어온 것에 대한 반성과 스스로에 대한 무한 책임을 요구합니다. 이것이야말로 비윤리의 윤리라고 부를 만한 것입니다. 친구이자 적이라는 말을 통해 차라투스트라는 타자에게 자신과 동일해지기를 요청하지 않고, 자신과 같은 높이를, 위대함을 요구합니다. 공동체의 진정한 이상은 동일화된 타자와 거주하는 전체주의적 사회가 아니라, 타자와 진정 공존하는 사회입니다. 그런 점에서, 친구가 적이 될 수 있어야 한다고 말하는 차라투스트라의 우정에 관한 가르침이야말로 진정 우정이라고 불릴 만한 것에 대한 가장 정확한 설명일 것입니다.

이러한 우정과 반대되는 것이 동지애입니다. 그것은 앞서 말한 자기 동일성의 재생산과 다를 바 없습니다. 결코 적이 될 수 없는 이들이 동지여야 하기 때문입니다. 이러한 동지애가 '공동체'를 만든다면, 우정은 타자와의 공존을 통한 '사회'를 가능하게 합니다. 다른 존재와의 평화적 공존이라는 인류의 오래된 이상은 자기 동일성이 반복되는 공동체의 확장을 통해 스스로를 배반해왔습니다(사회, 문화, 시대와 끊임없이 대결하는 '반反공동체주의자'인 니체는 이 점에서 누구보다 이러한 이상에 충실하고자 하는 이라는 역설적 사실이 드러납니다. 세계에 대한 그의 끊임없는 불신은 더 깊은 차원에서 세계와 인간에 대한 신뢰의 표현에 다름 아닙니다). 이 장의 초입에서 은둔자가 보여주는 대화는 이러한 자기 반복의 대화입니다. 은둔자와 동지애가 보여주는 것은 다르지 않습니다. 은둔자의 대화는 자기 반복이라는 점에서 이미 대화가 아닙니다.

"하나는 언제나 내 주위에는 너무 많다" — 이렇게 은둔자는 생각한다.
"언제나 하나 곱하기 하나 — 결국 그것은 둘이 된다!"
나(Ich)와 나(Mich)는 언제나 대화에 너무나 열심이다: 친구가 없다면,
내가 어떻게 참겠는가.

플라톤의 대화록들은 이러한 은둔자의 자기 독백에 대한 좋은 예입
니다. 그것은 서구의 사유가 어떻게 독백을 대화로 둔갑시켰는지를 보여
줍니다. 그의 대화록은 '대화'의 형식을 띠고 있지만, 실제로는 '독백'에
불과합니다. 그 대화를 통해 우리가 확인하는 것은 우정이 아닙니다. 이
러한 대화는 서로 다른 생각을 드러내지만, 결국 대화의 한 축을 비진리
로 폭로함으로써 제거하기 때문입니다. 대화 상대자는 이의 없이 '설득'
당하고, '진리'의 이름에 기꺼이 복종하고자 합니다. 아리스토텔레스는
"친구보다 진리를 더 중요하게 생각한다"고 말합니다. 그러나 절대적 '진
리'를 부정하는 니체에게 이 말은 다른 뉘앙스를 가지고 들릴 겁니다. 그
와 같은 타자와의 대화는 타자라는 자리에서 자신의 진리를 확인하는, 철
저히 자기 재생산의 과정입니다. 그 대화의 과정은 진리의 이름으로 타자
를 제거하는 과정이며, 그것은 서구 사유의 긴 역사를 통해서 확인되는
것이기도 합니다.
오늘날 기술의 진보로 인한 네트워크의 무한 확장은 이러한 '대화'의
무한 확장이라는 새로운 국면이지만, 그 속에서 우리는 플라톤의 대화가
보여준 것과 본질적으로 다르지 않은 절망적 사태를 확인하게 됩니다. 무
한한 타자의 공간인 네트워크 속에서 타자와의 진정한 대화가 아니라 자
기 동일성의 반복을 확인하기는 쉽습니다. 수많은 목소리가 거기 있는데
도 우리는 자신이 듣고 싶은 것만을 듣습니다. 타자는 조롱받고, 비난받
으며, 비웃음의 대상이 됩니다. 그리고 무시당하고, 배제되고, 제거됩니
다. 거기에서 우리가 발견하는 것은 동일성에 기초한 공동체(community)

의 메아리처럼 반복되는 목소리일 뿐입니다. 아마 이러한 사태는 앞으로도 쉽게 바뀌지 않을 것입니다. 극단적인 대립과 타자의 절멸을 꾀하는 노골적인 적대적 감정은 오늘날의 시대정신으로 보일 정도입니다. 이 대목에서 우정에 대한 차라투스트라의 이야기는 순진하고 애처롭게 느껴지기까지 합니다.

친구를 만난다는 것, 친구가 된다는 것은 쉽지 않습니다. 니체에게도, 차라투스트라에게도 마찬가지입니다. 이들은 자신과 같은 높이의 친구를 결코 만나지 못했습니다. 차라투스트라는 기꺼이 자기의 최선의 적이 될 만한 이들을 만나지 못한 채, 독수리와 뱀 같은 동물들만을 자신의 친구로 삼습니다. 차라투스트라가 원하는 것은 이러한 절망적 상황의 극복입니다.

천 개와 하나의 목표에 대하여

"천 개와 하나의 목표에 대하여"라는 제목은 『천일야화』(One Thousand and One Nights)를 연상시킵니다. 아내의 부정한 행실에 분노한 샤리아르 왕은 아내를 처벌하고, 그 뒤로 여성과 하룻밤을 지내고 나서 다음날 처형하는 잔혹한 행동을 반복합니다. 이 행동을 막는 것은 다름 아닌 셰에라자드Scheherazade의 '이야기'입니다. 이 '이야기하기'를 통해 셰에라자드는 자신의 목숨을 구하고, 샤리아르 왕의 잔인함을 진정시킵니다. 그녀는 단지 자신의 목숨만 구한 게 아닙니다. 자신 이후에 잇따라 죽을 수밖에 없는 다른 이들의 목숨도 구한 것입니다. 셰에라자드가 자신과 다른 이들의 목숨을 구하기 위해 지어낸 이야기는 신과 괴물, 영웅들과 악당들, 신비한 마법과 거짓 같은 환상이 가득 찬 이야기입니다.

민족들도 자신들을 지키기 위해 그러한 이야기를 만들어냅니다. 민족의 이야기/역사 역시 저마다의 신과 악마, 영웅들과 악당들을 가집니다. 그들이 자신만의 가치를 추구하고 또 극복한 과정이 그들의 신화 속에 담겨 있습니다. 더 정확히는, 하나의 민족이 자신만의 가치의 역사를 만들어 간다기보다, 그러한 가치를 창조하고 만들어가는 과정이 그 결과로 하나의 민족을 민족으로서 창조한 것이라고 할 수 있습니다. 이렇게 창조된 선과 악의 가치 목록들, 그것이야말로 다른 무엇보다 하나의 민족을 다른 민족과 구별하게 하고, 그 민족을 바로 그 민족이게 하는 목록들입니다. 이러한 자신만의 목록이 없다면 그들은 독립된 민족으로 있을 수 없고, 와해되고 흡수되어 사라질 것이기 때문입니다. 민족을 소멸하게 하는 것은 전쟁에서의 패배도, 심지어 국가의 소멸도 아닙니다. 자신만의 가치와 덕이 아니라면 어떤 민족도 존재할 수 없습니다. 그리고 이 가치들은 한 사회의 종교, 법, 관습과 같은 제도와 사회·문화적 형식으로 객관화됩니다.

이 장에서 차라투스트라는 네 개의 민족에 대해, 그리고 그 민족이 자신의 머리 위로 건 가치들에 대해 말하고 있습니다. 그리스인, 페르시아인, 유대인, 독일인(혹은 로마인)이 그 네 민족입니다. 이들은 각자가 만들어낸 가치 아래서 자신들의 운명을 살아갑니다. 이렇게 차라투스트라에게 민족이란 새로운 가치를 만들어낸 이들입니다. 「새로운 우상에 대하여」에서 우리는 차라투스트라가 민족을 어떻게 보고 있는지를 알았습니다. 차라투스트라는 여기서 한 번 더 민족의 땅, 하늘, 이웃들에 대해 이야기합니다.

진실로, 형제여, 네가 민족들의 필요와 땅과 하늘과 그 이웃들을 이해했다면: 너는 그들 극복의 법칙을 잘 짐작할 것이다.

이 극복의 법칙이란 각각의 지리, 기후 혹은 지정학적 관계 따위를 말할 것입니다. 하나의 민족은 이러한 조건 속에서 자신의 운명을 개척합니다. 이 운명을 개척하는 과정에서 생겨난 존재가 바로 민족이기 때문입니다. 『선악의 저편』에서 니체는 다음과 같이 말합니다. "하나의 종족이 발생하고, 하나의 유형이 고정되고 강해지는 것은 본질적으로 똑같은 불리한 조건들과의 오랜 투쟁 아래서이다. 반대로 너무 풍부한 영양이 주어지고 대체로 지나치게 보호하고 신중한 종족들은 곧 강력한 방식으로 유형이 변형되는 경향이 있고, 기괴한 것이나 기형적인 것(또한 기형적인 악덕)도 대단히 많다는 사실을 우리는 양육자의 경험에서 알게 된다."[101]

민족은 그들이 만들어내는 가치의 근원이자 산물이기도 합니다. 우리는 하나의 개인에 대해서도 동일한 맥락에서 주장할 수 있습니다. 즉 개인이란 그가 처한 상태를 극복함으로써 탄생하는 존재라고 말입니다. 이러한 자기 극복에 대해서는 3권의 「자기 극복에 대하여」에서 본격적으로 이야기됩니다. 그런데 우리는 개체의 차원에서나 집단(민족)의 차원에서나 이러한 극복이 보여주는 힘에의 의지를, 목적을 지향하는 의지와 분명히 구별해야 합니다. 목적을 설정하는 것은 주체의 의지(이 의지 자체가 사실은 '주체'라는 오류에서 기인하는 허구의 것입니다)이지 힘에의 의지는 아닙니다. 여기에 『천일야화』의 이야기와 민족의 이야기가 갖는 차이가 있습니다. 전자는 생존을 위한 것이지만, 후자의 경우는 이와 다릅니다. 생명의 자기 보존이란 니체의 관점에서는 힘에의 의지의 분출을 통한 간접적인 결과일 뿐, 힘에의 의지 그 자체의 목적이 될 수 없습니다. 니체가 환경에의 적응, 적자생존 등의 개념으로 다윈(C. Darwin)을 이해하고 이를 비판한 것은 바로 이러한 이유 때문이기도 합니다. 문제는 그것이 진짜 다윈은 아니었다는 점이겠지만요. 아무튼 생존이나 다른 초월론적 목적을 추구하지 않은 채, 힘에의 의지는 순수하게 자신의 힘을 발산하고자 합니다. 니체는 『선악의 저편』에서 이를 분명하게 말하고 있습니다.

생리학자들은 자기 보존의 본능을 유기체의 기본적인 본능으로 설정하는 것에 대해 심사숙고해야만 한다. 무엇보다도 생명이 있는 것은 자신의 힘을 발산하고자 한다—생명 그 자체는 힘에의 의지이다—: 자기 보존이란 단지 간접적이고 아주 자주 나타나는 그 결과 중 하나일 뿐이다.─간단히 말해, 어느 곳에서나처럼 여기에서도, **불필요한** 목적론적 원리가 끼어들지 않도록 주의하자![102]

힘에의 의지가 만들어낸 민족의 가치들, 그 선악의 목록들은 그러나 결코 절대적 진리도, 선악도 아닙니다. 천 개의 민족에게 천 개의 가치가 있을 수밖에 없기 때문입니다. 한 민족에게 선인 것이 다른 민족에게는 조롱(Hohn), 수치(Schmach), 망상(Wahn)이자 악의(Bosheit)라고 불립니다. 그런데 알랭 바디우Alain Badiou는 『사도 바울』이라는 책에서 니체가 아직 민족주의적인 윤리의 차원에 머물고 있다고 신랄하게 말합니다. "신이 문제가 될 때 니체는 가장 완고한 배타주의와 가장 광포한 인종적 공동체주의를 설파한다"[103]라고요. '신이 개입되어 있는 맥락에서'라는 조건을 붙이긴 합니다만, 이 부분에서 바디우는 니체의 민족과 개인에 대한 논의를 명백히 오해하고 있습니다. 바디우는 바로 아래에서 니체의 『안티크리스트』의 다음 부분을 인용합니다.

> 이전에 그는 한 민족과, 그 민족의 힘과, 그 민족의 영혼 안에서 공격적이고 권력을 열망하는 모든 것을 드러냈다. [……] 만일 신들이 권력에의 의지라면 [……] 그들은 민족의 신들일 것이다.[104]

이 인용 부분은 다음의 구절을 압축한 것입니다.

> 신은 예전에는 한 민족, 한 민족의 강력한 힘, 한 민족의 영혼에서 나오는 공격적인 모든 것과 모든 힘에의 갈망을 표현했었다: 이제 신은 한갓 선한 신일뿐이다…… 사실 신들에 대한 다른 대안은 없다: 그들은 힘에의 의지이든가─이런 한에서 그들은 민족의 신들이 된다─아니면 힘에의 무기력(Ohnmacht zur Macht)이든가이다─이러면 그들은 필연적으로 선해진다……[105]

니체는 신과 한 민족 안에서 분출되는 힘에의 의지를 동일시하고, 그러한 힘에의 의지를 힘에의 무기력에 대립시키고 있습니다. 따라서 힘에의 의지와 자기 극복을 오직 민족의 자기 극복에만 한정하고 있는 것처럼 보입니다. 차라투스트라는 분명히 서로 다른 민족들이 각자 자신만의 가치들, 즉 선과 악의 목록들을 가지고 있다고 말합니다. 이 다원성 내에서 차라투스트라가 말하는 경쟁이 가능합니다. 반대로 보편주의는 민족이 생존에의 본능에 의해 힘에의 의지를 포기할 때, 즉 그들이 힘에의 무기력에 몸을 맡길 때 등장합니다.

> 한 민족이 몰락할 때; 미래에 대한 믿음, 자유에 대한 그들의 희망이 완전히 사라져버렸다고 느낄 때; 복종이 가장 이로우며, 복종한 자의 덕복이 보존 조건이라고 그들이 의식할 때, 그들의 신 또한 바뀌지 않을 수 없다. 그는 이제 음험한 위선자가 되고 겁도 많아지고 겸손해져서 '영혼의 평화'를, 더 이상-증오하지-않기를, 관용을, 친구와 적마저도 '사랑'하기를 권할 것이다. 그는 계속해서 도덕화하고, 모든 개인적인 덕의 동굴로 기어들어가, 모든 이를 위한 신이 되고, 사인私人이 되며, 사해동포주의자가 된다.[106]

이러한 문장만으로는 바디우가 말하는 혐의가 정당해보이기도 합니다. 즉 '민족'의 개별적 가치를 강조하는 차라투스트라가 그의 말대로 보편주의를 반대하고, 배타주의와 인종적 공동체주의를 설파한다고 볼 수도 있을 겁니다. 차라투스트라의 말 속에는 분명 다양한 민족적 가치와 그 역사에 대한 나름의 긍정의 뉘앙스가 포함되어 있습니다. 바디우는 이와 같은 구도 속에서 보편주의를 사도 바울에, 인종적 배타주의를 니체에 배정합니다. 하지만 이러한 비판적 견해들은 니체를 과거로 회귀하려는 퇴행적인 사상가로 만들 때에만 그 의미가 있습니다.

민족이 가치를 만들어냈다는 니체의 말은 배타적 공동체주의를 옹호하기 위함이 아닙니다. 그것은 이제껏 인류가 경험해온 자기 극복의 역사, 가치의 생성과 복종의 역사에 대한 서술일 뿐입니다. "지배하려는 사랑"이 새로운 것을 창조하려는 사랑이자 명령이라면, "복종하려는 사랑" 은 그렇게 만들어진 가치들에 대한 순응을 말합니다. 민족의 역사는 이러한 지배와 복종의 반복으로 이루어져 있습니다. 변화와 창조는 하나의 전쟁입니다. 그러나 이 전쟁은 오직 자신을 상대로 이루어지는 전쟁입니다. 그것은 생성을 거부하는 지속에 대한 전쟁이기 때문입니다. 그리고 차라투스트라가 말하는 덕은 이러한 전쟁을 수행하는 자의 덕입니다. 그러므로 이 지배와 복종은 한 민족이 다른 민족을 지배하는가 아닌가의 문제가 아닙니다. 하나의 민족 안에서의 자기 극복, 자기 복종에 관한 이야기이기 때문입니다. 이웃과의 관계 역시 한 민족 안에서의 극복의 맥락 안에서만 의미를 가집니다. 게다가 지배하려는 사랑이 곧 새로운 것을 창조하려는 사랑이라는 말을 곰곰이 생각해보시기 바랍니다. 새로운 것을 창조하려는 자는 기존의 것을 파괴하지 않으면 안 됩니다. 이 기존의 것은 자기 극복이라는 맥락에서 보아야 합니다.

> 가치의 변화, ─ 그것은 창조하는 자의 변화이다. 창조자가 되고자 하는 자는 언제나 파괴해야 한다.

여기서 창조하고자 하는 자가 파괴해야 할 것은 기존의 가치이자 선악의 목록입니다. 그러므로 다시 한 번 말씀드리지만, 차라투스트라가 말하는 지배는 하나의 인간이 다른 인간을 지배하는 것, 하나의 민족이 다른 민족을 지배하는 것과는 전혀 무관합니다. 이와 관련된 내용은 다음 장 「이웃 사랑에 대하여」에서 다시 한 번 확인할 수 있습니다. 힘에의 의지라는 관점에서 중요한 것은 가치의 생산이며, 세계의 창조입니다. 그리고 이는 오직 끊임없는 파괴, 창조의 과정입니다. 그러나 우리는 아직 이 장을 완전히 논의하지 않았습니다. 여기에는 아직 우리가 하지 못한 이야기가 있기 때문입니다. 그것은 민족의 자기 극복 이후에 우리가 목도하게 될 개인의 자기 극복에 관한 이야기입니다. 민족은 몰락하고 새로운 인간이 등장합니다.

이러한 역사의 전환기에는 장엄하고 다양한 원시림과 같이 성장하고 상승하려는 노력이, 성장의 경쟁심 속에 있는 일종의 **열대**의 템포와 엄청난 몰락이나 파멸이 서로 나란히, 때로는 서로 얽히고 짜여 있음을 보게 된다. 이는 '태양과 빛'을 찾고자 서로 투쟁하고, 더 이상 지금까지의 도덕에서 어떤 한계나 제약도, 보호도 이끌어낼 줄 모르며 거칠게 서로 대립하는, 말하자면 폭발하는 듯한 이기주의 덕분이다. 이 도덕 자체는 그렇게 위험할 정도로 활을 당길 힘을 엄청나게 축적했던 것이다 : ─ 지금 이것은 '살아남아' 시대에 뒤떨어진 것이 되고 말았다. 좀 더 크고 다양하며 광범위한 삶이 낡은 도덕을 **초월하여 살아간다**고 하는 위험하고 섬뜩한 시점에 이르렀다. '개인'은 여기에 서서 자기 자신의 입법을, 자기 보존과 자기 향상, 자기 구원을 위해 스스로의 기교와 간지를 필요로 하게 된다. 오직 새로운 목적과 경멸이 서로 결합해 있을 뿐, 공통의 형식은 존재하지 않고 오해와 경멸이 서로 결합해 있으며, 몰락과 부패, 최고의 욕망이 소름 끼치게 얽혀 있고, 선과 악의 온갖 풍요의 뿔에서 종족의 천재가 넘쳐흐르며, 아직 다 퍼내지 못한 지치지 않은 젊은 퇴폐의 특징인 새로운 매력과 베일이 가득한 채, 봄과 가을이 숙명적으로 동시에 공존해 있다.[107]

차라투스트라는 이제껏 인류의 역사를 민족의 자기 극복의 역사라고 말했지만, 이제 그 마지막 순간에 민족은 오히려 개인의 자기 극복을 방해하는 방해물이 될 뿐입니다. 차라투스트라가 말한 천 개의 목표는 마침내 하나의 목표로 극복되어야 합니다. 천 개의 목표 다음의 하나의 목표는 바로 이러한 민족의 선악을 넘어 새롭게 창조될 가치를 의미할 것입니다. 천 개의 민족에게 천 명의 신들이 있었다면, 천 개의 밤에 천 개의 이야기가 있었다면, 이제 천 일의 다음 마지막 하루에 오게 될 자는 위버멘쉬 외에 다른 것이 될 수 없습니다.

이제껏 천 개의 목표가 있었고, 그래서 천 개의 민족이 있었다. 천 개의 목에 채울 고삐가 아직 모자라니, 단 하나의 목표가 모자란 것이다. 인류는 아직 아무런 목표가 없다.

형제들이여, 나에게 말하라: 인류가 아직 목표를 가지지 못했다면, 인류 그 자신을 가지지 못한 것 아닌가?

이웃 사랑에 대하여

차라투스트라는 계속해서 타자와의 관계에 대해 다루고 있습니다. 여기서 그는 '이웃'에 대해 이야기합니다. 니체에게 이웃이란 나와 함께 살고 있는 자들, 나와 함께 한 사회의 구성원이면서 아직 우정의 관계는 맺지 않은 자들이라고 할 수 있을 것입니다. 그러나 차라투스트라는 이 이웃을 군중이라는 차원에서 보았습니다. 그에게 이웃은 평균화된 군중으로서의 인간들입니다. 이웃은 바로 무리 짐승이며, 파리 떼입니다. 「시장의 파리 떼에 대하여」 장에서 보았듯이, 니체가 바그너 추종자들을 비판할 때 사용하는 '이웃'이라는 표현이 정확히 이런 의미의 용법을 보여줍니다. 이 평균적 인간으로서의 사회적 다수를 하이데거(Martin Heidegger)는 『존재와 시간』에서 세인世人(das Mann)이라는 개념으로 정교화하고 있습니다.

이렇게 눈에 띄지 않고 확인할 수 없는 가운데에서 세인은 자기의 본래적 독재권을 발휘한다. 우리는 세인이 즐기듯이 즐기고 만족스러워하며, 세인이 보고 비평하듯이 문학과 예술에 관해 우리도 읽고 보고 비평한다; 세인이 몸을 도사리듯 우리도 〈군중〉으로부터 몸을 도사리고, 세인이 격분하듯이 우리도 격분한다. 세인은 특정한 사람이 아니며, 총계라는 의미에서가 아닌 모든 사람이다. 이 세인이 일상성의 존재 양식을 지령하는 것이다.

세인은 그 자신 고유한 존재 방식을 가지고 있다. 우리가 차이성이라고 부른 전술한 공동 존재의 경향은, 상호 존재 그 자체가 **평균성**을 배려한 다는 데 근거한다. 평균성은 세인의 실존론적 성격의 하나이다. 세인은 그 존재에 있어서 본질적으로 평균성에 관여한다. 그러므로 세인은 현실적으로는, 당연시되는 것, 사람들이 성과를 시인하거나 부인하는 것, 그런 것들의 평균성 속에서 자신을 유지하고 있다.[108]

여기서 하이데거가 말한 세인이란 특정한 타인을 겨냥한 개념이 아닙니다. 그것은 평균화된 것으로서의 타인들입니다. 바로 니체가 말하는 '이웃'입니다. 동시에 그것은 도처에 있지만 그 존재를 결코 명확히 드러내지 않는 존재이기도 합니다. 우리는 언제나 그들과 함께 살아가지만, 그들이 누구인지는 누구도 명확히 말할 수 없습니다. 하이데거는 이러한 세인의 특징을 "도처에 현전하지만, 현존재가 결단으로 치달을 때는 언제나 이미 그 자리에서 꽁무니를 빼고 만다"[109]고 묘사합니다. 하지만 사실 그러한 결단의 순간은 좀처럼 오지 않습니다. 이미 세인은 "모든 판단과 결단을 미리 주기 때문"[110]입니다. 결국 이러한 사태는 다음과 같은 무책임의 사회로 귀결됩니다.

현존재의 일상성에서 일어나는 일의 대부분은, 책임질 사람은 아무도 없었다고 말하지 않을 수 없는 세인에 의해 야기된다.[111]

이것은 도시 문명의 발달과 함께 익명성의 사회가 어쩔 수 없이 맞이하게 된 사태라고 할 수 있습니다. 이는 근대적 개인이 그 투쟁의 역사 속에서 쟁취했다고 여겨지는 자유의 이율배반을 폭로합니다. 이제 근대적 개인은 더 이상 결단과 책임의 주체로 정의되지 않습니다. 니체는 그러한 근대적 개인의 가장 큰 전리품인 자유의 허상을 누구보다도 정확히 꿰뚫어본 철학자였습니다. 그러한 허상의 너머에서 우리가 발견하는 것은 근대적 자유의 은폐된 무책임이라고 할 수 있습니다. 우리는 그 어떤 시대보다 자유로이 선택합니다. 그러나 그러한 선택은 무책임과 은폐를 전제합니다. 우리는 수많은 것을 선택하지만, 이 선택지는 이미 세계에 의해 교묘하게 마련된 것으로, 우리는 그것을 넘어선 그 무엇도 선택할 수 없습니다. 우리가 이미 그것을 넘어 선택하지 않으려 하기 때문입니다. 안타깝지만 실은 우리는 아무것도 선택하지 않은 것입니다. 이것이 니체에게 구토를 유발한 혐오의 근거였을 겁니다.

이웃에 대한 사랑은 '자신에 대한 나쁜 사랑'이라는 니체의 말은 바로 이러한 맥락에서 이해되어야 합니다. 동양의 지적 전통 속에서도 이러한 '이웃'에 대한 경고가 있습니다. 공자와 맹자는 이웃에 아부하는 이를 '향원'이라는 이름으로 신랄하게 비판합니다.

공자가 말씀하시길, 향원이란 덕의 도둑이다(子曰鄉原 德之賊也).[112]

이 세상에 태어났으면 이 세상 사람을 위해야 하니, 그들이 좋다고 하는 것이 좋은 것 아닌가라며 속내를 숨기고 세상에 아첨하는 사람, 그것을 향원이라고 한다(生斯世也, 爲斯世也, 善斯可矣. 閹然媚於世也者, 是鄉原也).[113]

맹자는 향원을 '사이비'라고도 합니다. 진짜 같지만 진짜가 아닌 자, 덕을 행하는 것처럼 보이지만 실은 덕을 훔치는 도둑이며 위선자입니다. 그들이 위선자인 이유는 세상에서 행해지는 일들에 대해 자신의 생각을 드러내지 않고, 오직 그 세상에 아부하는 자들이기 때문입니다. 그들의 선은 타인에게 잘해주는 것, 이웃들의 기대에 부응하는 것일 터입니다. 그것은 니체가 혐오해마지 않았던 생존에의 의지가 쓴 하나의 가면에 불과합니다. '이타성'은 결국 '이기성'의 정당화이며, 평균적인 것에 머물면서 스스로의 생존을 지켜나가는 것에 불과합니다.

그가 이웃에게서 도망가라고, 먼 곳의 존재를 사랑하라고 말하는 것은 이 자기 보존으로부터 생의 창조로, 위버멘쉬로 도약하라는 종용입니다. 이 이웃은 그러므로 먼 곳의 존재로부터 극복되어야 합니다. 이웃 사랑은 우정으로, 위버멘쉬에 대한 사랑으로, 미래에 대한, 도래할 것에 대한 사랑으로 극복되어야 합니다. 여기서 이웃에 대한 사랑은 앞 장에서 말한 민족에 대한 사랑으로도 읽힐 수 있습니다. 이런 점에서 니체가 배타적 민족주의를 옹호한다는 해석은 결코 동의할 수 없는 것입니다. 그는 유고에서 이렇게 말하고 있습니다.

> 한때 모든 사람에 대한 사랑을 명했던 것은 유익했다. 그리고 무리는 모든 사람에 대한 가장 강한 사랑을 가진 자를 목자로 창조해냈다.

> 이웃을 향한 사랑은 여전히 하찮은 것이었다. 나는 그것을 경멸한다. 그리고 모든 것 위에 무리가 있었다.[114]

그런데 여기서 우리는 이웃 사랑에 대해 조금은 다른 차원의 이야기를 해볼 필요가 있습니다. 즉 니체가 이웃 사랑을 비판하면서 염두에 둔 크리스트교의 교리에 대해서 좀 더 살펴보아야 합니다. 이것은 단순히 니체식으로 군중으로의 도피나 잘못된 자기애로 이야기되기에는 훨씬 더 심오한 차원의 문제이기 때문입니다.

이웃, 이웃 사랑은 크리스트교의 가장 중심에 있는 교리이기도 합니다. 복음서에는, 가장 큰 계명이 무엇이냐는 바리새 율법 교사의 질문에 대한 예수의 다음과 같은 대답이 있습니다. 유명한 이야기이지요. 예수는 이보다 더 명확할 수 없다고 할 만큼 간명하게, 그러나 엄중하게 다음과 같이 말합니다. 첫째는 하나님을 마음과 목숨과 힘을 다해 사랑하는 것, 둘째는 이웃을 자기 몸처럼 사랑하는 것입니다.[115]

첫 번째 계명은 하나님이 유일한 신임을 말하는 것입니다. 이것은 크리스트교가 보편적인 종교로서 자기를 규정하는 계명이기도 합니다. 유일신에 대한 주장을 단순한 종교적 배타성으로 읽는다면 우리는 많은 걸 오해하고 놓칠 수밖에 없습니다. 오히려 진리는 언제나 자신을 유일한 진리로 주장할 수밖에 없다는 점을 우리는 알아야 합니다. 여기서 제가 말씀드리고자 하는 것은 예수의 두 번째 계명입니다. 이 계명이야말로 진정한 계명이며, 사실상 예수가 말한 유일한 계명이기도 합니다. 왜냐하면 신에 대한 사랑을 현실에서 증명해주는 것이 바로 이 두 번째 계명이기 때문입니다. "온 율법과 예언서의 정신이 이 두 계명에 달려 있다"고 예수가 힘주어 말하는 이유가 바로 이것입니다. 이것은 무슨 뜻인고 하니, 우리는 이웃을 사랑함으로써, 오직 이웃을 사랑하는 것을 통해서만, 신에 대한 사랑을 증명할 수 있다는 뜻입니다. 하나님을 마음과 목숨과 힘을 다해 사랑하라는 첫 번째 계명은 오직 두 번째 계명인 이웃 사랑을 통해서만 증명됩니다. 실상 이는 두 개의 계명으로 말해진 하나의 계명입니다.

이를테면 십계명에서 금지를 명령하는 모든 계명들 —— 간음하지 말라, 도둑질을 하지 말라, 거짓 증언을 하지 말라, 남의 아내를 탐내지 말라, 남의 재물을 탐내지 말라와 같은 계명들은 공동체의 유지를 위한 소박한 계명으로 읽힐 수도 있습니다. 그리고 니체는 이러한 계율들이 약자들의 연대에서 생겨났다고 말합니다.

> 선행을 하고, 쓸모 있게 만들고, 도와주고, 대우를 하는 이 모든 것에 수반되는 '가장 작은 우월감'이라는 행복은 생리적 장애자들이 좋은 조언을 받을 경우에 사용되곤 하는 가장 흡족한 위로의 수단이다: 그렇지 않은 경우에 그들은 물론 똑같은 근본 본능에 따르면서도, 서로 상처를 입힌다. 만일 로마 시대의 그리스도교 초기를 찾아본다면, 당시 사회의 가장 밑바닥에서 성장한 상호 부조의 모임, 빈민자 모임, 병자의 모임, 매장 모임이 발견된다. 이 사회에서는 우울증에 대한 저 치료제가, 작은 즐거움이, 상호 선행이라는 작은 즐거움이 의식적으로 장려되었다.— 이것은 아마도 그 당시에는 새로운 어떤 것, 진정한 발견이지 않았겠는가? 이와 같이 생겨난 '상호성을 지향하려는 의지', 무리를 형성하려는, '공동체'를 지향하는, '집회'를 하려는 의지 속에서, 가장 미미한 정도라 해도 그것에 의해 유발된 힘에의 의지가 하나의 새롭고 좀 더 완전한 형태로 발생할 때, 저

새로운 것은 이와 더불어 이제 다시 발생했음이 틀림없다: 무리를 이루는 것은 우울증과의 투쟁에서 중요한 진보이며 승리이다.[116]

여기서 상호성, 공동체, 집회를 지향하려는 의지, 그것이 이웃에 대한 사랑일 것입니다. 그러나 복음서에서 예수의 말은 단순히 그렇게만 읽히지 않습니다. 예수가 말하는 이웃 사랑이란 이러한 공동체적 상호성과는 다른 것을 가리킵니다. 오히려 그것은 차라투스트라가 말하는 "가장 멀리 있는 자에 대한 사랑"입니다. 그건 사랑할 수 없는 자에 대한 사랑이기 때문입니다. 프로이트는 이러한 이웃 사랑이 가지는 의미에 대해 『문명 속의 불만』에서 통찰력 있는 견해를 제시합니다. 여기에는 사랑이 가진 어떤 놀라운 역설에 대한 통찰이 담겨 있습니다.

이 요구를 난생 처음 듣는 것처럼 순진한 태도로 생각해 보자. 그러면 우리는 놀라움과 당혹감을 억누를 수 없을 것이다. 왜 이웃을 내 몸처럼 사랑해야 하는가? 그게 우리한테 무슨 이익이 되는가? 무엇보다도 우선, 어떻게 그 요구를 달성할 것인가? 그게 어떻게 가능할 수 있는가? 내 사랑은 나한테 너무나 소중해서, 잘 생각해 보지도 않고 아무렇게나 내던져 버리면 안 된다. 사랑은 나에게 의무를 부과하고, 그 의무를 수행하기 위해서라면 기꺼이 희생할 각오가 되어 있어야 한다. 내가 누군가를 사랑한다면, 그 사람은 어떤 식으로든 내 사랑을 받을 자격이 있어야 한다. [……] 내 가족은 모두 내 사랑을 내가 자기들을 좋아한다는 증거로 소중히 여기고 있는데, 내가 알지도 못하는 사람을 내 가족과 동등하게 대한다면 그것은 내 가족에게 부당한 처사이기 때문이다. 그러나 그 사람도 역시 벌레나 지렁이나 율모기처럼 이 지구상에 살고 있다는 이유만으로 내가 그 사람을 (보편적인 사랑으로) 사랑해야 한다면, 내 사랑 가운데 그의 몫으로 돌아가는 양은 아주 조금밖에 안 될 것이다. 이성적으로 판단할 때, 도저히 그 사람을 내 몸처럼 사랑할 수는 없다.[117]

프로이트는 이웃에 대한 사랑이 이성적으로 불가능하다고 이야기합니다. 이것은 당연합니다. 사랑은 그 속성상 배타적인 것입니다. 그것은 필연적으로 어떤 종류의 관계와 소유(소유라는 것도 실은 관계에 대한 표현입니다)와 결합되어 있습니다. 니체는 그렇기 때문에 소유욕이 없는, 사랑과 유사한 어떤 것인 우정의 가능성에 대해, 또 그것이 사회 안에서 갖는 어떤 성격에 대해 이야기한 것입니다. 그는 우정을 통해 공동체가 아닌 새로운 사회를 모색하려고 합니다. 우정은 형제애도 동료애도 아니고, 그렇다고 사랑도 아닌 어떤 것일 수밖에 없습니다. 그것은 적과 친구의 사이에서 발생하는 것이기도 합니다. 그래서 프로이트가 말하는 이웃 사랑이란 차라투스트라가 말하는 우정과 같은 어떤 것입니다.

> 그런데 이보다 훨씬 이해하기 어렵고 나에게 훨씬 강한 반감을 불러일으키는 두 번째 명령이 있다. 그것은 바로 〈원수를 사랑하라〉는 명령이다. 그러나 곰곰 생각해 보면, 이 명령을 첫 번째 명령보다 더 무거운 부담으로 다루는 것은 잘못임을 알 수 있다. 첫 번째 명령과 두 번째 명령은 근본적으로는 똑같은 것이기 때문이다.
>
> 이제 나를 나무라는 위엄 있는 목소리가 들리는 것 같다. 「네 이웃이 사랑받을 가치가 없기 때문에, 아니 오히려 네 원수이기 때문에, 너는 네 몸처럼 그를 사랑해야 하는 것이다.」 이제야 나는 이것이 〈불합리하기 때문에 나는 믿는다Credo quia absurdum〉와 마찬가지라는 것을 깨닫는다.[118]

프로이트는 인간 본성인 공격 성향이 인류로 하여금 그러한 공격에 과도한 에너지를 쏟게 하고, 이것이 결국 안정된 사회를 해체하고, 문명의 붕괴를 불러일으킨다고 말하고 있습니다. 불가능한데도 이웃 사랑이 반드시 요구되어야 하는 이유가 여기에 있습니다. 그것은 사회의 보존이라는 목적에 의해 요구되는 윤리적 규범입니다. 그것은 가장 안전한 자기 보존의 원리로 채택된 것이기 때문입니다. 프로이트는 이러한 이웃 사랑의 기획이 실패했다고 말합니다. 인간이 가진 투쟁심은 삶과 세계의 특정한 국면에서 발생한 게 아니기 때문입니다. 프로이트는 훈족의 대이동, 칭기즈칸이 이끈 몽골족의 침입, 십자군의 예루살렘 점령, 세계대전의 참화 등을 이야기합니다. 우리는 이웃을 사랑하는 데 실패했습니다. 하지만 여전히 그렇기 때문에 가장 강력한 명령으로 반복되는 것이기도 합니다. 사랑의 명령은 그 내용에서와 마찬가지로 그 수행적인 기능에서도 어떤 종류의 불가능성 위에서 존재합니다. 다시 말해 불가능하기 때문에 의미가 있는 명령인 것입니다.

프로이트의 이웃 사랑에 대한 해석은 여러모로 흥미롭습니다. 우리는 이러한 이웃 사랑을 통해서만 크리스트교를 사랑의 종교라고 부를 수 있습니다. 이 사랑의 핵심은 신을 향한 사랑과 이웃을 향한 사랑으로 설명됩니다. 그리고 이것은 원인으로서의 신에 대한 사랑임과 동시에 신이 창조한 것에 대한 사랑입니다. 즉 신이 아닌 것, 신의 잉여에 대한 사랑이기도 합니다. 신에 대한 사랑이 역설적으로 이웃에 대한 사랑을 통해 증명되는 것인데, 실은 이 사랑은 신의 사랑을 넘어 존재하는 것이기도 합니다. 이는 그러므로 가장 불가능한 명령이요, 신조차 그 가능성을 확답할 수 없는 사랑의 명령입니다.

이러한 명령을 통해 우리는 크리스트교를 무신론의 종교라고 말하는 것마저도 가능하게 됩니다. 프로이트적 관점에서 이웃 사랑은 '신을 믿으라'가 아니라 사실상 '신이 되어라'라는 명령일 수밖에 없기 때문입니다. 오직 신만이 이웃에 대해, 결국은 모든 존재에 대해 완전한 사랑을 줄 수 있기 때문입니다. 보들레르는 이러한 신의 사랑의 속성을 창녀에 비유했습니다. 모든 이를 가리지 않고 사랑한다는 의미에서 말이죠.

이러한 프로이트의 이웃 사랑에 대한 해석은 이웃 사랑이 자신에 대한 사랑, 약자들끼리의 연대라고 본 니체의 관점과 정면으로 대립하는 것처럼 보입니다. 그러나 그건 단지 용어상의 문제일 뿐입니다. 다시 말해, 프로이트가 말하는 이웃 사랑은 먼 곳에 대한, 미래에 대한 사랑(이것은 우정으로 이어지는 사랑일 것입니다)을 말하는 니체의 명령과 동일한 맥락에서 이해 가능합니다. 프로이트가 말한 이웃 사랑이란 결국 타자에 대한 사랑이기 때문입니다. 이웃을 사랑하라는 명령과 니체가 말한 가장 멀리 있는 자, 유령을 사랑하라는 명령은 모두 어떤 불가능을 향한 사랑으로 귀결됩니다. 우리는 결코 우리 앞으로 올 타자가 누구인지 완전히 알지 못합니다. 타자에 대한 이러한 태도는 우정을 위한 전제이기도 합니다. 그렇기에 차라투스트라는 다음과 같이 말하는 것입니다.

> 미래와 가장 멀리 있는 것이 너의 오늘의 원인이 되기를: 너의 친구들 속에서 너는 너의 원인으로서 위버멘쉬를 사랑해야 한다.
> 나의 형제들이여, 나 너희들에게 이웃 사랑에 대해 권하지 않는다: 나 너희에게 가장 멀리 있는 자에 대한 사랑(Fernsten-Liebe)을 권한다.

그러나 여기에는 또한 놓치지 말아야 할 차이가 있습니다. 프로이트는 사회의 유지와 개인의 자기 보존이라는 시각에서 이웃 사랑, 타자에 대한 사랑을 말합니다. 그러나 차라투스트라는 사회의 유지와 자기 보존이라는 균형 상태를 비판하는 관점에서 우정에 관해 이야기합니다. 프로이트가 보기에 이웃 사랑이 실패한 결과가 끊임없는 투쟁과 사회의 붕괴였다면, 차라투스트라에게 우정의 실패가 가져오는 것은 결국 폭군과 노예만 남은 전체주의적인 사회, 획일화된 군중들의 복종만이 남은 사회일 것입니다.

창조하는 자의 길에 대하여

이 장에서는 1장 「세 변신에 대하여」, 8장 「산의 나무에 대하여」, 그리고 15장 「천 개의 목표와 하나의 목표에 대하여」 등에서 나온 창조, 위버멘쉬에 대한 이야기가 변주됩니다. 여기서도 차라투스트라가 제일 먼저 강조하는 것은 고독입니다. 고독이 은둔과 다르며 고독과 우정이 배타적이지 않다는 이야기는 이미 여러 차례 했습니다.

먼저 너무나도 흔한 말인 '창조'에 주목할 필요가 있습니다. 우리는 그 '창조'가 철학의 영역에서 마치 존재하지 않는 듯이 배제되어왔음을 상기해야 합니다. 철학은 언제나 창조가 아니라 진리에 대해 말해왔습니다. 새로운 것의 창조가 아니라, 창조된 것을 사유하는 일을 자신의 과업으로 삼았습니다. 니체의 철학은 이렇게 철학에서 외면되어온 창조를 철학의 영역에 도입하는 것, 아니 이 말로는 부족하겠습니다, 철학을 어떤 창조적인 행위로 만드는 것입니다. 이것이 니체가 자신의 철학을 통해 하고자 한 일이라고 말할 수 있습니다. 진리를 찾는 행위가 아니라 창조를 하는 행위로서의 철학, 창조 자체로서의 철학, 그것이 니체의 철학입니다. 관점주의, 힘에의 의지, 위버멘쉬, 주인 도덕과 노예 도덕 등 니체의 중요한 개념들은 모두 이러한 창조의 관점에서만 그 의미가 온전히 이야기될 수 있습니다.

'무엇으로부터의 자유'가 아닌 '무엇을 위한 자유'라는 말로 니체가 하고자 한 이야기는 바로 이 창조에 핵심이 있습니다. 니체는 『선악의 저편』에서 이러한 철학자의 사명에 대해 이야기합니다. 그는 우리가 '철학적 노동자와 일반적으로 학문하는 인간'을 '철학자'와 혼동하는 일을 멈추어야 한다고 말합니다.

> 칸트나 헤겔의 고상한 모범에 따르는 저 철학적 노동자들은 그 어떤 거대한 가치 평가의 사실을, 즉 지배적인 것이 되어, 한동안 "진리"라고 불렸던 이전의 가치 **정립**과 가치 창조의 사실을 확정하고, **논리적인 것**의 영역에서든지 **정치적인 것**(도덕적인 것)의 영역에서든지 **예술적인 것**의 영역에서든지, 이것을 일정한 형식에 밀어 넣어야만 한다. 이러한 연구자들에게 주어진 의무는 지금까지 일어났던 모든 일이나 평가되었던 모든 것을 개관하고 숙고하고 이해하고 다루기 쉽게 하는 것이며, 오래 걸리는 모든 것, '시간'마저도 단축하며 과거 전체를 **극복하는** 일이다: 이것은 엄청나고도 경탄할 만한 과제이며, 이 일을 맡게 되면 분명 어떤 예민한 긍지

나 강인한 의지도 만족할 수 있다. **그러나 진정한 철학자는 명령하는 자이자 입법자이다**: 그들은 "이렇게 **되어야만** 한다!"고 말한다. 그들은 우선 인간이 어디로 가야 하는가와 어떤 목적을 가져야 하는가를 규정하며, 이때 모든 철학적 노동자와 과거를 극복한 모든 자의 준비 작업을 마음대로 처리한다.—그들은 창조적인 손으로 미래를 붙잡는다. 이때 존재하는 것, 존재했던 것, 이 모든 것은 그들에게는 수단이 되고 도구가 되며 해머가 된다. 그들의 '인식'은 **창조**이며, 그들의 창조는 하나의 **입법**이며, 그들의 진리를 향한 의지는— **힘에의 의지이다.**[119]

그런데 이렇게 철학자가 명령하는 자이며 입법자라고 주장하는 니체의 말에서 우리는 칸트를 떠올리지 않을 수 없습니다. "너의 의지의 준칙이 항상 동시에 보편적 법칙 수립의 원리로서 타당할 수 있도록, 그렇게 행위하라"[120]는 칸트의 정언명령은 바로 니체가 말하는 명령이자 입법처럼 보이기 때문입니다. 그러나 둘 사이에는 차이가 있습니다. 즉 칸트의 정언명령은 보편적 원리를 모색하는 것으로서 그 때문에 그는 형식적 차원에, 다시 말해 하나의 원리를 제시하는 데 그쳤을 뿐입니다. 이러한 칸트의 형식주의가 가지는 어떤 문제, 즉 보편성의 구체적 적용에 대한 문제는 오히려 헤겔에 의해서 명확하게 지적된 바 있습니다.

주디스 버틀러Judith Butler는 칸트의 난점을 다음과 같이 설명합니다. "칸트에 대한 헤겔의 요점은 바로 우리가 그런 구조를 먼저 식별한 다음 이 구조를 그것의 사례에 적용할 수는 없다는 것이었다. 왜냐하면 이 구조를 '적용'하는 경우 그것은 자신이 존재했던 바와는 다른 무언가가 되기 때문이다. 여기서 이론적 형식주의와 사례에 대한 기술적 접근의 결합은 분명해진다. 이론은 그것의 사례에 적용되며, 헤겔적 용어로 말하자면 이론이 그것의 사례와 맺는 관계는 '외적인' 것이다. 이론은 자신의 자족성에 접합된 다음 이미 성취된 진리를 예시한다는 교육적 목적을 위해서만 사용역register을 바꾼다."[121]

조금은 어려운 이야기일지 모르겠습니다. 어떤 명령이나 입법이 보편

성의 형식을 갖추게 되면 이미 구체적 상황과 괴리되며, 우리는 그 보편성의 명령을 통해서는 직접적으로 어떤 것도 배울 수 없게 된다는 말입니다. 그러나 우리는 이 문제를 적용의 편리함, 유용함이라는 관점에서 접근해서는 안 됩니다. 그렇다면 또 하나의 함정에 빠지기 때문입니다. 그런데 하나의 입법적, 보편적 원리로서 철학은 사례 자체에만 외적인 것이 아니라, 철학 그 자체에도 외적인 것입니다. 다시 말해 철학이 보편성을 획득하는 방법으로 이러한 예에서 제시되는 추상성은 그 자체로 이미 하나의 철학(이것은 물론 철저히 니체적 관점에서 보기 때문인데요), 다시 말해 하나의 창조에 대해 외부적인 것일 수밖에 없다는 말입니다.

니체가 '자기로의 길'이라고 말하는 것의 의미를 해석하기 위해서는, 또 그것으로부터 새로운 무엇인가를 우리가 해석해내기 위해서는 이 '구조/보편성-사례/개별성'의 짝을 생각하지 않을 수 없습니다. 그리고 저는 니체의 창조가 바로 이러한 대립 구도를 넘어 새로운 지평을 우리에게 마련해주는 철학적 사유라고 생각합니다. 여기에는 이미 어떤 장이 펼쳐지고 있습니다. 자기 안에서 타자를 발견하고, 그것을 통해 자신을 극복하는 니체의 창조라는 것은 어떤 목적적 행위도, 구체적 행위에 대한 추상적 사유도 아니기 때문입니다.

이러한 설명을 마무리하기 위해 하나의 글을 인용하고자 합니다. 장-뤽 낭시Jean-Luc Nancy의 글입니다. 아래는 그가 『무위의 공동체』라는 책의 서문에서 말하고 있는 어떤 '행위'에 관한 내용입니다. 난해하기 이를 데 없지만, 우리는 그가 말하는 어떤 비-행동의 행동을 통해, 니체에게서 아직은 모호하게 느껴지는 어떤 창조에 대한 하나의 이미지를 포착할 수 있으리라 생각합니다. 힘에의 의지가 어떤 안간힘, 애씀, 힘들여 구함을 통해 직접적으로 얻을 수 있는 결론이 아니라면, 우리는 어쩌면 장-뤽 낭시가 말한 무위의 행위에 대해서 진지하게 고민해보아야 할지도 모르겠습니다.

> 만일 '행동agir'이 하나의 '작품œuvre'과 같은 어떤 것을, 즉 만든 사람과 독립적인 '사물'(그것은 예를 들어 한 운동선수의 경우라면 자신의 몸이

될 수도 있습니다)과 같은, 세계에 존재하는 어떤 것을 '생산하고' '실현시키는' 방법을 가리킨다면, '무위'에 분명 '비-행동non-agir'이 있다고 말하고 싶습니다. 만일 반대로 아리스토텔레스가 말하는 '포이에시스poiesis'[여기서 의미하는 바는, 생산]에 반대되는 '프락시스praxis'의 의미로 '행동'을 이해한다면, 아무것도 생산하지 않지만 그 고유의 주체를 변형시키는 어떤 행동이 문제가 될 것입니다. 그 행동이 아마 '비-행동'일 것이며, 그 행동은 어떤 물러남 가운데, 어떤 받아들임, 나아가 엄격히 비-심리학적 의미에서의 어떤 수동성 가운데 있을 것입니다. 그 수동성은 열림과 같으며, '도래하게 내버려둠' 또는 '존재하게 내버려둠'——그것은 자유주의에서 오직 생산적 행동이 만들어낸 생산물들에 대한 관심에 따라서만 말하는 '하게 내버려둬, 그냥 내버려둬'가 아닙니다——과 같고, 우리의 생산물로부터 나오지 않은 것, 우리와 무한히 보다 더 멀어지면서 우리에게 도래하는 것을 '도래하게 내버려두는' 것입니다. 그것——그것을 '척도 없는 것', '이름 붙일 수 없는 것', '무한', 나아가 '불가능한 것'이라고 부를 수 있습니다——은 우리 위에 직접 '영향을 주지도' 않으며, 우리를 그 도래와 그 근원과 그 사건의 무한한 차원으로 열리게 하는 행동입니다. 다시 말해 그것은 본질적으로 '비등가적인' 어떤 것을 야기하는 것입니다.[122]

늙은 여자와 젊은 여자에 대하여

"여자에게 가려는가? 채찍을 잊지 마라!" 이것은 『차라투스트라』의 악명 높은 문장입니다. 차라투스트라의 여성에 대한 사유를 이 하나의 문장에서부터 시작해볼까 합니다. 흔히 이 문장은 흔히 니체의 여성에 대한 시각을 드러내는 대표적 표현으로 읽힙니다. 그러나 이 문장의 발화자는 차라투스트라 자신이 아니라, 늙은 여인입니다. 생산성을 잃은 늙은 여인은 차라투스트라에게는 남성과 다를 바 없이 여겨집니다. 그러므로 이 말은 차라투스트라의 말이 아니라 남성의 말, 혹은 낡은 남성적 사고 속에 여전히 있는 '늙은' 여성의 말로 보아야 할 것입니다.

설령 이것이 차라투스트라 자신의 말이라고 하더라도, 이 문장의 의미는 우리가 처음 가졌던 인상과는 반대로 읽을 수도 있을 겁니다. 이를 위해 한 장의 사진을 참고해야 합니다. 바로 니체가 흠모했던 여성인 루 살로메Lou Salomé, 그리고 그의 친구인 파울 레Paul Rée와 니체가 함께 찍은 사진입니다. 이 사진은 스위스의 유명한 사진사인 쥘 보네Jules Bonnet가 찍었다고 합니다. 여기서 세 사람은 어떤 장면을 연출합니다. 그것이 누구의 아이디어였는지는 기록된 바가 없습니다. 다만 사진 속에서 니체와 파울 레는 달구지를 끄는 자리에 있습니다. 그리고 그들의 팔에는 줄이 묶여 있습니다. 그리고 그 줄을 루 살로메의 왼손이 쥐고 있습니다. 영락없이 달구지를 끄는 두 사람과 그들을 모는 농부의 모습입니다. 셋의 얼굴은 모두 진지하고 차분하지만, 이 사진 속에는 시니컬한 유머가 있습니다. 그리고 사진 속에서 살로메의 오른손에 들려 있는 물건을 확인할 수 있습니다. 바로, 채찍입니다. 니체가 『차라투스트라』를 집필한 것은 살로메를 만난 이후입니다. 당연히 이 사진을 찍은 순간에 대한 인상은 니체에게 선명히 남아 있었을 겁니다. 살로메는 두 번이나 니체가 청혼한 상대니까요. 물론 니체는 두 번 모두 냉정하게 거절당했고, 니체를 거절한 살로메는 파울 레와 동거함으로써 니체를 또 한 번 절망하게 합니다. 그렇다고 해서 니체의 이러한 표현들을 단순한 사랑에의 절망과 이어지는 복수심으로 해석하려는 것은 지나치게 안이한 발상입니다. 노파가 차라투스트라에게 잊지 말라고 말한 채찍은 결코 차라투스트라 자신이 휘두를 채찍이 아닙니다. 오히려 채찍을 휘두르는 것은 바로 '여성'일지도 모릅니다.

하지만 문제는 간단하지 않습니다. 니체에게서 문제가 되는 것은 다만 이 구절만이 아니기 때문입니다. 니체에게서 여성에 대한 혐오나 경멸을 드러내는 것처럼 읽히는 구절을 찾기는 어렵지 않습니다. 당장 이 장에서도 마찬가지입니다. "남성은 여성을 가장 위험한 장난감으로 원하는 것이다", "남성은 전쟁을 위해 그리고 여성은 전사의 회복을 위해 양육되어야 한다", "남성들의 행복은 이것이다: 나는 원한다. 여성들의 행복은 이것이다: 그는 원한다." 이러한 문장들과 더불어 니체는 반여성주의자로 낙인찍힙니다. 여성을 수동적인 존재, 성적 대상으로 보거나, 성녀-창녀의 구도 속에서 보려는 시선이 니체에게서도 어김없이 나타난다는 식의 이해도 흔합니다. 혹은 현실의 여성들에게 대한 반감(그의 여동생인 엘리자베트), 애정의 좌절로 인한 절망과 복수심(코지마 바그너, 루 살로메)이 여성에 대한 이러한 비난을 낳았다고, 무언가 대단한 해석을 하는 듯 말하는 사람도 있습니다. 새삼스럽지도 않습니다. 설령 니체를 반여성주의에서 구제하고자 하는 이들도 이러한 몇몇 문장들 앞에서는 난색을 표합니다. 대개는 아예 모른 척하기 일쑤죠. 하지만 니체야말로 남성/남근중심주의에 대해 누구보다 반대했던 철학자였습니다. 기존의 진리나 선악, 정의에 대한 그의 가차 없는 비난은 다름 아닌 남성중심주의에 대한 격렬한 비판이기 때문입니다.

이 장의 첫 부분에서 차라투스트라는 옷 속에 무언가를 숨기고 가다가 어떤 목소리를 듣습니다. 그 목소리의 정체는 밝혀져 있지 않습니다. 어쩌면 그것은 자기 자신의 목소리일지도 모르겠습니다. 그리고 차라투스트라는 자신을 애써 변명하기 위해, 한 노파와의 만남에 대해 이야기를 시작합니다. 이 장면은 오해에 취약한 글쓰기의 본성을 비판한 유명한 대화편인 플라톤의 『파이드로스』의 첫 장면을 연상케 합니다. 여기서 파이드로스는 옷 아래에 사랑에 대한 두루마리를 감추고 있습니다. 소크라테스는 그들의 대화를 위해 이를 읽어달라고 재촉합니다. 차라투스트라가 품 안에 감추고 있는 것 역시 이러한 사랑에 대한 글일 수도 있습니다. 그게 아니라면 아이? 보석? 작은 진리? 그가 품 안에 감추고 있는 것은 노파에게서 받은 작은 진리입니다. 그러나 이 작은 진리가 무엇인지는 여전히 의문스럽습니다.

차라투스트라는 도대체 무엇을 숨기는 것일까요? 그러나 우리가 이렇게 묻는 순간, 우리는 니체의 유머 속에서 방향을 잃게 됩니다. 중요한 것은 '무엇'이 아니기 때문입니다. 우리는 '무엇'이 숨겨져 있는가라고 물어서는 안 됩니다. 그것이야말로 이 '숨김'이 노리는 효과이기 때문입니다. 그것은 우리를 어떤 오해이자 착각으로 이끕니다. 중요한 것은 '숨김' 자체입니다. 그리고 그것이 바로 여성의 '숨김', 여성의 '진리'입니다. 한 마디로 말해, 그 '숨김'은 드러내면서 은폐하는 것이고, 동시에 은폐하면서 드러내는 것이기 때문입니다. 우리는 그것을 '가면'이라고 부를 수도 있을 겁니다. 니체가 디오니소스를 '가면을 쓴 신'이라고 말할 때 우리는 동일한 맥락을 만나게 됩니다.

흔히 생각하는 것과 달리, 가면의 역할은 무엇을 감추는 데 있지 않습니다. 가면의 아래에는 아무것도 감추어져 있지 않을 수도 있습니다. 아니면 가면 자체가 이미 드러난 모습일 수도 있습니다. 이 가면 아래 어떤 것이 존재한다는 생각, 가면이 무엇인가를 감추고 있다고 착각하게 하는 것은 실은 가면 아래에 아무것도 없음을 숨기고자 하는 것이기도 합니다. 우리의 현실 너머 이 현실을 조정하는 무엇인가가 있다는 생각(음모론), 이 세계를 초월한 곳에 신의 세계가 존재한다는 생각(그리스도교), 현실의 결핍을 극복한 이상적인 세계에의 열망(형이상학) 등은 바로 이러한 가면의 배후를 찾고자 하는 시도들입니다. 그들은 가면 아래에 무언가가 있다고 끊임없이 윽박지르고 강요합니다. 니체는 그것을 남성들의 진리, 남성들의 독단론이라고 부릅니다. 차라투스트라는 『선악의 저편』에서 다음과 같이 말합니다.

만약 진리를 여자라고 가정한다면? 모든 철학자들이 독단론자인 한 그들이 여자에 대해 지극히 미숙하다는 것은 근거 없는 의심일까. 이제까지 그들이 진리에 접근할 때 흔히 쓰던 방식, 즉 오싹할 만큼 엄숙한 태도로 섣부르게 강요하는 것은 여자의 마음을 사로잡는 방법치고는 아주 부적당하고 졸렬하지 않은가. 그녀가 마음을 주지 않으리라는 것은 분명한 일이다.[123]

이 독단적이고 폭력적인 남성적 진리를 한편에 두고 니체는 여성의 진리에 대해 말합니다.

> 아마 나는 영원한 여성적인 것(das Ewig-Weiblchen)을 밝히는 최초의 심리학자이리라. [124]

그렇다면 이 여성적인 것은 어떤 것입니까. 남성/남근적 진리와는 다른 진리일 것입니다. 차라투스트라는 이렇게 말합니다.

> 그리고 여성은 복종해야 하고, 자신의 표면에서 깊이를 찾아야 한다. 표면은 여성의 정서이며, 얕은 물 위에서 생동하는 격정적인 피부이다.
> 표면적인 것은 여성의 기질이다, 얕은 물에서 격렬히 움직이는 살갗이다.
> 그러나 남성의 기질은 깊고, 그 흐름은 땅 밑에서 소리 내며 흐른다: 여성은 그의 힘을 감지하지만, 그것을 이해하지 못한다. —

남성은 깊고, 여성은 얕다고 차라투스트라는 말합니다. 이를 남성 우월적 시각이나 여성에 대한 비하나 혐오의 표현으로 읽는다면, 여전히 표면과 깊이에 대한 낡은 관념을 가지고 있기 때문입니다. 우리는 흔히 생각이 깊다거나, 얕은 생각을 한다거나 하는 식으로 말합니다. 이것이 깊이/표면에 대해 우리가 가진 이미지입니다. 그러나 숨겨진 것은 결코 깊이를 가질 수 없습니다. 그것은 다만 숨겨져 있을 뿐이며, 그러므로 허상일 따름입니다. 차라투스트라는 깊이가 아닌 높이를 말합니다. 그것은 표면에 드러난 것으로서의 깊이이며, 우리가 깊이라고 말할 때 진정으로 추구해야 할 것입니다. 오스카 와일드 Oscar Wilde는 한 편지에서 이렇게 말한 적이 있습니다. "외양으로 판단하지 않는 것은 오로지 얕팍한 사람들뿐이오. 세계가 간직한 수수께끼는 우리 눈에 보이는 것이란 말이오." 이렇게 말할 때 오스카 와일드의 목소리는 니체와 겹쳐 들립니다. 화가인 데이비드 호크니 David Hockney도 이런 말을 했습니다. "표면은 환영을 만들어낸다.

하지만 그렇기 때문에 깊이가 있다." 이 일련의 문장들은 깊이/표면에 대한 우리의 관념을 변화시키고자 합니다. 표면이 얄팍하다는 관념은 이제 더 이상 통하지 않습니다. 깊이는 숨겨진 본질이 아니라 드러난 표면들의 층이요, 표면들이 만들어내는 높이/깊이입니다.

그러므로 땅 밑에서 소리를 내는 것, 표면에 머물지 않는 깊이란 현상 너머의 영원불변한 본질을 추구하려는 이들에 대한 비아냥거림이지 결코 긍정이 아닙니다. 깊이는 표면을 통하지 않고서는 결코 드러나지 않는 것이고, 다만 허상의 것일 뿐입니다. 이데아나 사후 세계처럼 그러한 깊이는 다만 막연한 믿음이 만들어낸 가상(혹은 현실이 이미 가상이라는 차원에서는 가상에 대한 가상)일 뿐입니다. 진리가 이러한 가상을 의미해서는 곤란합니다. 진리는 이 세계에, 이 세계의 가상 위에, 세계의 표면에 존재하는 것입니다. 그리스인들은 이것을 잘 알고 있었습니다.

오, 그리스인들이여! 그들은 산다는 것이 무엇인지를 알고 있었다. 살기 위해서는 표피, 주름, 피부에 용감하게 머물며 가상을 숭배하고 형태, 음, 말 등 가상의 올림포스 전체를 믿어야 할 필요가 있었다.[125]

오직 표면적인 것, 가상, 그것만이 니체가 긍정하는 세계입니다. 니체에게 여성은 곧 그러한 진리의 이름입니다. 그리고 이 여성적 진리란, 진리가 아닌 진리, 곧 비진리로서의 진리이기도 합니다. 표면이란 또한 차이이기도 합니다. 그것은 한순간도 쉬지 않고 끊임없이 생동하며 생성과 파괴를 반복하는 세계의 모습 그 자체입니다. 그 표면은 마치 끊임없이 움직이는 대기의 가상인 구름과도 같은 것입니다. 세계는 마치 구름처럼 끊임없이 흘러갑니다. 여성은 그 변화하는 세계에 복종할 줄 압니다. 니체가 여성과 관련짓는 '복종'은 이러한 세계 자체에 대한 것으로, 사회적 위계나 통치와는 무관한 것으로 읽어야 합니다. 여성들은 세계에 복종함으로써 표면에 머무르면서 변화와 차이를 이해합니다. 남성이 끊임없는 동일성으로 사물의 변화를 제거하고자 할 때 여성은 그러한 변화에 복종하며 표면에 머무는 것입니다.

여성은 말합니다. "나는 위버멘쉬를 낳고 싶다!"고. 이렇게 말씀하실 분들이 계실 것입니다. 왜 여성은 스스로 위버멘쉬가 되지 못하는가? 차라리 그 자신이 위버멘쉬가 되기를 바라는 것이 좋지 않은가? 이것은 여성에 대한 어쩔 수 없는 편견이 아닌가?

하지만 저 말은 여성을 다만 출산을 위한 존재로 격하하는 것이 결코 아닙니다. 오히려 여성이야말로 위버멘쉬를 창조할 수 있는 존재라는 의미입니다. 차라투스트라조차 아직 위버멘쉬가 아닙니다. 그 역시 위버멘쉬를 위한 다리이지요. 그러므로 이 장에서 차라투스트라는 여성을 만나기 위해서, 어스름에 몰래 도시를 빠져나갑니다. 여성도 마찬가지입니다. 새로운 존재의 잉태는 그렇게 이루어집니다. 그를 위해서 차라투스트라는 새로운 생명을 잉태할 수 있는 여성을 만나야 합니다. 젊은 여성은 바로 이 잉태할 수 있는 여성을 말합니다. 남성은 진리를 발견(finden)하지만 (이것마저도 옥박지름이자 강요에 불과합니다), 여성은 진리를 발명(erfinden)합니다. 말하는 행위, 쓰는 행위란 바로 그 발명을 가리키는 것입니다.

이 장면의 마지막 부분에서 늙은 여인은 이렇게 말합니다. "이것은 여성에게 불가능한 것이 없기 때문인가?" 이 말은 「누가복음」의 "하나님께는 불가능한 일이 없다"[126]는 대천사 가브리엘의 말을 떠올리게 합니다. 가브리엘은 마리아에게 와서 하느님의 아이를 낳을 것이라고 무염수태를 고지합니다. 마리아는 단지 신의 그릇에 불과한 것이었습니까.

여기서 젊음/늙음의 대비는 생물학적인 연령을 의미하지 않습니다. 니체는 늙음을 오히려 여성의 '해방'과 연관시킵니다. "여자들은 모두 나를 사랑한다―이것은 새삼스러울 것이 없다: 아이를 낳을 도구가 없는 '해방된' 여자들, 이런 사고를 당한 여자들은 제외하고 말이다."[127] 여기서 해방된 여성이란 19세기 여성의 권리를 적극적으로 쟁취했던 여성들을 말할 것입니다. 여기서 여성의 권리는 결국 남성과 '동등한'(gleich) 권리를 말합니다. 동등하다는 것, 같다는 것은 니체에게 여성이 여성만이 가진 창조성을 버리고 남성적인 존재, 아무것도 낳을 수 없는 무생식의 존재가 되어버림을 의미합니다.

니체의 이러한 입장은 단순히 여성을 출산, 양육이라는 목적을 위해 존재하는 이들로 격하하는 행위과는 차이가 있습니다. 그러나 여기서 니체가 가진 한계 역시 분명하게 드러납니다. 계몽주의와 프랑스혁명 이후로 본격화된 19세기 여성운동의 대의는 여성의 참정권 요구로 대표되는 법적·사회적 권리의 획득, 법적 차별의 철폐, 경제적 활동에의 참여 등으로 요약할 수 있습니다. 분명히 이러한 '여성 해방'에 대한 니체의 부정적인 태도는 여성이 남성보다 열등하다는 시각에서 유래하지 않습니다. 그건 당대의 여성에게 금지되었던 남성의 정치·경제·사회적 영역에 대한 니체의 부정적 시각에 기인한 것입니다. 즉 그에게 남성의 세계는 지배/복종의 세계이고, 경제적 활동의 참여는 노예적 노동에 가담하기를 요구하는 일이며, 참정권 요구는 다수라는 이름의 무리 속에서 개인을 상실할 자격을 요구하는 것처럼 여겨졌습니다. 당연히 니체는 남성과 '동등한' 권리를 주장하는 '늙은' 여성들의 주장을 긍정적으로 받아들일 수 없었을 겁니다.

니체는 일과 노동에 대해 아리스토텔레스적 시각을 가지고 있었습니다. 노예들에게 삶의 지속을 위한 생산 활동을 위임했던 그리스인들과 마찬가지로, 니체는 자유인이란 노동과 관리되는 세계로부터 자유로워야 한다고 생각했습니다. 노동이란 언제나 노예 노동이자 소외된 노동일 뿐, 결코 개인의 완성과 더불어 이야기할 수 있는 게 아니었습니다. 그가 사회주의에 대해 비판적이었던 이유도 이러한 맥락에서 이해되어야 합니다. 그에게 노동은 어떤 방식으로든 결코 구제될 수 있는 것이 아닙니다.

참정권의 요구도 마찬가지입니다. 다수의 지배를 받는 대의제 아래의 참정권이란 대중, 무리의 일부가 되는 것일 뿐 그 어떤 부분도 능동적인 '정치적 행위'라고 볼 수 있는 것은 아닙니다. 정치란 '동등한' 권리를 통해 가능해지는 것이 아니기 때문입니다. 니체에게 정치란 어떤 조건을 낳은 과정으로 말할 수는 있어도, 어떤 조건으로부터 시작되는 활동은 아닙니다. 만약 우리가 니체의 관점에 동의한다면 참정권의 요구는 '정치를 소멸시키기 위한 정치적 행위'라고 말할 수도 있을 것입니다.

제가 니체의 한계라고 말한 부분은 바로 이런 부분들입니다. 그는 정치적 평등과 경제적 독립이 가지는 사회적·실존적 의미를 제대로 이해하지 못했습니다. 최대한 양보하여 모든 노동이 소외된 노동이라 하더라도 그것이 사회에서 필요함을 부정할 수는 없습니다. 인간을 어떤 국면에서도 수단으로 대하지 않는 사회는 존속 자체가 위험에 처하게 됩니다. 한 개인이 아무리 노동, 사회의 지배, 소외에서 자유로운 인간이 되고자 해도 그가 할 수 있는 일이란 결국 자신의 삶의 존속을 다른 이에게 위탁하는 것일 뿐입니다. 이것을 우리는 '착취'라고 말합니다. 결국 삶의 유지를 위한 물질적 생산이라는 측면에서 이 세계의 인간들을 들여다볼 때 우리가 발견하는 것은 자유인과 노예가 아니라, 노동하는 인간과 착취하는 인간입니다. 이 점을 제대로 보지 못했기 때문에 니체는 '여성 해방'에 대해 부정적이었습니다. 저는 니체가 이 점에서는 어떤 비난을 받아도 할 말이 없다고 생각합니다.

우리는 노동을 단순히 거부할 것이 아니라 소외에서 자유로운 노동에 대해 사유해야만 합니다. 그러지 않는다면 노예의 존재를 긍정할 수밖에 없기 때문입니다. 정치에 대해서도 마찬가지입니다. 정치적 권리의 요구는 분명 정치적인 것입니다. 설령 그렇게 해서 획득된 참정권이 결국 정치의 소멸을 의미한다 하더라도 그것은 현재의 시점에서 정치적 행동을 거부할 어떤 근거도 되지 못합니다. 니체의 방식대로 목적이 아니라 과정/현재성을 사유한다면 더욱더 그럴 것입니다. 니체가 여성 문제에 대해, 특히 그 구체적이고 사회적 맥락에서 퇴행적으로 보이는 것은 이러한 이유 때문입니다. 그러나 말씀드린 대로 니체의 사유의 흐름 속에서 '여성'이란 분명 긍정성의 기호이지, 부정성의 기호가 아님을 알아야 합니다.

새로운 생명을 낳을 수 있다는 것, 그것이야말로 여성적 진리로부터 니체가 말하는 창조입니다. 여성이 낳는 존재는 어떤 존재인가요. 여성에게서 나왔지만, 결코 그녀와 같지 않은 어떤 존재, 이질적인 존재, 예측할 수 없는 존재입니다. 위버멘쉬는 그런 것입니다. 결코 제어할 수도, 기획할 수도, 예상할 수도 없습니다. 내 안의 어떤 타자로 존재하는 것, 그게 바로 아이, 위버멘쉬입니다. 그리고 여기서 어떤 존재를 받아들인다는 수동성은 창조의 능동성이 됩니다. 우리는 오직 자신과 다른 타자를 만나는 일을 통해서만 자신을 극복할 수 있기 때문입니다. 니체는 남성이 아닌 여성만이 그 역할을 할 수 있다고 생각했습니다. 여기서 여성은 생물학적 성(sex)이 아닌 여성적인 성격(gender)이라고 이해해야 할 것입니다. 이를테면 루 살로메는 니체의 글쓰기를 '여성적 글쓰기'라고 말하기도 했습니다.

새로운 사유를 낳는 것은 새로운 생명을 잉태하는 것입니다. 영어의 concept(개념)와 conception(잉태/구상)은 모두 conceive의 명사형입니다. conceive는 '아이를 가지다'와 '개념을 구상하다'라는 두 가지 의미를 지닙니다. 이 단어는 라틴어 concipere를 어원으로 갖는데(concipere의 과거분사가 conceptus입니다), 그 원래의 의미는 여성의 자궁이 생명을 받아들인다는 것입니다.

> 우리는 항상 산고를 겪으며 사상을 탄생시킬 수밖에 없으며 어머니로서 피, 심장, 불, 기쁨, 정열, 고통, 양심, 운명, 숙명 등 우리가 지닌 모든 것을 그 사상에 주어야만 한다.[128]

그러니 개념은 정의(definition)와 다릅니다. 정의란 한계를 긋고 경계를 짓는 definire/definitio라는 단어에서 유래했기 때문입니다. 개념이 무한의 세계를 인식하고 그 무한의 세계로 나아가고자 하는 시도라면, 정의는 무한의 세계를 제거하고 철저한 질서를 구축하고자 하는 시도입니다. 우리는 그러므로 정의가 남성적인 진리와 연관된다면 개념은 여성적인 진리와 연관된다고 말할 수도 있을 것입니다.

> 개념들은 천상의 실체처럼, 이미 다 만들어진 채 우리를 기다리는 것은

아니다. 개념들에게 천상이란 없다. 그것들은 고안되고 만들어지거나 혹은 창조되어야 하는 것으로, 그것들을 창조한 자들의 서명 없이는 그 무엇도 아닌 그런 것들이다.[129]

이것이 철학의 운명일 것입니다. 니체가 남성/남근적 진리를 부정한 것은 그것이 창조에 무능하기 때문이었습니다. 그들은 생명을 죽이는 데에는 능해도 생명을 낳는 데는 한없이 무기력합니다. 철학(philosophia)은 사랑(philos)이고, 그 사랑은 새로운 세계를 낳습니다(conception). 그것은 증명 가능한 것, 증명되어야 하는 것, 그러므로 어떤 재판을 통과해야 할 것으로서의 진리가 아니라(칸트를 생각해보시기 바랍니다) 새로운 것을 창조하는 허구, 끊임없이 넘실대는 표면, 계속해서 바뀌는 가면으로서의 진리입니다. 곧 비진리의 진리이며, 여성의 진리입니다.

독사에 물린 상처에 대하여

이 장에서 차라투스트라는 그의 제자들과 하나의 우화가 주는 교훈에 대해 이야기합니다. 무화과나무 아래에서 잠든 차라투스트라가 뱀에게 물리는 우화는 「창세기」의 선악과를 먹는 장면에 대한 패러디입니다. 『성경』에서 뱀은 아담과 이브를 유혹합니다. 그것은 인간을 타락시킵니다. 그러나 차라투스트라는 그러한 뱀의 행위를 통해 기존의 도덕이 전제했던 선과 악을 부정하고 '좋은 행위'의 정체에 대해 이야기합니다. 즉 10장의 「전쟁과 전사족에 대하여」에서 등장한 사유 모티브가 여기서 다시 한 번 반복됩니다.

다음의 격언은 오랫동안 내 좌우명이었는데, 나는 이 격언의 출처를 식

자적 호기심에는 알려주지 않았다:

> 상처에 의해 정신이 성장하고 새 힘이 솟는다(increscunt animi, virescit volnere virtus).[130]

삶의 사관학교로부터.—나를 죽게 하지 않는 것은 나를 더욱 강하게 만든다.[131]

차라투스트라는 뱀에 물린 우화의 의미를 묻는 제자들에게 자신의 이야기가 "비도덕적"이라고 말합니다. 악을 악으로 갚는 것은 『성경』 구약의 도덕률이고,[132] 악을 선으로 갚는 것은 신약의 도덕률입니다.[133] 율법으로 타인의 행위를 평가하고 복수하며 응징하는 것, 또 그게 불가능해졌을 때 자신의 무력을 선과 정의로 치장하며 그것으로 원한의 감정을 위장하는 것. 차라투스트라는 그 둘 다를 비판하는 것입니다.

악을 악으로 갚는 것은, 이를테면 재판을 통해 상대의 죄를 심판하고 그에게 형벌을 가하는 것은 그의 인간성을 고양시키고 명예롭게 하는 목적을 지니고 있어야 한다고 말합니다. 이렇게 말하는 이유는 분명합니다. 그에게 행위는 오직 자신의 고양을 목표로 하기 때문입니다. 타인의 선에 대해서가 아니라, 타인의 악에 대해 어떻게 대할지가 여기서 문제가 됩니다. 타자로부터의 악에 대해 이야기할 때 우리는 그것이 보편적 차원의 악이 아님을 이야기해야 합니다. 어떤 것이 법에 의해 정당화되는가는 오직 재판을 하는 이에게 달려 있는 것입니다.

> 그러나 어떻게 내가 철저히 정의롭고자 할 수 있겠는가! 어떻게 내가 모두에게 그들의 정의를 줄 수 있겠는가! 이것으로 충분하도록 하라: 나는 모든 이에게 나의 것을 준다.

죄를 죄로 만드는 것은 재판관이지, 그 죄에 의해 판결받는 사람이 아닙니다. 차라투스트라가 여기서 전개하는 사유는 담론의 논리와도 같은 맥락에서 이야기될 수 있을 것입니다. 어떤 것을 금지하는 자는 그 금지를 통해 자신을 드러냅니다. 여기에 존재하는 것은 절대적인 선악이 아니라 힘의 불균형일 뿐입니다. 그것이 재판받는 이와 재판하는 이를 구분하는 근거가 됩니다.

그러나 더 중요한 것은 악을 선으로 갚는다는 말 속에 숨겨진 무시무시한 원한 감정입니다. 차라투스트라는 여기서 악을 선으로 갚는 것은 그를 부끄럽게 한다고 말합니다. 하지만 단지 부끄러움만이 문제가 아닙니다. 악을 선으로 갚는 것, 거기에는 노예 도덕의 증오와 원한이 도사리고 있기 때문입니다.

> 보복하지 않는 무력감은 '선'으로 바뀝니다. 불안한 천박함은 '겸허'로 바뀝니다. 증오하는 사람들에게 복종하는 것은 '순종'(말하자면 그들이 말하는 자, 즉 이러한 명령에 복종하는 자―그들은 이를 신으로 부릅니다)으로 바뀝니다. 약자의 비공격성, 약자가 풍부하게 지니고 있는 비겁함 자체, 그가 문 앞에 서서 어쩔 수 없이 기다려야만 하는 것은 여기에서 '인내'라는 미명이 되고, 또한 저 미덕으로 불립니다. 복수할 수 없는 것이 복수하고자 하지 않는 것으로 불리고, 심지어 용서라고 불리기까지 할 것입니다. [……] 사람들은 또한 '자신의 적에 대한 사랑'에 대해서도 이야기합니다.[134]

복수할 수 없는 무력감, 이것이 선과 악을 구분하는 그들의 기준이 됩니다. 아니, 도대체 악인에 대해 선한 행위로 대하는 게 무슨 잘못이란 말인가 하고 묻는 분이 계실지도 모르겠습니다. 중요한 것은 그들이 어떤 행위를 '악'으로 규정하는가의 문제입니다. 악은 결국 자신에게 어떤 위해를 가하는 상대에게 붙여진 거창한 이름에 불과합니다. 그리고 악의 규정은 어떤 무력감과 결부되어 있습니다. 차라투스트라에게 뱀은 결코 이런 종류의 증오의 대상인 '악'일 수 없습니다. 뱀이 선해서가 아닙니다.

뱀이 목덜미를 문 차라투스트라가 '용'이기 때문입니다. 용에게 뱀은 결코 악이라고 칭해지지 않습니다. 그건 그냥 약한 존재일 뿐입니다. 용이 뱀에게 원한을 갖는다면 얼마나 우스운 일이겠습니까.

게다가 이 '선'과 '악'의 구분은 어떤 원한 감정을 전제하지 않고는 해소되지 않는 것이기도 합니다. 그들은 '최후의 심판'을 통해 '신의 나라'가 도래하기를 기다리며, 그날이 오기까지 믿음 속에서, 사랑 속에서, 희망 속에서 사는 것입니다.[135] 니체는 『도덕의 계보』에서 교부철학자 테르툴리아누스Tertullianus의 『구경거리』(De spectaculis)라는 책을 인용합니다.

> 그리스도가 재림하고 승리하는 날, 우리를 기다리는 것은 무엇인가! [……] 그때가 되면 얼마나 장대한 장면이 펼쳐지겠는가! **얼마나 탄복할 것인가! 얼마나 웃어야 할까! 어디서 기뻐해야 할까!** 어디서 춤추어야 할까! 천국에 영접되었다고 알려진 그렇게 많고도 많은 왕들이 위대한 주피터와 그들의 승천을 목격한 증인들과 더불어 어두운 지옥에서 신음하는 모습을 볼 때! 그리고 주의 거룩한 이름을 능욕한 총독들이 스스로 그리스도를 따르는 자들을 불태워 죽인 능욕의 불길보다 더 흉포한 불길 속에서 타 없어지는 것을 볼 때! 그리고 현자들 외에 저 철학자들이, 신과 관계되는 것은 거의 없다고 주장했기 때문에, 영혼이란 존재하지 않는다거나 적어도 이전의 육체로는 되돌아오지 않는다고 주장했기 때문에 자신들의 제자 앞에서 수치심에 사로잡혀 불태워지는 것을 볼 때! [……] 그러나 그때 나는 그들이 그때까지 살아 있기를 바라는 것은 아니지만, 오히려 그 때문에 주님을 욕되게 한 자들을 더욱 **지칠 줄 모르고** 응시하고 싶다.[136]

테르툴리아누스는 이러한 광경을 그리스도교인들 누구라도 마음속에 그려볼 수 있다고 말합니다. 그는 '신앙에 의해(Per fidem)'라고 말합니다. 그러나 니체는 '원한에 의해'라고 말할 것입니다. 도대체 저 끔찍한 장면의 어디에 신앙이 있나요. 테르툴리아누스가 결코 특이한 사례는 아닙니다. 신의 심판, 신의 나라의 도래라는 믿음 속에는 저러한 원한의 감정이 전제되어 있습니다. 심판이란 결국 원한의 경제학과 다름없습니다. 이 사랑과 믿음과 희망은 무엇에 대한 사랑과 믿음과 희망입니까.『성경』의 마지막이「요한계시록」이라는 무시무시한 복수극임이 의미하는 바는 또 무엇입니까. 그들이 믿는 사랑이 이러한 원한 감정이 없이도 가능한 것인지 아닌지는 너무나 명백합니다.

아이와 결혼에 대하여

아시다시피 니체는 결혼을 한 적이 없습니다. 결혼을 하지도 않았던 이, 그러한 삶을 살아본 적 없는 이에게서 결혼에 대한 이야기를 듣는다는 것은 이상한 일일지도 모르겠습니다. 아마 우리는 여기서 경험을 뛰어넘는 사유를 보게 될 것인지, 미리 질문을 던져보아도 좋을 듯합니다. 이 장은 차라투스트라가 계속해서 다루고 있는 사회적 관계에 대한 사유입니다. 그가 적, 우정, 이웃, 남성과 여성에 대해 말했듯이 사회적 존재가 맺는 관계의 한 유형인 결혼에 대해서도 말하는 것이죠. 흔히 알려진 대로 니체는 결혼이 자유정신과는 어울리지 않는다고 생각했습니다.

> **자유정신과 결혼**—자유정신이 여성들과 함께 살아갈 수 있을까? 일반적으로 나는, 자유정신이 고대의 예언하는 새처럼, 현재의 진정으로 생각하는 자 그리고 진리를 말하는 자로 혼자 나는 것을 선호할 것이 틀림없다고 믿는다.[137]

결혼에 대한 니체의 부정적인 견해는 크게 두 가지로 나타납니다. 하나는 결혼 자체가 자유정신을 구속한다는 견해입니다. 두 번째는 충분히 자신의 덕을 가지지 못한, 말 그대로 낙타의 정신을 가진 이들이 결혼할 때 상대를 망치고 자신을 망치게 된다는 —— 낙타의 상태에서 벗어나지 못한다는 —— 견해입니다. 이러한 관점에서 니체는 결혼을 정숙한 외설(Züchtige Unzucht), 성욕을 만족시키는 합법적 형식이라고 심하게 비난합니다. 이러한 니체의 말 속에는 서로에 대한 존중, 대화, 자기 극복, 주인의 덕 등 결혼에서도 여전히 중요하게 다루어지는 덕이 존재하지 않습니다. 다만 성욕의 충족, 도구로서의 역할만 강조될 뿐이지요. 그러나 결혼을 단순히 부정적으로만 본 것은 아닙니다.

> 결혼은 위대한 사랑을 할 능력도 없고 위대한 우정을 맺을 능력도 없는 평균적인 인간들을 위해, 그러니까 대부분의 인간들을 위해 고안되었다. 그러나 사랑할 수 있을 뿐만 아니라 우정을 맺을 능력도 있는 아주 드문 자들을 위해서 고안된 것이기도 하다.[138]

위의 인용에서 니체는 결혼에 대한 양가적 평가를 드러냅니다. 결국은 누구의 결혼이냐가 관건입니다. 니체 스스로도 루 살로메와 이러한 우정의 관계를 맺기를 원했던 적이 있었습니다. 결국은 해프닝이자, 최종적으로는 비극으로 끝난 사건이지만 말입니다. 여기서 드러나듯이, 그는 우선 결혼을 우정의 한 형태로 봅니다. 그가 루 살로메에게 청혼했던 것도 '대화가 통한다'라는 게 이유였지요.

> **긴 대화로서의 결혼**—사람들은 결혼하기 전에, 너는 이 여성과 나이가 들 때까지 즐겁게 대화할 수 있다고 믿는가라는 질문을 해보아야 한다. 결혼에서의 다른 모든 것은 일시적인 것이지만, 관계의 대부분의 시간은 대화에 속한다.[139]

> **우정과 결혼**—가장 좋은 친구는 아마 가장 좋은 아내를 얻게 될 것이다. 왜냐하면 성공적인 결혼은 우정의 재능에서 나오기 때문이다.[140]

하지만 그는 여기서 한 걸음 더 나아가지요. 즉 결혼을 할 만한 인간이 되기 위해서 차라투스트라는 다음과 같은 조건들을 제시합니다. 승리자가 될 것. 자기를 극복할 것. 감각의 지배자가 될 것. 덕의 주인이 될 것. 이것은 차라투스트라가 우정을 위해 요구하는 사항과 다르지 않습니다. 우정에 적합한 이가 되기 위해 위버멘쉬가 되어야 하듯이, 결혼을 하기 위해서도 우리는 위버멘쉬가 되어야 합니다. 위버멘쉬에 대해 부여한 자기 극복, 승리자, 덕의 주인이라는 속성들이 단순히 독아론적, 유아론적 차원의 덕목이 아닌 사회적 차원의 관계 속에서 진정한 의미를 획득하는 어떤 가치임은 이런 대목에서도 분명해집니다.

너는 아이를 원할 자격이 있는 인간인가?
너는 승리자인가, 자기를 극복하는 자, 감각의 지배자(der Gebieter der Sinne), 너의 덕의 주인인가? 이렇게 나는 너에게 묻는다.

자유로운 죽음에 대하여

"제때에 죽어라!" 이 장에서 차라투스트라의 설교는 한마디 말로 압축됩니다. 이것은 차라투스트라가 죽음을 끝이 아니라 완성으로 보고 있음을 의미합니다. 죽음이 끝이라고 말하는 것과 완성이라고 말하는 것은 죽음뿐만 아니라 삶에 대한 다른 관점의 인식을 요구합니다.

죽음을 끝으로 본다면, 우리의 삶은 상승과 하락이라는 포물선을 그린다고 말할 수 있을 터입니다. 그렇다면 죽음이란 쇠락과 몰락의 끝에 오는 것이겠지요. 그 죽음은 우리의 뜻과는 상관없이, 우리도 모르는 사이에 옵니다. 죽음에 대한 예측은 언제나 실패할 수밖에 없습니다. 차라투스트라는 "결코 주인으로서 오지 않고 도둑처럼 몰래 다가오며 히죽이는 너희의 죽음"이라고 분노에 가득 차서 말합니다. 우리는 더 이상 이를 거부할 수도 없고, 거부할 힘도 없습니다. 단지 우리는 죽음이 우리에게 잔인하지 않기를 바랄 뿐이죠. 이럴 때 우리의 삶은 죽지 않으려는 노력에 불과할 수밖에 없습니다. 니체가 '힘에의 의지'와 '살고자 하는 의지'를 대립시켰던 것을 생각해보시길 바랍니다.

> 많은 이들은 달콤해지지 않는다, 그는 여름에도 이미 썩는다. 그가 가지에 계속 매달려 있는 것은 비겁한 일이다.
> 너무나 많은 이들이 살고 또 너무나 오래 그의 가지에 매달려 있다.

여기에 남은 것은 살고자 하는 의지일 뿐입니다. 그러나 죽음이 완성이라면 어떻게 될까요. 인간의 삶은 죽음에 이르기까지 계속해서 끊이지 않고 거듭난다고 볼 수 있을 것입니다. '살고자 하는 의지'가 아닌 '힘에의 의지'는 창조와 파괴를 끊임없이 반복하는 에너지입니다. 모든 것은 뭉쳐졌다 다시 흩어집니다. 삶과 죽음도 그러한 과정에 놓여 있습니다. 무언가 대단해 보이는 인간의 삶과 죽음이란 것도 결국은 이러한 힘에의 의지에 따른 찰나의 장면일 뿐입니다. 차라투스트라는 죽음이 삶과 마찬가지로 '축제'이자 '대지의 의미'가 되어야 한다고 말하고 있습니다.

> 모두가 죽음을 중요한 것으로 여긴다: 그러나 죽음은 여전히 축제가 아니다. 인간들은 가장 멋진 축제를 봉헌하는 것을 배우지 못했다.
> 나는 너희에게 삶을 완성시키는 죽음을 알려주노라, 살아 있는 이들에게 가시가 되고 맹세가 되는.

앞 장에서 우리는 결혼과 아이에 대해 말했습니다. 결국 개별자로서의 인간이 개체의 죽음을 극복할 수 있는 유일한 방법은 그 자신을 어떠한 형태로든 후대에 남기는 것입니다. 미셸 우엘벡Michel Houellebecq의 소설 『지도와 영토』에 나오는 한 대목이 기억납니다. 작가인 제드가 소설 속

등장인물인 우엘벡에게 찾아갔을 때 우엘벡이 말하는 장면이죠. 사실 소설에서는 대수롭지 않게 넘어가는 장면이긴 합니다만, 제드의 대사는 이렇습니다.

> "콩트가 이런 말을 했어요. '인류의 구성원은 산 자보다 죽은 자가 더 많다.' 내가 요새 그 말을 뼈저리게 실감하고 있지, 죽은 자들과 더 교류가 활발하거든……."

어쩌면 우리는 이러한 대목에서 "살아 있는 이들에게 가시가 되고 맹세가 되는" 죽음, 혹은 "승리에 차서, 희망에 찬 사람과 맹세하는 사람들에 둘러싸여" 맞는 죽음을 생각할 수도 있겠습니다.

하지만 차라투스트라의 가르침을 그렇게만 이해하기에는 여전히 아쉬움이 남습니다. 왜냐하면 후세의 사람들에게 기억되는 것은 대부분 어떤 이의 죽음이 아니라, 삶이기 때문입니다. 죽음이 삶의 완성이라는 말은 훌륭한 삶을 살았으니 그가 죽을 때 수많은 사람들에게 둘러싸여 있을 것이라는 말이 결코 아닙니다. 그것은 여전히 죽음의 의미를 잘못 이해하는, 죽음을 삶에 부정적인 것으로만 이해하는 방법이기 때문입니다.

이 대목에서는 조금 더 적극적일 필요가 있습니다. 즉 니체가 죽음이라는 사건 자체의 의미를 묻고 있다고 생각하는 것이지요. 따라서 우리가 던져야 할 질문은 어떻게 살아야 훌륭한 죽음을 맞이할까 따위가 아닙니다. 오히려 우리가 물어야 할 것은 죽음 자체의 의미, 죽음이라는 사건의 의미, 다시 말해 죽는다는 것이 우리에게 어떤 사건인가 하는 물음인 셈이지요. 저는 이렇게 말해보고자 합니다. 죽음을 어떻게 살 것인가?

죽음이 삶이라는 말은, 죽음 이후에도 삶이 지속된다는 의미가 아닙니다. 물론 죽음과 삶은 단순히 단절로만 존재하지는 않습니다. 그러나 우리는 분명 죽습니다. 그리고 사라집니다. 설령 세상 사람들 전체가 나를 기억하고 있다고 해도, 내가 죽는다는 사실은, 그리고 죽음 이후에 내가 이 세상에 더 이상 존재하고 있지 않다는 점은 부정할 수 없습니다. 의

식과 신체의 차원 모두 다 말이죠. 적어도 '나'라고 부를 수 있는 존재는 없습니다. '나'에 대한 기억이 결코 '나'일 수는 없습니다. 그것은 엄연한 사실입니다. '네가 죽더라도 나는 너를 기억할 거야'라는 말은 글쎄, 심리적 위로는 될 수 있을지 몰라도 거대한 비극 앞에서는 허약하기 이를 데 없습니다.

죽음이 삶이라고 말하는 것은 조금 다른 이야기입니다. 이것은 말 그대로 죽음 자체를 살아가야 한다는 뜻에서 그러합니다. 죽음을 그냥 수동적으로 맞이하는 것이 아니라, 내가 원하는 방식으로 살아간다는 뜻에서 죽음은 하나의 삶입니다. 다시 말해 죽음이 삶에서 중요하다는 말은 단순히 삶을 열심히 살라는 말에 그치는 것이 아닙니다. 중요한 것은 죽음을 어떻게 사는가라는 질문이라고 할 수 있습니다.

사실 이러한 죽음의 문제를 가장 잘 드러내는 이가 소크라테스 아닐까요. 그의 재판과 죽음을 그의 삶의 몰락, 실패, 좌절이라고 보는 것은 근시안적인 시선일 것입니다. 오히려 그는 그 재판과 죽음을 통해서 자신의 삶을 가장 완성된 상태로 고양시켰습니다. 그의 죽음의 장면은 그의 삶을 압축적으로 보여줍니다. 아니 오히려 삶보다 더 많은 것을 그의 죽음은 보여주었습니다. 그가 어떻게 죽었는가. 그는 자신의 죽음을 어떻게 살았는가. 이 질문이야말로 우리가 그의 삶을 이해하기 위해서 던질 수 있는 가장 중요한 질문일 듯합니다. 극복하는 삶이 있듯이, 극복하는 죽음이 있을 뿐입니다. 대지의 의미에 충실한 삶이 있듯이 대지의 의미에 충실한 죽음이 있을 뿐입니다. 새로운 가치를 창조하는 삶이 있듯이 새로운 가치를 창조하는 죽음이 있을 뿐입니다. 자유로운 삶이 있듯이, 자유로운 죽음이 있을 뿐입니다.

베푸는 덕에 대하여

이제 차라투스트라는 다시 자신만의 길을 떠나고자 합니다. 그동안 그에게는 많은 제자들이 생겼습니다. 그는 이 제자들에게 작별을 고하고 다시금 혼자만의 은둔에 들어가고자 합니다. 여기서 차라투스트라는 스스로 떠남으로써 마침내 그 가르침의 교육적 완성을 기대합니다. 그리고 그가 머물던 얼룩소라는 도시를 떠나면서, 그는 제자들에게 마지막으로 자신의 말을 전합니다. 이 마지막 말은 세 개의 꼭지로 이루어져 있습니다.

제자들이 이별의 표시로 준 지팡이를 들고 차라투스트라는 마지막 말을 시작합니다. 그 지팡이에는 뱀이 태양을 휘감은 모습을 새긴 황금 손잡이가 달려 있는데, 차라투스트라의 마지막 말의 첫 꼭지는 바로 이 황금에 대한 이야기입니다. 차라투스트라는 위버멘쉬의 덕을 황금이라는 비유를 들어 말합니다. 그는 황금이 최고의 가치를 가진 이유를 네 가지로 설명합니다. 즉 진귀하고, 무용하며, 반짝이면서도, 그 빛이 은은하기 때문입니다. 그것은 곧 베푸는 덕의 특성이기도 합니다. 진귀함은 우리가 황금에 높은 가치를 부여하는 가장 중요한 이유일 겁니다. 만약 황금이 흔하다면 높은 가치를 가질 수는 없겠지요. 하지만 이것만이라면 차라투스트라의 말은 황금의 가치에 대한 상식적인 수준의 답에 지나지 않습니다.

여기서 흥미로운 것은 바로 그가 황금에 부여하는 무용성이라는 가치입니다. 아무 쓸모가 없기 때문에 더 가치 있다고 말하는 것이지요. 우리가 이런 식으로 가치를 부여하는 대상들이 또 있습니다. 이를테면 철학이나 예술 같은 것들요. 우리는 종종 예술의 쓰임새를 말하곤 하지만, 실상 예술이 지닌 쓰임새는 쓰임새가 없음의 쓰임새이지요. 예술을 위한 예술이라는 말을 들어보셨을 겁니다. 이것은 예술이 그 자체로 다른 목적에 봉사하는 수단이 아니라는 의미를 담고 있습니다. 예술의 목적은 오직 예술, 즉 예술이 지향하는 미의 완성에 있을 뿐 다른 어떤 목적을 지향하는 순간, 이미 예술이라는 정의에서 벗어난다는 말입니다. 테오필 고티에

Theophile Gautier는 "아무 데도 쓰일 수 없는 것만이 참으로 아름다운 것이다. 유익한 모든 것은 추하다"고 말하기도 했지요. "자유요, 사치요, 꽃 장식이고 태만함에 빠져 있는 영혼을 개화시키는 것"이라고도요. 보들레르가 시집 『악의 꽃』을 고티에에게 헌정한 것은 바로 이 때문이기도 합니다. 보들레르는 "절대적 의미에서 미적인 감각만을 불러일으키는 것"을 예술의 목적으로 규정합니다. 물론 예술의 유용성이 전혀 없지는 않습니다. 이를테면 우리는 쇼팽의 음악을 듣고 심신의 안정을 취할 수도 있고, 춤을 추면서 신체를 단련할 수도 있을 것입니다. 그림을 그려서 큰돈을 벌 수도 있을 겁니다. 하지만 쇼팽이 심신의 안정을 취하는 자들에게 도움을 주기 위해 곡을 쓰지는 않았을 것이며, 피나 바우쉬Pina Bausch가 춤을 추는 목적이 자신의 신체를 단련하기 위함은 아닐 터입니다. 피카소가 큰돈을 벌기 위해서 그림을 그리지는 않았겠고요. 이것은 창작의 측면에만 국한되지 않습니다. 수용자의 측면에서도 마찬가지죠. 따라서 여기에는 칸트가 말한 '무관심적 관조'가 요구됩니다. 어떤 도덕적, 경제적, 사회적 유용성도 제거된 상태에서 예술을 관조하는 것, 이것이야말로 미적 태도의 본질일 것입니다.

물론 니체는 예술을 이처럼 무관심적 관조라고 주장하는 칸트의 예술론을 비판합니다. 그러나 그가 베푸는 덕을 무용성으로 파악하는 모습은 분명 이러한 칸트의 예술론에서 말해지는 미적 태도론과 일치함을 부정할 수 없습니다. 니체는 『비극의 탄생』에서 "이 세계와 존재는 **미적 현상**으로 영원히 **정당화**된다"[141]고 말했는데, 이러한 논리는 베푸는 덕은 무용한 것이라는 주장과 예술이라는 참조점을 중심으로 동일한 맥락에서 해석될 수 있지요. 다만 칸트가 예술을 일상적 삶과 엄격히 분리하는 데 반해, 니체는 예술이 하나의 삶의 형식이 되어야 한다고 보는 점에서 차이가 있습니다. 니체는 이렇게 말합니다. "**학문은 예술가의 광학으로 바라보지만, 예술가는 삶의 광학으로 바라본다.**"[142] 그러므로 그는 예술적 심미주의, 혹은 예술적 창조의 원리를 위버멘쉬의 덕으로 확장하고, 그것을 삶의 가장 근본적인 원리로 요구하는 셈입니다(Lebenskunst, 삶의 예술).

베푸는 덕의 무용성을 이야기하는 것은 바로 그러한 맥락에서입니다. 니체가 예술과 철학을 삶의 창조라는 관점에서 보고, 철학자를 예술가-철학자(Philosophen-Künstler)라고 말하는 것도 이 때문입니다.

유용성이라는 잣대는 어떤 대상을 다른 목적에 종속된 수단으로 취급하는 데 비해, 무용성을 말하는 것은 그 존재 자체에 대한 긍정을 내포합니다. 황금의 가치가 역설적으로 그 무용성 덕분이라면, 베푸는 덕은 바로 그 무용성 때문에 스스로의 가치를 가집니다. 무용성은 도구화를 거부합니다. 아도르노가 말했듯이 정신이 정신일 수 있는 유일한 가능성은 도구화/상품화에 저항하는 데 있습니다. 그러므로 우리가 어떤 덕에 대해 말할 때 삶의 다른 목적을 위해 종속되는 노하우와 같은 것으로 이해해서는 곤란합니다.

이 장에서 또 하나 주목할 것은 차라투스트라가 이기심에 대해 말하는 대목입니다.

> 너희의 갈망은 스스로를 희생하고 선물이 되고자 한다: 그리고 그 때문에 너희는 영혼 속에 모든 부를 쌓아두려는 갈망을 가진다.
>
> 너희의 영혼은 만족할 줄 모르고 보석과 장신구를 추구한다, 너희의 덕이 만족할 줄 모르고 선물하고자 하기 때문에.
>
> 너희는 모든 것들이 너희에게로 향하고 너희 안에 있기를 강요한다, 그래서 그것들은 너희의 샘에서 나와 너희 사랑의 선물로 다시 흘러가야 한다.
>
> 진실로, 그러한 선물하는 사랑은 모든 가치의 강도가 되어야 한다; 그러나 이러한 이기심을 건강하고 신성하다고 나는 말한다.
>
> 또 다른 이기심이 있다, 너무 가난한 자, 배고픈 자들의, 언제나 훔치고자 하는 이기심, 병든 자들의 이기심, 병든 이기심.
>
> 그것은 모든 빛나는 것들을 도둑의 눈으로 바라본다; 배고픈 자의 탐욕으로, 풍성하게 먹는 이들을 잰다; 그리고 언제나 베푸는 자의 식탁 주위를 슬그머니 맴돈다.
>
> 그러한 욕망과 보이지 않는 퇴화로부터 병든 자는 말한다; 이러한 이기

심의 도둑 같은 탐욕은 그들이 병든 몸임을 말해준다.

말해보라, 형제여: 우리에게 무엇이 나쁜 것이고, 최악의 것인가. 그것은 퇴화(entartung)가 아닌가?—베푸는 영혼이 없는 곳에서는 언제나 우리는 퇴화를 추측한다.

우리의 길은 위를 향해 있다, 하나의 종(Art)을 넘어 그 위의 종으로(Über-Art). 그러나 "모든 것은 나를 위해"라고 말하는 퇴화한 마음(entartende Sinn)은 우리에게 하나의 공포이다.

베푸는 덕을 가진 자들의 이기심에 대해 말하는 위 인용문에서 우리는 이기심이라는 개념에 관한 니체 특유의 용례를 볼 수 있습니다. 즉 이 이기심은 덕을 소유하고자 하는 이기심이며, 그 이기심을 통해 언제나 자신을 증여하기를 바라는 이기심입니다. 기존의 가치를 전복하고 새로운 가치를 창조해내는 존재로서 위버멘쉬는 자신의 이기심을 드러냅니다. 그러므로 이러한 덕에 대한 욕망은 보통의 사회적 가치에 대한 욕망과는 구분됩니다. 다른 이의 소유를 뺏고 자신의 소유물로 만들고자 하는 배타적 이기심이 아니기 때문입니다. 니체는 베푸는 덕을 가진 자의 이기심과 굶주린 자의 이기심으로 이를 엄격히 구분합니다. 덕을 소유하고자 하는 이기심, 더 높고 더 많은 덕을 소유하고자 하는 이기심은 끊이지 않는 자기 극복의 원리이며, 여기서 이기심은 이타적인 행위의 근거가 됩니다. 그러나 이것은 동정이나 연민과는 분명히 구분되어야 하는 덕입니다.

자비와 동정의 부드러운 광채는 어디에서 오는가—물론 선한 자들과 동정심 있는 자들에게서는 아니다.[143]

위버멘쉬가 끊임없이 자신의 덕을 증여하고자 하는 것은, 이 덕이 증여를 통해 줄어들지 않으며 오히려 영원히 샘솟기 때문입니다. 황금에서 나오는 빛이 스스로 은은하게 주위를 비추듯, 베푸는 자의 덕은 자신의 덕을 통해 주위를 은은하게 비추어냅니다. 차라투스트라가 제자들을 떠나는 마지막 순간에 이 베푸는 덕에 대해 말하는 것은 위버멘쉬의 덕이 결코 개인적 차원의 자기 만족에 그치지 않음을 말하기 위함이기도 합니다. 그것은 단순히 강해짐으로써 타인과 지배-피지배의 관계를 맺는 것이 아닙니다. 스스로를 극복하고자 하고 그럼으로써 더 높은 곳으로 상승하기를 갈망하는 것은 사람들에게 하나의 축복이 됩니다. 하지만 그것은 또한 위험이기도 하지요. 왜냐하면 이 덕은 사람들이 더 이상 그 이전과 동일한 삶을 가지도록 하지 않기 때문입니다.

페터 슬로터다이크는 이러한 '베푸는 덕'의 개념을 설명하기 위해 '증여'의 두 가지 양상을 구별합니다. '베푸는 덕'이란 그 이전까지 인류가 보지 못한 새로운 증여의 형태입니다. 슬로터다이크는 이것을 '받고-도망가는' 선물이라고 말합니다.

> 니체의 '인류 후원'이 출발점으로 삼는 가정은 개인들은 보통의 선물로는 낮은 경제와 연루된다는 것이다. 즉 이 낮은 경제 안에서는 선물을 주는 사람을 높이는 것이 불가피하게 선물을 받는 사람을 낮추는 것과 맞물려 있다. 좀더 고상한 선물을 할 작정인 사람은 부채를 지우지 않는 선물, 보답하지 않아도 되는 선물을 건네줄 경우에만, 그렇게 할 수 있다. 이런 요구를 충족하는 유일한 선물은 귀족 작위의 수여인데, 그것도 새로운 작위 수혜자가 수여자를 증인으로 소환할 의무를 덜어주는 형태의 귀족 작위수여다.
>
> 니체는 이런 목적을 위해 받고-도망가는 선물을 고안해서, 격언, 시와 논증의 형식으로 사방에 뿌린다.[144]

우리가 인류의 역사 속에서 발견한 증여, 선물이란 모두 교환 관계의 성립을 통해 이루어집니다. 교환 속에서 이루어지는 증여는 그 필연적 부산물로 부채를 생산합니다. '복음' 역시 하나의 증여라고 했을 때 이 복음은 부채로서의 죄[145]를 생산합니다. 원한, 복수의 개념도 마찬가지입니다. 그것은 상대의 행위를 되돌려줌으로써 완성되는 교환 관계를 의미합니다. 그러나 차라투스트라가 '베푸는 덕'을 통해 말하는 증여는 그러한 교환 관계를 전제로 하지 않습니다. 차라투스트라가 제자들을 떠나기 직전에 이 베푸는 덕에 대해 말하는 것은 그가 선물에 대한 대가를 바라지 않기 때문입니다. 이 선물에 대한 유일한 대가란 선물을 준 이, 즉 자신의 스승을 그들이 극복하고 넘어서는 것입니다.

슬로터다이크는 이러한 증여의 차이를 기준으로 부채 경제의 시대와 관대함의 시대를 구분합니다. 차라투스트라가 말하는 베푸는 덕은 바로 증여의 새로운 국면을, 인류가 이제껏 보지 못한 새로운 차원을 보여줍니다. 관대함의 시대에 유일한 관심사는 '앞으로-선사하기'입니다. 인간은 과거의 행위를 통해 위대해지는 것이 아니라, 이 관대함의 시대에 동참함으로써, 미래를 열 수 있는 능력을 통해 미래 속에서 새로운 가능성을 하나의 선물로 사람들에게 줄 수 있다는 관점에서 위대해지며, 귀족적이 되는 것입니다. 선물을 준 이는 그러므로 그러한 선물을 통해 되돌려받을 것이 없습니다. 이 베풂을 통해 선물을 받는 이는 스스로를 고귀한 존재로 높임으로써만 그것이 진정한 선물이 되게 합니다. 그것은 인간을 계속된 상태에서 벗어나 고귀한 존재가 되도록 합니다. 이 고귀한 존재, 새로운 미래의 귀족은 우리가 기존에 알고 있던 귀족이 아닙니다. 이 귀족은 계급 제도의 한 지위를 점령함으로써 인정되는 존재가 아닙니다. 그러한 귀족이란 기껏해야 더 큰 권력에 예속되는 존재일 뿐이며, 그런 점에서 여전히 천민이자 노예에 불과합니다. 고귀한 존재가 된다는 건 사회적 관계를 벗어난 자기 규정입니다. 다시 말해 이는 철저히 자기 중심적인 자기 규정으로, 스스로를 고귀한 존재로 여기는 것입니다. 타자의 승인 여부는 여기서 무의미합니다. 사회적 존재로서의 자아 정체성이 타자에 의해 부여되는 것이라면 — 누군가가 왕이기 위해서는 타인에게 왕으로 인정받아야 합니다. 그렇지 않다면 그는 스스로를 왕으로 생각하는 미치광이일 뿐입니다 — 니체의 자기 규정, 즉 스스로를 고귀한 존재로 여기는 행위는 타자의 승인을 배제한 것입니다.

차라투스트라의 선물은 그러므로 기존의 세계 속에서는 그 수령자를 찾을 수 없습니다. 그것은 미래를 향해 베풀어진 덕입니다. 그러므로 증여를 통해서 받음이 완성되지 않습니다. 증여와 받음 사이의 간극이야말로 이러한 덕이 진정한 베풂이 될 수 있는 가능성을 제시합니다. 차라투스트라가 베푸는 덕이란, 그 덕을 받은 이가 완성하는 것입니다. 즉 받은 이가 다시 '덕을 베푸는 자'가 되기 전에는 그것은 아직 완전한 선물이 아닙니다. 그러므로 이 증여는 교환 관계를 통해 완성되는 증여가 아니라, 교환 관계에서의 해방을 통해 증여가 완성되는 덕입니다. 이것이 차라투스트라의 '복음'이며, 말 그대로 '베푸는' 것의 의미이고, 이 베풂이 결코 동정과 연민이 되지 않는 이유입니다.

> 깨어서 들어라, 너희 고독한 자들이여! 미래로부터 비밀스런 날갯짓을 하며 바람이 이쪽으로 분다; 그리고 예민한 귀에 좋은 소식(gute Botschaft)이 들린다.

이것이 차라투스트라가 말하는 미래에서 온 기쁜 소식, 즉 복음입니다. 그러나 그것은 아직까지는 모두에게 들리지 않습니다. 예민한 귀를 가진 이들, 그들은 고독한 자들입니다. 비유란 보통 사람들의 귀에는 들리지 않기 때문입니다. 비유는 일종의 주파수를 가지고 있고, 그것을 들을 수 있는 귀에만 들리기 마련입니다. 그것은 일종의 문화적 공동체에 대한 이야기가 될 수도 있습니다. 비유를 알아듣는다는 것, 그것은 하나의 신화를 믿는다는 것과 마찬가지로 하나의 민족/공동체를 만드는 것이기 때문입니다.

> 신화는 대화도 독백도 아니며, 그렇게 서로를 인정하고 소통하는 많은 사람들의 단일한 말이다. 그들은 신화 속에서 연합한다.
> [……]
> 신화는 그 자체가 계시하고 낭송하는 것 속에서 공동의 것과 공유된-존재l'être-commun를 전해준다. 결국 신화는 계시해 준 것들 각각과 동시에

199　　　　　　　　　　　　　　　　　　　　　　　　제1권

공동체를 공동체 자체에 드러내 주고 공동체를 세운다. 신화는 언제나 공동체의 신화이다. 즉 그것은 언제나 신화를 창조하고 분유하게 하는 연합——많은 사람들의 단일한 목소리——의 신화이다. 신화들이 공동체를 통해(또는 민중을 통해) 드러난다는 신화 자체(신화가 그 신화 자체를 표명하지 않을 때)를 적어도 가정하지 않는 신화는 없다.[146]

철학이란 역사에 대한 하나의 신화라고 말할 수도 있을 겁니다. 인간의 원초적 투쟁심을 제어하고 평화를 실현하는 절대 왕정(홉스), 계몽된 인간들이 만들어내는 보편적 세계 시민 국가(칸트), 절대 정신의 자기 실현으로서의 역사의 전개와 그 지상의 실현으로서의 국가(헤겔), 그리고 마르크스가 말하는 계급 투쟁의 역사와 모든 계급이 해방되는 프롤레타리아의 최종 승리 장면까지, 철학은 하나의 역사적 서사, 내러티브를 그 철학 안에서 설정합니다. 차라투스트라가 말하는 좋은 소식도 이러한 역사로 읽을 수 있습니다. 차라투스트라의 역사는 언제나 동일한 것의 영원회귀를 통해 말해집니다. 그러므로 그것은 탈역사의 역사이기도 합니다. 철학 안에서 철학을 내파內破하고, 역사를 통해 역사를 내파하는 것이 바로 니체의 철학이 가지는 가장 큰 의미이기도 합니다.

그리고 대지란 그러한 역사가 반복되는 장소입니다. 대지는 치유의 장소가 되어야 한다는 것은 곧 대지가 치유의 장소가 될 것이라고 말하는 것이기도 합니다. 그것은 명령이자, 어떤 예언입니다. 치유의 장소가 될 대지에는 이미 새로운 향기가 감돌고 있습니다. 차라투스트라가 대지에 충실하라고 말할 때, 또 대지의 뜻에 이바지하라고 말할 때 의도하는 바는 무엇인가요. 전통적으로 대지는 모성의 상징이기도 합니다. 대지의 신인 가이아Gaia나 데메테르Demeter는 모두 여성입니다. 지상을 초월한 곳에 존재하는 하늘이 형이상적 가치를 말한다면, 대지는 몸을 가진 존재로서 인간이 가진 무한한 생명력과 창조성을 길러내는 곳이기도 합니다. 그러므로 니체는 대지를 말할 때, 언제나 동시에 몸에 대해 말하는 것입니다. 즉 위버멘쉬란 다름 아니라, 바로 이 새로운 생명을 잉태하고 기르는 대지와도 같은 존재입니다. 베푸는 덕을 가진 존재가 덕을 증여하는 행위는 이 새로운 생명을 길러내는 행위와도 같습니다. 여기서 니체는『성경』의 씨 뿌리는 사람의 이미지를 그대로 가지고 옵니다. 다음은 유명한「누가복음」의 한 대목입니다.

> 무리가 많이 모여들고, 각 고을에서 사람들이 예수께로 나아오니, 예수께서 비유를 들어 말씀하셨다.
> "씨 뿌리는 사람이 씨를 뿌리러 나갔다. 그가 씨를 뿌리는데, 더러는 길가에 떨어지니, 발에 밟히기도 하고, 하늘의 새들이 쪼아먹기도 하였다.
> 또 더러는 돌짝밭에 떨어지니, 싹이 돋아났다가 물기가 없어서 말라버렸다.
> 또 더러는 가시덤불 속에 떨어지니, 가시덤불이 함께 자라서, 그 기운을 막았다.
> 그런데 더러는 좋은 땅에 떨어져서 자라나, 백 배의 열매를 맺었다." 이 말씀을 하시고, 예수께서는 "들을 귀가 있는 사람은 들어라" 하고 외치셨다.[147]

차라투스트라는 여기서 스스로를 말씀으로 씨를 뿌리는 예수와 동일시하고 있습니다. 차라투스트라는 2권의 첫 번째 장인「거울을 갖고 있는 아이」에서는 마치 씨를 뿌린 농부처럼 때를 기다렸다고 말하기도 합니다. 차라투스트라의 말은 이제 제자들에게 전해졌습니다. 그렇게 뿌려진 씨앗이 싹을 틔우고 열매를 맺을지 아닐지는 이제 더 이상 차라투스트라의 소관이 아닙니다. 덕을 베푸는 자, 말씀을 전하는 자가 대지에 싹이 트도록 강제할 수는 없기 때문이죠. 대지의 의미에 충실하라는 말은 이제 그렇게 뿌려진 씨앗이 각자의 몸 안에서 하나의 싹을 틔우고 자라나야 함을 의미합니다. 만약 그들이 오직 자기 자신만을 위해 이기적으로 된다면, 그러므로 차라투스트라가 혐오의 대상이라고 칭하는, 만물이 나를 위해 존재한다는 구차한 마음을 가진다면 결코 그 싹은 자라나지 못할 것입니다. 결국 씨앗은 아무것도 생산하지 못하고 썩어 악취를 풍기게 될 것입니다. 그렇다면 우리는 결코 대지에 감도는 새로운 향기를 맡지 못할 것입니다. 결국 베푸는 덕이 씨앗이자 동시에 씨앗을 길러내는 대지라면, 자신의 육체적 탐욕에만 종사하는 이들은 아무것도 생산하지 못하고, 오히려 대지 자체를 궁핍하고 허약하게 만들 뿐입니다.

차라투스트라는 한참을 뜸들이다 이제 다음과 같이 마지막 말을 전합니다.

나는 이제 홀로 가려 한다, 나의 제자들이여! 너희 역시 이제 떠나, 홀로 가야 한다! 그렇게 나도 하고자 한다.

진실로, 너희에게 충고하노라. 너희들은 나를 떠나 차라투스트라로부터 너희를 지켜라! 그리고 너희 자신을 부끄러워하는 것이 더 낫다! 아마도 그는 너희들을 속였다.

인식의 인간은 자신의 적을 사랑할 수 있어야 할 뿐만 아니라, 자신의 친구를 증오할 수 있어야 한다.

언제나 학생으로 머물러 있다면, 스승에게 제대로 보답하지 못한다. 그리고 왜 너희는 나의 월계관을 뜯어내려 하지 않는가?

너희는 나를 존경한다; 그러나 너희의 존경이 어느 날 급변한다면 어떻게 할 것인가? 입상이 너희를 때려부수지 않도록 조심하라!

너희는 차라투스트라를 믿는다고 말하는가? 그러나 차라투스트라가 무슨 상관이길래? 너희는 나의 신도이다: 그러나 모든 신도가 무슨 상관인가?

너희는 너희를 아직 찾지 않았다: 거기서 너희는 나를 발견했다. 신도들이란 모두 그러하다; 그러므로 모든 믿음이란 그렇게 별것 아니다.

그가 홀로 길을 떠나고자 함은, 그의 제자들이 마찬가지로 홀로 자신의 길을 가도록 하기 위함입니다. 여기서 그는 제자들에게 차라투스트라를 부정하라고 말합니다. 그것은 곧 그의 제자들이 그를 떠나 스스로 위버멘쉬에 이르는 길을 찾는 것이 되겠죠. 즉 차라투스트라의 떠남은 제자들과의 관계에서 새로운 변화를 모색하기 위함입니다. 스승-제자 관계의 한 축을 제거함으로써 그는 두 존재 모두에게 어떤 변화를 추구합니다. 니체는 여기서 스승-제자의 관계가 아닌 적-동지의 관계를 도입합니다. 스승과 제자의 관계가 수직적이고 일방향적이라면, 적-벗의 관계는 수평적이고 상호적인 관계일 겁니다. 차라투스트라는 더 이상 자신을 숭배하는 이들에게 둘러싸여 있고자 하지 않습니다. 그는 제자들이 여전히 자신의 길을 찾지 않는 것을 질책하듯 말하는 동시에, 일방적 숭배의 대상이 되는 데 대한 혐오를 드러냅니다. 이는 단순히 제자들을 위한 충고가 아닙니다. 이것이 바로 선물이며 베푸는 덕이기 때문입니다. 숭배받는 자는 결국 자신과 동등한 위치에 있는 적-벗을 만나지 못한 자이기도 합니다. 차라투스트라는 스스로를 위해서도 이 관계를 거부해야만 했던 것입니다.

차라투스트라는 입상에 깔려 죽지 말라고 제자들에게 말합니다. 이 말은 제자들의 숭배 행위가 스승과 제자 모두를 퇴화시킨다는 점을 시사합니다. 스승에 대한 숭배는 숭배하는 자들을 노예로 만들 뿐만 아니라 그들이 숭배하는 대상 자체를 하나의 입상, 곧 죽어 있는 조각으로 만들어버립니다. 그들은 무덤을 지키는 자가 되고자 하는 것입니다. 무덤을 지키는 행위는 차라투스트라를 송장으로 만드는 데 불과합니다. 소크라테스도 일찍이 자신이 처형되기 전에 슬퍼하는 제자들에게 소크라테스에게 마음을 쓰지 말고 진리에 마음을 쓰라고 말한 적이 있습니다. 이것은 아마 모든 훌륭한 스승들이 제자들에게 최후로 전하고 싶은 말이기도 할 겁니다.

신에 대한 숭배는 신을 입상으로 섬기는 일 이외의 다른 것이 아닙니다. 신이 정녕코 존재한다면 신이 바라야 할 것은 자신에 대한 숭배가 아니라 그 숭배에서 벗어나는 일일 테지요. 그렇기에 여기서 차라투스트라의 말은 예수의 말과는 정반대 편에 서 있습니다. 예수는 이렇게 말했습니다. "누구든지 사람들 앞에서 나를 시인하면, 나도 하늘에 계신 내 아버지 앞에서 그 사람을 시인할 것이다. 그러나 누구든지 사람들 앞에서 나를 부인하면, 나도 하늘에 계신 내 아버지 앞에서 그 사람을 부인할 것이다"(「마태복음」 10장 32~33절). 예수의 말은 신에 대한 부정할 수 없는 믿음을, 그러므로 신앙 공동체에 대한 강력한 소속 의지를 요구합니다. 그러나 차라투스트라는 자신을 부정할 수 있는 벗이 되기를, 또한 적이 되어서도 서로 사랑할 수 있기를 요구합니다. 신에 대한 믿음으로 공동체를 구성하는 그리스도교의 원리와는 달리, 니체에게서 이러한 공동체의 관계는 어디까지나 동등성을 통해 구성됩니다. 거기서는 단일한 믿음의 절대성이 존재하지 않습니다.

제자들이 자신을 부인하고 나서야 다시 돌아오겠다고 차라투스트라가 말한 것은 바로 이런 이유에서입니다. 그제야 그는 자신의 동료를 찾을 수 있기 때문이지요. 차라투스트라의 베풂, 자신의 증여는 이러한 제자들의 부인을 통해 비로소 완성됩니다. 고귀한 자가 되는 것, 그것이 차라투스트라가 베푸는 덕을 제대로 받는 유일한 방법입니다. 그렇기에 언젠가 너희는 나에게 친구가 될 것이며 하나의 희망의 아이들이 될 것이다, 나는 세 번째로 너희 곁에 있을 것이며 너희들과 위대한 정오를 찬미할 것이다라고 말하는 것입니다. 릴케의 「오르페우스에게 바치는 소네트」는 마치 제자들을 떠나는 차라투스트라에게 바치는 송가처럼 들립니다.

> 기념비를 세우지 마라, 그저 장미로 하여금
> 해마다 그를 위해 꽃피도록 하라
> 그것이 바로 오르페우스이므로. 그의 화신은
> 여기저기에 있다. 다른 이름에.
>
> 애를 써서는 안 된다. 노래 소리 들릴 때엔
> 언제나 오르페우스가 있나니. 그는 왔다가는 간다.
> 이따금 그가 수반의 장미꽃을 며칠이라도
> 더 살아 있게 하는 것만으로도 충분치 아니한가?
>
> 오 왜 그가 사라지지 않으면 안 되는지를 이해하라.
> 비록 그 자신조차 사라짐을 두려워할지라도.

그의 언어가 현세를 건너지르는 동안

그는 벌써 너희가 닿을 수 없는 저편에 있다.
칠현금의 격자도 그의 손을 붙들 수 없다.
더욱이 그는 넘어가는 동안 순종하는 것이다.[148]

제 2 권

거울을 가진 아이

1권의 끝에서 차라투스트라는 제자들을 두고 자신이 떠나온 산으로 다시 들어가 은둔합니다. 10년간의 고독 끝에 산 아래로 하강하면서 시작된 차라투스트라의 가르침은 산속의 동굴로 다시 돌아감으로써 하나의 원환을 완성합니다. 그리고 이제 그는 다시금 사람들에게 돌아옵니다.

2권은 차라투스트라가 다시금 산 아래로 내려오는 데서 시작합니다. 그리고 이러한 하강/재림은 언제나 떠오르는 해와 함께 이루어집니다. 이것은 예수의 부활과 같은 일종의 부활이기도 합니다. 이렇게 영원회귀라는 차라투스트라의 가장 중요한 테마가 등장합니다. 1권에서 차라투스트라의 가르침이 신의 죽음, 위버멘쉬로 압축된다면 2권의 가장 중요한 가르침은 영원회귀의 사유라고 할 수 있을 것입니다. 차라투스트라가 하산하여 사람들 곁으로 돌아오는 것은 이전에 일어난 사건의 단순한 반복은 아닙니다. 같은 것이 영원히 돌아온다는, 동일한 것의 영원한 재림(Ewige Wiederkunft des Gleichen)이란 실상 같은 것이 영원히 다른 모습으로 재림하는 것과 더불어 이루어집니다. 예수에게 부활은 단 한 번의 일회적 사건이고, 예수는 하늘로 오름으로써 그 죽음과 부활의 과정을 완성합니다. 그러나 차라투스트라의 홀로 떠남은 2권의 말미에서도 다시 반복됩니다. 이렇게 차라투스트라의 시간은 결코 완전하게 봉합된 원으로 매듭지어지지 않습니다. 그는 세 번째의 재림을 통해 자신의 하강을 마무리할 것이라고 1권의 마지막에서 말한 바 있습니다. 그 마지막 순간은 자신이 뿌린 씨앗이 마침내 그 열매를 맺는 시간, 즉 위대한 정오를 기리는 순간으로, 우리는 4권의 마지막에서 그러한 위대한 정오의 시간에 대해 예견할 수 있을 뿐입니다. 하지만 그 세 번째가 마지막이 아닐 것이라는 점 또한 분명한 일입니다.

2권은 1권의 마지막 장인 「베푸는 덕에 대하여」의 한 부분을 인용하면서 시작합니다.

너희가 나의 모든 것을 부정할 때, 나는 너희에게 다시 돌아올 것이다.

진실로, 다른 눈으로, 나의 형제들이여, 그때 나는 나의 잃어버린 이들을 찾을 것이다; 또 다른 사랑으로, 나는 너희를 그때 사랑할 것이다.

차라투스트라는 그가 사랑하는 이들을 더 이상 제자로서가 아니라 벗이자 적으로서 사랑할 수 있기를 기대합니다. 그는 자신의 가르침을 제자들이 그대로 지켜내기를 바라지 않습니다. 자신이 뿌린 씨앗이 건강한 대지에서 잘 자라난다는 것은 그의 사유가 다른 이의 몸속에 잉태되어 새로운 생명으로 탄생함을 뜻합니다. 이러한 때를 차라투스트라는 초조하면서도 간절하게 기다린 것입니다. 그러나 차라투스트라가 기다린 이들은 그를 부정할 것입니다. 그의 가르침을 오해하고, 차라투스트라를 다른 이로 둔갑시킬 것입니다. 차라투스트라 역시 이를 이미 예견했습니다. 그러나 예수가 자신을 부정하는 제자가 있다면 자신도 그를 부인할 것이라고 말하는 것과는 달리,[1] 차라투스트라는 "다른 눈"과 "다른 사랑"으로 그들을 다시 찾을 것이라고 말합니다. 차라투스트라는 자신의 고통을 예견하면서도 그것을 피하지 않습니다. 그가 예견한 것이 그에게 닥칠 위험이 아니라, 자신이 겪을/겪어야만 하는 고통이기 때문입니다. 고통을 최소화하기 위해서 미래에 닥칠 일을 계산하는 근대의 왜소한 인간들과는 질적으로 다른 차원을 보여줍니다. 그렇기 때문에 그는 자신이 부정당할 것을 알고 있었으면서도 정작 그것을 보고 소스라치게 놀란 것입니다.

어느 날 꿈속의 거울 속에서 차라투스트라가 발견한 것은 악마의 험상궂은 얼굴과 비웃음이었습니다. 거울은 그의 가르침이 왜곡되어 있음을 보여줍니다. 또한 이것은 일종의 암시이기도 합니다. 거울이 하나의 이미지를 반복해서 재현하듯이, 2권은 1권의 차라투스트라를 다시금 반복해서 재현합니다. 거울을 통해 본 악마의 모습은 그의 가르침이 위기에 처해 있음을, 그 가르침이 왜곡되어 그가 사랑하는 자들이 그의 가르침을 부끄러워한다는 사실을 보여줍니다. 이 흉측한 형상은 아이의 모습과 대비됩니다. 이제 차라투스트라의 제자들은 그의 가르침을 부끄러워합니다. 그들이 부끄러움을 느끼는 이유는 바로 그들이 여전히 낙타의 상태로 머물러 있기 때문입니다. 그리고 이는 차라투스트라가 예견한 때가 벌써 왔음을 의미합니다. 그는 다시 산을 내려가 새롭게 말을 해야 할 필요를 느낍니다. 차라투스트라는 더 이상 참지 못하고, 빠르게 내달립니다. 그 스스로 "거친 지혜"라고 말하는 대로 이 부분은 마치 「요한계시록」의 한 장면을 연상시킵니다. 그러나 그는 벌주기 위해서 오는 것이 아니라, 새롭게 사랑하기 위해 오는 것입니다.

> 내게는 모든 이야기들이 너무 느리게 달린다: ─ 너의 마차에 나 뛰어오른다, 폭풍우여! 그리고 나의 악의로 나는 또 너에게 채찍질을 하고자 한다!
>
> 외침과 환호처럼 나는 넓은 바다 위를 지날 것이다, 나의 벗들이 머무는 행복에 겨운 섬을 찾을 때까지: ─
>
> [……]
>
> 그리고 내가 나의 가장 거친 말 위에 올라타고자 할 때, 나의 창은 언제나 최고로 나를 돕는다: 그것은 나의 발을 위해 준비된 하인이다: ─
>
> 나의 구름의 긴장은 너무나 거대하다: 번개의 웃음 사이에서 나는 저 깊은 곳으로 우박을 퍼붓고자 한다.
>
> 바로 그때, 나의 가슴은 강하게 부풀어 올라, 산 너머로 폭풍우를 강력히 불어내리라: 그렇게 나의 가슴은 안도할 것이다.
>
> 진실로, 폭풍우와 같이 나의 행복과 자유는 온다! 그러나 나의 적들은 악이 그들의 머리 위로 돌진해 온다고 믿을 것이다.
>
> 그렇다, 너희들, 나의 벗들도 나의 거친 지혜 때문에 경악할 것이다; 그리고 아마도 너희는 나의 적들과 마찬가지로 도망갈 것이다.

지극한 행복의 섬에서

이제 이 두 번째 장에서 2권이 본격적으로 시작됩니다. 여기서 그는 다시금 신의 허위에 대해 말합니다. 그리고 위버멘쉬에 대해 반복합니다. 이것은 1권에서 몇 번이나 했던 이야기의 반복이기도 합니다. 그러나 "지극한 행복의 섬에서"라는 제목에 주목할 필요가 있습니다. 니체는 '행복'에 대해 호의적인 사람이 아닙니다. 삶 속에서의 조화와 만족을 연상시키고 생성과 몰락, 변화의 수레바퀴를 거부하는 듯 보이는 개념이기 때문입니다. 그러나 우리는 신, 위버멘쉬, 힘에의 의지 등의 개념을 통해 이 행복에 대해 다시금 생각할 필요가 있습니다.

니체에게서 위버멘쉬와 행복의 관계를 알기 위해 잠깐 스피노자를 살펴볼까요. 스피노자야말로 행복과 관련된 기쁨과 슬픔의 감정에 대해 니체에게 많은 영향을 준 학자이기 때문입니다. 니체는 스피노자에게 받은 영향을 적극적으로 긍정하면서도, 후기에 이를수록 점점 더 스피노자에 비판적인 입장을 취하기 시작합니다. 그를 음험한 은둔자로 표현하기까지 하지요. 하지만 적어도 니체의 많은 것들이 스피노자에게서 왔음을 부정할 수 없습니다. 여기서는 무엇보다 기쁨과 슬픔의 정서에 대해 이야기를 해볼까 합니다. 스피노자는 철학사상 가장 문제적인 저서인 『에티카^{Ethica}』의 제3부 '정서의 기원과 본성에 관하여'에서 감정에 대한 이야기를 합니다. 그는 철저한 합리론자답게 감정에 대한 합리적인 이해를 시도합니다.

그는 철저한 합리론자였고, 무엇보다 이성의 중요성을 높이 평가한 사람입니다. 하지만 놀라운 점은 그가 이성과 감정을 상호 대립적으로 보는 편협한 견해를 넘어서 감정에 대한 새로운 이해를 시도한 데 있습니다. 그는 인간을 단지 합리적이고 이성적인 존재로만 본 게 아닙니다. 그에게 감정은 수동적일 뿐만 아니라 능동적인 것이기도 합니다. 따라서 좀 더 이성적인 인간이 된다 함은 감정을 억제하는 인간이 된다는 의미가 아닙니다. 인간은 감정을 억눌렀을 때 이성적 존재가 되는 것이 아니라, 이성적 사유를 통해 능동적 감정인 기쁨의 정서를 가지게 된다고 본 것입니다.

그는 감정은 무엇보다 변용(affect)이라고 말합니다. 이 변용이라는 말은 우리가 흔히 쓰지 않기 때문에 직관적으로 이해하기는 쉽지 않습니다. 그러나 'affect'라는 단어의 뜻을 생각해보면 그리 어렵지도 않으리라 생각합니다. 감정이란 인간이 주변의 존재(인간도 포함하여)와 관계를 맺으면서 받는 어떤 영향이라고 생각하시면 됩니다. 스피노자는 자긍심, 경탄, 경쟁심, 야심, 사랑, 경멸, 당황, 불안 등의 다양한 감정(『에티카』에서는 모두 48가지의 감정을 말합니다)을 기쁨과 슬픔, 욕망이라는 세 가지 범주 아래 귀속시켰습니다. 무엇보다 주목할 것은 기쁨과 슬픔이라는 감정입니다. 그는 기쁨을 능동적 변용으로, 슬픔을 수동적 변용으로 정의했습니다. 즉 기쁨은 인간이 더 작은 완전성에서 더 커다란 완전성으로 이행하는 것이고, 슬픔이란 인간이 더 커다란 완전성에서 더 작은 완전성으로 이행하는 것이라고 보았습니다. 여기서 기쁨과 슬픔이라는 감정이 어떤 완성, 완전성, 균형 상태를 말하는 것이 아니라 그 과정 속에 존재하는 이행이라는 점이 중요합니다. 즉 더 큰 완전성의 상태에 있는 것이 기쁨이 아니고, 더 큰 완전성의 상태로 이행하는 것이 기쁨이라는 뜻입니다. 이 더 큰/더 작은 완전성으로서의 이행은 곧 역량의 증가 및 감소를 말합니다. 즉 기쁨과 슬픔은 단순히 심리적 차원의 만족/불만족이 아니라, 이 역량의 증감에 대한 표상으로 인해 발생하는 것입니다.

이러한 관점에서 이를테면 사랑은 외적 원인의 관념을 동반하는 기쁨으로, 미움이란 외적 원인의 관념을 동반하는 슬픔으로 이해됩니다. 희망은 우리가 그 결과에 대해 의심하는 미래나 과거의 사물의 표상에서 생겨나는 불확실한 기쁨이며, 공포는 마찬가지로 의심되는 사물의 표상에서 생기는 불확실한 슬픔입니다. 이러한 희망과 공포에서 의심이 제거되면 희망은 안도가 되고, 공포는 절망이 됩니다.

결국 우리 자신의 역량의 증감에 대한 인식이 바로 감정이라는 것의 정체이며, 따라서 인간이 슬픔이 아닌 기쁨의 감정을 지향한다는 것은 이 역량의 증가가 인간에 내재된 어떤 본성임을 말하는 것과 같습니다. 기쁨과 슬픔이라는 표현을 쓰지는 않지만, 니체는 바로 이 스피노자식의 역량, 니체식으로 말하자면 힘(Macht)의 증감으로 좋음과 나쁨에 대해 이야기합니다. 물론 스피노자의 역량과 니체의 힘이 같은 개념은 아닙니다. 『안티크리스트』에서 니체는 다음과 같이 말합니다.

> 좋은 것은 무엇인가?—힘의 느낌, 힘에의 의지, 인간 안에서 힘 그 자체를 증대시키는 모든 것.
> 나쁜 것은 무엇인가?—약함에서 유래하는 모든 것.
> 행복이란 무엇인가?—힘이 증가된다는 느낌, 저항이 극복되었다는 느낌.[2]

이러한 표현에 분명히 드러나듯이 결국 힘의 증가나 감소가 행복과 직접적 연관을 가지고 있습니다. 따라서 행복한 섬, 니체의 벗들이 살고 있는 행복한 섬들이란 곧 위버멘쉬로서의 창조하는 자가 자신의 힘을 증가시키는 섬이라고 말할 수 있을 것입니다.

그러므로 니체에게 신 안에서의 행복이란 존재할 수 없는 행복입니다. 신 안에 머무는 자는 스스로 창조할 수 있는 자가 아니기 때문입니다. 다만 스스로 창조할 수 없는 자들 역시 이러한 관점에서는 완전히 불행한 자들은 아닙니다. 왜냐하면 그들 역시 위버멘쉬에 이르는 다리로서 자신의 힘을 증가시킬 수 있기 때문입니다.

> 너희는 아마도 너희 자신을 창조할 수 없을지도, 나의 형제들이여! 그러나 초인의 아버지와 선조들로 너희를 개조할 수는 있을 것이다: 그리고 이것이 너희의 최대의 창조이리라! —

그렇다면 이 힘의 증대는 어떻게 일어날까요. 니체에게 힘이란 단지 비교에 의해 증명되는 상대적인 개념이 아닙니다. 내가 어떤 상대보다 강한지 아닌지는 중요하지 않습니다. 힘과 행복의 관계를 통해서 알 수 있듯이, 힘이라는 것이 단지 내가 누구보다 강하다는 말에 의해 규정된다면 그때의 힘은 운동이 아니라 정지된 상태로 측정되는 것이기 때문입니다. 힘은 그처럼 정지된 상태의 개체가 소유한 객관적 속성이 아닙니다. 우리는 힘을 느끼는 것이 아니라 힘이 증가하는 것을 느낄 뿐입니다. 힘이 증가한다는 느낌이란 어디까지나 독립된 개체로서 주체가 내면적으로 느끼는 것이지 어떤 객관적인 수치를 통해 관측되는 것은 아니기 때문입니다. 이 힘이 증가하는 느낌은 인간이 자기 자신을 극복하고 또 다른 존재로 변화, 생성함을 말합니다. 여기서 힘이란 무엇보다 인간의 자기 극복을 통해, 오직 그 과정에서만 증가하는 무엇입니다.

신이 부정되는 이유는 무엇보다 이 창조의 역량이 신에게 독점되기 때문입니다. 신이 존재한다면 위버멘쉬의 창조는 부정될 수밖에 없습니다. 모든 것이 신에게서 이미 예정된 것이요, 신에 의해 모든 창조가 이루어졌기 때문입니다. 신은 창조하는 자에게서 신념을 뺏는 존재, 독수리에게 높이 날 수 있는 비상의 자유를 빼앗는 존재입니다. 주체에게 일체의 창조 가능성이 부정되는 상태에서 그는 어떤 행복도 느낄 수 없을 것입니다. 이처럼 신과 신에 대한 신앙이 위버멘쉬를 불가능하게 한다고 보는 니체는 묻습니다. 사물의 이치를 터득하고 있는 자들이여, 이러한 희망 없이 어떻게 삶을 참고 견뎌내려는가라고요. 그러면서 니체는 신이 가장 높은 가치를 부여하는 가치들의 목록에 저항합니다.

> 나는 이를 사악한 것, 인간에 적대적인 것이라고 부른다: 유일한 것과 완전한 것과 움직이지 않는 것과 만족한 것, 그리고 불멸의 것에 대한 모든 가르침!
> 모든 불멸적인 것—그것은 단지 하나의 비유일 뿐이다! 그리고 시인은 너무 자주 거짓말을 한다. —

여기서 말해지는 유일한 것, 완전한 것, 움직이지 않는 것, 불멸하는 것 등의 가치는 일체의 생성과 변화를 거부하는 가치들입니다. 이 가치의 목록 아래서 인간은 결코 하나의 창조자가 될 수 없습니다. 사람은 그저 따르는 데 그치는 존재가 아닙니다. 그는 스스로 새로운 것을 만들어내는 자, 스스로 입법하는 자, 자신의 명령에 따르는 자이기도 합니다. 그렇기 때문에 창조를 통해 인간은 고통에서 구제되고 행복을 누릴 수 있습니다. 물론 창조가 아닌 방식으로도 우리는 행복할 수 있습니다. 그러나 그 기쁨은 외부에서 온 것이며, 나의 능동적 힘의 증가는 아닙니다. 따라서 그 행복은 참다운 자유와 참다운 힘의 증대와는 완전히 일치할 수 없습니다. 이처럼 니체에게서 행복이란 다름 아닌 창조하는 행위가 됩니다. 그것만이 궁극적으로 능동적 힘의 증가를 가능케 하기 때문입니다.

> 창조—그것은 고통으로부터의 위대한 해방이며, 삶을 가볍게 만드는 것이다. 그러나 창조하는 이는 그를 위해 스스로 고통이 필요하고, 수많은 변신을 해야 한다.
> 그렇다, 많은 쓰라린 죽음이 너희의 삶 속에 있다, 너희 창조하는 자들이여! 그리하여 너희는 모든 유한성을 지지하고 정당화하는 이가 될지니.
> 창조하는 자 자신이 새로 태어난 아이가 되려면, 그를 위해 임산부가 되어 임산부의 고통을 느껴야 한다.

그러므로 인간은 스스로 창조하는 자가 되어야 합니다. 창조하고자 하는 의지, 창조에의 의지, 곧 힘에의 의지란 그러한 것입니다. 이러한 의지는 감옥에 갇힌 주체를 해방시키고 기쁨을 가져올 수 있습니다. 의지와 자유에 대한 참다운 가르침이라고 니체가 말하는 것은 내면적인 어떤 만족, 정신적 자유의 상태를 가리키지 않습니다. 그것은 자신의 힘의 증가를 의욕하는 것이며, 이로써 삶에서 계속적인 변화와 생성을 추구하는 것입니다.

동정하는 이들에 대하여

니체의 철학적 기획의 가장 중요한 목표 중 하나는 가치들의 가치를 묻는 것입니다. 그는 이 물음을 통해 가치들을 그 절대적 지위에서 끌어내려 상대화하고, 역사화합니다. 하나의 세계란 일련의 가치에 의해 구성되고 의미가 부여됩니다. 그러므로 그 세계를 이해하기 위해서는 어떤 가치가 그 시대를 이루고 있는지를 보아야 할 것입니다. 니체가 말하는 새로운 세계는 기존 가치를 철저히 비판한 새로운 가치의 토대 위에 성립됩니다. 새로운 가치는 사람들에게 새로운 행위의 목표를 부여하고, 이를 평가할 기준을 제공합니다. 이런 관점에서 니체의 기획은 일종의 윤리적·실천적 기획이라고도 할 수 있습니다.

직전의 「지극한 행복의 섬에서」 장에서 의욕을 통한 해방을 설파했던 차라투스트라는 이제 이러한 힘에의 의지를 가로막는 자들에 대해서 말합니다. 이어지는 6개의 장, 즉 「동정하는 이들에 대하여」, 「사제들에 대하여」, 「덕이 있는 자들에 대하여」, 「천민에 대하여」, 「타란툴라에 대하여」, 「명성이 높은 철학자들에 대하여」는 '최후의 인간'에 대한 차라투스트라의 설교인데, 여기 언급된 사람들은 모두 힘에의 의지를 가로막는 자들, 원한 감정에 사로잡힌 채 노예 도덕을 가르치는 자들입니다.

「동정하는 이들에 대하여」에서 차라투스트라가 문제 삼고 있는 것은 '동정/연민'입니다. 독일어로 동정은 Mitleid, 동사형은 mitleiden입니다. '함께'(mit)라는 말과 '겪다/견디다/괴로워하다'라는 뜻의 'leiden'이 합쳐진 단어인데요. 동정, 연민, 공감 등으로 번역될 수 있지만 한국어 뉘앙스에서는 동정이라는 번역이 가장 적합해 보입니다. 사전에서는 "남의 어려운 처지를 자기 일처럼 딱하고 가엾게 여김"이나 "남의 어려운 사정을 이해하고 정신적으로나 물질적으로 도움을 베풂"이라고 풀이하고 있습니다. 타인의 사정을 불쌍하게 생각하는 것, 그리고 거기서 파생되는 일련의 감정과 행위를 우리는 동정이라는 말로 표현합니다. 그것은 사회의 구성원으로서 가져야 할 최소한의 자격으로 흔히 이해됩니다. 타인의 처지를 이해하고 불쌍하게 생각하지 못하는 자들은 공동체의 건전한 일원이 될 수 없습니다. 우리 사회는 이러한 이들을 위해 '반사회적 인격 장애'와 같은 진단명도 마련해두었습니다. 그런데 차라투스트라는 동정에 대해 부정적인 태도를 취합니다.

> 진실로, 나는 동정 속에서 구원받는, 자비로운 이들을 좋아하지 않는다: 그들에겐 부끄러움이 너무 모자란다.

차라투스트라가 이 동정이라는 덕을 들어 비판하는 것은 다름 아닌 기독교 도덕입니다. 그는 기독교를 '동정의 종교'라고 말합니다. 그리고 이 동정은 사람들의 생명력을 감소시키는 에너지라고 설명합니다.

> 그리스도교는 **동정**의 종교라고 불린다. ─ 동정은 생명감의 에너지를 증대시키는 강직한 격정과는 반대의 것이다: 그것은 의기소침하게 만든다. 동정을 느낄 때, 사람들은 힘을 상실한다. 고통 자체가 이미 삶에 "끼치는" 힘의 손실은 동정으로 인해 더욱 커지고 몇 배로 불어난다. 고통 자체가 동정에 의해 감염되며; 경우에 따라서는 동정에 의해 삶과 생명력의 총체적 손실이 이루어질 수도 있다.[3]

동정은 왜 이처럼 부정적으로 취급되는 것일까요. 이에 대해 말하기 위해서 우리는 강자/약자라는 규정을 반성적으로 사유할 필요가 있습니다. 우리는 흔히 강자와 약자를 힘의 대립 속에서 규정된 개체의 동일성(정체성)이라고 생각합니다. 그러나 니체가 말하는 주인과 노예는 고정된 정체성의 개념이 아닙니다. 오히려 한 상태에서 다른 상태로의 이행과 관련이 있습니다. 니체에게서 주인은 지배자가 결코 아니며, 노예는 단순히 지배받는 자가 아닙니다. 주인과 노예의 본질이 니체에게서 언제나 어떤 속성처럼 제시된다고 하더라도 그것은 다만 표현상의 문제일 뿐입니다.

우리가 어떤 힘의 이행을 고려하지 않고 주인과 노예를 한 개체의 고정된 속성이라고 말한다면 전적으로 오류입니다. 주인이 자신만의 가치로 힘의 증대를 꾀하고자 하는 존재라면, 노예는 스스로를 무력한 자라고 규정하고 힘에의 의지 자체를 봉쇄하는 인간을 말합니다.

이런 점에서 동정은 노예의 감정이며, 노예적 힘에의 의지입니다. 왜냐하면 동정이란 노예인 자가 노예적 상태를 벗어나지 않고 타인에게서 자신의 힘을 확인하고자 하는 자기 만족의 뒤틀린 표현이기 때문입니다. 동시에 그것은 타인의 열등한 상태를 근거로 자신의 행복을 확인하는 행위와 관련된 감정이기 때문입니다. 『인간적인, 너무나 인간적인』에서 니체는 동정에 대해 다음과 같이 말합니다.

> 어린아이들을 관찰해보라. 그들은 울거나 소리침으로써 동정받고 자신들의 상태가 눈에 띌 순간을 기다린다; 병자나 우울증에 걸린 사람과 교제하며 살면서 스스로 물어보라, 능란하게 호소하고 흐느끼며 불행함을 과시하는 것이 결국 함께 있는 사람들을 **괴롭히기 위한** 것은 아닌지 물어볼 필요가 있다: 그들이 모든 약점에도 불구하고 아직 어떤 힘, 즉 강자를 **괴롭힐 수 있는 힘**을 가지고 있다고 인식하는 한, 함께 있는 사람이 표현하는 동정은 약자와 고통받는 자들에게는 위안이 된다. 불행한 자는 동정 베풂이 자신에게 입증해주는 우월감으로 인해 일종의 쾌감을 얻는다; 자신은 아직도 세상에 고통을 줄 정도로 중요한 사람이라는 그의 자만심도 커진다. 그래서 동정에 대한 열망은 자기 만족을 향한 열망이며, 더욱이 이웃의 희생을 전제로 하는 것이다; 동정심은 지극히 자기애에 빠져 남을 전혀 고려하지 않음을 보여준다.[4]

다른 한편, 동정하는 자는 앞서 차라투스트라의 말 그대로 동정을 베풀며 행복을 느끼는 자입니다. 앞 장인 「지극한 행복의 섬에서」에서 행복은 힘이 증가한다는 느낌과 관련되어 있다고 말했습니다. 따라서 행복은 타자와의 비교를 통해서가 아니라 전적으로 한 개체의 행위의 능동성에 의해 획득됩니다. 그러나 동정을 통해 행복을 느끼는 것은 이와는 전적으로 다릅니다. 그 사람은 어떤 능동적 행위를 통해 더 강한 힘의 상태로 이행하는 게 아닙니다. 여기서 행복은 그런 식으로 추구되지 않습니다. 그는 이 힘을 이행의 상태, 결코 정지하지 않고 운동하는 상태로 보는 것이 아니라 고정된 개체들 사이의 양적 차이로 취급합니다. 그렇기 때문에 강자/약자의 규정에서 관계는 기존의 틀에 따라 사유됩니다. 그가 누군가를 약자로 규정하고 그에게 동정심을 느끼는 것은 그 관계를 변화 불가능한 것, 고정된 것으로 확인하는 행위이기도 합니다. 너는 약자다, 마땅히 나의 동정을 받을 만한 약자다라고 말하는 것이지요. 너는 약하다, 그러므로 나는 강하다라고 말하는 이 동정은 그러므로 너는 악하다, 그러므로 나는 선하다라고 말하는 원한의 감정과 동일한 구조를 가지고 있습니다. 동시에 그것은 동정을 받는 상대에게 원한의 감정을 불러일으킵니다. 그는 자신이 약자로 규정되고 동정받아 마땅한 존재가 된 데 대해 복수심을 느끼기 때문입니다. 차라투스트라는 그러므로 다음과 같이 말합니다.

> 왜냐하면 고통받는 자들이 고통스러워하는 것을 볼 때, 그들의 부끄러움 때문에 나는 부끄러워하기 때문이다: 그리고 내가 그들을 돕는 그때, 그들의 자긍심을 심하게 해친다. 지나친 친절은 감사하도록 하기보다 복수심을 부른다; 그리고 작은 선행이 잊혀지지 않는다면, 그것으로부터 좀벌레가 나온다.

동정받는 자도, 동정을 요구하는 자도 마찬가지입니다. 이 복수심은 약자로서 자신의 위치를 상대를 지배하기 위한 도덕적 우월감으로 전환하는 자들의 것입니다. 나는 이렇게 고통받는다, 나의 이 고통에 대해 책임 있는 너희들은 어째서 그리 냉담한가 하고 말하는 자들입니다. 그들은 자신의 열악한 상태를 극복하려는 것이 아니라 그것을 무기로 상대를 지배하고자 합니다. 그러므로 이들은 자신의 약함을 원한 감정의 가장 큰 무기로 삼는 이들입니다. '도덕의 노예 반란'이 가리키는 사태는 바로 이를 의미합니다. 동정은 그러므로 사랑과는 무관합니다. 차라투스트라가 말하는 동정 없음과 가혹함이야말로 오히려 적이 아닌 사랑의 관계에서 비로소 그 진정한 의미를 가집니다.

> 그러나 이 말도 명심하라: 모든 위대한 사랑은 그들에 대한 동정을 넘어선다: 왜냐하면 위대한 사랑은 여전히 그들이 사랑하는 것을 창조하고자 하기 때문이다!
> "나는 나 자신을 나의 사랑에 바친다, 또한 **나와 같은 나의 이웃들도.**" — 창조하는 자들 모두는 이렇게 말한다.
> 그러나 모든 창조하는 이들은 가혹하다. —

여기서 차라투스트라는 동정 대신 사랑에 대해 이야기합니다. 동정은 사랑이 아닙니다. 다시 말하지만, 동정이란 자신과 상대의 우열을 확인함으로써 상대에게 수치심을 불러오고, 자신에게 왜곡된 우월감을 불러오는 행위입니다. 혹은 동정을 요구하는 자에게 그러한 행위는 자신의 고통에 대한 책임을 상대에게 전가하고, 상대의 도덕적 각성으로 그 고통을 벗어나고자 하는 행위입니다. 우리가 진짜 노예가 되는 것은 우리가 지배받는 때가 아닙니다. 권력이 없을 때가 아닙니다. 힘에의 의지를 원한 감정으로 해소할 때, 그것을 잘못된 지배욕으로 방향 지을 때, 우리는 진짜 노예가 되는 것입니다. 타자를 사랑한다는 것은 이러한 원한 감정과는 다른 차원에 존재합니다. 그러므로 니체의 가혹함은 사랑하는 이에 대한 가혹함이며, 사랑하는 이에게서 새로운 창조를 확인하고자 하는 이의 가혹함입니다.

가혹하지 못하다는 것은 무엇을 의미합니까. 삶을 위협하는 것들에 대해 허용되지 않아야 할 관용을 베푸는 일을 말합니다.

> 동정은 도태의 법칙인 진화의 법칙과 충돌한다. 그것은 몰락에 이르러 있는 것을 보존하고, 삶의 상속권을 박탈당한 것과 삶에서 유죄 판결이 내

려진 것을 위해 싸우며, 그것이 **살려둔** 아주 많은 종류의 실패자들에 의해 삶 자체에 음산하고도 의문스러운 측면을 부여한다.[5]

이런 관점에서 동정은 "허무주의의 실천"이 됩니다. 그것은 삶의 가치를 더 높이는 대신 삶에 부정적인 것을 계속해서 보존하려고 하기 때문입니다. 절대적인 진리를 부정한 니체지만, 그렇다고 해서 그가 상대주의자인 것은 결코 아닙니다. 만약 그가 고만고만한 다원多元주의자였다면 기존의 가치에 대해 저항하지 않고 그저 자신의 가치를 찾는 데 만족했을 것입니다. 그러나 그러한 일은 일어나지 않았습니다. 그는 일평생 철저한 반대자였고, 그의 적들에 대해 가혹했습니다. 우리가 만약 전쟁이 없는 상태의 상대주의/다원주의의 가면을 벗겨낸다면, 거기서 발견하는 것은 하나의 원리로 인한 지배일 터입니다. 철저한 전쟁의 상태만이 다원주의를 다원주의이게 합니다. 다원주의를 가능하게 하는 것은 동정과 인정이 아닌, 가혹하고 냉정한 전쟁의 상태입니다.

우리가 대상의 변화에 대해 어떤 기대도 품지 않을 때 우리는 비로소 동정하게 됩니다. 동정하지 않고 사랑하는 한, 우리는 우리 자신이, 그리고 나와 마주한 타자가 새롭게 자신을 극복하기를 바라며 이 바람을 결코 포기하지 않습니다. 그리고 그것은 언제나 냉혹함을 동반해야만 합니다. 동정이 아닌, 이 언제나 가혹한 사랑을 사회적 차원에서 '동정 없는 연대'라는 말로 표현할 수 있을 것입니다. 이 연대는 사회를 지배하는 낙타들끼리의 담합이 아닙니다. 스스로를 극복하고 새로운 가치를 창조하기 위한 연대입니다. 동시에, 이렇게 연대하는 이들은 기존의 사회 속에서 지배받지만 결코 약자로 동정받지 않는 이들, 동정을 거부하는 이들입니다. 이들이야말로 새로운 가치를 창조하는 이들이며, 황금 갑옷을 두른 용에게 기꺼이 저항하는 이들입니다. 마르크스는 부르주아는 기존 사회의 부조리를 결코 볼 수 없다고 말했습니다. 그것을 볼 수 있는 자는 오직 프롤레타리아입니다. 왜냐하면 오직 프롤레타리아만이 부르주아 사회 속에서 억압받고 착취당함으로써 이 사회의 착취 구조를 온전한 눈으로 확인할 수 있기 때문입니다. 부르주아는 이미 그러한 구조 속에서 성공적으로 자신의 삶을 영위하는 이들이기 때문에 이 부조리를 볼 수 없습니다. 마찬가지로 엘리트는 결코 기존의 사회를 변혁시킬 역량을 가질 수 없습니다. 그들은 기존의 사회 질서 내에서 엘리트일 수 있었기 때문에 그 사회 질서의 부조리를 보지 못합니다. 그러므로 창조하는 자는 곧 아방가르드 Avant-garde이고, 이것이 아방가르드의 진정한 의미일 것입니다. 아방가르드는 고통받는 자이며, 멸시받는 자, 학대받는 자, 착취당하는 자입니다. 그러나 그 고통과 착취를 자신에게 동정심을 유발할 도구로 삼는 한 그들은 결코 아방가르드일 수 없습니다. 자신의 열악한 처지를 오직 누군가에 대한 분노로 발설할 때 그들은 원한에 시달리는 노예일 수밖에 없습니다. 아방가르드는 기꺼이 그 부조리에 저항하려는 이들이고, 새로운 세계를 향해 자신의 몸을 내던지는 자들입니다. 그래서 그들은 진정 이 사회의 교사가 될 수 있는 것입니다. 우리는 기꺼이 그들의 말을 듣고 그들에게 호응하고자 합니다. 연대란 그런 것입니다. 저항하는 이들은 동정을 거부합니다. 대신에 그들은 이렇게 말합니다.

> 만약 당신이 나를 도우러 여기에 오셨다면,
> 당신은 시간을 낭비하고 있는 겁니다.
> 그러나 만약 당신이 여기에 온 이유가
> 당신의 해방이 나의 해방과 긴밀하게 결합되어 있기 때문이라면,
> 그렇다면 함께 일해 봅시다.[6]

사제들에 대하여

성직자는 차라투스트라가 가장 혐오하는 인간형 중 하나입니다. 도

덕의 '노예 반란'의 주역이 바로 그들이기 때문입니다. 니체는 '신학자-본능'과 전쟁을 한다고 말하고 있습니다. 신학자 본능이란 "만사에 대해 삐딱하고 부정직한 태도"를 취하는 것이라고 합니다. 그들의 신앙이란 바로 이 "삐딱하고, 부정직한 태도로부터 발전된 파토스"에 불과하지요. 니체는 그다지 철학자처럼 말하는 이가 아니지만, 이러한 비판은 인상비평 이상이 아닌 것처럼 보입니다. 그런데 이러한 니체의 말에 슬쩍 흘려넘기기 힘든 부분이 있습니다. 차라투스트라가 그리스도교에 대해 말하면서도 그것을 종교 자체로서 말하지 않는다는 점입니다.

이는 『차라투스트라』의 서술에 드러나는 일종의 특징이기도 합니다. 차라투스트라는 어떤 지식이나 교리에 대해 말하면서 언제나 그것을 설파하는 이들에 대해 말합니다. '누가 말하는가'는 중요한 문제입니다. 절대적 진리가 존재하지 않는 지평에서 '관점'의 문제를 제기하기 때문입니다. 그러므로 니체는 철학에 대해 이야기하기 위해 철학자에 대해 이야기하고, 종교에 대해 이야기할 때 언제나 종교인에 대해 이야기하지요. 이를테면 인간과 죄를 구분해서 죄에 대해 형이상학적으로 사유를 전개하는 것이야말로 오류라고 비판하는 점도 마찬가지 맥락을 갖습니다.

그런데 이것은 단순히 몇몇 철학자, 몇몇 사제들에 대한 비판을 성급히 일반화하여 철학 및 종교를 비판하는 태도와는 구별되어야 합니다. 이러한 비판은 낯설지 않습니다. 종종 사람들은 일부 타락한 사제들의 행위를 비난하면서 그 비난을 종교 전체로 돌리기 때문입니다. 그러나 이것은 어느 모로 보나 정당한 비판은 아닙니다. 이런 관점에서 특정한 종교와 성직자들의 개별적 행위는 분명히 구별될 필요가 있습니다. 그렇기 때문에 조금이라도 공정함에 대한 존중이 있는 이들이라면, 종교 자체를 비판하기보다는 종교의 가르침을 제대로 실천하지 못한 타락한 성직자들을 비판하고자 합니다. 그리고 이러한 비판은 오히려 기독교의 본질과 가치를 강조하는 효과를 낳습니다. 성직자 비판은 성직자에 대한 어떤 비판이 아니라, 성직자의 성직자답지 못함에 대한 비판이 됩니다. 성직자라는 모범은 여전히 부정되지 않은 채 존경의 대상이 됩니다. 다만 현실에서 그러한 사례를 찾아보기가 쉽지 않을 뿐이죠. 다시 말해 이러한 비판의 대상은 구체적이고 현상적인 차원에서의 성직자이지, 이상적이고 개념적인 차원에 존재하는 성직자는 아닙니다. 가상에 대한 이데아의 우위를 말하는 플라톤주의적인 세계관이 여전히 이런 시각에 기초하고 있습니다. 오류는 이데아 자체가 아니라 그 이데아를 불충실하게 모방한 가상에 있는 것이지요.

하지만 니체는 이데아의 불충분한 모상을 비판하는 것이 아닙니다. 오히려 그가 비판하는 것은 이 이데아가 존재한다는 어떤 착각이지요. 따라서 니체의 성직자 비판은 성직자가 그리스도교의 어떤 가르침을 왜곡하기 때문이 아닙니다. 그에게 그리스도교는 성직자들에 의해서 구성된 것이며, 성직자들에 대한 비판이 곧 그리스도교에 대한 비판이 됩니다. 여기서 우리는 그리스도교를 성직자들과 별개로 존재하는 독립적인 대상으로 취급하기를 그만두어야 합니다. 니체에게 성직자는 이미 존재하는 그리스도교의 가르침을 전달하는 전달자가 아닙니다. 오히려 그리스도교는 성직자들에 의해 구성된 대상이며, 결코 성직자들과 독립적으로 존재할 수 있는 대상이 아닙니다. 혹은 예수의 가르침이란 다양한 해석을 낳는 객관적 대상이 아닙니다. 흔한 오해대로 니체는 하나의 대상에 대한 다양한 해석의 가능성 따위를 말하는 것이 아닙니다. 오히려 그 대상과 해석은 반대의 방향을 향합니다. 예수의 가르침이 다양한 해석을 낳는 것이 아니라, 다양한 해석에 의해 예수의 가르침이 구성된다는 뜻에서 그러합니다. 『성경』을 보십시오. 이미 예수의 가르침은 하나의 가르침으로 나타나는 것이 아니라, 사도들의 기록으로 재구성되는 대상입니다. 예수의 말은 언제나 사도들의 귀를 거쳐 그들의 손으로 다시 기록됩니다. 그리스도교 자체가 바로 이렇게 구성된 것으로서의 가르침입니다.

니체가 그리스도교를 비판하면서 오히려 예수에 대해 호의적인 이유를 우리는 착각하면 안 됩니다. 즉 예수의 가르침을 사제들이 오해했다거나 타락시켰다는 식으로 말하면서, 원래의 그리스도교에 대해 니체가 호의적이었다고 주장하는 이들이 있습니다. 이것은 오해입니다. 다시 말해 예수의 제자들이, 사도들이, 성직자들이 기독교의 본질을 왜곡했다는 식으로 말하는 것은 정확한 비판이 아닙니다. 니체의 관점에서는 예수의 말과 그리스도교가 동일시되는 것이 아니라 그리스도교와 사제들의 말이 동일시되어야 합니다. 예수의 말은 오히려 그리스도교와 대립하는 것이 됩니다. 따라서 니체가 성직자들에 대해 비판하는 것이야말로 그리스도교에 대한 본질적 비판이 됩니다.

그렇다면 차라투스트라는 여기서 무엇을 비판할까요. 그는 이렇게 말합니다. "그릇된 가치와 허황된 말이라는 굴레로" 그들은 괴로워하고 있다고요. 이 표현은 사제의 말이 가진 허위성을 지적합니다. 사제들의 말, 곧 그리스도교에서 사용되는 개념들은 니체에게는 모두가 허위적인 것들입니다. 『안티크리스트』에서 니체는 그리스도교의 허위성을 다음과 같이 나열합니다. 공상적 원인, 공상적 효력들, 공상적인 존재들과의 교류, 공상적 자연과학, 공상적 심리학, 그리고 마침내 공상적 신학까지. 니체에게 그리스도교는 이 모든 공상적인 것의 집합입니다.

> 그리스도교 안에서는 도덕도 종교도 실재성의 어떤 부분과도 접촉하지 못한다. 순전히 공상적 **원인들**('신', '영혼', '나', '정신', '자유의지'.—또는 '자유롭지 않은 의지'도); 순전히 공상적인 **효력들**('죄', '구원', '은총', '죄의 사함'). 공상적인 **존재들** 사이의 교류('신', '영', '영혼'); 공상적인 **자연과학**(인간 중심적이고; 자연적인 원인 개념을 완전히 결여한다); 공상적 **심리학**(순전히 자기 오해이고, 쾌와 불쾌라는 일반 감정에 대한 해석들이다. 예를 들면 교감신경의 상태를 종교적이고-도덕적인 특이 성질을 가진 상징 언어—'후회', '양심의 가책', '악마의 유혹', '신의 다가옴' 등의 도움을 받아 해석해낸다); 공상적 **신학**('신의 나라', '최후의 심판', '영생').—이런 순전히 **허구**의 세계는 꿈의 세계와는 구별된다. **허구 세계**가 실재성을 왜곡시키고 탈가치화시키며 부정하는 반면, 꿈의 세계는 실재성을 반영하기에, 이 구별은 허구 세계에는 불리한 구별이다.[7]

위의 구절에는 니체가 이제껏 비판했던 다양한 그리스도교의 오류가 망라되어 있습니다. 그것들은 하나같이 공상적인 것들입니다. 성직자들의 인식은, 이 장 「사제들에 대하여」에 나오는 표현을 빌리면, "감미로운 향기가 나는 동굴" 속의 인식입니다. 차라투스트라가 이렇게 동굴을 말할 때 명백히 플라톤의 동굴의 비유를 염두에 두고 있습니다. 동굴이란 오직 그림자로서만 세계를 파악할 수밖에 없는 폐쇄적인 공간입니다. 이 제한된 인식의 공간에서 그리스도교는 수없이 많은 개념들을 만들어내지만 언제나 대지의 삶, 총천연색의 삶으로부터 유리된 색채 없는 그림자의 세계를 재구성할 뿐입니다. 차라투스트라가 이 장에서 반복하는 이미지는 하나같이 어둡거나 죽음을 떠올리게 합니다. 성직자들은 "케케묵은 공기"를 마시고, "검은 옷"을 두른 채 "송장으로" 살아가며, "시커먼 연못 가까이에" 사는 자와 같이 살아갑니다. 니체가 긍정하는 것이 생성하는 삶이라면, 이 동굴 속의 세계는 죽음의 세계라고 할 수 있을 것입니다.

그리스도교가 말하는 모든 가치는 삶의 실재성을 왜곡시키고 부정합니다. "감각에 대한 증오, 감각의 기쁨에 대한 증오, 기쁨 일반에 대한 증오"(『안티크리스트』 21절)야말로 그리스도교적인 것입니다. 이를테면 16세기의 르네상스인 카스텔리오(Sebastian Castellio)에 관해 슈테판 츠바이크 Stefan Zweig가 쓴 전기에 묘사된 칼뱅Calvin은 가장 근면하고 금욕적이면서, 감각적인 기쁨에 대한 증오를 가장 잘 보여주는 인물입니다. 그는 자신이 지배한 제네바의 거리에서 주먹다짐을 한 자들을 교수형시켰고, 세례식에서 웃거나 포도주를 걸고 주사위 놀이를 한 사람에게는 징역형을 선고했으며, 예배당에서 사업 이야기를 한 사람을 구속하는가 하면, 춤곡을 연주한 맹인 여성과 거리에서 노래 부르던 자들을 도시 밖으로 추방하기도 했습니다. 이처럼 종교의 가장 금욕적인 모습은 그 자체로 어떤 광기를 드러냅니다. 금욕적 고행의 와중에 신의 이미지를 알현하는 종교적 기적의 장면은 금욕과 광기가 결코 다른 것이 아님을 잘 보여줍니다.

이것이 바로 니체가 보는 성직자의 모습이며, 그리스도교의 모습입니다. 그들은 창조할 수 없는 자들이며, 자신의 창조할 수 없음을 방어하고 오히려 그것을 하나의 지배의 원리로 삼기 위해 금욕을 주장한다고 여겼습니다. 그리스도교는 동정의 종교라고 흔히 말해집니다. 그러나 그 동정은 약한 사제들의 스스로에 대한 연민에 불과하며, 그 사제들은 동정의 감정과 더불어 자신의 지배욕을 서슴지 않고 드러내는 것입니다. 우리는 그것을 연민에 대한 차라투스트라의 설교에서 확인했습니다.

니체는 성직자가 원한의 방향을 변경시킨 자라고 말합니다. 원한은 성직자의 본능입니다. 니체가 노예 도덕을 말할 때 그 핵심은 무엇보다 바로 이 원한의 감정에 있는데, 그런 점에서 성직자는 그 본능상 원한의 감정을 가진 노예일 수밖에 없다고 보는 것입니다.

이 원한의 감정은 사제들이 설교하는 공상적 개념들에 의해 정당화됩니다. 저는 그러한 개념들의 근본에 일종의 교환 관계가 전제되어 있다고 말씀드리고 싶습니다. 그리스도교란 이를테면 그리스도교 경제학입니다. 그것은 독특한 교환의 원리를 내포하고 있습니다. 우리는 흔히 그리스도교가 계산적인 것과 무관하고, 현실적인 차원의 경제적 부에 대해서도 무관심하다고 생각합니다. 하지만 그리스도교의 모든 개념들은 바로 이 교환의 원리에 기반하고 있습니다.

니체는 사제들이 원한의 본능을 가지고 있다고 말했습니다. 사제들은 어째서 원한의 감정을 가지게 되었을까요. 그들이 더없이 약한 존재들이기 때문입니다. 여기서 약하다는 말은 현실적인 권력의 유무와는 무관합니다. 이 약함은 오히려 인간이라는 존재의 실존적 형식과 필연적으로 연관되어 있습니다. 그 실존적 형식은 고통입니다. 니체에게서 인간이라는 존재는 고통을 결코 피할 수 없습니다. 고통은 인간 삶 속에서 하나의 필연이며, 거부될 것이 아니라 기꺼이 인정되어야 하는 것입니다. 니체는 인정이라고도 말하지 않습니다. 아예 사랑하라고 말하죠. 고통스러운 삶의 필연성에 대한 디오니소스적 긍정, 그것이 바로 '운명에의 사랑' 또는 '운명애'(amor fati)입니다. 니체가 불교를 그리스도교보다 높이 평가하는 이유도 여기에 있습니다. 『안티크리스트』에서 니체는 불교가 역사상 유일한 실증적 종교라고 썼습니다. 그것은 불교가 현실을 인정하고 '죄'

가 아닌 고통에 대해 말하기 때문입니다. 이런 점에서 불교는 선과 악의 저편에 있다고 니체는 말합니다. 그러나 사제들은 그러한 고통을 견딜 수 없습니다. 그들은 약한 자들이지요. 그렇기 때문에 그들은 자신들의 고통에 대해 책임을 질 사람이 필요하게 됩니다.

그것은 타자일 수도 있고, 자기 자신일 수도 있죠. 금욕이란 자기 자신에게로 방향이 변경된 원한에 불과합니다. 여기에는 이상한 역설이 있습니다. 즉 고통을 견디지 못해, 자신에게 더한 고통을 가하게 되는 겁니다. 성직자들은 이렇게 말합니다. "내가 불쾌한 것은 그 누군가에게 틀림없이 책임이 있다." 이러한 방식의 추론은 모든 병자의 특징이기도 합니다. 타자에 대해 설령 관용적인 태도를 보이는 경우에도 성직자들은 자신의 원한 감정을 완전히 해소한 것이 아닙니다. 다만 원한의 방향을 자기 자신에게로 돌려버린 데 불과합니다. 그들에게는 여전히 원한의 감정이 강하게 남아 있습니다.

이것은 바로 모든 행위에 대해 어떤 대가를 요구하는 본능과 관련됩니다. 니체가 목적론적 세계관을 반대하는 것은 이러한 교환 관계에서 벗어나고자 하는 것입니다. 목적론적 세계관은 자신의 행위에 의미를 찾고자 하는 세계관입니다. 이것은 거창하게는 목적론적 세계관이지만, 사실은 기복적인 관점에서 인과응보, 권선징악의 논리에 지나지 않습니다. 이것은 약자의 논리이며, 그 관점도 결코 윤리적인 관점이 아닙니다. 오히려 공리주의적인 악취가 풍긴다고도 말할 수 있을 것입니다. 종교적으로 자신의 행위에 대해 대가를 요구하는 것은 이를테면 신과의 교환 관계를 상정하는 행위입니다. 세계의 총체적 정의라는 관점 역시 이러한 교환과 대가의 원리에 기초해 있습니다. 정의의 여신이 무엇을 들고 있는지 생각해보시기 바랍니다. 바로 저울입니다. 죄와 벌 사이의 정확한 무게를 재고 이 둘을 교환하기 위한 것이죠.

공리주의적 윤리관에 대해 가장 철저한 반대자였던 칸트마저 이 목적론을 벗어날 수는 없었습니다. 그는 현실적인 삶에서의 대가 여부를 도덕적 판단의 기준이 아니라고 말한 철학자였습니다. 도덕적 행위는 오히려 그러한 대가와 철저히 무관한 곳에서만 가능해지지요. 하지만 그는 그러한 도덕적 행위가 결국 최종적으로는 인류의 진보, 인류 전체의 자유라는 목적에 기여하게 됨을 부정하지 않았습니다. 그것은 현실(현상)적인 차원에서 인류가 실제로 진보하게 될 것이라는 과학적 판단이 결코 아닙니다. 현실이 비록 보편적 인간 자유의 확대라는 방향으로 가지 않는다 하더라도, 또 인간이 언제나 타인을 수단화하는 관계를 맺을 수밖에 없더라도, 인간은 보편적 인간의 자유와 목적 그 자체로서의 인간이라는 도덕적 목적을 상정하지 않으면 안 됩니다. 만약 인간이 자연의 법칙에 따라, 혹은 자신의 욕망에 따라 움직일 수밖에 없다면, 그에게는 자유에 기반한 어떤 행위도 불가능해집니다. 결국 그의 자유는 인간이 자연의 법칙으로부터, 혹은 그 법칙에 의해 필연적으로 요구되는 인간으로서의 욕망이 설정된 상태에서만 역설적으로 가능해지는 어떤 덕목이 됩니다.

하지만 니체는 이러한 목적론마저 부정합니다. 그것은 현상의 차원이 아닌 가상적 차원(칸트는 이것을 예지적 차원이라고 불렀습니다만)에서라도 목적이란 것이 역시나 어떤 대가로서 인간에게 요구되지 않으면 안 되기 때문입니다. 즉 '지금 현재의 세계는 부조리하고 한없이 비도덕적이지만, 나의 이러한 행위는 결국 인류의 도덕적 진보에 분명한 기여를 할 것이다'라고 말하는 것은 결국 자신의 행위에 대한 어떤 대가를 설정하는 것이라고 봅니다. 니체가 이 세계로부터 어떤 목적을 제거해야 한다고 말한 이유가 바로 거기에 있습니다. 이러한 니체의 말에는 윤리적인 울림이 있습니다. 우리는 어떤 목적을 위해 행위를 하는 것이 아닙니다. 그 행위를 하는 데 어떤 대가도 바라지 않는 행위야말로 윤리적 행위의 가장 숭고한 형태일 것입니다. 니체는 결국 자신의 선한 행동을 내세에 보상받고자 하는 심리는 결국 약자의 심리적 형태라고 보는 것입니다. 이것을 우리는 사랑의 공식에서도 적용할 수 있을 겁니다.

그리스도교의 죄와 벌 개념은 바로 이러한 교환 관계를 위한 전제가 됩니다. 니체는 죄와 부채가 독일어에서 모두 'Schuld'라는 동일한 단어를 쓴다는 사실을 지적합니다. 결국 신과 인간 사이의 관계는 채권자와 채무자 사이의 계약 관계에 불과합니다. 신의 심판은 인간의 행위에 대한 일종의 채무 청산과도 같습니다. 신은 계율을 주고, 인간은 복종합니다. 이 복종은 신을 위한 것이 아닙니다. 인간이 신에게 무엇인가를 요구하기 위한 복종이지요. 만약 신이 그 대가를 인간에게 주지 않는다면, 인간들은 신을 저주할지도 모릅니다. 만약 내세 전체를 부정한다면 그리스도교라는 종교는 어떻게 될까요. 니체가 말하고자 하는 바가 바로 이러한 것입니다. 애당초 예수의 가르침, 즉 '복음'에는 이 죄와 벌의 개념이 없습니다. 예수의 가르침이 내세에 대한 이야기를 담지 않고 있는 것은 이 죄와 벌이라는 개념에 대한 부정과 다름없습니다. 예수는 미래나 내세에의 약속을 말하지 않습니다. 그는 언제나 현재, 지금 이 순간에 대해 말합니다. 또 그는 무엇을 얻을 수 있을지도 말하지 않습니다. 그는 언제나 무엇을 버려야 할지에 대해 말하는 자이기 때문입니다.

> '복음'의 심리 전체에는 죄와 벌의 개념이 없다; 보상이라는 개념도 없다. 신과 인간 사이의 관계를 멀어지게 하는 '죄'가 없어졌다는 것.—바로 이것이 '복음, 기쁜 소식'이다. 지복은 약속되지 않았으며, 조건들에 묶여 있지 않다: 이것이 유일한 사실이다—나머지는 이런 사실을 말하기 위한 기호일 뿐이다……[8]

> '기쁜 소식'은 무엇을 의미하는가? 참된 삶이, 영원한 삶이 발견되었다는 것—이런 삶은 약속되지 않는다. 이런 삶은 거기, 너희 안에 있다: 사랑하며 사는 삶으로서, 뺄 것도 제할 것도 없이 거리를 두지 않는 사랑을 하며 사는 삶으로서. 누구든지 다 신의 자식이다.[9]

하지만 결국 사제들, 특히 내세, 원죄, 믿음 등의 개념을 통해 오늘날의 기독교의 원형을 만든 사도 바울은 이러한 복음의 의미를 왜곡하고 그리스도교를 원한의 종교로 만들어버렸습니다. 이 원한은 바로 보상에 기초하고 있습니다.

이를테면 우리는 유명한 순교자 이그나티우스^{Ignatius}의 편지를 통해 이러한 보상 심리의 한 극단적인 예를 확인할 수 있습니다. 그는 어느 편지에서 이렇게 씁니다. "지금 나는 제자가 되고 있습니다. 나는 아무것에도, 그것이 보이는 것이든 보이지 않는 것이든, 전혀 관심이 없습니다. 이렇게 함으로써 나는 그리스도를 얻으려는 것입니다. 불에 태우고 십자가형에 처하고, 야수들의 먹이가 되게 하고, 뼈를 부러뜨리고, 손발을 찢고, 몸을 가루로 만들게 하십시오. 모든 마귀의 공격이 내 위에 임하게 하십시오. 이렇게 함으로써 나는 예수 그리스도만을 얻기 원합니다!" 이 편지에 드러난, 폭력에 대한 피학적인 열정은 그 자체로 순교자의 광기를 보여줍니다. 하지만 이러한 자학적인 폭력은 아무런 대가 없이 주어지는 게 아닙니다. 이그나티우스는 이러한 고통을 통해 그리스도를 얻는다고 말하고 있습니다. 그리스도를 얻는 것, 그것은 어떤 고통을 치르고서라도 그가 얻고자 하는 가장 큰 대가인 셈입니다.

이그나티우스의 이야기와 함께 저는 니체가 『도덕의 계보』에서 인용한 테르툴리아누스의 이야기를 짝패로 놓고 싶습니다. 이그나티우스가 기꺼이 자신을 희생해서 신의 사랑을 얻고자 함을 보여준다면, 테르툴리아누스는 이러한 희생에서 오는 고통을 신을 믿지 않는 자에게 돌려주기를 원하는 자입니다. 사랑의 종교인 기독교에서 이야기하는 내세와 심판이 얼마나 잔인한지를 이미 앞에서 언급했던 금욕주의자인 테르툴리아누스의 글은 역설적으로 보여줍니다. 예컨대 그는 앞에서도 인용한 책『구경거리』에서 금욕주의를 주장하는 한편 당시 사람들이 서커스, 원형 경기, 연극 등에서 잔인함을 즐기는 것을 적극적으로 비판하고 있습니다. 하지만 정작 그가 신의 왕국의 도래 이후를 상상하면서 보여주는 스펙터클은 검투사 경기로 대표되는 현실의 잔인함을 가볍게 뛰어넘죠. 상상 속 복수의 이 잔인함은 「요한계시록」에서 사랑의 사도인 요한의 이름으로 계시됩니다. 사랑, 사랑, 사랑으로 가득 찬 복음을 말하는 요한이 『성경』 중에서 가장 잔인하고 두려운 계시의 전달자라는 사실이야말로 그리스도교적 사랑의 정체, 그 부정할 수 없는 일관성을 증명하는 것이기도 합니다. 겉으로는 원수를 사랑하고 이웃을 사랑하면서 그들은 속으로는 그러한 상상 속의 복수를 꿈꿉니다. 그러니 이 금욕적 삶이란 곧 심판의 순간에 벌어질 신의 잔인한 복수를 자양분으로 버텨내는 현세의 삶인 셈입니다.

결국 그리스도교에서 영원불멸을 상정하는 이유는 그들이 현세에서는 아무것도 해결할 수 없는 무력한 존재들이기 때문입니다. 그들은 현재의 삶의 불만, 가난, 열악함, 노예 상태, 비참함을 오직 내세에 대한 상상적 복수 속에서만 해결할 수밖에 없는 약한 존재들입니다. 그들은 현실을 바꾸지 못합니다. 현실의 비참함을 해소하지 못하고, 현실의 적을 이기지 못합니다. 하지만 그들에게는 신의 심판이 있고, 내세에서의 행복한 삶에 대한 약속이 있습니다. 믿음과 소망과 사랑 속에서 그들은 기다립니다. 니체는 이렇게 묻습니다. 무엇에 대한 믿음과 소망과 사랑인가. 바로 도래할 신의 왕국에 대한 믿음과 사랑과 소망이며, 그 신의 왕국에서 행해질 통쾌한 복수에 대한 믿음과 소망과 사랑인 것입니다. 신의 왕국에서 그들을 비웃고, 그들에게 침을 뱉고, 그들의 것을 뺏은 모든 사람들을 불구덩이 속에 내던지는 상상. 이 음험하고, 잔인한 복수에 관한 상상이 바로 이 내세에 대한 믿음과 소망과 사랑 속에서 은밀하게 자라나는 것입니다.

덕 있는 자들에 대하여

1권의 5장 「환희와 열정에 대하여」에 이어 차라투스트라는 덕에 대해 다시 말합니다. 여기서 '덕 있는 자들'이라고 차라투스트라가 일컫는 이들은 그가 비판하고자 하는 덕의 소유자들입니다.

버넘과 제싱하우센은 차라투스트라가 크게 세 가지 관점에서 기존의 덕 개념을 반박하고 있다고 말합니다.[10] 여기서 우선 니체가 비판하는 이들은 덕을 보상과 연결 짓는 자들입니다. "너희는 아직 보상받기를 원한다, 너희 덕 있는 자들이여! 덕에 대한 보상과 대지를 위한 하늘과 너희의 오늘을 위한 영원을 갖기를 원하는가!"라고 차라투스트라는 이들의 덕을 비난합니다. 이러한 덕이란 형벌에 대한 두려움에서 비롯되고, 사회적 규제, 신의 계명이라는 구체적인 제도적 형식을 띱니다('police'). 따라서 그것은 의무로서 주어집니다.

파스칼은 아예 이를 하나의 내기로 비유합니다. 파스칼의 내기(Pascal's Wager)라는 유명한 변증론입니다. 파스칼은 신의 존재와 관련하여 신이 있는 경우와 없는 경우로 나누고, 각각의 경우에 믿음과 불신의 기댓값을 계산해봅니다. 먼저 신을 믿는 자가 가질 기댓값을 생각해볼 수 있습니다. 만약 신이 존재한다면 그는 구원을 통해 무한한 보상(영원한 생명)을 받게 될 것입니다. 설령 신이 없다 해도 그가 얻을 손해는 그리 크지 않을 것입니다. 그러나 반대로 신을 믿지 않을 경우는 어떨까요. 만약 신이 존재한다면, 그는 지옥이라는 감당하기 힘든 형벌을 받게 될 것입니다. 그러나 신이 없다면? 그렇다 하더라도 그가 특별히 얻을 이익은 없습니다. 그렇다면 이런 추론의 결과로 우리가 합리적으로 하게 될 선택은 자명합니다. 신을 믿는 것은 작은 손해와 그에 비할 수 없이 어마어마한 이익을 가져다주는 선택이지만, 신을 믿지 않아서 얻는 손해는 한 인간이 감당할 수 있는 것이 아닙니다.

당연히 파스칼의 내기는 신의 존재를 증명하는 데는 아무런 역할을 하지 못합니다. 중요한 것은 여기서 그가 내놓은 이익과 손해라는 개념입니다. 파스칼은 노골적으로 말합니다. "나는 영적인 신앙심에서 우러나온, 경건한 열심에 의해서 이런 말을 하고 있는 것이 아닙니다. 오히려 나는 인간의 이익의 원리에 따라서 그리고 자애심의 유익을 위해서 당연히 이러한 감정을 가져야만 된다고 생각하고 있습니다."[11]

신의 계명이 강력한 구속력을 발휘하는 것은 그것이 어떤 형벌과 보상의 체계를 가지고 있기 때문입니다. 다시 말해 어떤 교환 관계 아래 있기 때문입니다. 이때 신을 믿는 행위는 숭고하고 이타적인 행위가 아니라, 철저히 이기적이며 계산적인 행위가 됩니다. 가톨릭이 교회 제도를 통해 이러한 교환 관계를 명시화했다면, 개신교는 이러한 계산 행위를 믿음이라는 내면적 상태로 치환했습니다. 교환 관계가 없어진 게 아니라 오히려 은폐된 것입니다. 그것이 차라투스트라가 '아직도'라는 표현을 쓴 이유일 것입니다. 면죄부는 단순히 가톨릭의 타락을 의미하는 것이 아닙니다.

교환 관계를 은폐하지 않고 드러냄으로써 그것을 하나의 사회적 제도로 삼았다는 데 가톨릭의 취약함이 있습니다. 개신교의 믿음은 훨씬 더 은밀하게 그 교환 관계를 설정합니다. 신으로부터 받을 수 있는 구원에 값을 매기는 데 반대한 루터는 결코 교환이라는 근원적 구원의 경제학/형식에 반대한 게 아닙니다. 그가 반대한 것은 그러한 교환으로 인간이 내놓아야 할 대가가 일정한 금액이라는 한정된 대가인 점이었습니다. 믿음은 교환을 부정하지 않습니다. 오히려 개신교는 신과의 교환에서 인간이 제시해야 할 판돈을 끝없이 올려놓습니다. 그 판돈이 인간의 전 생애여야 한다고 말하기 때문입니다. 이 정도의 판돈이 아니고서는 신과의 거래란 감히 가능하지 않다고 생각한 것이죠. 이를 통해 루터는 인간을 신 앞에 완전히 바치고 맙니다.

우리는 흔히 중세를 종교가 지배한 시대라고 말합니다. 사회의 제도적 차원에 한정 짓는다면 그 말은 맞을지 모릅니다. 그러나 종교 자체가 지닌 본질에서 개신교는 가톨릭에 비해 훨씬 더 강력한 지배력을 행사합니다. 행위가 아닌 믿음을 요구하기 때문입니다. 그것은 인간 전체를 요구합니다. 너무 단순하게 말하는 것도 같지만, 그런 면에서 개신교는 훨씬 더 근본주의에 가깝습니다.

두 번째로, 삶과 자신에 대한 증오를 표현하는 것으로서의 덕이 있습니다. 사제들이 말하는 덕이란 바로 이런 것이지요. 이들은 자신, 즉 인간에게 속하지 않은 것을 덕이라고, 신적인 것이라고 생각합니다. 신이 인간이 가진 속성의 부정으로 여겨지듯이 이러한 덕은 모든 인간적인 것을 부정하는 것으로서 강조됩니다. 이는 그들에게는 덕이라고 불리지만 실은 질투요, 증오에 지나지 않는 덕입니다.

그러나 덕이 채찍 아래 경련인 그런 이들이 실로 있다: 그리고 너희들은 그 비명을 너무 많이 들었다!

또는 자신의 악덕이 서서히 자라는 것을 덕이라고 부르는 그런 이들이 있다; 그리고 그들의 증오와 질투가 단지 손을 뻗기만 하면, 그들의 "정의"는 깨어서 잠에 취한 눈을 비빈다.

또는 아래로 끌어당겨지는 그런 이들이 있다: 그들의 악마는 그들을 끌어당긴다. 그러나 그들이 더 가라앉을수록, 그들의 눈과 신에 대한 열망은 더 밝게 빛난다.

아, 그들의 비명도 너희 귀에 들렸다: "내가 **아닌** 것, 그것, 그것이 나에게 신이자 덕이다!"

그러나 차라투스트라의 덕은 자신을 부정하는 것도, 보상을 받는 것도 아닙니다. 심지어 차라투스트라는 덕 자체가 보상이라고도 말하지 않습니다. 그리스도교에서 영원한 삶을 보상으로 주는 것은 덕의 보상이 향하는 방향이 자기 자신이기 때문입니다. 지상에서의 죽음 이후의 영원한 삶이란 이 그리스도교의 보상이 얼마나 이기적인 차원에서 이루어지는지를 잘 보여줍니다.

내가 어떤 보상도 회계 담당자도 없다고 가르치기 때문에 이제 나에게 화를 내는가? 그리고 진실로, 덕이 그 자신의 보상이라고는 결코 가르치지도 않았는데.

여기서 차라투스트라는 덕의 비유로 두 가지를 말합니다. 덕은 "어미가 자식을 사랑하는 것", 혹은 "꺼져가는 별들"과 같습니다. 이 둘 모두 결코 자신에게 순환해서 돌아오지 않는 것으로서의 덕을 가리킵니다. 그는 자식에 대한 어머니의 대가를 바라지 않는 사랑과, 죽음 이후에도 사라지지 않는 별빛을 같은 맥락의 이미지로 사용합니다. 이로써 우주적 차원의 힘과 에너지와도 맞닿는 거대한 전망이, 한 인간이 자신/타자의 미래를 사랑하는 일과 동일시됩니다.

> 너희의 덕의 모든 과업들은 꺼져가는 별들과 같다. 그 빛은 언제나 떠돌
> 며 방황한다—그리고 언제 그것은 더 이상 떠돌지 않을 것인가?
> 이처럼 너희의 덕의 빛은 그 과업이 완수된 이후에도 여전히 떠돈다. 이
> 제 잊혀지고, 죽었지만: 그 빛의 줄기는 여전히 살아 방황한다.

별은 사라지지만, 별빛은 계속해서 존재합니다. 오히려 별과의 거리
가 멀수록, 그 별이 사라지고 난 이후에도 오랫동안 그 별빛은 여전히 다
른 공간의 별들에게 가닿지요. 비록 그가 잊혀지고 죽었다고 하더라도 말
입니다. 이 슬픔 속에서, 이 슬픔을 삶의 필연적 조건으로 받아들이고 삶
속에서 극복해내는 것이 니체가 말하는 '운명애'일지도 모르겠습니다.

그렇다면 자신을 위한 것이 아닌 덕은 과연 누구를 위한 것일까요. 인
간이 위버멘쉬를 향한 다리라고 말할 때의 그 다리, 그것이 바로 여기서
꺼져가는 별과도 같은 존재일 겁니다. 별이 다른 별들을 위해 빛나지는
않습니다. 그것은 그저 스스로 빛날 뿐이며, 그런 한에서 자족적이라고
할 수 있습니다.

이것은 신의 가장 중요한 속성이기도 하지요. 신은 어떤 목적을 위해
서 존재하는 것이 아니기 때문입니다. 신은 그 스스로가 원인이고(causa
sui), 그 스스로가 목적입니다. 니체가 신의 죽음을 말한 궁극적인 의도가
인간이 신이 되는 것과 연관되어 있음을 이 대목에서 자연스레 상기할 수
있으리라 생각합니다. 신이란 이처럼 철저히 목적론적 관계에서 벗어나
있습니다. 그 존재 자체가 동어반복적이죠. 데카르트의 명제를 변형해서
'신은 존재한다, 그러므로 존재한다'라고도 말할 수 있겠습니다. 그러나
동시에 이 신은 결코 자폐적인 차원에 머물지도 않습니다. 그 자신은 목
적론적인 관계에서 벗어나 있지만 그의 피조물들은 신을 통해 존재하기
때문입니다. 마치 빛이 만물을 자라게 하듯이, 그렇게 덕은 개체의 죽음
후에도 결코 사라지지 않습니다. 여기서는 심지어 어떤 역설이 발생하기

까지 합니다. 다시 말해 덕이 갖는 자족성은 타자의 존재를 통해 그 사회적·공동체적 의미를 획득합니다. 다른 별들의 존재가 순수한 존재로서의 별 하나의 빛남에 의미를 부여하는 것과 마찬가지라고 하겠습니다.

천민에 대하여

"내 봄날의 우물쭈물하던 슬픔", "6월의 눈송이", "차가운 샘과 축복받은 고요가 있는 높은 곳에서의 여름". 이 장에서 묘사되는 시공간의 이미지는 니체가 차라투스트라를 집필하면서 머물던 질스마리아를 떠올리게 합니다. 또한 "낯선 말을 쓰는 군중들 사이에서 나는 귀를 막고 지냈다"와 같은 문장은 니체가 살았던 도시들인 밀라노, 피렌체, 토리노, 니스의 광장에서 사람들을 뚫고 지나가는 그의 모습을 연상시킵니다. 사람들과 함께 있을 때뿐만 아니라 그들과 떨어져 있을 때에도 니체는 언제나 고독한 존재였습니다. 그러나 광장을 떠나 깊은 산속의 고요 속에서 그는 벗들을 찾고, 부릅니다. 천민이 아닌 자들, 결코 천민이 될 수 없는 자들. 그들이 차라투스트라의 벗들입니다. 바로 "독수리의 이웃, 눈의 이웃, 태양의 이웃"이지요.

여기서 천민(Gesindel)이란 신분제 사회의 특정한 계급이 아니라, 현대 대중 사회의 대중을 가리킵니다(demos라고 부를 수도 있을 것입니다). 이 대중은 대의제 아래서 지배적 권력의 토대가 되는 대중입니다. 니체의 시종일관된 대의민주주의에 대한 강력한 비판이 이 장에도 드러나 있습니다.

현대 사회에서 정치적 권력은 대중의 지지를 통해 획득됩니다. 그러나 그들은 저열한 인간들이며, 삶의 고귀함에 대해서는 무엇 하나 알지 못하는 이들입니다. 차라투스트라는 오직 대중만을 가리켜 천민이라고 말하는 게 아닙니다. "힘의 천민, 글쓰기의 천민, 욕망의 천민"은 대중 사회에서 정치적 장의 세 축에 대해 이야기합니다. 힘의 천민은 정치적 권력을 가진 자이며, 글쓰기의 천민은 지식인 혹은 언론인일 것입니다. 욕망의 천민은 이들을 포함한 대중 전부를 가리킨다고 읽을 수 있습니다.

오늘날 정치적 권력은 자신들의 권력을 위해 흥정하고 그 흥정을 정치적 역량으로 착각합니다. 그들은 어떤 가치를 만들어내지도, 새로운 방향을 제시하지도 못합니다. 천민들은 덕의 가치를, 새로운 덕을 이해하지 못합니다. 권력을 갖고자 하는 이들이 대중들과 흥정하는 이유가 바로 거기에 있습니다. 지배자는 대중의 욕망에 부응해야만 비로소 권력을 확보할 수 있습니다. 또한 이 과정에서 대중은 자신의 권력을 지배자에게 양도함으로써 안전과 욕망을 보장받습니다. 따라서 이 둘은 상호 종속적인 관계 속에서 모두 주체성을 상실합니다. 니체는 가차 없이 이들을 천민이라고 부릅니다.

타란툴라에 대하여

『안티크리스트』에서 니체는 "그리스도교 신 개념—병자의 신으로서의 신, 거미로서의 신(Gott als Spinne), 정신으로서의 신—이것은 지상에 실현되었던 것 중에서 가장 부패한 신 개념의 하나"라고 말합니다. 거미란 은밀한 곳에 거미줄을 치고 자신의 먹이감을 기다리는 동물입니다. 신이 치는 거미줄에는 윤리라는 이름이 붙어 있고, 그 배후에는 원한 감정이 도사리고 있습니다.[12]

타란툴라(독거미)는 누구인가. 그들은 평등/동일성(Gleichheit)이라는 이념을 설교하는 이들, '평등'을 정의의 핵심으로 말하는 이들입니다. 그러나 차라투스트라는 이 '평등'의 이념이 복수심에서 나온 것이라고 단언합니다.

평등의 이념을 중심으로 하는 사상/이론 들은 다양합니다. 오히려 그렇지 않은 예를 찾기 힘든 게 사실이지요. 기독교는 신 앞에서의 만인의 평등을 통해, 선민 의식에 바탕을 둔 유대교의 민족주의를 극복하고 보편 종교가 될 수 있었습니다. 법 앞에서의 모든 인간의 평등은 근대 법치 국가의 가장 중요한 이념입니다. 근대의 대의민주주의 역시 마찬가지입니다. 평등선거는 대의제의 가장 주요한 원칙 중 하나이지요. 공리주의도 있습니다. 공리주의의 '최대 다수의 최대 행복'이라는 목표는 흔히 다수를 위해 개인의 희생을 정당화하는 전체주의적인 구호로 비판받기도 합니다. 그러나 공리주의 이론의 중심에 있는 것은 철저히 개인적이며 동시에 수학적이고 합리적인 사고입니다. 의외로 공리주의의 공리를 '公利'로 잘못 알고 있는 분들도 많습니다. 공리주의의 공리는 '功利'로, 공명^{功名}과 이득^{利得}을 결합한 말입니다. 공리주의는 사회적 정의, 옳고 그름을 오직 이익으로 판단하는 이론이며, 이때 최대 다수란 동일하다고 고려된 개인들의 합에 불과합니다. 다시 말해 공리주의는 '산술적으로 고려된 개인들의 쾌락의 총합이 최대치가 되도록 하는 것이 사회 정의에 부합한다'고 주장합니다. 여기서 개인들은 모두 동일한 것으로 취급되며, 이들 사이에는 어떠한 질적 차이도 고려되지 않습니다. 니체는 사회주의 역시 동일한 관점에서 비판합니다. 오히려 공리주의적 정부보다 더욱 강력한 정부는 사회주의에 의해 구성되며, 평등이 황금율처럼 취급됩니다. 법 앞에서의 평등이라는 법적 정의도 같은 맥락을 가집니다.

니체는 이러한 사유들을 복수심에 의한 사유라고 비판합니다. 시종일관 니체가 비판하는 '무리 짐승'이야말로 이 '평등에 대한 의지'를 가진 이들입니다.

오늘날에는 반대로 유럽에서 무리 동물만이 영예를 얻고 분배하며, '권리의 평등'은 너무나 쉽게 옳지 않은 평등으로 전환될 수 있다: 나는 모든 드문 것, 낯선 것, 특권적인 것, 보다 높은 인간과 영혼, 더욱 높은 의무와 책임, 창조적인 힘의 충일과 지배권을 공동으로 얻기 위한 싸움을 하며 다음과 같이 말하고자 한다—오늘날 고귀하다는 것, 독자적인 존재가 되고자 한다는 것, 달리 존재할 수 있다는 것, 홀로 선다는 것, 자신의 힘으로 살아야만 한다는 것이 '위대함'의 개념에 속한다.[13]

차라투스트라는 평등의 설교자들을 가리켜 복수심이 가득한 자, 종족과 혈통이 비천한 자, 사형 집행인, 집요한 추적자라고 말합니다. 그들의 정의는 곧 복수에 지나지 않습니다. 더 강한 자, 더 위대한 자, 새로운 가치의 창조자들에 대하여 그들은 복수심을 불태웁니다. 이들은 동료들을 추월해 더 위대해지고자 하는 자들을 가로막고, 그들에게 자신들이 지닌 선악의 기준을 덮어씌웁니다. 그리고 그들이 악한 자들이라고 주장합니다.

이 평등의 설교자들과 혼동되고, 뒤섞이고 싶지 않다. 왜냐하면 정의는 내게 이렇게 말하기 때문이다: "인간은 평등하지 않다."
그리고 그렇게 되어서도 안 된다! 만약 내가 그렇지 않다고 말한다면, 위버멘쉬에 대한 나의 사랑은 뭐가 되겠는가?
인간은 천 개의 다리와 계단을 지나 미래로 돌진해야 한다, 그리고 언제나 인간들 사이의 더 많은 전쟁과 불평등이 있어야 한다: 나의 위대한 사랑은 내게 이렇게 말하게 한다!

니체의 이러한 사유에 많은 이들이 불편해합니다. 차이와 불평등을 정의롭다고 주장하는 니체에게 귀족주의, 보수주의라는 딱지를 붙이고자 하는 이들도 마찬가지입니다. 그러나 니체를 기존의 불평등한 사회적 구조, 그러한 구조 내에서의 차별을 옹호하는 자로 보아서는 곤란합니다. 오히려 그가 적대시하는 것은 그러한 구조이기 때문입니다. 이 불평등의 구조는 사실은 평등이라는 외피를 덮고 있습니다. 기회의 평등, 기본권의 평등, 자기 발전의 평등이라고 말해집니다. 우리 사회는 이미 니체가 비판한 민주주의, 공리주의, 보편주의, 자유주의 등 평등의 이념에 지배받는 사회가 아니던가요? 그러나 우리 사회의 어디에 평등이 존재하나요?

여기서 옹호되는 불평등이 우리가 흔히 말하는 사회적 불평등이라고 상정한다면, 니체의 철학은 사회적 불평등의 지속을 옹호하며 그것을 개인의 극복으로 환원하고자 하는 퇴행적인 사유가 되고 맙니다. 자신의 현재 상태를 막연히 긍정하고자 하는 사유는 역겨울 수밖에 없습니다. 니체를 이렇게 해석하는 것은 시간 낭비에 불과합니다. 니체가 '결과의 평등'을 거부했다고 말하는 것은 옳지 않습니다. 그는 오히려 어떤 '결과'에 반대한 것입니다.

그렇다면 차라투스트라가 말하는 불평등이 무엇인지를 보아야 합니다. 그것은 어떤 결과의 상태로 환원되는 것이 아닙니다. 오히려 여기서 우리가 유심히 사유해야 하는 지점은 우리가 '정치', '정치적 행위'라고 하는 어떤 행동입니다. 니체는 평등/불평등의 사유를 전개할 때 한 개인이 처해 있는 객관적인 조건에 대해 과도할 정도로 무심합니다. 이를테면 우리가 평등이나 불평등의 지표로 삼는 모든 기준들은 바로 이러한 객관적인 지표들과 관련된 것이며, 양적으로 환산 가능한 어떤 결과이기도 합니다. 학력, 재산, 소득, 권리 등등. 이런 지표들은 평균적 삶을 위한 필수 요소가 됩니다.

그러나 정치적 행위는 이러한 객관적 목표를 획득하고자 하는 행위가 아닙니다. 정치는 오직 자신이 다른 이들과 다른 존재임을 확인하는 과정에서 발생합니다. 정치적 주체가 되는 일은 어떤 목표의 달성 여부에 따라 판단되지 않습니다. 심지어 평등의 요구를 수행하는 정치적 주체라 하더라도, 그가 정치적 주체가 되는 것은 자신의 요구를 기존의 목소리와 다른 목소리로 말하는 일련의 움직임, 전쟁, 발화 행위 속에서입니다. 정치적 주체란 어떤 정치적 요구의 전제가 아닙니다. 정치적 요구를 통해서만 인간은 정치적 주체가 될 수 있습니다.[14] 그 순간은 평등의 순간이 아닙니다. 심지어 니체에 의해 평등의 설교자라고 비판받은 사회주의자의 이념조차도 그것을 단순한 평등의 요구로 축소시켜서는 곤란합니다.

『공산당 선언』(1847) 마지막 부분에서 마르크스와 엥겔스는 "공산주의자들은 어디서나 모든 나라의 민주주의 정당들 간의 결합과 합의를 위해 노력한다"고 분명히 말합니다. 하지만 다음 구절이 곧바로 이어집니다. "공산주의자들은 자신들의 생각과 의도를 감추는 일을 부끄러워한다. 그들은 자신들의 목적이 지금까지의 모든 사회 질서의 무력적 전복에 의해서만 달성될 수 있다는 것을 공공연하게 선언한다. 지배 계급들로 하여금 공산주의 혁명 앞에 전율케 하라."[15] 이 선언은 단순한 평등의 요구와 거리가 멉니다. 이것은 또한 단순한 수단의 문제도 아닙니다. 오히려 가치의 실현을 위한 전쟁이야말로, 혁명이라는 거창한 말을 붙일 필요도 없는 정치의 가장 중요한 목표이기도 합니다. 중요한 것은 무엇을 요구하는가 하는 문제가 아닙니다. 우리가 던져야 할 질문은 우리는 얼마나 평등한가, 누가 더 많이 가졌는가 따위가 아닙니다. 누가 주체가 되어 말하는가, 누가 명령하는가, 누가 창조하는가, 누가 가치를 판단하는가 하는 질문들입니다.

주인이 된다는 것은 기존의 세계와 차이를 만들어내며, 새로운 가치를 설정하고, 주장하고, 외치고, 명령하는 움직임을 수행한다는 뜻입니다. 여기서 인간은 다른 인간과 동일한 인간이 되고자 하는 것이 아니라, 다른 인간과 동일한 인간이었던 자신 스스로를 고양시키면서 자신만의 높이를 획득하고, 미래를 향한 새로운 다리와 통로가 됩니다. 이런 점에서 우리는 니체가 평등에 대한 사유를 거부했던 이유를 두 가지 맥락에서 이야기할 수 있습니다. 첫째, 그것은 인간이 더욱더 위대해지고자 하는 힘을 가로막는 것이기 때문입니다. 둘째, 그것은 인간의 정치적 행위에 목적의 개념을 도입하고, 이를 통해 일련의 객관적 조건의 요구라는 필요의 충족으로 정치를 협소화시킵니다. 수동적 대중의 탄생은 정치를 이러한 정치적 목적에 한정 짓는 것을 통해서 가능해집니다.

평등한 사회를 만드는 일은 나 자신이 정치적 주체가 되는 것을 필연적으로 요구하지 않습니다. 대의제 하에서 투표의 중요성을 아무리 강조한다 해도, 투표를 한다고 내가 정치적 주체가 되는 것은 아닙니다. 심지어 '나'라는 개인이 존재하지 않았을 때조차도 인류는 이 평등의 목표를 역사 속에서 꾸준히 달성해왔습니다. 하지만, 나 자신이 정치적 주체가 되는 것은 오직 나의 신체를 통해서, 내가 구체적인 발화를 함으로써만 가능합니다. 이것은 머리를 맞댄 진지한 대화와 같은 게 결코 아닙니다. 그야말로 전쟁이 아닐 수 없습니다.

명성이 높은 현자에 대하여

사자의 탈을 쓴, 그러나 실은 낙타/나귀에 불과한 현자/철학자들, 그들은 존경받는 현자입니다. 그러나 그 존경은, 그들의 명성은 군중으로부터 온 것입니다. 명성이라는 것 자체가 원래 그러하기 때문입니다. 무리 짐승에 대한 비판을 거두지 않는 차라투스트라에게 명성은 치욕스러운 것에 불과합니다.

현자들은 말합니다. "나는 군중으로부터 왔다. 그곳으로부터 신의 음성도 왔다." 그들에게는 군중이 곧 신입니다. 그들이 숭배하는 것은 군중이며, 군중에게서 얻은 명성일 것입니다. 이 현자들은 그러므로 노예에 불과합니다. 그들은 군중에게 복종하고 군중을 숭배함으로써 자신의 명성을 획득합니다. 군중이라는 짐수레를 끌며 도시에서 살찌는 나귀라는 표현으로 차라투스트라는 이들을 조롱합니다. 그들을 완고하며 교활하다고 말하기도 합니다. 겉으로 보기에 그들은 군중을 이끌고 있는 존재처럼 보입니다. 하지만 그들은 군중에게 새로운 길을 제시함으로써 군중을 이끄는 자가 아니라, 군중의 요구에 아첨하고 아부하여 명성을 얻는 자일 뿐입니다. 그들은 민중의 요구를 파악하여 그들을 만족시킬 만한 지식을 제공하는 '민중의 하인/노예'에 불과합니다.

또한 나귀는 권력자들의 채찍 아래 수레를 끄는 짐승이기도 합니다. 현자들은 권력의 지배를 견인하는 수단입니다. 이들의 복종은 이중적입니다. 이들은 군중의 노예이자, 권력의 노예이기도 하기 때문입니다. 겉으로는 사자의 얼굴을 하고 있지만 단지 가면을 썼을 뿐입니다. 결코 황야로 나가지 않고 사람들 사이에서 머무는 이들은 독립된 정신, 저항하는 정신이 아니기 때문입니다. 이러한 지적 노예들을 우리는 주변에서 어렵지 않게 발견할 수 있습니다. 지식인, 법률가, 종교인, 철학자, 다시 말해 현자라고 불리는 이들은 기존의 세계에 정당성을 부여해주는 도구에 지나지 않습니다. 사유란 언제나 새로운 사유여야 합니다. 아니, 새롭지 않은 사유는 이미 사유라고 부르기도 민망합니다. 새롭지 않은 사유는 기존 세계의 답습이나 모방, 혹은 대상에 대한 익숙함에 바탕을 둔 재인식에 불과하기 때문입니다. 새로운 사유가 권력과 현재의 세계에 저항한다면, 현자의 지식은 현재의 세계, 권력과 한 몸을 이루고 있습니다. 이 현자들은 단지 죽은 지식만을 가졌을 뿐입니다. 그들의 지식은 현재의 세계를 유일무이하고 변화 불가능한 것으로 용인함으로써 그 유용성을 가집니다. 그런 점에서 그는 완고하고도 교활한 자라고 불릴 만합니다.

이와 같이 군중의 존경을 받는 현자와 대립되는 이를 차라투스트라는 '진실한 자'라고 부릅니다. 그는 군중의 존경과 그로 인한 명성을 뿌리치고, 노예의 행복에서 벗어난 자입니다. 사막의 고독을 기꺼이 감수하는 자, 그가 바로 사자의 의지를 가진 '진실한 자'입니다. 세속의 존경을 받는 지식인과 고독한 은둔자로서의 지식인, 이것은 마치 동양의 전통적 사유에서도 반복되는, 권력에 물들지 않는 지식/지식인에 대한 강조처럼 읽힙니다. 그러나 니체가 말하고자 하는 바는 단순히 지식이 권력으로부터 떨어져 독립적인 상태에서 추구되어야 한다는 순수한 학문에의 권유같은 것이 아닙니다. 사막에서의 고독은 정신의 자유를 위한 것이어야지 은둔이 되어서는 곤란합니다. 대중이 요구하는 지식을 제공하는 대중의 하인, 노예인 현자와 달리 진정한 철학자는 명령하는 자, 입법하는 자, 창조하는 자입니다.

그러나 **진정한 철학자는 명령하는 자이자 입법자이다**: 그들은 "이렇게 되어야만 한다!"라고 말한다. 그들은 우선 인간이 어디로 가야 하는가와 어떤 목적을 가져야 하는가를 규정하며, 이때 모든 철학적 노동자와 과거를 극복한 모든 자의 준비 작업을 마음대로 처리한다.—그들은 창조적인 손으로 미래를 붙잡는다. 이때 존재하는 것, 존재했던 것, 이 모든 것은 그들에게는 수단이 되고 도구가 되고 해머가 된다. 그들의 '인식'은 **창조**이며, 그들의 창조는 하나의 입법이며, 그들의 진리를 향한 의지는—**힘에의 의지**이다. 오늘날 이와 같은 철학자들이 존재하는가? 이미 이러한 철학자들이 존재했던가? 이러한 철학자들이 존재해야만 하지 않을까?······[16]

진정한 철학자와 현자 사이에는 주인 도덕과 노예 도덕의 대립이 내재해 있습니다. '진정한 철학자' 안에서 우리는 명령과 창조, 사유와 의지의 통일을 목격할 수 있습니다. 그러나 현자에게서 우리는 결핍만을 볼 뿐입니다. 그는 새로운 것을 사유하지 못합니다. 기존의 것을 흉내 내지 않는 새로운 사유야말로 사유라 할 수 있습니다. 이것은 단지 참신성, 창의성만을 말하는 게 아닙니다. 사유는 그 가장 본래적인 의미에서 새로운 사유이며, 그런 한에서 모든 사유라 할 수 있는 것은 온전히 자신의 것이라고 말해야 합니다. 그것은 그런 의미에서 창조이며, 명령이고, 힘에의 의지인 것입니다.

여기서 우리는 또한 권력과 지식의 문제를 생각해볼 수 있습니다. 어떤 지식이든 권력과 별개로 존재할 수는 없습니다. 권력이란 존재하는 힘들의 다양한 방향성에 문맥을 지정하고, 그것을 조직하는 힘입니다. '지식-권력'이란 어떤 특별한 경우에만 존재하는 것도 아니고, 결코 통치자의 입장에서만 유리한 것도 아닙니다. 기존의 권력을 전복하는 일도 이 새로운 지식-권력의 힘으로 가능하기 때문입니다. 권력이 결코 자신의 전쟁을 그치는 일이 없듯이 사유도 마찬가지입니다. 『감시와 처벌』의 한 구절에서 푸코는 이러한 권력과 지식의 관계에 대해 다음과 같이 이야기합니다.

권력의 여러 관계들이 정지되어 있는 경우에만 지식이 존재할 수 있다든가, 지식은 권력의 금지 명령이나 요청, 이해관계를 떠나서만 발전할 수 있다고 생각하게 만드는 모든 전통을 버려야 할지 모른다. 어쩌면 권력이 광인을 만든다거나 거꾸로 권력을 버리는 것이 지식인이 될 수 있는 여러 조건의 하나라는 그러한 생각을 버려야 할지 모른다. 오히려 우리가 인정해야 할 것은 권력은 어떠한 지식을 창출한다는 (단순히 지식은 권력에 봉사하기 때문에 지식에 혜택을 주는 것이거나 또는 지식은 유익하기 때문에 그것을 응용하려는 것이라는 그 이유뿐만 아니라) 점이며, 권력과 지식은 상호 직접 관여한다는 점이고, 또한 어떤 지식의 영역과의 상관관계가 조성되지 않으면 권력적 관계는 존재하지 않으며, 동시에 권력적 관계를 상정하거나 구성하지 않는 지식은 존재하지 않는다는 점이다. 따라서, '권력과 지식'의 이러한 관계들은 권력의 제도와 관련해서 자유로울 수도 있고, 자유롭지 않을 수도 있는 한 사람의 인식 주체를 바탕으로 하여 분석되지 않는다. 그와 반대로 고려해 두어야 할 것은 인식하는 주체, 인식되어야 할 대상, 인식의 양태는 모두가 권력-지식의 기본적인 관계와 그것들의 역사적 변화의 결과들이라는 점이다. 요컨대 권력에 유익한 지식이든 불복종하는 지식이든 간에 하나의 지식을 창출하는 것은 인식 주체의 활동이 아니라 권력 지식의 상관관계이고, 그것을 가로지르고, 그것이 조성되고, 본래의 인식 형태와 가능한 인식 영역을 규정하는 그 과정과 싸움이다.[17]

밤의 노래

밤이다: 이제 모든 솟아오르는 샘들은 더 크게 이야기한다. 그리고 나의 영혼도 솟아오르는 샘이다.

밤이다: 이제 모든 사랑하는 노래들이 깨어난다. 그리고 나의 영혼 또한 사랑하는 이의 노래이다.

일상의 부산스러움이 잦아들고, 어둠이 도시를 장악하면, 사위는 조용해집니다. 이때가 차라투스트라의 소리를 가장 잘 들을 수 있는 시간입니다. 시장터에서 들리지 않던 차라투스트라의 목소리는 이제 끊임없이 흘러넘치는 샘처럼 들립니다. 샘은 1권 마지막에서 차라투스트라가 말했던 베푸는 덕, 즉 그의 가르침을 말합니다. 샘이라는 표현에서 대개의 독자들은 깊고 조용한 숲속을 상상하게 됩니다. 다음에 이어지는 「춤의 노래」장의 배경 역시 숲이라는 점에서도 이러한 상상은 설득력을 가집니다. 그러나 여기서의 샘은 숲속의 샘이 아닌 도시 광장의 한가운데 있는 분수라고 보아야 합니다. 니체가 『이 사람을 보라』에서 설명하는 집필 배경에 따르자면 그렇습니다. 그는 1883년 5월 트리톤 분수를 바라보는 로마의 바르베리니 광장 근처에 살 때 이 부분을 썼습니다. 당시의 상태를 니체는 『이 사람을 보라』에서 다음과 같이 적고 있습니다.

그 후 몇 주간을 나는 제노바에서 병석에 누워 있었다. 로마에서의 우울한 봄이 그 뒤를 이었다. 로마에서 나는 내 삶을 받아들였다―쉬운 일은 아니었다. 『차라투스트라』의 시인에게 세상에서 가장 무례한 장소인 이곳은 근본적으로 나를 심히 불쾌하게 했다. 나는 그곳을 자발적으로 선택하지 않았다; 나는 그곳을 떠나서―로마의 대립 개념이자, 로마에 대한 적개심에 의해 설립되고, 내가 장차 설립할 장소와도 같은 아퀼라에 가고 싶었다. 대표적인 무신론자이자 교회의 적이며 나와 가장 유사한 존재인 호엔슈타우펜가*의 위대한 황제 프리드리히 2세를 기념하기 위해 세워진 그곳에 말이다. 하지만 그 모든 것이 숙명이었다: 나는 로마로 되돌아가야 했다. 로마에서 나는 안티크리스트적인 지역을 찾느라 기진맥진해진 다음에야 마침내 바르베리니 광장에서 만족할 수 있었다. 나는 가능한 한 나쁜 냄새를 피하고 싶었고, 그런 곳을 찾느라 얼마나 기진맥진했던지, 델 쿠이니랄 궁에서조차 철학자를 위한 조용한 방 하나가 있느냐고 묻게 되지나 않을까 염려할 지경이었다.―로마를 조망할 수 있고 저 밑의 분수대 물소리가 들리는 바르베리니 광장 높은 방 하나에서 「밤의 노래」라는, 시 중에 가장 고독한 시가 씌어졌다; 그 시기에는 말할 수 없는 우울한 멜로디가 내 주위를 언제나 감싸고 있었고, 그 후렴을 나는 "불멸 앞에서의 죽음……" 이라는 말에서 다시 발견했다.[18]

영국 역사가 프루드(James Anthony Froude)는 천재를 "그곳에서 나오는 것보다 항상 그 안에 나올 것이 더 많이 들어 있는 샘물"이라고 정의했습니다.[19] 그럴듯한 표현입니다. 밤이 되어 광장의 모든 이들이 저마다의 집으로 돌아가고, 무수히 뱉어놓은 말의 울림마저 사그라진 뒤에야 비로소 분수의 물이 솟아오르는 소리/니체의 가르침은 들립니다. 낮 동안, 시장 터/광장에서는 차라투스트라의 말에 아무도 귀 기울이지 않기 때문입니다. 밤에도 사정은 크게 다르지 않습니다. 밤에 모든 이들은 잠에 들기 때문입니다. 편안히 잠든 자들은 1권의 2장 「덕의 강좌에 대하여」에서 보았듯이 사제의 설교를 잘 들은 이들이기도 합니다. 그렇다면 그 샘물 소리는 누가 들을까요. 밤에도 잠들지 못하는 자들, 사제의 설교를 통해서도 천상의 약속을 통해서도 편안히 잠들지 못하는 자들일 것입니다.

2권 도입부의 「지극한 행복의 섬에서」 이후로 차라투스트라는 최후의 인간들에 대한 설교를 이어 나갑니다. 그러다가 설교를 멈추고 새로운 어조로 말하기 시작하는 부분이 바로 이 장에서 시작하여 「춤의 노래」, 「무덤의 노래」에 이르는 세 편의 노래입니다. 말하자면 일종의 삽입구라고 할 수도 있겠습니다.

첫 번째 노래인 「밤의 노래」는 위에서 니체가 말한 대로 극단적으로 우울한 상태에서 쓰였습니다. 우리는 이 노래를 통해 그의 내면을 통찰할 수 있습니다.

디오니소스의 가장 깊은 우울 또한 송가가 되었다; 이에 대한 표시로 나는 「밤의 노래」를 들어보겠다. 이 노래는 빛과 힘의 충일 때문에, 그리고 자기의 태양적인 본능 때문에 사랑할 수 없는 비운을 타고난 데에 대한 불멸의 탄식을 하고 있다.[20]

여기서 차라투스트라는 유일하게 가르치는 자로서 느끼는 고독을 애도합니다. 그것은 축복이자 저주이기도 합니다. 그는 동료를 원하지만, 그에게는 오직 그의 말을 듣는 제자만이 있기 때문입니다. 베푸는 덕을 황금에 비유하면서 그 훌륭함을 강조했던 차라투스트라지만, 그것만으로는 고독을 벗어날 수 없습니다. 왜냐하면 언제나 주기만 하고 받지는 못하기 때문입니다. 바로 이것이 그를 궁핍하게 합니다. 니체 연구자인 스탠리 로젠은 이를 신의 죽음 후에 살아남은 사탄의 고독이라고 말하기도 합니다. 이 또한 그럴듯한 표현입니다.[21] 신이 죽고/빛이 사라지고, 그 자신이 신/빛이 되어버린 상태에서 차라투스트라는 고독과 질투라는 감정에 고통스러워합니다.

> 나는 빛이다: 아, 내가 밤이었다면! 그러나 내 주위의 빛에 매여 있다는 것, 그것이 나의 고독이다.
> 아, 내가 어둡고, 밤과 같았다면! 빛의 젖을 열심히 빨았을텐데!
> 나는 아직도 너희 자신을 축복하고자 한다, 너희 작은 빛나는 별들과 머리 위 반딧불이들을!—그리고 너희가 빛을 베푼다면 행복할 것이다.
> 그러나 나는 내 자신의 빛 속에 살 것이고, 나로부터 터져 나온 불꽃을 다시 내 안으로 마실 것이다.
> 나는 받는 이의 행복을 알지 못한다; 그리고 종종, 훔치는 것이 받는 것보다 더 행복할 것이라고 꿈꿔왔다.
> 나의 가난은 내 손이 결코 선물하기를 쉬지 않아서이다; 나의 질투는 기다리는 눈을, 또 그리움으로 환해진 밤을 보는 것이다.
> 오, 모든 베푸는 자들의 불행이여! 오, 나의 태양의 빛바램이여! 오, 욕망을 향한 욕망이여! 오, 배부름 속의 극심한 배고픔이여!

여기서 우리는 위버멘쉬의 의욕이 자신의 동일성을 확장하고자 하는 것이 아님을 알 수 있습니다. 위버멘쉬란 스스로의 동일성을 확장함으로써가 아니라 새로운 타자와의 만남을 통해 가능해지기 때문입니다. 위버멘쉬란 그러한 만남, 충돌, 갈등, 고뇌 그리고 마침내 생성, 변화, 겪음 (Leiden)의 사건 자체입니다. 그러므로 신의 죽음 이후에 유일신이 되는 것은 결코 차라투스트라가 바라는 바가 아닐 것입니다. 그의 고독은 신을 기다리는 고독입니다. 새로운 생명의 잉태와 탄생은 그가 시종일관 말하고 있는 미래에의 기대입니다.

끝없는 갈망 속에서도 차라투스트라가 보여주는 사람들을 향한 사랑은 여전히 아름답습니다. 사랑은 그를 충동질하면서, 동시에 괴롭힙니다. 그는 타인의 덕을 받는 이들을 부러워하면서 오직 주는 자로서 지쳐갑니다. 그러나 이러한 궁핍의 지점에서 다시 시작하는 것이 차라투스트라의 운명입니다. 그는 그러한 운명을 사랑할 수밖에 없는(amor fati) 자입니다.

> 인간에게 있는 위대함에 대한 내 정식은 운명애다: 앞으로도, 뒤로도, 영원토록 다른 것은 갖기를 원하지 않는다는 것. 필연적인 것을 단순히 감당하기만 하는 것이 아니고, 은폐는 더더욱 하지 않으며 ─ 모든 이상주의는 필연적인 것 앞에서는 허위다 ─, 오히려 그것을 사랑하는 것……[22]

이러한 고독한 운명의 한가운데서 니체가 소환하는 인물이 있습니다. 바로 그리스 신화 속의 여성, 아리아드네입니다. 니체는 고독에 대한 응답이 아리아드네라고 말합니다. 그녀는 디오니소스의 고독에 응답하는 여인이자, 디오니소스 자신이기도 하며, 결국 차라투스트라이기도 합니다.

> 이와 같은 것은 한 번도 씌어지지 않았고, 한 번도 느껴지지 않았으며, 한 번도 그렇게 괴로워했던 적도 없었다: 그렇게 어떤 신이, 디오니소스가 괴로워한다. 빛 속에 있는 태양의 고독에 관한 송가에 대한 응답이 아리아드네일 것이다…… 나 외에 누가 아리아드네가 무엇인지 알겠는가!…… 이런 모든 수수께끼에 대해 이제껏 누구도 해답을 찾지 못했다. 나는 이런 수수께끼를 보기라도 하는 자가 있으리라고도 생각하지 않는다. ─ 언젠가 차라투스트라는 어느 누구도 그 의미를 착각하지 않게끔 자기의 과제를

엄격하게 규정했으며—그것은 내 과제이기도 하다—: 그는 과거의 모든 것들도 긍정하고 정당화하며 구제하기에 이른다.[23]

들뢰즈는 이러한 만남의 한가운데 놓인 아리아드네를 니체 철학에서 근본적인 역할을 하는 인물로 제시합니다.

> 두 남자 사이의 여느 여자들과 마찬가지로 아리아드네는 테세우스와 디오니소스 사이에 있다. 니체의 철학에서 아리아드네는 근본적인 역할을 한다. 왜냐하면 아리아드네는 여자 또는 아니마Anima이기도 하지만, 동시에 그녀 자신이 곧 니체 철학의 주요 개념들의 교차 위에 자리 잡고 있기 때문이다. 이런 이유로 해서 아리아드네는 양면성을 지닌다.[24]

여기서 들뢰즈가 말하는 아리아드네의 양면성은 무척 흥미로운 해석입니다. 그것은 들뢰즈가 니체 철학을 '동일한 것의 영원회귀이자 차이의 철학'으로 읽어내는 점과도 이어집니다. 그에게 니체 철학의 긍정성은 차이에 대한 긍정이며, 동일한 것의 영원회귀야말로 바로 이를 상징하기 때문입니다.[25] 차이를 긍정하며 동일한 것을 반복한다는 말은 형용모순처럼 들립니다.

그것은 아리아드네의 운명이기도 합니다. 그녀는 테세우스에게 첫눈에 반하여 모든 것을 줍니다. 그녀의 덕은 대가 없이 베푸는 덕이기도 합니다. 하지만, 문제가 그렇게 간단하지는 않습니다. 아리아드네가 테세우스에게 베푸는 동안, 아직까지 그녀는 어떤 부정적인 감정, 허무주의에서 자유롭지 않기 때문입니다. 그녀는 테세우스를 아무런 대가 없이 돕지만, 그에게 버림받습니다. 그리고 자신을 버리고 간 테세우스에 대한 원망과 버림받은 자의 비참함을 토로하는 '아리아드네의 탄식'은 「밤의 노래」에서 차라투스트라의 탄식이기도 합니다. 차라투스트라는 곧 아리아드네이기 때문입니다.

누가 아직도 나를 따뜻하게 하는가, 누가 아직도 나를 사랑하는가?

뜨거운 손을 주오!

심장의 화로를 주오!

쓰러져 덜덜 떨면서,

사람들이 발을 덥혀주고 있는 반쯤은 죽은 자처럼

아아, 알 수 없는 열에 몸을 떨고,

예리하며 차디찬 서리의 화살에 맞아 몸을 떨면서,

그대에게 쫓겼네, 사유여!

[……]

사라졌다!

그가 달아나버렸다

내 유일한 동료가,

내 대단한 적이,

내 미지의 자가,

내 교수자-신이!

안 된다!

돌아오시오!

그대의 온갖 고문과 함께!

내 모든 눈물은

냇물이 되어 그대에게 흐르네

그리고 내 심장의 마지막 불꽃이

그대를 향해 불타오르네

오오, 돌아오시오,

내 미지의 신이여! 내 고통이여!

내 마지막 행복이여!……[26]

그러나 이 탄식의 순간에 아리아드네는 디오니소스를 만납니다. 디오니소스에 대한 응답이 아리아드네라고 한 이유는 이러한 아리아드네의 변신에 있습니다. 아리아드네는 테세우스와 디오니소스의 사이에 놓인 여성입니다. 그녀는 하나의 수수께끼이자 수수께끼를 푸는 자, 미로를 푸는 테세우스를 돕는 이이며, 동시에 또 다른 미로인 디오니소스를 만나는 이이기도 합니다. 이 반복되는 이미지들 속에서, 영원회귀의 순환성은 아리아드네의 운명과 겹쳐집니다.

아리아드네의 한쪽에는 테세우스가 있습니다. 영웅-바그너-아테네인-원한 감정-엄숙하고 진지함-승리를 향한 의지. 그것이 테세우스의 모습입니다. 웃을 줄 모르는 자, 춤출 줄 모르는 자입니다. 복수심의 칼을 든 자입니다. 그는 아테네의 소년소녀들을 자신의 만찬거리로 만든 반인반수의 괴물 미노타우로스에게 스스로 제물이 되어 복수를 하고자 합니다. 미노타우로스는 다이달로스의 미로 한가운데 있습니다. 이 미로는 인간의 무의식이자, 심연일 겁니다. 미노타우로스는 그 무의식이자 심연의 중핵이며, 그 속에 도사리고 있는 악마적인 것, 인간이면서 인간이 아닌 것, 거대한 욕망이자 스스로를 빛 속에 드러내지 않으려 하는 검은 욕망이기도 합니다.[27] 미노타우로스를 죽이는 순간, 테세우스는 그 어둠을 척살합니다.

그런데 미노타우로스를 베어버린 그 칼을 테세우스의 손에 쥐어준 사람은 바로 아리아드네였습니다. 여기서 아리아드네의 사랑은 원한으로부터 결코 자유롭지 못합니다. 테세우스가 휘두른 칼은 아리아드네 자신의 칼이기도 합니다. 자신의 이복 오라비 미노타우로스에 대한 분노가, 혹은 정숙하지 못한 자신의 어머니 파시파에에 대한 분노가 여기에 있습니다. 들뢰즈는 아리아드네가 테세우스의 손에 쥐어준 붉은 실을 도덕의 실이라고 말합니다. 앞 장에서 타란툴라 독거미가 쳐놓은 덕의 그물의 이미지가 여기에 겹쳐집니다.

아테네의 영웅인 테세우스는 마치 소크라테스와 같은 자이기도 합니다. 인간의 심연, 무의식으로 향하는 그는 곧 미로를 파괴하는 자이며 모든 걸 태양 아래 던져놓는 자입니다. 그러나 미로 자체가 하나의 도덕이기도 합니다. 삶과 욕망 자체에 이르는 길을 겹겹의 벽으로 가로막고 있기 때문입니다. 테세우스는 그 미로 속에서 미노타우로스를 살해함으로써 도덕의 미로 중심에 텅 빈 공백만을 남겨놓습니다.

그런데 테세우스는 아리아드네를 낙소스 섬에 버려두고 갑니다. 그녀는 아직까지 미노타우로스의 누이이며, 아테네로 갈 수 없는 자이기 때문입니다. 그런데 이 버림받는 순간에 또 다른 만남, 그녀의 운명을 완전히 바꾸는 새로운 사건이 그녀를 기다립니다. 원한 감정에서 자유로운 영혼으로의 도약이 여기에 나타납니다. 아리아드네가 테세우스에게 버림받고 디오니소스를 만나는 장면은 니체 철학의 주요 개념들이 교차하는 지점과 겹쳐집니다. 들뢰즈는 이 극적 순간을 다음과 같이 서술합니다.

> 그렇다면 테세우스로부터 버림받은 아리아드네는 무엇을 의미하는가? 사실 부정적인 의지와 반작용이라는 형식 간의 결합, 부정의 정신과 반응적인 영혼 간의 결합이 허무주의의 최종적 결말은 아니다. 왜냐하면 부정의 의지가 반작용의 힘과 맺은 결합 관계를 파기하는 순간, 부정의 의지가 반작용의 힘을 포기하며 그것에게 맞서기까지 하는 순간이 도래하기 때문이다. 아리아드네는 자신의 목을 매달고 죽기를 원한다. 그러나 아리아드네가 죽기를 원하는 이 순간은, 마치 허무주의가 완성되면서 허무주의 자신이 오히려 자신의 반대자에게 자기 자리를 내주는 것과도 같은 그 어떤 이중의 변환을 예고하는 그런 근본적인 순간("자정")이기도 하다.[28]

니체는 기존의 도덕과 진리를 모두 부정하면서 허무주의의 극한으로 치닫습니다. 그러나 그러한 허무주의의 극한에서 오히려 허무주의는 허무가 아니라 삶에 대한 긍정, 운명에 대한 사랑으로, 자신과는 전혀 다른 것이 되어버립니다. 세계의 목적을 부정하고 이 세계의 의미 없음을 말하는 니체의 허무주의는 이러한 부정을 통해 역설적으로 누구보다 가장 능동적인 의미에서 세계 자체를 긍정하게 됩니다. 니체적 사유의 완성이란 이러한 극적 전환을 통해 이루어지는데, 이는 테세우스와 디오니소스의 만남과 다를 바 없습니다.

낙소스 섬에서 테세우스에게 버려진 아리아드네는 디오니소스와 만나 그의 연인이 됩니다. 그리고 생명을 잉태하게 됩니다. 테세우스가 복수를 행하는 엄숙한 영웅이라면, 디오니소스는 위버멘쉬-니체-자기 긍정-가벼움-춤추는 신입니다. 바로 이 테세우스와 디오니소스의 간극을 메우는 것은 아리아드네의 도약입니다. 도덕의 미로에서 빠져나온 아리아드네는 이제 디오니소스라는 새로운 미로, 해석의 미로, 가면의 미로, 표면의 미로를 만나게 됩니다.

디오니소스:

현명해라, 아리아드네!⋯⋯
너는 작은 귀를 가졌으며, 너는 내 귀를 갖고 있느니:
그 안에 현명한 말 하나를 꽂아 넣으라! ―
자기에게서 사랑해야 하는 것을 먼저 미워해서는 안 되지 않겠는가?⋯⋯
나는 너의 미로이다⋯⋯[29]

이리하여 미로는 이제 반지이자 귀이며, 적극적이거나 긍정적인 것을 통해서 이야기되는 영원회귀 그 자체가 된다. 미로는 더 이상 사람들이 길을 잃어버리는 길이 아니라 되돌아오는 길이다. 또 미로는 더 이상 인식과 도덕의 미로가 아니라 삶의 미로, 산 자로서의 존재의 미로이다. 디오니소스와 아리아드네 간의 결합의 산물, 그것은 곧 초인 또는 초-영웅이며, 우월한 인간의 반대자이다. 초인은 동굴과 [높은] 꼭대기에 살아 있는 자, 귀를 통해 성장하는 유일한 아이, 아리아드네와 황소의 아들인 것이다.[30]

춤의 노래

차라투스트라의 내면에는 어둠과 공포가 아니라 사랑이 있습니다. 그래서 그는 춤추던 소녀들을 위해 노래하기 시작합니다. 차라투스트라는 잠자고 있는 큐피드를 깨우고, 중력의 영▓인 악마를 상대로 노래합니다. 가벼운 발로 춤추고, 날아가면서, 최고의 높이를 지향하는 차라투스트라와 어둠이 내린 숲에서, 숲 아래 장미 꽃밭에서, 삶에 대한 더없는 사랑을 깨우는 차라투스트라가 동시에 여기 있습니다. 그는 소녀들과 함께 춤을 추면서 중력의 영, 세계의 주인이라고 불리는 악마를 위한 노래를 부릅니다.

그리고, 의인화된 삶과 차라투스트라가 주고받는 이야기가 진행됩니다. 삶은 차라투스트라를 비웃습니다. 삶을 이해하지 못했다고, 삶은 이해할 수 없는 것이라고 말하면서 차라투스트라를 조롱합니다. 차라투스트라는 위대한 스승이 아니라 삶에게 조롱받는 인물이 됩니다. 여성으로 비유된 삶 앞에서 차라투스트라는 초라합니다. 삶은 차라투스트라에게 자신을 이해할 만큼 예민하지 못했다고 말합니다. 여기에는 차라투스트라가 주장하고 싸웠던 지혜와, 그가 결코 헤아릴 수 없다고 말한 삶 사이의 비교가 있습니다.

삶은 차라투스트라에게 말합니다. 그가 찾는 지혜의 필연성을 버릴 때만이 자신을 헤아릴 수 있다고. "그대는 원하고 갈구하며 사랑한다. 그로 인해 오직 삶을 찬양한다"고 "거친 지혜"는 말합니다. 지혜는 이렇게 말하며 삶을 질투하고 있습니다. 차라투스트라는 여기서 일종의 삼각관계에 놓입니다. 삶과 지혜, 그리고 차라투스트라가 맺는 삼각관계이지요. 여기서 지혜는 차라투스트라를 삶으로 이끄는 매개가 됩니다. 그런데 그것은 삶과 닮았지만 결코 삶 자체는 아닙니다. 그렇기에 차라투스트라의 삶에 대한 사랑은 지혜에게 계속된 질투의 대상이 됩니다. 차라투스트라의 사랑은 결국은 삶을 향한 것이기 때문입니다.

이는 우리 셋의 관계 때문이다. 나는 삶을 진심으로 사랑한다. 참으로 삶을 미워할 때야말로 삶을 가장 사랑하는 것이다!

그런데 내가 지혜에게 다정하게, 종종 지나칠 정도로 다정하게 대하는 것은 지혜가 나에게 삶을 간절히 생각나게 하기 때문이다.

차라투스트라는 여기서 지혜를 변덕스럽고, 고집 세며, 심술궂고, 가식적이고, 소녀와 같다고 말하고 있습니다. 그러나 이것은 곧 삶의 속성이기도 합니다. 지혜란 삶의 모방에 불과하기 때문입니다. 삶이 직접 겪는 것이라면, 지혜는 그것을 바라보는 것입니다. 이러한 삶과 지혜의 관계는 이 장에서 말해지는 노래와 춤의 관계이기도 합니다. 춤이 삶이라면, 노래는 지혜일 것입니다. 니체는 『차라투스트라』에서 이미 여러 번 춤추는 신에 대해 말한 바 있습니다.

나는 춤출 줄 아는 신만을 믿으리라(1권, 「읽기와 쓰기에 대하여」).

나의 크나큰 동경 [……] 일체의 생성이 신들의 춤과 신들의 자유분방으로 생각되고, 이 세계가 해방되어 제멋대로이며 자기 자신을 향해 다시 도망치고 있는 것으로 생각되는 그곳에는(3권, 「낡은 서판과 새로운 서판에 대하여」).

무거운 것 모두가 가볍게 되고, 신체 모두가 춤추는 자가 되며, 정신 모두가 새가 되는 것, 그것이 내게 알파이자 오메가라면. 진정, 그것이야말로 내게는 알파이자 오메가렷다(3권, 「일곱 개의 봉인」, 6절)!

니체를 주제로 한 논문을 써서 학위를 받기도 한 카잔차키스(Nikos Kazantzakis)의 소설 『그리스인 조르바』에는 다음과 같은 장면이 나옵니다. 조르바는 대지와 하나가 되면서도 대지의 무게를 초월해 공중으로 날아오릅니다. 춤추는 조르바의 모습 사이로 소녀들 사이에서 춤추는 차라

그는 펄쩍 뛰어 오두막을 뛰쳐나가 신발과 코트와 조끼를 벗고 바짓가
랑이를 무릎까지 걷어 올리고는 춤을 추기 시작했다. 그의 얼굴엔 갈탄이
시커멓게 묻어 있었다. 눈의 흰자위는 번쩍거렸다. 이윽고 그는 춤에다 몸
을 맡기고, 손뼉을 치는가 하면 공중으로 뛰어올랐고, 발끝으로 도는가 하
면 무릎을 꿇었다 다리를 구부리고 다시 공중으로 뛰어올랐다. 흡사 고무
로 만든 사람 같았다. 그는 갑자기 자연의 법칙을 정복하고 날아가려는 듯
이 공중으로 펄쩍 뛰어올랐다. 그를 보고 있노라면 늙은 육신 속에 그 몸
을 들어다 어둠 속에 유성流星처럼 던져 버리고 싶어 안달을 부리는 영혼이
하나 있는 것 같았다. [31]

조르바는 내가 오랫동안 찾아다녔으나 만날 수 없었던 바로 그 사람이
었다. 그는 살아 있는 가슴과 커다랗고 푸짐한 언어를 쏟아내는 입과 위대
한 야성의 영혼을 가진 사나이, 아직 모태母胎인 대지에서 탯줄이 떨어지지
않은 사나이였다.[32]

디오니소스는 어떤 신인가요. 니체는 그리스 비극의 의미를 자신이
비로소 발견했다고 주장했습니다. 비극이라는 말은 고대 그리스어 τρα
γῳδία(tragōidía)라는 말에서 유래했는데, 이것은 산양을 뜻하는 τράγος
(trágos)라는 말과 노래를 뜻하는 ὠδή(ōidé)라는 말이 결합된 것입니다. 즉
이것은 디오니소스 축제에서 유래된 말로, 비극이라는 말 자체가 산양의
탈을 쓰고 술을 마시고 춤을 추며, 노래를 부르는 행위를 가리킵니다.
그러므로 비극은 오늘날 우리가 보통 이해하는 대로 '슬픔'이라는 감
정과 결부된 양식이 아닙니다. 니체는 『비극의 탄생』에서 비극의 존재를
삶의 결핍이 아니라 오히려 흘러넘침을 보여주는 것으로 이해합니다. 그
리스 비극에 내재된 아폴론적인 것과 디오니소스적인 것, 이 두 가지 예술
충동의 통일은 삶의 의미에 대해 새로운 인식의 장을 열어줍니다(니체가

『비극의 탄생』에서 디오니소스와 아폴론의 결합으로 비극의 기원을 설명하는 것은 의지와 표상으로 세계를 파악한 쇼펜하우어의 직접적인 영향력 아래 니체가 있음을 보여줍니다). 니체는 이렇게 삶의 의미를 새롭게 인식하게 하는 디오니소스를 그의 세계관을 상징하는 신으로 사유합니다. 이 디오니소스를 이해하기 위해 우리는 우선 아폴론에 대해서 이야기할 필요가 있습니다.

그리스 비극과 아폴론, 디오니소스에 대한 니체의 글들은 그의 저술 목록 앞자리에 자리 잡고 있습니다. 시기적으로는 1870년에서 73년에 이르는 스위스 바젤 시기의 저술들입니다. 「그리스 비극에 관한 두 개의 공개 강연」, 「소크라테스와 그리스 비극」, 「비극적 사유의 탄생」, 「디오니소스적 세계관」, 「그리스 비극 시대의 철학」 그리고 『비극의 탄생』이 그 저작들입니다. 이 글들은 니체의 초기 사유를 사로잡았던 그리스 비극과 디오니소스적 세계관이 무엇인지를 보여줍니다. 물론 이 초기의 사유는 니체에 의해 조금씩 변형됩니다. 그 스스로도 만족할 만한 사유가 아니었던 탓에 「비극적 사유의 탄생」을 제외하고는 당시에 출간되지 않았고, 유고로만 남아 있기도 합니다. 이를테면 그는 『비극의 탄생』을 덜 성숙한 저작이라고 직접적으로 언급하기도 합니다.

니체는 『비극의 탄생』에서 아폴론을 가상假象의 가상을 보여주는 신이라고 말합니다. 현실 세계의 불완전함과 대비되는 완벽한 가상, 개별화 원리의 신성화, 현실적인 것을 초월해 존재하는 이상적 세계상, 그러므로 하나의 꿈, 이러한 것들이 아폴론을 말하면서 이야기됩니다. 또한 아폴론은 빛의 세계이기도 합니다. 레오나르도 다빈치는 자신의 예술 노트에 아주 흥미로운 문장 하나를 쓴 적이 있습니다. "태양은 결코 자신의 그림자를 본 적이 없다." 일체의 그림자를 허용하지 않는 세계, 아폴론의 세계란 바로 그러한 세계입니다. 아폴론은 자신의 빛을 통해 이 불완전한 세계를 구원합니다.

이 빛 아래 드러난 신적 세계를 니체는 '그리스적 명랑성'이라는 말로 표현하기도 했습니다. 그러므로 아폴론은 이 세계 내의 불완전한 일상을 살아가는 인간에 대한 하나의 구원이 됩니다. 그런데 이 아폴론적인 것, 완벽한 가상이란 하나의 경계를 통해 성립하는 이상입니다.

알맞은 경계 지음, 저 거친 격정으로부터의 자유, 조형가 신의 지혜와 안정이. 그의 눈은 '태양처럼' 고요해야 한다. 그의 시선이 노하고 불쾌한 빛을 띨 때조차도 아름다운 가상의 신성함이 그 위에 놓여 있어야 한다.[33]

이 경계는 공동체 안에서 개인의 이상적인 위치를 지정합니다. 그런 의미에서 아폴론적 가상을 척도이자 한계라고 말할 수 있는 것입니다. 그러므로 개체화 원리로서의 아폴론적 이상을 말할 때 개체화란 공동체의 질서와의 관련 아래서 그 의미가 파악되어야 합니다. 니체는 디오니소스적 화해가 이상적인 공동체를 상정한다고 말하지만, 실상 공동체의 이상을 보여주는 건 디오니소스적인 것이 아니라 아폴론적인 것입니다. 공동체는 디오니소스적 화해의 원리로부터 이루어지지 않습니다. 공동체란 아폴론적 세계 속에서만 지속 가능하기 때문입니다.

그리스의 폴리스는 서로 다른 개인들이 각자의 주체성 아래에서 조화를 이루는 공간인 동시에, 내부적으로는 철저히 개인들의 위계와 역할을 상정하는 공간입니다. 그리스는 가장 민주적일 때에도 결코 이 위계를 해체한 적이 없었습니다. 남성과 여성이 구별되었고, 시민과 노예가 존재했습니다. 남성에게는 남성으로서의 덕이 있었고, 여성에게는 여성이 따라야 할 행위 규범이 존재했습니다. 척도이자 한계를 제시하는 이상적 세계는 왜 그리스가 하나의 신이 아니라 여러 신들이 필요했는지를 알려줍니다. 호메로스 서사시의 영웅들, 즉 아폴론적인 이상형 역시 이러한 공동체 내부의 어떤 모범을 형상화하고 있습니다. 젊은 아킬레우스는 용맹을, 중년의 오딧세우스는 지혜를, 나이 든 네스토르는 현명함의 상징으로 제시됩니다. 그것은 한 공동체 내에서 남성이 나이가 들어감에 따라 획득해야 할 어떤 덕목들과 관련지을 수 있습니다. 오이디푸스의 비극 역시 바로 이러한 경계와 관련됩니다.

소포클레스의 『오이디푸스 왕』에서 오이디푸스는 이렇게 울부짖습니다. "오오, 햇빛이여, 내가 너를 보는 것도 지금이 마지막이기를! 나야 말로 태어나서는 안 될 사람에게서 태어나, 결혼해서는 안 될 사람과 결혼하여, 죽여서는 안 될 사람을 죽였구나!" 아폴론적 한계를 넘어선 비극의 주인공인 오이디푸스는 결국 자신의 두 눈을 찌르고, 어둠의 심연 속에 스스로를 가두어버립니다. 그는 더 이상 빛의 세계 속에 허용되지 않는 자입니다. 그리스의 신화는 심지어 신의 경우에도 이러한 주어진 경계를 넘는 행위란 결국 용서받을 수 없음을 프로메테우스를 통해 보여주었습니다. 합창단은 결박된 프로메테우스를 보고 다음과 같이 노래합니다. "이 얼마나 즐거운 일인가, 확신과 희망 속에서 명대로 살아가며 밝고 명랑한 가운데 마음을 기른다면! 그러나 그대가 온갖 불행한 고통에 찢기는 것을 보니 나는 마음이 오싹하는구려, 이는 그대가 제우스를 두려워하지 않고 제멋대로 인간들을 과분하게 존경했기 때문이에요, 프로메테우스여!"[34] 이와 같이 경계를 넘어서는 행위는 신들에게도 허용되지 않습니다. 그러므로 오이디푸스와 프로메테우스는 디오니소스적 세계를 상징하는 자입니다.

프로메테우스는 또한 아폴론적 세계, 호메로스의 언어 속에서 투명하게 형상화된 아폴론적 세계에서 배제되어야 합니다. 그의 행위는 자신에게 주어진 경계를 넘어서는 행위이자, 신과 인간의 경계를 넘어서는 행위이기 때문입니다. 프로메테우스는 제우스의 질서에 복종하지 않고 끊임없이 대항합니다. 이 대립은 티탄족의 세계에서 올림푸스 신들의 세계로의 이행 과정에서의 대립, 서로 다른 두 세계 사이의 대립입니다. 이 전투의 결과는 올림푸스 신들의 승리였습니다. 올림푸스의 세계 속에서 거인족들은 프로메테우스처럼 결박되거나, 지구를 짊어지는 형벌을 받은 아틀라스처럼 하나의 장소에 묶인 존재가 됩니다. 그들은 더 이상 그리스의 폴리스에는 존재할 수 없는 신이 됩니다. 그리고 이제 올림푸스 신의 세계 이후에 인간이 누리는 자유란 아리스토텔레스에게서 볼 수 있듯, 질서와 결합된 것으로 파악됩니다.

우리는 또한 (우주) 전체의 본성이 둘 중 어떤 방식으로 좋음과 '가장 좋음'을 갖는지, 즉 '따로 떨어져 있는'(독립된) 것이자 '자신에 따라' (스스로) 있는 것으로서 그것을 갖는지, 아니면 (부분들의) 질서로서 그것을 갖는지 생각해보아야 한다. 아니면 군대에서처럼, 두 가지 방식으로 그러한가? 왜냐하면 '좋음'은 질서 속에 (들어) 있을 뿐만 아니라 지휘관 안에도 (들어) 있으며, 오히려 지휘관 안에 더 많이 (들어) 있기 때문이다. […] 사물들은 어떤 것이 어떤 것에 전혀 아무런 관계도 갖지 않는 상태로 있지 않고, 일정한 관계를 맺는다. 왜냐하면 모든 것들은 한 가지 것(목적)에 관계 맺어 정돈되어 있기 때문이다. 그러나 이는 가정에서, 자유인들에게 아무것이나 (닥치는 대로) 하는 것이 가장 조금 허용되고, 오히려 모든 일들이 또는 대부분의 일들이 (그들에게) 잘 정돈되어 있으나, 노예들과 야생 동물들은 공동의 것(좋음)에 조금밖에 기여하지 못하고, 많은 시간을 되는 대로 살고 있는 방식과 같다.[35]

이처럼 좋음, 곧 아름다움이기도 한 아폴론적 이상은 언제나 하나의 질서 속에서 성립합니다. 이 질서는 신들의 질서이자, 인간 세계의 질서이기도 합니다. 델포이의 신탁인 '너 자신을 알라'는 바로 이 경계에 대한 인식을 촉구하는 아폴론의 근원적 경고입니다. 아폴론적 이상화는 이처럼 오직 질서 속의 인간의 자유로 구현되며, 개체화의 원리도 바로 그러한 관점에서 이해되어야 합니다. 찢긴 디오니소스의 몸을 아폴론이 다시 짜 맞추는 행위 자체는 바로 디오니소스적 힘들의 끊임없는 흐름을 바로 이러한 개체화의 모범적 질서 아래 하나의 가상으로 고정하고 있음을 의미합니다.

그러한 아폴론과 대립된 신이 바로 디오니소스입니다. 디오니소스는 그리스의 신들에게 이방인이었습니다. 그는 동방에서부터, 어느 순간 그리스의 아폴론적 세계를 위협하며 다가왔습니다. 아폴론적 세계는 이 광폭한 디오니소스적 힘에 저항하면서 아폴론적인 것의 정점이라 할 수 있는 도리스 예술을 완성시켰습니다. 그러나 동시에 아폴론은 디오니소스

없이는 살 수 없었습니다. 질서는 자신의 힘을 증명하기 위해 반드시 무질서가 필요합니다. 따라서 그리스적인 것의 뿌리로부터 이러한 디오니소스적 충동(거인적이고 야만적이었던)이 공명하기 시작하자 그리스는 그 파괴적인 힘을 잠재우기 위해, 이방인에 대한 환대의 풍습대로, 디오니소스를 환대하였으며 자신의 세계 안에서 공존을 이루어냈던 것입니다. 그리하여 야만인 디오니소스와 구분되는 그리스적 디오니소스의 세계가 그리스의 예술 안에서 개화하기 시작합니다.

이 둘의 차이는 무엇입니까. 야만적 디오니소스의 세계를 설명하기 위해서는 도취라는 말보다 광란이라는 말이 더 적합할 겁니다. 성적인 방종, 제어되지 않은 난폭성과 잔인성, 인간을 범이나 원숭이로 퇴화시키는 광기. 그것이 아시아적 디오니소스입니다. 그러나 그리스적 디오니소스는 이와 다릅니다. 광기에 휩싸이지 않고 다른 인간, 그리고 자연 전체와 화해를 이룹니다. 이러한 화해가 가능한 이유는 디오니소스적 도취가 비극 속에서 아폴론적 형상과 결합했기 때문일 것입니다. 부인들은 새끼 늑대와 노루를 품에 안고 젖을 먹이며, 표범과 호랑이가 디오니소스의 마차를 끕니다. 노예가 자유인이 되고, 귀족과 천민이 같은 바쿠스의 합창단원으로 변화합니다. 그러므로 여기서는 일체의 개별화 원리가 사라지고, 아폴론적 가상이 은폐하는 세계의 디오니소스적 진리가 화산처럼 분출합니다.

니체가 말하는 디오니소스적 예술 충동은 아폴론의 세계 속에서 개체화된 이상을 부정하고 파괴하는 동시에, 그러한 파괴를 통해 오히려 이 세계의 근원적 일자—著(Ur-Eine)로의 고양을 도모합니다. 이제 그리스 비극, 꿈과 도취, 디오니소스적인 것과 아폴론적인 것의 결합으로 설명되는 그리스 비극에서 이 근원적 일자로의 고양은 비극 안의 '합창'을 통해 설명됩니다. 비극의 기원으로서의 합창단은 도덕 법칙을 설교하는 아테네 시민들도 아니며, 슐레겔의 제시대로 '이상적 관객'도 아닙니다. 그건 디오니소스적 힘의 표현, 바로 그것입니다. 다만 이 디오니소스적 힘은 아폴론적인 것, 즉 호메로스의 언어를 만나면서 비로소 연극이라 불리는 것이 됩니다. 합창이 디오니소스적 세계의 상징이라면, 합창으로 삽입되어 비극을 탄생시킨 호메로스적 서사시는 아폴론적 세계의 상징이 되는 셈입니다. 이제 이 둘은 비극 안에서 병존하면서, 개체화할 수밖에 없는 근원적 일자를 드러내게 됩니다. 디오니소스적 세계가 그대로 연극이 될 수는 없습니다. 그것은 아폴론적 세계와 결합함으로써 비로소 하나의 극이 되는 것입니다.

그러나, 그리스 비극이 아폴론적인 것과 디오니소스적인 것의 통일이라고 하지만 실제로 여기서 발견되는 것은 통일이라기보다 어떤 대립입니다. 이것은 개체화된 삶을 둘러싼 두 힘의 대결이기도 합니다. 가령 아폴론적 가상은 불완전한 삶의 고통을 극복할 가능성을 가상을 통해 제공했습니다. 이상적 세계라는 목표가 설정되면, 현실의 세계에서 이러한 이상을 추구하는 일이 모든 인간들에게 영원한 삶의 가치로 설정됩니다. 아폴론적 세계는 이렇게 삶을 지속시킵니다. 하지만 이러한 이상적 세계는 삶을 그 자체로 긍정하는 게 아닙니다. 오히려 삶의 부정을 통한 삶의 지속입니다. 여기서 변화와 생성은 부정되고, 결코 도달할 수 없는 아폴론적 이상이 언제나 인간의 삶을 지켜보고 있게 됩니다. 이처럼 현실의 불완전성에서 도출된 어떤 초월적 세계가 아폴론적 세계입니다. 그러나 가상을 통해 이 세계를 구원하고, 자신을 구원하려는 시도는 삶을 부정하는 헛된 시도가 될 수밖에 없습니다.

아폴론이 삶 자체를 이상화하고, 그러므로 삶에 어떤 가치를 부여하고 정당화하는 반면, 디오니소스적 세계는 철저히 삶 자체를 스스로 긍정하고자 하는 시도입니다. 삶 자체에 대한 이 긍정은 곧바로 획득되지 않습니다. 디오니소스적 세계 인식은 삶에 대한 긍정 이전에 오히려 삶 자체에 대한 철저한 비관, 곧 염세주의적 세계 인식을 전제하기 때문입니다. 여기에는 견딜 수 없는 개체화의 고통이 있습니다. 디오니소스적 세계는 황홀의 공간이기도 하면서, 끊임없이 고통을 상기시키는 세계입니다. 어떻게 고통스러우면서 동시에 황홀한 도취일 수 있을까요. 비극을 이해하는 핵심은 아마도 비극이 주는 이 고통과 쾌를 정확히 이해하는 데 놓여 있을 것입니다.

현실에서 디오니소스적 힘을 깨닫는 인간은 오히려 그것을 삶에 대한 철저한 부정인 것처럼 받아들이게 됩니다. 왜냐하면 디오니소스적 황홀경은 오히려 현실에 대해, 그 현실을 이상적으로 개선하는 일체의 행위에 대해 구토를 느끼게 하고, 치욕감을 주기 때문입니다. 그렇다면 고통에 대한 인식은 어떻게 전복될까요. 디오니소스적 힘을 인식한 자가 갖는 삶과 세계에 대한 혐오의 정체는 사실, 삶과 세계 자체에 대한 혐오가 아니라, 철저히 이상화된 아폴론적 세계에 결코 미칠 수 없는 세계에 대한 혐오감입니다. 즉 아폴론적 삶이 규정되는 이상적 세계, 질서 잡힌 아름다운 가상이야말로 이 혐오감의 가장 큰 정체인 것입니다.

여기서 우리는 어떤 인식의 전도가 필요합니다. 우리는 어째서 삶을 불완전하다고 생각했을까요. 우리가 애당초 삶을 불완전하다고 인식하는 것은 아폴론적 세계 때문입니다. 그건 생성, 변화에 대한 공포 때문일 겁니다. 또 디오니소스적인 삶이야말로 이 세계의 부정할 수 없는 진리라는 점을 미처 깨닫지 못했기 때문이기도 합니다. 그러므로 비극 이후에 우리는 삶에 대해 새로운 통찰을 얻게 됩니다. 즉 "존재하는 모든 것의 통일성에 대한 근본 인식, 개별화는 악의 근원이고 예술은 개별화의 속박을 파괴할 수 있다는 기쁜 희망이며 다시 회복된 통일에 대한 예감"[36]이 그것입니다.

결국 디오니소스적 세계는 언제나 고통을 삶의 근원에 내재하는, 부정할 수 없는 것으로 드러냅니다. 근원적 일자는 언제나 개별화된 개체로서 말하지만, 비극 속에서(삶 속에서도) 개별화된 존재는 언제나 자신의 존재를 부정당할 수밖에 없습니다. 그러나 개별화의 부정은 결코 고통 그 자체만은 아닙니다. 그것은 차라리 쾌감입니다.

우리는 음악의 정신으로 개체의 파멸이라는 즐거움을 이해한다. 그런 파멸의 개별 사례들에서는 디오니소스적 예술의 영원한 현상만이 우리에게 분명해지기 때문이다. 디오니소스적 예술은 개체 원칙의 배후에 있는

전능한 의지, 모든 현상의 피안에서 모든 파멸에도 불구하고 존재하는 영원한 생명을 표현한다.[37]

우리가 비극에서 개체의 파멸을 보면서도 쾌감을 느끼는 이유는 무엇입니까. 개체의 '파멸'은 개체의 생물학적 죽음을 말하는 것이 아닙니다. 개체의 파멸을 단순한 생물학적 죽음을 통해 세계의 근원적 일자와 합일한다는 식으로 잘못 이해해서는 곤란합니다. 이 개체의 죽음은 아폴론적 개체의 파괴로 이해되어야 합니다. 그러므로 개체의 파멸을 통해, 그는 디오니소스적 일자로 자신을 고양시키며, 새로운 존재로서의 무한한 길이 그 앞에서 열립니다. 의지의 영원한 생명이란 바로 생성과 창조, 삶의 영원한 진실과 다름없기 때문입니다.

"그대들은 나처럼 존재하라! 현상의 끊임없는 변천 속에서 영원히 창조하고, 인간으로 하여금 생존하도록 영원히 강제하며, 현상의 이러한 변천에 영원히 만족하는 근원적인 어머니인 나를!"[38]

그리스 비극 속에서의 개체의 파멸은 결국 개체들을 질서 짓고 경계 짓는 현실의 원리들이 그 자체로 완벽하지 않음을, 또 아폴론적 세계가 그 안에 균열의 계기를 담고 있음을 보여줍니다. 아폴론은 결코 디오니소스적 힘의 세계를 완전히 봉합하지 못합니다. 고통의 긍정은 막다른 골목에 다다른 뒤에 어쩔 수 없이 인정하고야 마는 긍정이 아닙니다. 인간의 삶에서 고통은 결코 제거될 수 없습니다. 그러나 이것이 비극적인 숙명론이 되어서는 안 될 테지요. 이러한 숙명론은 '삶은 고통이다. 그러니 그 고통을 받아들여야 한다. 그것마저도 긍정하고 나가야 한다'는 식의 통속화된 교훈으로 귀결될 수밖에 없습니다. 그것은 니체가 말하고자 하는 것도 아니고, 우리가 니체에게 배워야 할 바도 아닙니다.

디오니소스적 비극에서 드러난 고통, 이 고통은 우리가 참아내야 할 것도 극복해야 할 것도 아닙니다. 그것은 인간의 삶 속에서 끊임없이 요구되어야 할 고통이기도 합니다. 그런데 왜? 우리는 왜 고통을 요구해야 할까요. 고통으로 인해 오히려 삶의 생명력을 확인코자 하는 역설적인 조치인가요. 하지만, 여기서 우리 또한 그런 것을 말하고자 하지 않습니다. 오히려 우리의 인식은 고통이 삶을 저지하는 것이 아니라는 데서부터 시작되어야 합니다. 이제껏 고통은 언제나 삶을 저지하는 무엇으로 여겨졌습니다. 그것은 아폴론적 세계와 대립하면서 삶을 위협하고 공포로 몰아넣는 디오니소스적 세계 인식으로부터 비롯됩니다. 그러나 삶을 견딜 수 없이 부정적인 것으로 내모는 것은 실상 디오니소스적 힘 자체가 아니라, 이러한 디오니소스적 힘을 경계 짓고 질서 잡힌 것으로 결박시키고자 하는 아폴론적 세계입니다. 니체는 언젠가 교수직에 구속된 자신의 끔찍한 상황을 아래와 같이 토로한 적이 있습니다. 저는 니체의 이 고백에서 '파멸'되지 못하는 자, 개체에게 부여된 질서에 구속된 자의 피로와 절망이 가장 잘 드러난다고 생각합니다.

> 나는 나 자신이 문헌학과 교수직에 얼마나 꼼짝할 수 없이 **구속**되어 있는지를 보았다—나의 삶에서 하나의 우연이며, 응급수단에 불과한 것에 말이다 —: 나는 어떻게 벗어나야 하는지 더 이상 알지 못한 채 지쳐버렸고, 완전히 소모되었으며 완전히 사용되어버렸다.[39]

물론 아폴론적 개체화는 결코 부정될 수 없습니다. 하지만 그 세계 속 개체의 몰락은 개체를 넘어 다른 존재가 될 수 있는 가능성, 그러므로 세계의 유일한 진리인 힘에의 의지의 실현 가능성을 증명합니다. 그러므로 비극에서 개체의 몰락은 염세주의를 통한 세계에 대한 체념이 될 수 없습니다. 쇼펜하우어와는 달리 니체가 이 비극적 정신에서 그리스적 사유의 위대함을 보는 이유가 여기에 있고, 그가 춤추는 신에 대해 말하는 이유가 있습니다. 춤을 춘다는 것, 그것은 일체의 중력에서 벗어나기 위한 행위이기 때문입니다.

니체의 디오니소스가 디오니소스 자그레우스라는 점을 다시금 상기할 필요가 있습니다. 거인족에 의해 갈가리 찢긴 디오니소스의 육체가 아폴론의 손으로 다시 맞추어지는 이야기가 들어 있는 오르페우스교의 자그레우스 신화는 일종의 부활을 상징합니다. 디오니소스라는 이름 자체가 두 번(Dios) 태어난다(nys)는 뜻이기 때문입니다. 그러나 이 부활은 예수의 부활과는 다릅니다. 예수의 부활이 삶-죽음-삶의 단계를 거친다면, 디오니소스의 부활은 일자-개별자-일자의 단계를 거칩니다. 즉 단순히 죽은 자가 다시 살아나는 것이 아니라, 하나가 다수가 되고 다시 다수가 하나가 되는 변화를 거치는 부활입니다. 그러므로 죽음이 부활로 부정되지 않고, 찢겨져서 죽는 개별화의 과정과 다시 하나로 합일되는 과정 모두가 긍정되는 부활입니다. 니체가 고독과 우울함의 끝에서 춤추는 소녀들에게 노래를 불러주는 것은 바로 이 디오니소스 신의 현존을 축복하는 노래입니다.

무덤의 노래

저기 무덤의 섬, 고요한 섬이 있다: 거기에는 내 젊음의 무덤도 있다. 그곳으로 나는 삶의 늘 푸른 화환을 가지고 가리라.

세 노래 중 마지막 노래는 차라투스트라의 자기 극복의 노래라고 할 수 있습니다. 무덤이란, 다름 아니라 차라투스트라의 젊음을 묻어둔 곳입니다. 또한 차라투스트라의 텍스트에서 무덤은 일체의 생성, 변화, 성장이 부정되는 철학자들의 신전, 죽음의 신전입니다. 그들은 그곳에 통일성(Einheit), 물성(Dinglichkeit), 실체(Substanz), 지속(Dauer) 등 자신들이 애지중지하는 "개념의 미라들"을 모셔놓고 그 앞에 머리를 조아립니다.

그들[철학자들: 인용자]의 역사적 감각의 결여, 생성이라는 생각 자체에 대한 그들의 증오, 그들의 이집트주의가 그 예이다. 어떤 것을 영원이라는 관점에서 탈역사화하면서 그들은 그것을 **영예롭게** 만들고 있다고 믿는다―그것을 미라로 만들면서 말이다. 철학자들이 지금까지 수천 년 동안 이용했던 모든 것은 죄다 개념의 미라들(Begriff-Mumien)이었다: 실제의 것은 어떤 것도 그들의 손아귀에서 살아서 **빠져나오지** 못했다. 개념을 우상처럼 숭배하는 이런 철학자 제씨들, 이들은 숭배하면서 죽여버렸고, 박제로 만들어버렸다―이들은 숭배하면서 생명을 위협하는 것이다. 생식과 성장, 그리고 죽음, 변화, 노쇠 역시 그들에게는 이의제기이며―심지어는 반박인 것이다. 존재하는 것은 되어가지 않는다; 되어가는 것은 **존재**하지 않는다……[40]

여기서 차라투스트라의 과거는 무덤으로 비유됩니다. 그리고 그때 그의 일부는 죽어버렸습니다. 그는 그 젊음의 죽음인 무덤을 지나가려고 결심합니다. 하지만 그는 곧 젊은 날 지녔던 비전[vision]의 상실을 애도합니다. 그는 이 비전이 그에게 충실하지 않았다고 믿고 버렸습니다. 그러나 차라투스트라가 여기서 깨닫는 것은 그 비전이 사실상 그의 적들에 의해 살해당했다는 사실입니다. 젊은 날의 비전은 그에게 해당된 죽음을 대신 겪었음을 의미하기도 합니다.

그래서 차라투스트라는 그의 적에 대한 저주를 시작합니다. 적들이 영원성과 위버멘쉬의 비전을 가진 젊음을 살해했다고 비난하며, 그의 생각이 어떻게 살해되었는지를 떠올립니다. 여기서 차라투스트라는 더 이상 춤출 수 없게 됩니다. 그러나 그는 절망하는 대신, 희망을 다시 세웁니다. 여기에는 차라투스트라의 강한 의지가 드러납니다. 그는 바로 이 의지의 힘으로 비전을 다시 찾고자 합니다. 기독교와 근대 과학에 의해 살해당한 자신의 옛 고독에 대한 애도와 그것을 되찾고자 하는 의지. 이 장에서 우리는 바로 그러한 차라투스트라의 의지를 목격합니다. 그것은 바로 다음 장의 자기 극복 의지로 이어집니다.

자기 극복에 대하여

이제 여러분은 자기 극복이라는 말을 들으면 위버멘쉬를 떠올릴 수 있을 것입니다. 그리고 이 극복의 정체가 어떠한 것인지에 대해서도 말이죠. 하지만 이 장에서 차라투스트라는 위버멘쉬에 대한 언급은 자제하고, 오히려 힘에의 의지에 대해 이야기합니다. 위버멘쉬의 자기 극복은 바로 이 힘에의 의지의 생성 작용이기 때문입니다.

힘에의 의지(Wille zur Macht)를 말하기 전에 차라투스트라는 우선 "진리에의 의지"(Wille zur Wahrheit)에 대해 말합니다. 진리에의 의지는 이제까지 학자들이 주장해온 것, 또 그들을 내몰고 격렬하게 만들던 것입니다. 동시에, 이제껏 어떤 순수한 의지라고 여겨진 대상이기도 합니다. 곧 학문의 이름으로 이루어지는 진리 탐구는 개인적인 이익이나 주관적 관점을 초월한 순수한 행위라고 이해되어왔습니다. 그것은 인종과 성별의 차이, 부와 빈곤의 격차, 정치적 입장의 다양성, 종교적 신념의 차이마저 초월합니다.

진리란 언제나 모든 것으로부터 거리를 두고 있는 듯 여겨집니다. 진리는 오직 진리만을 위해 존재하며, 진리의 유일한 목적은 진리라는 입장에 대해 우리는 어떤 거부감도 갖지 않습니다. 그 어떤 오류가 있더라도 종교가 여전히 옹호되는 것처럼, 진리의 순수성은 결국 신성 불가침의 영역으로 남아 있습니다. 이는 진리 혹은 종교에서 오류들이 우연적 속성으로 취급되기 때문이기도 합니다.

그런데 진리는 때로는 종교마저 넘어섭니다. 이를테면 오늘날 우리는 신의 존재 여부를 더 이상 종교인들에게 묻지 않습니다. 그들이 순수하게 '진리'라는 관점에서 사유하지는 않는다고 생각하기 때문입니다. 당연하게도 그들은 신이 존재하는가, 존재하지 않는가라는 물음에 마주해 이미 하나의 선택지를 택한 사람이며, 그러므로 진리에의 탐구에서 가장 중요하다고 여겨지는 중립의 자리에서 벗어나 있습니다. 대신에 우리는 물리학자들에게 질문을 던집니다. 아인슈타인에게 신이 있다고 생각하는지 묻고, 스티븐 호킹에게 신의 존재를 어떻게 생각하는가 묻습니다. 그리고 그들의 말이 사람들에게 신의 존재 유무에 대한 일종의 설득력 있는 진리 처럼 받아들여집니다.

이러한 태도는 우리가 학문 혹은 진리를 어떻게 여기는지를 잘 말해 줍니다. 그것들은 당파적이기보다 중립적이고, 이익에 치우치지 않는 객관성을 담보한다고 여겨집니다. 이는 니체가 살았던 19세기에도 과학과 학문을 바라보는 일반적인 태도였습니다. 철학적 진리 탐구에서 중립성에 대한 요구는 객관적 사실에 근거한 실증주의적 학문에 대한 지지를 정당화합니다. 그러나 차라투스트라는 여기서 묻습니다. 현자들의 진리에의 의지는 과연 그렇게 순수한 것인가라고 말이죠.

"진리에의 의지", 그것을 너희는 그렇게 부르는가, 너희 가장 현명한 자들이여, 너희를 충동질하고 열정적으로 만드는 것을?

모든 존재하는 것들의 사유 가능성에의 의지: 또한 **나는** 너희들의 의지를 그리 부른다!

너희는 모든 존재하는 것들을 사유 가능한 것으로 **만들고자** 한다: 그것이 진정 사유 가능한지 아닌지를, 너희는 그럴듯한 이유로 의심하기 때문이다.

그러나 그것은 너희에게 복종하고, 몸을 굽혀야 한다! 그렇게 너희 의지는 그것을 원한다. 그것은 부드러워지고, 정신에 복종할 것이다, 너의 거울과 반사상反射像(Widerbild)처럼.

여기서 차라투스트라는 우리의 일반적 상식과 전혀 다른 이야기를 합니다. 즉 진리 탐구의 객관성과 중립성을 거부하고, 그것을 정복에의 의지라고 말합니다. 이러한 관점에서 안다는 것은 곧 지배한다는 것이 됩니다. 새삼스러운 말이 아닙니다. 이미 프랜시스 베이컨에 의해 공개적으로 선언된 바이기도 합니다. '아는 것이 힘이다'라는 그의 말은 너무나 익숙하지요. 그는 '인간은 자연에 복종함으로써 자연을 지배한다'라고도 말했습니다. 자연에 복종한다는 말은 자연의 법칙에 따라 사유함을 뜻합니다. 즉 인간은 이성(logos)을 자연의 법칙(logos)에 일치시킴으로써 자연을 지배할 수 있다는 의미입니다. 그러나 차라투스트라는 말합니다. 실은 그들이 우리의 정신에 복종하는 것이라고.

이러한 인식과 지배의 관계에 대한 니체의 통찰을 사회 구성의 원리로까지 치밀하게 사유한 이가 바로 미셸 푸코입니다. 그에게 지식이란 언제나 권력의 문제입니다. 우리가 어떤 방식의 지식을 구성하는가는 지배적 권력이 어떤 방식으로 사회를 통치하는가와 직결됩니다. 권력은 권력 자체로 작동하지 않습니다. 그것은 사회의 주도적 지식을 관리하고 통제함으로써 사회를 통치합니다. 이런 관점에서 진리란 중립성과 객관성이라는 관점에서 파악되지 않고, 지배 권력의 이데올로기로 파악됩니다. 한 사회에서 어떤 것이 진리로 통용되는가는 그 사회가 어떤 방식으로 통치, 지배, 관리되고 있는가를 통해 드러납니다. 진리는 힘의 작용과 별개의 것이 아니기 때문입니다.

차라투스트라가 진리에의 의지를 힘에의 의지라고 말하는 이유 역시 여기에 있습니다. 그것은 단순히 객관적 앎으로 환원되는 것이 아니라 언제나 지배적 욕구의 발현이자 욕구 그 자체이며, 그 욕구가 스스로를 실현하는 방식이기도 합니다. 선과 악, 가치 평가를 말하는 것은 그들이 어떤 방식으로, 무엇을, 어떻게 지배하고자 하는가와 직결됩니다. 그런 점에서 진리에의 의지를 가진 이들은 기꺼이 지배하고자 하는 자들입니다.

진리에의 의지를 포함하는 이러한 인간의 보편적 욕구의 발현을 차라투스트라는 바로 힘에의 의지라는 말로 설명합니다. 그러나 이것은 전통적으로 철학과 신학이 옹호한 인간의 자유 의지와는 엄격히 구분되어야 합니다.

사실 이 힘에의 의지라는 개념은 니체 이전의 두 가지 서로 다른 세계관을 동시에 극복하면서 도출된 것입니다. 그 하나는 세계를 물리적 관점에서 파악하고자 하는 입장입니다. 여기서 세계의 존재와 변화는 원자론적이고 기계론적인 관점에서 파악됩니다. 다른 하나는 세계의 변화를 인간의 목적론적 의지라는 관점에서 파악하려는 견해입니다.

전자의 경우에 세계는 인간적 의지가 제거된, 철저히 물리적인 대상으로 환원됩니다. 이런 방식으로 세계를 파악하는 이들은 세상을 하나의 거대한 기계 장치로 봅니다. 그 극단적인 본보기가 바로 18~19세기 프랑스의 수학자 라플라스Laplace의 사고 실험이지요. 라플라스는 "우주에 있는 모든 원자의 정확한 위치와 운동량을 아는 존재가 있다면, 그는 뉴턴의 운동 법칙을 이용해 과거, 현재의 모든 현상을 설명해주고 미래까지 예언할 수 있다"고 말했습니다. 이러한 가상의 존재에 후대의 학자들이 붙여준 이름이 '라플라스의 악마(demon)'입니다. 비슷한 발상을 이미 17세기의 라이프니츠가 보여주었습니다. 그 역시, 마치 모든 시대가 신의 마음속에 있다고 생각되듯이 모든 시대의 사건들을 볼 수 있는 과학자를 상상했습니다. 수학자로서의 라이프니츠가 할 법한 상상이죠. "모든 것은 수학적으로 진행된다. 만약 누군가가 사물들의 내부를 볼 수 있는 충분한 통찰력을 가질 수 있다면, 더욱이 모든 상황을 생각하고 그것들을 고려할 수 있는 충분한 기억력과 지식을 가진다면 그는 예언가가 되고 거울에서처럼 현재에 미래를 볼 수 있을 것"이라고 라이프니츠는 말했습니다. 그는 이러한 결정론적 세계관에 따라 신의 예정조화설을 말하기도 합니다. 즉 이 세계는 신에 의해 이미 질서 잡힌 것으로 결정되어 있다는 주장이죠. 아쉬운 것은 다만 이러한 조화를 미처 파악하지 못하는 인간의 무지일 뿐입니다.

17세기 이후 근대를 지배한 실증주의적 세계관도 이러한 세계관에서 크게 벗어나지 않습니다. 실증주의자들은 사실 관계의 파악을 통해 세계와 인간을 정확히 파악할 수 있다고 보았기 때문입니다. 이러한 입장에 선 사람들은 세계를 고정된 원자들 사이의 인과 관계에 의해 파악할 수 있는 기계론적인 존재로 보았습니다. 세계의 변화는 바로 이 원자들에게 작용하는 힘의 결과라는 것이지요.

또 하나의 세계관은 세계의 변화를 거대한 목적론적 체계 속에서 파악하려 합니다. 이는 저 먼 고대의 아리스토텔레스까지 소급됩니다. 아리스토텔레스는 이 세계를 네 가지의 원인에 따른 결과로 파악하고자 했습니다. 그 네 가지의 원인은 질료인[西](Material Cause), 형상인(Formal Cause), 작용인(Efficient Cause/Moving Cause), 목적인(Final Cause)입니다.

의자를 예로 들어봅시다. 질료인이란 그 재료가 무엇으로 이루어졌는가 하는 질문에 대한 대답입니다. 하나의 의자는 나무나, 철, 플라스틱 등으로 이루어질 테고, 이것이 바로 질료인이 됩니다. 또 의자가 의자가 되기 위해서는 그에 적합한 모양이 있을 겁니다. 이를테면 다리가 네 개에 그 위에는 앉을 수 있는 판이 있고 등받이가 있다는 식으로요. 이것이 곧 형상인이 되지요. 그렇다면 작용인이란 무엇일까요. 이는 의자의 질료와 형상이 어떻게 결합될 수 있었는가 하는 질문에 대한 답일 것입니다. 이를테면 목수의 톱질과 망치질과 대패질이라는 힘의 작용에 의해 의자는 의자가 됩니다.

마지막으로 중요한 것이 바로 목적인입니다. 최종 원인이라고도 할 수 있겠지요. 즉 의자의 목적은 무엇인가, 다시 말해 의자라는 존재의 마지막은 어디로 귀결되는가 하는 질문에 대한 대답일 것입니다. 의자의 목적은 사람이 앉기 위한 것, 사람을 앉히는 것입니다. 의자는 그걸 위해 존재하지요. 그러므로 사물이 어떻게 해서 존재하는가 하는 질문에 대해 아리스토텔레스가 제시한 네 가지 원인 중에서 가장 중요한 것은 단연코 목적인입니다. 사물의 목적이 정해지면 그것의 재료, 형태, 만듦이 자연히 따라오기 때문입니다. 그러므로 목적은 작용을 가능하게 하는 것이기도 합니다.

그런데 아리스토텔레스의 목적인은 인공물뿐 아니라 인간과 자연 전체에도 적용됩니다. 자연은 그 자체로 어떤 목적을 전제하지는 않지만, 거기에는 반드시 어떤 목적이 숨겨져 있다는 것입니다. 아리스토텔레스에 따르면 인간과 자연이 단지 힘의 작용을 받아 무의미한 기계적 변화를 겪는 사물이 되지 않기 위해서는 반드시 이 목적이 설정되어야 합니다. 씨앗은 나무가 되어야 하고, 아이는 어른이 되어야 하며, 인간은 이성적 존재가 되어야 한다는 설명도 바로 이 목적인에 대한 설명입니다. 결국 이 목적인이 세계에 존재하는 모든 것에 대한 최종적인 규정 근거가 됩니다. 의자란 무엇인가 물을 때 우리의 답변은 바로 이 목적인, 즉 앉기 위한 것이라는 목적의 개념을 요구하는 것입니다. 인간은 무엇인가라고 말할 때도 마찬가지입니다. 인간은 이성적 존재라고 말할 때 이 이성이란 바로 인간의 존재 목적 그 자체이기도 합니다. 인간이 어떤 형상을 가지고 있는가, 어떤 질료로 이루어져 있는가, 어떤 작용을 받는가는 바로 이성이라는 최종 목적에 종속되어 있는 셈이죠.

니체는 힘에의 의지라는 개념을 통해 바로 이 기계론적 세계 인식과 목적론적 세계 인식 모두를 극복하고자 합니다. 이러한 니체의 세계관에 영향을 준 인물이 바로 쇼펜하우어입니다. 쇼펜하우어에게 의지는 세계의 근본 존재의 이름이기도 합니다. 『의지와 표상으로서의 세계』는 이러한 그의 철학을 대표하는 저서입니다. 여기서 의지는 칸트의 '물 자체'에 대한 쇼펜하우어의 해석입니다. 칸트는 현상적 세계, 즉 표상의 배후에 존재하는 물 자체의 세계가 있지만 이것은 결코 현상/표상으로 드러나지 않기 때문에 우리는 도저히 그 정체를 알 수 없다고 보았습니다. 이러한 물 자체를 쇼펜하우어는 의지라는 개념으로 파악합니다. 그 의지는 현상 세계의 배후에 있으면서 이 현상 세계를 조정하는 것이며, 인내심이나 끈기와 같이 제어나 조절이 가능한 힘이 아니라 '맹목적이고 끝없는 충동'입니다. 중력과 같은 물리적 힘, 동물의 본능, 식물들의 맹목적 충동 등도 모두 이 의지의 영역에 속하게 됩니다.

그의 철학이 염세주의로 귀결될 수밖에 없는 이유는 이 의지 자체가 결코 완전히 통제되지 않기 때문입니다. 인간의 지적 활동이란 바로 의지의 세계를 사건, 대상, 시간, 공간, 원인과 결과 등 현상계에서의 '표상'을 통해 이해하는 것입니다. 표상을 통해 드러난 세계만을 우리가 지각할 수 있다는 점에서 이 표상은 언제나 인간의 육체를 통해 감성화된 것이기도 하지요(다시 말해, 육체가 없다면 우리는 이 세계를 지각할 수도 없습니다). 하지만 쇼펜하우어는 의지를 현상계의 이해 작용을 통해 완전히 통제할 수 없다고 보았습니다. 의지란 생명 자체와 일치하기 때문이며, 이 의지를 완전히 통제한다는 것은 생명의 소멸을 뜻합니다. 극단적인 염세주의의 귀결이 바로 육체의 소멸이 되는 이유도 마찬가지입니다.

그러나 니체는 이러한 허무주의를 극복합니다. 왜냐하면 그에게는 이 힘에의 의지로 인한 변화 자체가 긍정할 수밖에 없는 것이기 때문입니다. 쇼펜하우어는 의지의 충동성을 부정적인 것으로 파악했습니다. 거기에 질서를 부여할 수 없었기 때문이죠. 쇼펜하우어에게 이러한 의지로 인해 존재하는 것은 충동과 대결, 파괴뿐입니다. 그러나 니체는 힘에의 의지를 통해서 이 세계가 영원한 변화를 꾀할 수 있다고 보았습니다. 니체가 힘에의 의지를 어떻게 파악하는가는 무엇보다 아래 문장에서 분명하게 드러납니다. 앞에서도 인용한 대목이지만 조금 더 길게 옮겨보겠습니다.

그대들은 내가 생각하는 '세계'가 무엇인지 아는가? 이 세계는 시작도 끝도 없는 거대한 힘이며, 더 커짐도 작아짐도 없이 청동처럼 단단한 고정된 크기의 힘이다. 이 힘은 고갈되지 않고 끊임없이 변화할 뿐이다. 전체로서는 그 크기가 불변하며, 지출도 손실도 없고 증가도 수입도 없는 가계 운영이며, 자신의 경계인 '무'에 둘러싸여 있고, 흐릿해지거나 허비되어 없어지거나 무한히 확장되는 것이 아니라 일정한 힘으로서 일정한 공간에 자리 잡고 있지만, 이 공간 어디에도 '빈' 곳은 없다. 이 세계는 도처에 가득 차 있는 힘이고 동시에 힘들과 그 파동이 엮어내는 놀이이며, 하나이자 동시에 '여럿'이다. 여기서는 쌓이고 저기서는 줄어들며, 스스로 휘몰아쳐 오고 스스로 휘몰아쳐 나가는 힘들의 바다이며, 영원히 변화하고 영원히 되돌아오며, 장구한 회귀의 세월 속에서 밀물과 썰물처럼 여러 형태를 취한다. 가장 단순한 것으로부터 가장 복잡한 것으로 움직여 나아가고, 가장 고요하고 딱딱하고 차가운 것을 넘어 가장 뜨겁게 이글거리고 가장 사나우며 자기 자신에 가장 격렬히 저항하는 것이 되었다가, 그 다음엔 충만함으로부터 단순함으로 다시 되돌아온다. 모순의 놀이로부터 다시 조화의 기쁨으로 되돌아오면서, 오랜 세월 동안 똑같은 궤도 위에서 자기 자신을 긍정하고, 영원히 되돌아올 수밖에 없는 것으로서의 자기 자신을, 포만도 권태도 피로도 알지 못하는 변화로서의 자기 자신을 축복하는 세계. 이러한 나의 디오니소스적 세계는 영원한 자기 창조와 영원한 자기 파괴의 세계이자 이중적 관능의 비밀스러운 세계이고 선과 악 저편의 세계이며, 순환의 행복 이외에는 아무 목적도 갖지 않으며 원환圓環의 고리가 자기 자신에 대해 갖는 선한 의지 이외에는 어떤 의지도 없는 세계이다. 그대들은 이 세계의 이름을 알고 싶은가? 그 모든 수수께끼에 대한 하나의 해답을 얻고 싶은가? 그대들, 가장 깊숙이 숨어 있는 자들, 가장 강하고 결코 놀라지 않는 자들, 한밤의 어둠 속에 있는 자들이여, 그대들 자신을 위해서도 한 줄기 빛을 원하는가? — **이러한 세계가 힘에의 의지다 — 그리고 그 외에 아무것도 아니다! 그대들 자신 역시 이러한 힘에의 의지다** — 그리고 그 외에 아무것도 아니다!⁴¹

여기서 힘이란 이 세계 자체이며, 세계를 변화시키는 유일한 요인이자, 선악의 가치 판단을 초월해 존재하는 것입니다. 이러한 힘에의 의지로 인해 추동되는 세계 속에서는 어떤 목적도 설정되지 않습니다. 동시에 그것은 기계론적인 인과 관계로는 결코 완전히 파악되지 않습니다. 다시 말해 세계 전체가 하나의 힘이고, 무라는 경계에 둘러싸인 유일한 유의 세계라면, 그 속에서의 변화는 개별적 개체나 일부 집단에 그치지 않기 때문입니다. 세계는 언제나 이 이전의 세계 전체와 달라집니다. 이런 변화에서 인과 관계를 파악하는 것은 사실상 불가능합니다. 이것은 현대 과학의 카오스 이론을 연상시킵니다. 브라질 나비의 날갯짓이 미국 텍사스에 폭풍을 불러온다는 표현으로 간추려지는 카오스 이론은 결국 미래에 대한 예측의 불가능성, 세계의 변화를 기계론적 인과 관계로 환원하기란 불가능함을 보여줍니다. 현재 세계의 원인은 결국 과거 세계 전체가 될 수밖에 없습니다.

힘에의 의지에 대한 니체의 인식은 이처럼 기계론적 세계 인식과 단절될 뿐 아니라, 목적론적 세계 인식과도 절연하게 됩니다. 즉 세계는 끊임없이 자기 파괴와 자기 창조를 거듭할 뿐, 결코 어떤 목적을 지향하지 않습니다. 또한 이렇게 질서 없는 충동만이 가득한 세계에 인간이 어떤 목적을 부여하는 것은 무의미한 자기 부정이 아닐 수 없습니다.

그렇다면 인간은 삶에서 어떤 목적도 설정하지 말아야 하는가, 혹은 이 세계에 대한 인과론적 인식은 폐기되어야 하는가 물을 수도 있을 것입니다. 물론 우리는 그러한 인식 전체를 포기할 수는 없습니다. 니체의 말을 인과 관계에 의한 세계 인식 전체의 폐기로 받아들인다면, 우리는 아마 사유 자체를 할 수 없을 겁니다. 중요한 것은 이러한 인과 관계가 어떤 한계 속에 있는가를 아는 일입니다. 마찬가지로 인간이 삶 속에서 목적 자체를 설정하지 않을 수도 없습니다. 그렇다면 매일매일 동물적이고 기계적인 삶을 살아갈 수밖에 없을 테니까요. 하지만 이 목적론적 세계관의 포기는 삶을 수동적이고 반응적인 상태로 이끌어가고자 하는 염세주의가 결코 아닙니다. 그것은 오히려 우리의 삶에서 발견한 어떤 목적에 삶 자체를 종속시켜 도구화하지 말아야 한다는 뜻이며, 그로 인해 우리의 삶을 노예적 상태, 도구적 상태로 만들지 말아야 한다는 뜻입니다. 삶의 목적은 오직 삶 자체에 있을 뿐이며, 삶을 초월한 어떤 목적도 삶을 정당화해 주거나 삶의 의미를 찾게 하지 못합니다.

여기서 힘에의 의지란 말이 주는 애매함, 또는 오해의 소지를 짚고 넘어갈 필요가 있습니다. 무엇보다 먼저, 저 의지의 주체를 물을 수 있을 것입니다. 즉 힘에의 의지는 누구의 의지인가라고요. 전통적으로 '인간이 자유 의지를 가지고 있는가' 하는 질문은 철학에서 가장 중요한 질문이었습니다. 힘에의 의지라는 말을 접할 때 우리는 힘을 갖고자 하는 주체의 의지라는 식으로 파악할 가능성이 농후합니다. 만약 인간이 자유 의지를 가지고 있지 않다면, 인간이란 하나의 사물에 불과할 뿐이고 자신의 행동에 대해 어떤 지배력을 지니지 못할 겁니다.

하지만 힘에의 의지는 인간 주체의 의지가 아니라, 힘 자체의 의지입니다. 즉 현재의 힘이 더욱 증대된 힘을 갖고자 하는 의지인 셈이죠. 그러니까 힘이란 의지가 지향하는 방향이면서 의지 그 자체이기도 합니다. 힘에의 의지란 힘인 동시에 의지이며, 의지이면서 힘인 세계를 가리킵니다. 이것은 니체가 주체의 동일성을 부정하기 때문입니다. 어떤 주체가 자유의지를 가지려면 무엇보다 주체의 동일성이 전제되어야 합니다. 어떤 의지가 나의 의지가 될 수 있어야 하지요. 하지만 니체는 이러한 의지의 유일한 원인으로서의 자기라는 것이 사실상의 허상이라고 생각합니다. 다시 말해 '주체'라는 '원자'는 없는 것입니다.

> 개인의 개별화라는 것, 기만해서는 안 된다. 사실 개인 **사이에는** 뭔가가 계속 흐르고 있다. 스스로 고립해 있다고 느끼는 것, 더없이 먼 목표를 향한 과정에서 그것은 **강력하기 이를 데 없는** 가시바늘이다: 자신의 행복을 겨냥한 추구는, 다른 한편 자신을 파괴하는 일이 "없게끔" 형태를 부여하는 힘을 결합하고 억제하기 위한 수단이다.[42]

동시에 차라투스트라는 2권 「구원에 대하여」에서 이렇게 말합니다. "나는 살아 있는 생명을 발견한 곳에서는 어디서나 힘에의 의지를 발견할 수 있었다." 힘에의 의지는 삶에의 의지가 아닙니다. 삶에의 의지는 죽어 있는 존재가 살아 있는 존재가 되기 위한 의지라면, 이 죽어 있는 존재라는 것이 니체에게서는 이미 불가능하기 때문입니다. 모든 존재는 살아 있는 존재이며, 죽어 있는 존재는 존재조차 하지 않는 존재가 됩니다. 문화는 자연을 금지합니다. 도덕, 관습, 이성 등은 결국 세계의 어떤 방향성을 특정하게 규정하려는 시도일 뿐입니다. 그것은 차이의 세계를 금지하는 것에 지나지 않습니다. 니체는 세계가 힘으로 이루어졌다고 파악합니다. 힘에의 의지가 가진 최종적인 방향이나 목적은 존재하지 않습니다. 이는 무한한 가능성에 대한 니체의 무한 긍정입니다. 힘이란 목적이 아니라 존재 자체이며, 존재는 그 스스로 무한한 차이를 만들어내기 때문입니다.

그래서 만약 니체에게서 힘에의 의지를 권력 의지나 지배욕으로 본다면 심각한 오해를 초래합니다. 권력은 차이를 말하기에 적합한 개념이 아닙니다. 권력에의 의지는 동일성을 확장하고 차이를 제거하려는 의지이지, 차이에 대한 욕구가 결코 아니기 때문입니다. 권력이란 자아가 동일성을 기반으로 타자를 인식하고 타자 안에서 자신과 동일한 것을 발견하며, 그로부터 동일성을 구성해내고 타자에게 이름을, 곧 질서를 부여하는 것을 본질로 삼습니다. 힘에의 의지가 창조의 이름인 데 반해, 권력 의지는 지배욕의 이름이며, 그 때문에 니체의 의도와 맥락에서 벗어납니다.

물론 힘에의 의지는 단순히 주체를 해체시키는 것이 아닙니다. 우리는 여전히 '나'라는 의식을 가지고 있고, '나의 의지'를 가지고 있지요. 하지만 그것은 우리의 현상적 인식일 뿐, 철학적인 차원에서 과연 '나'가 존재하는가, 나의 의지가 존재하는가와는 별개의 일입니다. 힘에의 의지를 통한 자기 극복이란 나의 의식적 의지를 통한 현실 극복이 아닙니다. 그것은 이 거대한 힘의 흐름에 방향을 부여하는 일이며, 거기에서 새로운 차이를 만들어내는 일이고, 그 차이를 만들어내는 것 이외에 어떤 목적도 부여하지 않는 일이기도 합니다. 스스로 주인이 된다는 것은 결국 이 흐름에 적극적으로 몸을 맡긴다는 것에 다름 아닙니다.

> 유기체적인 세계에서 일어나는 모든 존재사건(Geschehen)은 제압하고 (Überwältigen), 주인이 되는 것(Herrwerden)이다. 그리고 제압하고 주인이 된다는 것은 곧 새롭게 해석한다는 것이고, 가장 적절하게 만드는 것인데, 그럼으로써 지금까지의 '의미'와 '목적'은 어쩔 수 없이 불분명해지고 흐릿해질 수밖에 없게 되는 것이다.[43]

숭고한 자들에 대하여

그의 전리품인, 추한 진리들을 매달고, 찢어진 옷을 덕지덕지 입고; 많은 가시들 역시, 그에게 달려 있었다―그러나 장미 한 송이 보지 못했다.

　아직 그는 웃음과 아름다움에 대해 배우지 못했다. 이 사냥꾼은 우울하게 지식의 숲에서 돌아왔다.

　그는 야수와의 싸움에서 돌아왔다: 그러나 그의 진지함에선 아직도 야수 한 마리가 보고 있다―아직 극복되지 않은 야수!

　찢어진 옷, 가시 넝쿨, 추한 진리를 매달고 숲에서 나타난 이 사냥꾼의 모습은 십자가에 매달린 예수의 이미지를 연상시킵니다. 숭고하고 엄숙한 자, 참회하는 자는 이러한 기독교적 도덕에 얽매인 인간들의 모습이기도 합니다. 또한 숭고한 영웅은 사냥꾼이며, 야수와의 싸움에서 상처 입고 돌아온 인간이기도 합니다. 따라서 그는 아테네의 영웅인 테세우스도 연상시킵니다. 그는 야수(미노타우로스)와 싸워 이겼고, 그로써 '수수께끼/미로도 풀어낸 자'이기 때문입니다. 하지만 이 사냥꾼은 아직 낙타일 뿐입니다. 그의 승리는 참회와 결코 분리되지 않기 때문입니다.

　나는 흰 황소가 된 그를 보고 싶다, 가쁜 숨을 쉬며 울부짖으며 쟁기를 끄는 모습을: 그리고 그의 울부짖음은 모든 대지를 찬양하는 것이기를.

　그의 표정은 아직 어둡다; 손의 그림자는 아직 얼굴에 어른거린다. 그의 눈빛 역시 그늘이 드리워졌다.

　그러나 차라투스트라는 여기서 영웅을 향해, 황소처럼 살라고 말합니다. 들뢰즈는 이 장을 언급하면서 황소는 숭고하고 우월한 인간인 테세우스에게 패하는 존재이지만, 사실은 테세우스에 비해 우월한 존재라고 말합니다. 황소는 부정의 반작용이 아니라 긍정의 작용, 넘치는 생명력과 삶에서의 여유를 아는 동물이기 때문이죠. 그러나 테세우스는 결코 자신을 넘어서지 못합니다. 그의 몸은 너무 무겁고, 원한의 복수심은 결코 그를 놓아주지 않기 때문입니다.

테세우스는 황소가 유일하며 참된 우월성을 지니고 있음을 이해하지 못한다. 즉 그는 황소가 미로 깊은 바닥의 경이롭고 가벼운 동물, 또한 높은 곳에서 편안함을 느끼는 동물, 멍에를 벗기고 삶을 긍정하는 동물임을 보지 못하는 것이다.[44]

아름다움을 창조하지 못하는 자, 자신이 선하다고 믿기 때문에 악을 행할 수 없는 자, 긴장된 근육으로 언제든 뛰어오르려는 호랑이 같은 자, 테세우스는 결코 그 자신을 극복하지 못합니다. 결국 영웅에게서 버려진 영혼(독일어에서 영혼은 여성형입니다)인 아리아드네는 영웅을 넘어선 영웅, 디오니소스를 만날 수밖에 없습니다.

이것이 바로 영혼의 비밀이다. 우선, 영웅이 그 영혼을 잊을 때만이, 영혼에게 다가갈 것이다, 꿈속에서, ─ 영웅을 넘어선 영웅(Über-Held)이.

이미 말씀드린 것처럼 차라투스트라는 숭고한 자들을 사냥꾼에 비유합니다. 그렇다면 그들의 사냥터는 어디인가요? 니체는 그곳이 지식의 숲이라고 말합니다. 숭고한 자는 칸트, 쇼펜하우어, 괴테 등과 같은 새로운 인식의 영웅이기도 합니다. 그러나 차라투스트라는 숭고한 자가 싸움터인 지식의 숲에서 가지고 온 노획물이 추한 진리라고 말합니다. 2권 후반부에서 차라투스트라는 기존의 교양, 지식, 학문을 집중적으로 비판합니다. 이후의 장들에서도 차라투스트라는 당대의 지식인들과 교양인들을 겨냥하고 있습니다. 이들은 격렬한 싸움에서 장미 한 송이 얻지 못하는 이들, 태양으로 나오지 못하고 그림자와 그늘 속에 머물러 있는 이들, 생식력이 없고 창조하지 못하는 자들, 자유로운 황소가 되어 밭을 갈지 못하는 자들입니다. 차라투스트라는 이들에 대해 지식의 싸움터에서 나와 아름다움을 창조하기를, 기꺼이 악을 행하는 선의 행위자가 되기를 바랍니다.

또한 이 장에서 차라투스트라는 아름다움과 생의 창조와의 관계, 결국 삶이 어떻게 예술이 되어야 하는가에 대해서도 이야기하고 있습니다. 차라투스트라는 먼저 어떤 취미에 대해 말합니다.

> 취미와 미각은 논쟁거리가 아니라고 말할 셈인가, 벗이여? 그러나 모든 삶은 취미와 미각을 둘러싼 싸움이다!
> 취미: 그것은 무게이자, 저울이며, 무게를 재는 자다; 무게와 저울과 무게 재는 자를 둘러싼 싸움 없이 살려고 하는 모든 생명에게는 재앙이 있을 지니!

인용된 말은 미학의 주요 개념 중 하나인 미적 자율성에 대한 논의를 떠올리게 합니다. 칸트 역시 『판단력 비판』 56절에서 "취미 판단에 대한 논쟁은 불가능하다"는 전통적인 인식에 대해 반론을 제기합니다. 하지만 그는 취미 판단을 형식적으로 규정하며, 미적 무관심성이라는 개념을 도입함으로써 실제로는 취미 판단에 대한 논의와 논쟁의 가능성을 특정한 영역으로 한정합니다.

무관심성 개념을 처음으로 언급한 이는 영국의 샤프츠베리^{Shaftesbury}입니다. 원래 이 개념은 종교적, 윤리적 뉘앙스를 지닌 개념이었습니다. 그는 일체의 이익을 떠난 순수한 상태의 미적인 태도이자 선^善 자체에 관심을 둔 행동을 '무관심한' 행동이라고 일컬었습니다. 이것은 당시 발흥하는 신흥 부르주아 사회, 다시 말해 철저한 이기심으로 가득 찬 물질 만능주의 사회에 대한 일종의 종교적이면서 미학적인 해결책이었지요.

샤프츠베리는 종교의 본성을 신 그 자체에 대한 무관심적 사랑(disinterested love)이라고 보았습니다. 즉 일체의 도구적 선에 대한 관심을 떠나서 하나님을 사랑하는 것이 바른 신앙이듯, 이러한 방식으로 '사심 없이' 사물의 아름다움을 사랑하는 것을 올바른 미적 태도로 본 것입니다. 그는 신적인 아름다움 혹은 내적 척도들은 오직 무관심성이 작용하는 순간에만 보인다고 생각했습니다. 그는 이걸 무관심적 열광이라고 불렀는데, 이는 대상에 대한 강한 몰두 혹은 집중이며, 대상 그 자체 혹은 그것의 내재적 가치에 몰두하는 일이기도 합니다. 이러한 열광이 일어날 때 우리는 '신적인 장관'을 보게 된다고도 했지요. 또한 그 순간에 선과 미는 일치하게 됩니다. 그러므로 도덕적인 사람은 곧 예술 애호가이기도 하지요.

오늘날까지도 예술 교육을 통해 정서의 교화와 인간성의 함양이 가능하다는 주장은 바로 이 샤프츠베리의 관점과 같은 맥락에 있습니다. 예술을 이해하고 감상할 수 있는 자는 대상에 대한 순수한 관심에 몰두할 수 있는 인간이고, 그러므로 이익을 초월한 윤리적인 인간일 수 있다고 보는 겁니다. 샤프츠베리는 "존재 자체의 위대함 외에는 다른 대상을 가지지 않는, 그리고 이 유일한 기쁨 이외에는 행복에 대한 어떠한 다른 생각도 허용하지 않는 단순하고, 순수하며, 불순하지 않은 사랑"을 강조했습니다.

칸트는 이러한 샤프츠베리의 무관심성 개념을 자신의 미학 중심에 둡니다. 그는 취미 판단, 즉 대상에 대한 미적인 판단이란 오직 대상 그 자체를 통해 느끼는 쾌와 불쾌의 판단일 뿐, 다른 어떤 목적을 염두에 둔 만족과는 무관하다고 말합니다.

> 취미는 대상 또는 표상 방식을 일체의 관심 없이 흡족이나 부적의함에 의해 판정하는 능력이다. 그러한 흡족의 대상을 아름답다(미적이라)고 일컫는다.[45]

예를 들어 우리의 쾌·불쾌 판단은 도덕적인 것과 연관될 수도 있고, 자신의 이익과 결부될 수도 있습니다. 칸트의 예를 들어 말하자면, 우리는 화려한 궁전의 모습을 보고 그 궁전을 짓기 위해 강제로 노역에 동원된 이들의 고통을 생각하면서 혐오스럽게 여길 수도 있습니다. 또는 어떤 예술 작품이나 대상을 경제적 이익으로 환원하여 생각할 수도 있지요. '문화산업'이라는 용어는 바로 그러한 예술과 경제의 연관을 포착한 것입니다. 애초에 아도르노가 당대의 산업화된 부르주아 문화를 비판하는 데 사용한 이 명칭이 오늘날 아무런 거리낌 없이 오히려 문화의 경제적 위용을 강조하기 위해서 종종 동원된다는 사실은 참으로 아이러니한 일이기도 합니다.

아무튼, 일체의 관심을 배제하고 오직 대상 그 자체가 순수하게 주는 쾌와 불쾌를 판단하는 것이 바람직한 미적 태도라고 칸트는 보았습니다. 이것은 오늘날까지도 이어지는 부르주아의 미적 태도라고 할 수 있습니다. 예술 작품의 형식적 성취에만 관심을 두는 것, 그것은 고상한 미적 취미를 가진 사람들의 미적 태도이기 때문입니다. 오늘날 예술의 윤리성에 대해 언급하는 것은 미적으로 미성숙한 사람들의 태도로 취급됩니다. '예술을 위한 예술'이라는 유미주의자들의 선언은 칸트의 미적 태도에 대한 분석에 기초하고 있습니다. 예술은 이로써 그 어떤 것에도 침해받지 않는 자신만의 독자적 공간을 마련할 수 있게 된 것입니다.

그런데 니체는 취미/예술에 대한 이러한 태도를 예술과 삶을 분리하는 것이라고 비판합니다. 예술은 그 자체로 인간의 삶과 분리되지 않을 뿐 아니라, 더 나아가 새로운 인간의 탄생을 가능케 할 수 있어야 한다고 보았기 때문입니다. 따라서 관조적 쾌는 어떤 새로운 것도 탄생시키지 못하는 타락한 미적 태도라고 니체는 생각했습니다. 그는 미적 취향의 문제를 철저히 가치의 문제로 보고 있습니다.

예술, 특히 그리스 비극에 관심이 많았던 니체는 초기에 쓴 논문 「그리스 비극 시대의 철학」에서 어원을 통해 사유와 미각 사이의 근원적 동질성을 파고 듭니다.

'현인'을 서술하는 그리스 낱말은 어원학적으로 '나는 맛을 본다'는 사피오(sapio), '맛보는 사람'(sapiens), 예리한 미각을 가진 사람인 시지포스에 속한다. 다시 말해 이 민족의 의식에 따르면 예리하게 판별해냄과 인식함, 해석적 구별은 철학자의 고유한 기술을 이른다.[46]

차라투스트라가 삶이란 취미와 미각을 둘러싼 싸움이라고 말하는 것은 이러한 이유에서입니다. 이것은 곧 인식의 싸움이고, 그건 다시 새로운 가치, 의미, 해석의 창조와 관련되어 있기 때문입니다. 니체는 『선악의 저편』에서 '예술을 위한 예술'이라는 미적 태도를 객관성, 과학성, 의지에서 자유로운 순수 인식 등과 더불어 "의지 마비증"이라고 지칭하면서, 그것을 유럽 전역에 퍼진 병이라고 진단했습니다.

예를 들어 오늘날 '객관성', '과학성', '예술을 위한 예술', '의지에서 자유로운 순수 인식'으로 진열장에 전시된 것 가운데 대부분은 단지 성장^寐한 회의나 의지 마비증에 불과하다.─유럽의 병을 이렇게 진단하는 데 대해서는 내가 책임을 질 것이다.─의지의 병은 고르지는 않지만 유럽 전체에 퍼져 있다.[47]

모든 예술과 철학은 성장하고 투쟁하는 삶에 봉사하는 치료제요, 구제 수단이라고 할 수 있다. 예술과 철학은 항상 고뇌와 고뇌하는 자를 전제로 한다. 하지만 고뇌하는 자에는 두 가지 유형이 있다. 그 하나는 **삶의 지나친 충만성**으로 인해 고뇌하는 자들로, 이들은 디오니소스적 예술을, 그리고 또한 삶에 대한 비극적인 견해와 통찰을 원한다.─다른 하나는 **삶의 궁핍**으로 인해 고뇌하는 자들로, 그들은 휴식, 고요, 잠잠한 바다, 예술과 인식을 통한 자신으로부터의 구원을 추구하거나 도취, 경련, 마취, 광기를 추구한다.[48]

교양의 나라에 대하여

"얼굴과 사지에 오십 가지 색채를 칠한" 인간들! 차라투스트라는 교양 있는 자들을 이렇게 묘사합니다. 그들은 '얼룩소'라는 도시에 살고 있는 자들, 갖가지 교양으로 무장한 채 동시대를, 현대를 살아가고 있는 사람들입니다. 당시 독일의 교양, 당대성 혹은 현실성의 문제는 바로 니체의 시대 비판(Zeitkritik)의 과녁입니다. 『반시대적 고찰』에서 니체가 시도한 것도 이러한 당대의 교양이 지닌 속물성에 대한 신랄한 비판입니다.

볼품없는 사람이 거울 앞에 서서 수탉처럼 거드름을 피우며 거울에 비친 자신의 모습과 찬탄의 눈길을 주고받는 광경을 바라보는 것보다 더 민망한 일이 어디 있겠는가. 그러나 지식인 신분은 일어난 일을 기꺼이 일어난 채로 내버려두며, 자신의 일만으로도 너무 벅차 독일 정신에 대한 염려를 떠맡을 수 없는 형편이다. [……] 그런데 그들보다 더 주의 깊은 관찰자는, 특히 그가 외국인이라면, 지금 독일의 지식인이 교양이라 부르는 것과 저 승리를 구가하는 새로운 독일적 고전의 교양 사이에는 단지 지식의 양에 있어서만 대립이 존재한다는 사실을 놓칠 수 없을 것이다. 현재 지식이 아니라 능력이, 학술이 아니라 예술이 문제가 되는 곳, 즉 삶이 교양의 종류에 관해 증언을 해야 하는 곳에서는 어디서나 단지 하나의 독일적 교양만이 존재할 뿐이다.

[……]

그런데 우리 시대의 독일인은 일체의 양식들이 뒤죽박죽 섞여 있는 혼돈 속에서 살고 있다. 아주 많이 알고 있음에도 이런 사실을 깨닫지 못하며 게다가 현재의 "교양"을 진정으로 기뻐하는 일이 어떻게 가능한가 하는 점은 여전히 중대한 문제로 남아 있다. 모든 것이 그를 깨우쳐주어야 한다는 것이다. 자신의 옷과 방, 집을 볼 때마다, 자기 도시의 거리를 걸을 때마다, 그리고 유행 예술품을 거래하는 상인들의 상점을 들를 때마다 이 모든 것이 그를 깨우칠 것이다. 사교 모임에서 그는 자신의 예의범절과 몸가짐의 근본을 자각할 것이며, 미술관에 들어가고 음악회, 극장 및 박물관의 즐거움을 맛보면서 그는 모든 가능한 양식의 그로테스크한 나열과 겹침을 자각할 것이다. 독일인은 모든 시대와 모든 지역의 형식들, 색채들, 생산물과 진기한 물품 등을 자신의 주위에 쌓아올리며, 그렇게 함으로써 저 현대적인 세시歲時의 다채로움을 만들어낸다. 그런데 독일 학자들은 이 다채로움을 "현대성 그 자체"로 고찰하고 서술해야만 한다. 독일인 자신은 이러한 모든 양식들의 혼란 속에서 마냥 태연한 채로 머물러 있다. 문화에 대한 무기력하기 짝이 없는 무감각 상태에 불과한 이런 종류의 "문화"를 가지고는 어떤 적도 굴복시킬 수 없다.[49]

"얼굴과 사지에 오십 가지 색채를 칠한" 이러한 이들을 니체는 "교양의 속물들"이라고 부릅니다. 과거부터 이어져 내려온 수많은 문화적 유산을 그대로 모방하고 오직 그걸 통해 자신을 드러내는 자들, 니체가 보기에 그들은 속물에 불과합니다. 하지만 문제는 그들이 단순히 속물이라는데 있지 않다고 합니다. 한술 더 떠 그들은 마치 뮤즈의 아들인 양 행세하면서 스스로 문화인이라고 자부합니다. 이들에 대한 역겨움이 니체의 글 곳곳에 배어 있습니다. 사실, 교양이니 문화니 하는 것은 이미 반교양이며 반문화입니다. 우리가 교양과 문화라고 말하는 순간, 이미 거기에는 분류와 일반화, 지배와 예속이 존재합니다. 니체의 사유는 이러한 당대의 문화/교양을 철저히 극복하기 위한 시도이며, 이해와 공감 속에서 자신의 사유를 범속화하려는 모든 시도에 대한 저항입니다. 니체가 안주하지 못하고, 끊임없이 맑은 공기를 갈구하며 방랑했던 것은, 바로 이들 '교양 있는 속물'(Bildungsphilister)[50]의 악취를 견디지 못했기 때문입니다.

오, 이제 그에게 향락이란 얼마나 역겨운 것인가! 향락주의자들, 우리들 "교양인들", 부자들, 지배자들이 이해하는 저 따분한 황갈색의 쾌락 말이다! 이제 우리는 "교양인들"과 대도시인들이 오늘날 술의 도움을 받아가며 예술, 서적, 음악을 통해 "정신적 향락"을 유린하는 저 굉장한 시장판의 소란에 얼마나 눈살을 찌푸리게 되었는가! 정열을 외치는 극장이 이제 우리 귀를 얼마나 아프게 만들고 있는가! 교양 있는 천민들이 사랑하는 모든 낭만적 흥분과 감각의 혼란, 숭고하고 장엄하고 과장된 것들에 대한 그들의 갈망이 이제 우리의 취향에 얼마나 생소하게 되었는가? 그것은 아니다. 회복기의 환자인 우리가 예술을 필요로 한다면 그것은 **다른 종류의 예**

술이어야 한다.[51]

교양의 속물/천민이란 창조하는 인간의 반대편에 있는 인간입니다. "교양의 속물이 가진 망상에서 나타나는 혼동은 아마 그가 어디에서나 자기 자신과 똑같은 특징을 재발견하고 모든 '교양 있는 사람'의 똑같은 특징에서 독일적 교양의 양식 통일성, 즉 문화를 추론하는 데서 기인할지도 모른다"[52]고 니체는 말합니다. 이 똑같은 특징, 교양의 양식에서의 통일성은 그러나 교양이 아니라 오히려 키치kitsch입니다.

키치란 낡고 뻔한 예술, 스스로 창조하지 못해 다른 창조물들을 본떠 만들어낸 싸구려 작품들을 가리키는 말입니다. 이른바 '이발소 그림'이라고 말하는 그림들, 지하철 화장실에 걸린 그림을 떠올리시면 됩니다. 그 그림과 함께 걸려 있는 문구들도 기억나실 겁니다. 이를테면 저는 화장실 변기 위에 떡하니 걸려 있는, "초인이란 필요한 일을 견디어 나아갈 뿐만 아니라, 그 고난을 사랑하는 자다"라는 니체의 격언을 본 일이 있습니다. 키치란 바로 이런 것들을 말하지요.

키치에 대한 논의의 시발점 격인 「아방가르드와 키치」라는 논문을 쓴 미술 평론가 클레멘트 그린버그Clement Greenberg는 아방가르드와 대립되는 것으로 키치라는 용어를 사용합니다. 그는 "원색 화보가 실린 대중적이고 상업적인 미술과 문학, 잡지의 표지, 삽화, 광고, 슬릭 픽션과 펄프 픽션, 만화, 틴 팬 앨리 음악, 탭댄스, 헐리우드 영화" 등을 언급하며 "진정한 문화의 가치에는 무감각하면서도 특정 종류의 문화만이 제공할 수 있는 기분 전환을 갈망하는 사람들, 그런 사람들을 위해 생겨난 대용 문화"가 곧 키치라고 말합니다. 니체의 당대 문화 비판은 바로 이 문화의 키치함에 대한 비판이라고 할 수 있습니다. 다만 그린버그는 고급 문화, 순수 미술을 아방가르드로 두고 이를 적극적으로 옹호한 데 비해, 니체에게서 키치란 이른바 고급 문화의 영역에서도 마찬가지로 발견되는 것입니다. 오히려 부르주아적 문화야말로 가장 키치적이기도 하지요.

밀란 쿤데라의 소설 『참을 수 없는 존재의 가벼움』은 이 키치적 문화와 삶에 대한 비판의 성공적인 문학적 형상화라고 할 수 있습니다.

공산주의에 대한 사비나의 첫 번째 내면적 저항은 윤리적인 것이 아니라 미학적인 성격을 지녔다. 그녀에게 혐오감을 일으켰던 것은 공산주의 세계의 추함(마구간으로 개조한 성들)보다는 공산주의가 뒤집어쓰고 있는 아름다움의 가면, 달리 말하면 공산주의라는 키치였다. 이러한 키치의 모델은 소위 5월 1일 축제였다.

그녀가 5월 1일의 행진을 보았던 것은 사람들이 그때만 해도 광신적이었거나 또는 그렇게 보이려고 애쓰던 시절이었다. 여자들은 붉은색, 흰색, 또는 파란색 블라우스를 입었고 발코니나 창가에서는 가지가 다섯 개인 별이나 심장, 글자 같은 무늬처럼 보였다. 여러 행렬 사이사이에 행진의 리듬을 맞춰 주는 소규모 악단이 있었다. 행진 대열이 연단에 가까이 가면 가장 우울한 표정을 짓던 얼굴조차도 미소로 환해졌는데, 마치 자신들이 즐기는 것이 당연하다는 것을 증명하기 위해, 또는 보다 정확히 말하자면 자신들이 당연히 그래야 하는 것에 동의하고 있다는 것을 증명이라도 하고 싶은 사람들처럼 보였다. 공산주의에 대한 단순한 정치적 동의가 아니라 현실 속 존재에 대한 동의에 관련되는 것이다. 5월 1일 축제는 존재에 대한 확고부동한 동의라는 깊은 원천에서 그것의 자양분을 끌어내고 있었다. 행진 대열이 내건 묵시적 슬로건은 "공산주의 만세!"가 아니라 "인생 만세!"였다.[53]

물론 키치가 유발한 느낌은 가장 많은 사람들이 공감할 수 있어야만 한다. 그래서 키치는 유별난 짓을 할 수밖에 없다. 키치는 인간들의 기억 속에 깊이 뿌리내린 핵심 이미지에 호소한다. 배은망덕한 딸, 버림받은 아버지, 잔디밭 위를 뛰어가는 어린아이, 배신당한 조국, 첫사랑의 추억.

키치는 백발백중 감동의 눈물 두 방울을 흐르게 한다. 첫 번째 눈물은 이렇게 말한다. 잔디밭을 뛰어가는 어린아이, 저들이 얼마나 아름다운지!

두 번째 눈물은 이렇게 말한다. 잔디밭을 뛰어가는 어린아이를 보고 모든 인류와 더불어 감동하는 것이 얼마나 아름다운가! 키치가 키치다워지는 것은 오로지 이 두 번째 눈물에 의해서다.

모든 인간 사이의 유대감은 오로지 이 키치 위에 근거할 수밖에 없다.[54]

키치는 결국 낡은 것을 계속해서 반복하는 것이요, 그것을 통해 사회를 그 이전과 조금도 다르지 않은 것으로 반복하는 권태로움이기도 합니다. 중요한 것은 키치의 핵심이 이러한 감성의 유사성 자체가 아니라, 그 유사성에 동의하도록 은근히 강요하는 데 있다는 점입니다. 그것은 미적 취향뿐 아니라 삶 자체에서도 다수의 판단을 그대로 답습하라는 암묵적인 요구입니다. 따라서 니체의 키치 문화 비판은 키치적 삶에 대한 비판이기도 합니다. 니체에게서 키치적 문화를 넘어서는 새로운 아름다움을 창조하는 일은 새로운 삶의 가치를 창조하는 것, 하나의 새로운 인간형을 창조하는 것, 결국 예술로서의 삶 자체를 발명하는 것과 마찬가지라고 할 수 있습니다.

이 장에서 차라투스트라가 '믿음 없음'을 기준 삼아 당대인들을 비판하는 점도 눈여겨볼 만합니다. 그가 보기에 현대인들은 어떤 것에 대해서도 믿지 못하는 이들, 실증적인 증거가 아니라면 아무것도 믿으려 하지 않는 자들, 그렇기 때문에 아무것도 창조하지 못하는 자들입니다. "미신을 가지지 않은 자"는 이제 믿음도 갖지 못한 자들이 되었습니다. 그들은 이제 "열매 맺지 못하는 자들", "불임의 인간들", "갈비뼈가 앙상한 자들"이며, 오직 허무주의적 의지를 지닌 자들일 뿐입니다.

너희는 믿음 자체를 떠돌며 반박하는 이들이며, 모든 사유의 사지를 찢는 자들이다. **믿을 자격이 없는 자들(Unglaubwürdige)**: 나는 너희를 그렇게 부른다, 너희 현실적인 자들이여(Wirklichen)!

너희의 정신 속에서는 모든 시대가 서로 반박하며 떠든다; 그리고 모든 시대의 꿈과 잡담은 너희의 깨어 있는 존재보다 더 현실적이다!

모든 믿음을 부정한 듯이 보였던 차라투스트라가 여기서 새삼 믿음의 문제를 다시금 제기하는 이유는 뭘까요. 바로 믿음이야말로 사랑이며, 불가능의 문제를 가능의 문제로 사유하는 방식이기 때문입니다. 실상 교양의 나라에서 믿음은 사라진 게 아닙니다. 그들의 믿음은 익숙한 것에 대한 믿음으로 바뀌었을 뿐이며, 따라서 비겁한 자들의 믿음이 되어버린 것입니다. 그러나 믿음은 그런 것이 아닙니다.

니체가 2권을 시작하면서 이야기한 기쁜 소식 또는 복음이란 믿음, 미래에 대한 믿음을 의미합니다. 믿음도 사랑과 마찬가지로 어떤 도약의 순간을 요구합니다. 사랑할 만하기 때문에 사랑하는 것이 아니라, 진정 사랑하기가 불가능하기 때문에 사랑한다고 말하는 것처럼, 믿음 역시 믿기 어렵기 때문에 믿는 것입니다. 믿음의 공식이란 그러한 것입니다. 이를 정확히 꿰뚫어보았던 이가 바로 프로이트입니다. 그는 『문명 속의 불만』이라는 책에서 신의 명령인 '네 이웃을 네 몸처럼 사랑하라'는 불가해한 명령이 가지는 의미를 해석합니다. 도대체 어째서 이러한 명령이 존재하는 것일까. 저는 1권의 「이웃 사랑에 대하여」 장에서 이에 대해 이미 말씀드린 바 있습니다. 이웃을 사랑하라는 명령이 최고의 교리가 되는 이유는 그것이 바로 불가능한 명령이기 때문입니다. 그리고 오직 그 불가능을 극복하는 데 '믿음'의 유일한 가치가 존재합니다. 믿음은 사실에 대한 판단이나 지식과는 전혀 다른 종류의 것이며, 차라투스트라가 이 장에서 비판하는, 이른바 '현실성'을 최선으로 삼는 '현대인들'의 교양에서 결코 찾아볼 수 없는 자질이기도 합니다. 그런데 과연 그것은 불가능한 것일까요.

우리가 불가능하다고 말하는 것, 실은 그것은 이미 가능한 것이 아닐까요. 자신과 다른 이웃을, 아니 심지어 원수를 사랑하는 일, 도저히 믿을 수 없는 것을 믿는 일, 말할 권리를 가지지 못한 자들이 자신의 목소리를 내어 말하는 일, 노예가 스스로의 주인임을 선포하는 일, 우리가 더 이상 도덕의 지배를 받는 노예가 아니게 되는 일, 이 모든 일은 불가능할까요. 그것이 불가능하다고 말하는 이른바 지식, 교양이란 실은 그것의 가능성을 이미 알고, 억누르고 있는 것이 아니던가요. 니체는 언제나 '사실'이라는 것에 대해 회의적인 태도를 취해왔습니다. 그것은 하나의 경향성일 뿐이기 때문입니다. '현실성'도 이 경향성의 가면일 뿐입니다. 어떤 문제에 대해 '현실성'이 없다고 말하는 것은 그것이 이제까지의 경향에 맞지 않다는 의미에 지나지 않습니다. 그렇게 수없이 많은 새로운 것들이 현실적이지 않다고 억압되어오지 않았던가요?

오직 먼 바다의 새로운 땅, 아이들의 땅에서 가능한 그것, 그것이야말로 차라투스트라가 말하고자 하는 새로운 세계일 것입니다. 불가능을 가능으로 역전시키는 이 '믿음'이란 그러므로 마땅히 미래에 대한 것, 아이들의 땅에 대한 것이 되어야 합니다.[55]

> 한때 내 마음이 나를 몰아대던 현대인들은 내게는 낯설고 조롱거리일 뿐이다; 그리고 나는 아버지와 어머니의 땅에서 내쫓겼다.
>
> 이제 나는 다만 나의 **아이들의 땅**, 머나먼 바다의 발견되지 않은 땅만을 사랑한다:그 나라를 찾고 또 찾도록 돛에게 명한다.
>
> 내가 나의 아버지의 자식이라는 사실을 나의 아이들에게 보상할 것이다: 모든 미래에―이 현재를 위해!

오점 없는 인식에 대하여

"오점 없는 인식"이라고 번역된 이 장의 제목은 기독교의 '원죄 없는 잉태'(Unbefleckte Empfängnis)를 패러디한 것입니다. 후자의 내용은 다들 아시는 대로입니다. 예수의 어머니 마리아가 하느님의 은총을 받아 원죄 없이 완벽하게 보호된 상태에서 예수를 잉태하고 낳았다는 마리아론이지요. 로마 가톨릭의 공식 교리 중 하나로, 무염시태無染始胎라고도 불립니다. 육체적 욕망이나 성적 관계를 일종의 오점이자 죄로 생각하는 것은 기독교 도덕의 기본적인 태도입니다. 이미 1권의 13장 「순결에 대하여」에서 차라투스트라는 관능과 순결을 욕정과 금욕에 대비시켜 기독교 도덕을 냉소하고 조롱한 바 있습니다.

여기서 차라투스트라는 다시 한 번 기독교 도덕을 패러디합니다. 그러나 단지 기독교 도덕의 금욕주의만을 비판하는 데 그치지 않고, 그러한 금욕주의가 —— 실은 이 금욕주의라는 것도 니체의 관점에서는 욕망의 왜곡된 분출에 불과하지만 —— 인식의 영역에서 어떻게 작동하는지를 비판의 대상으로 삼습니다. 이는 곧 당대의 철학과 과학 혹은 과학적 인식이라고 불리는 근대적 인식 전체에 대한 총체적 비판이기도 합니다. 먼저 "오점 없는 인식"은 인식에서 욕망을 부정하고 순수한 관조를 강조합니다.

> "시들어버린 의지로, 이기심의 욕망이나 술수도 없이—온몸은 차갑고 창백해져, 단지 취한 달빛의 눈을 하고서는, 관조 속에 행복하게 있는 것!"
> "내가 가장 좋아하는 것은, — 유혹당한 자는 이렇게 자신을 유혹한다—달이 대지를 사랑하듯, 대지를 사랑하는 것, 그리고 단지 눈으로만 그 아름다움을 만지는 것이다."

철학과 과학에서부터 미적 인식의 영역에 이르기까지 이러한 관조적 태도는 근대적 인식 전반을 지배합니다. 이를테면 칸트의 '무관심적 관조'는 이러한 금욕주의적 인식론의 미학적 변형이라고 할 수 있습니다. 그리고 그러한 관점을 이어받은 쇼펜하우어가 있습니다. 이 장과 19장 「예언자」에서 차라투스트라는 쇼펜하우어를 염두에 두고 있습니다. 한때 니체를 열광하게 했던 쇼펜하우어는 이제 위선적인 모습의 고양이로 묘사됩니다. 밤에만 돌아다니는 달빛 속의 수도사, 지붕을 살금살금 기어다니는 고양이, 어둠의 비밀스러운 이미지는 수치심과 이어집니다. '정오-태양-능동성'이 '밤-달-반동성/수동성'과 대립됩니다.

이를테면 삶의 충동에서 벗어나기 위해 쇼펜하우어가 강조한 관조란 니체에게는 불모, 불임의 상태에 불과합니다. 「순결에 대하여」에서 관능의 무죄/결백을 말했던 차라투스트라는 여기서 다시 한 번 관능이 생산, 창조의 원천이요, 힘에의 의지의 자연스러운 발현이라고 말합니다.

결백함(Unschuld)은 어디에 있는가. 생산(Zeugung)의 의지가 있는 곳에. 그리고 자신을 넘어 창조하고자 하는 이야말로, 가장 순수한 의지를 지닌다.

아름다움은 어디에 있는가? 모든 의지로써 내가 **의욕하지 않을 수 없는 곳**; 하나의 형상이 단지 형상이 되지 않도록, 내가 사랑하고 몰락하고자 하는 곳에 있다.

사랑과 몰락: 그것은 영원히 서로 운율을 맞춘다: 그것은 또한 기꺼이 죽음을 향하고자 한다.

또 『선악의 저편』에 등장하는 문장도 읽어볼 만합니다.

그는 하나의 거울이다.— 그는 '자기 목적'이 아니다. 객관적인 인간은 사실 하나의 거울이다: 그는 인식되기를 바라는 모든 것 앞에서 복종하는 데 길들여져 있고, 인식하고 '비추는 것' 외에는 다른 즐거움을 알지 못한다.[56]

오점 없는 인식, 무관심성의 관조가 설정하는 거리는 대상과의 관계 맺음이 일어나지 않는 거리입니다. 그러한 인식을 추구하는 철학을 니체는 '거울'이라고 부릅니다. 니체가 비판하는 것은 객관적 인식이 필연적으로 가질 수밖에 없는 귀결입니다. 객관적 인식은 세계를 객관적으로 대상화함으로서 최종적으로는 자기 자신을 대상화합니다. 여기에 여타의 근대 비판과 구분되는 니체의 통찰이 있습니다. 우리가 서구의 근대와 근대적 인식(론)을 비판할 때 초점은 흔히 그것의 폭력성에 맞추어져 있습니다. 근대적 인식이란 언제나 타자에 대한 일방적 대상화라는 맥락에서 논의됩니다. 그러나 니체는 타자에 대한 그 폭력적 대상화의 귀결이 자기 자신에 대한 대상화임을 놓치지 않았습니다. 자기 자신을 대상화하지 않고는 타자를 대상화해서 바라볼 수 없습니다. 그러므로 그러한 인식론적 세계에서는 사유 전체가 무기력해져버립니다. 주체적 사유라고는 하지만 주체적 사유가 아니게 됩니다. 이러한 인식은 그러므로 자해가 아닐 수 없습니다. 니체는 그것을 꿰뚫어본 겁니다.

사실 대중들은 오랫동안 철학자들을 잘못 보아왔거나 오해해왔다. 즉 학문적인 인간이나 이상적인 학자로, 아니면 종교적으로 고양된 탈감각적이고 '탈세속적인' 몽상가나 신에 도취한 사람으로 잘못 보아왔거나 오해해왔다. 심지어 오늘날 어떤 사람이 '현명'하게 살고 있다거나 '철학자'로 살고 있다는 칭찬을 듣게 될 때, 이는 거의 '영리하게 세상을 피해' 살고 있다는 것 이상을 의미하지 않는다. 지혜라는 것, 이것은 천박한 사람에게는 일종의 도피처럼 보이며 좋지 않은 게임에서 잘 빠져나오는 수단이자 기교처럼 보인다. 그러나 진정한 철학자는—**우리에게는** 이렇게 보이지 않는가, 나의 친구들이여?—'비철학적으로' '현명하지 못하게', **무엇보다도 영리하지 못하게** 살아가며, 인생의 수백 가지 시련과 유혹에 대한 짐과 의무를 느낀다:—그는 **스스로** 끊임없이 모험을 감행하며 좋지 않은 그 게임을 한다……[57]

니체의 관점주의는 이와 정반대입니다. 왜냐하면 그것은 언제나 대상과의 관계라는 측면에서 다루어지는 인식과 행위에 대해 이야기하기 때문입니다. 이는 단순한 관점의 상대성을 말하는 것과는 다릅니다. 대상을 바라보는 관점이란 곧 대상과 주체의 관계 속에서 말해진다는 걸 의미합니다. 이렇게 설명하고는 있지만, 대상이나 주체니 하는 표현 자체가 이미 반니체적임을 염두에 두시기 바랍니다. 니체가 왜 『차라투스트라』를 쓸 수밖에 없었는지도 함께 떠올리면서 말입니다. 다만 그것을 사용하지 않고는 뭐라 달리 표현할 말이 없기 때문에 아직도 그와 같은 개념들을 사용하고 있을 뿐입니다. 이러한 관계 속에서 최종적으로 남는 것은 주체도 대상도 아닌 사건 그 자체, 혹은 만남 그 자체라고 말할 수 있습니다. 다시 말해 주체란 언제나 대상을 전제로 하고, 대상을 전제로 하는 한 주체 자신이 언제나 대상화될 수밖에 없습니다. 주체로 출발해 대상이 되어버리는 이러한 뫼비우스적 악순환의 궤적에서 벗어나기 위해서 니체는 과감하게 대상과 주체 모두를 벗어나라고 요구한 것입니다. 그러므로 니체 철학은 주체성을 회복하는 철학이 아니라 주체성이라는 틀을 과감히 버릴 것을 요구합니다. '사건'은 그러한 주체성이 소멸된 지점에서야 비로소 그 온전한 의미를 가집니다. 그러한 사건이 없다면 그 무엇도 새롭게 태어나지 않습니다. 생성/생산이 불가능한 관조적 인식이란 그렇기 때문에 불모의 인식에 불과하다고 말하는 것입니다. 철학자는 도피하는 자가 되어서는 안 됩니다. 그는 지배하는 자가 되어야 하기 때문입니다.

근대 철학 전체가 점차 침몰해간 결과인 오늘날 철학이라는 잔여물은, 비록 스스로에 대한 조소나 동정은 아닐지언정 불신과 불만을 불러일으킨다. 철학을 '인식론'으로 격하한다는 것은 실제로는 소심한 판단 중지론이나 금욕설 이상이 아니다: 이는 전혀 경계를 넘어서지 못하며 스스로 괴로워하고 그 안으로 들어갈 권리를 거부하는 철학이다.—이는 마지막 숨을 내쉬고 있는 철학이며 어떤 종말, 마지막 고통이며 연민을 일으키는 어떤 것이다. 어떻게 이러한 철학이 — **지배**할 수 있을까![58]

학자에 대하여

잠자고 있던 차라투스트라에게 양 한 마리가 다가와 담쟁이덩굴로 엮어 만든 관을 먹어치우고 나서 이렇게 말합니다. "차라투스트라는 더 이상 학자가 아니다." 담쟁이덩굴로 엮어 만든 관은 디오니소스를 상징하는 표식입니다. 여기서 양은 학자들을 가리킵니다. 그와 함께 차라투스트라는 그늘, 늪, 시계, 맷돌, 거미, 독, 주사위 등의 상징으로 이 학자들을 형상화합니다. 음험하며 비겁하고, 숨어서 타인을 공격하며, 기계적으로 생각과 행동을 반복하고, 거짓 도덕을 강요하는 나쁜 취향을 가진 자들, 그들이 학자입니다. 아카데미라는 좁은 세계 속에 갇혀서, 세상과 거리를 두고 그 세상의 불순함을 비판하며 점잖은 척하는 이들, 니체는 그들을 혐오했습니다. 그렇다면 니체는 학자가 아니었던가요?

니체 역시 한 명의 학자였습니다. 그것도 미래가 기대되는, 촉망받는 학자였지요. 스승인 리츨 교수가 박사 학위도 없고 아직 교수 자격 시험에 통과하지도 않은 니체를 겨우 25살이라는 젊은 나이에 바젤 대학의 문헌학 교수로 과감히 채용했을 때 기대한 것도 바로 성실한 학자의 삶이었을 겁니다. 하지만 니체는 안정된 학자의 삶을 과감히 내던집니다. 장래가 유망해 보이던 문헌학자가 아닌 철학자로서의 학문적 삶을 최초로 시도한 1872년에 출간된 첫 저서 『비극의 탄생』은 학계에서 니체의 지위에 결정적 타격을 줍니다. 그리스 비극의 기원에 관한 그의 과감한 학문적 시도는 철저히 무시받고 외면당합니다. 아무도 그를 진지한 문헌학자로는 물론, 철학자로서도 인정하지 않았던 것입니다. 사실 그의 글을 제대로 이해한 이가 없었다고 말하는 편이 정확할 테지만요. 이후 니체는 방랑하는 디오니소스의 삶을 선택하지요. 니체는 문헌학 교수로 재직하던 당시의 고통을 훗날 유고에서 토로한 바 있습니다. 결국 니체는 건강 악화를 이유로 바젤 대학을 그만둡니다. 1879년의 일이었고, 바젤 대학 고전어와 고전 문학의 원외 교수로 취임한 지 10년 만이었습니다.

그러나 『차라투스트라』 이후 출간된 『선악의 저편』(1886)의 6장에서도 니체는 '학자에 대해서'라고 제목을 다는 대신에 '우리, 학자들'이라는 표제를 내겁니다. 그러므로 '차라투스트라는 더 이상 학자가 아니다'라는 타락한 학자들의 외침에 저항하는 메아리는 '차라투스트라, 나야말로 진정한 학자다'라는 차라투스트라 자신의 목소리일 것입니다. 그렇다면 니체는 왜 학자들을 위와 같이 냉혹하게 비판했던 것일까요. 방금 언급한 「우리, 학자들」이라는 장에서 니체는 이렇게 말합니다.

천재, 즉 **생산하든지** 아니면 **출산하든지** 하는 존재에 비하면—이 두 단어를 최고의 범위에서 받아들인다고 하고—학자, 즉 학문을 하는 평균적 인간은 언제나 늙은 처녀 같은 것을 가지고 있다: 왜냐하면 그는 이 늙은 처녀와 마찬가지로 인간의 가장 귀중한 두 가지 기능을 이해하지 못하기 때문이다. [……] 우선 그는 고귀하지 못한 천성의 인간, 즉 고귀하지 못하고, 다시 말해 지배력이 없고 권위가 없으며 자족할 줄도 모르는 천성의 덕목을 지닌 인간이다: 그는 근면하고, 참을성 있게 질서에 적응하며 능력과 욕구에서도 균형과 절도를 지니고 있다.[59]

그는 하나의 **거울**인 것이다.—그는 '자기 목적'이 아니다. 객관적인 인간은 사실 하나의 거울이다: 그는 인식되기를 바라는 모든 것 앞에서 복종하는 데 길들여져 있고, 인식하고 '비추는 것' 외에는 다른 즐거움을 알지 못한다.[60]

학자적 성품의 특성으로 흔히 받아들여지는 근면, 참을성, 균형과 절도는 니체에게 오히려 학자들이 가진 천박한 성품으로 여겨집니다. 그러나 노골적인 인신공격처럼 보이는 이러한 말들은 단순히 학자들의 개인적 품성이나 인성을 겨냥하는 게 아닙니다. 학자에 대한 비판과 학문에 대한 비판은 구분되지 않습니다. 학자들의 천민적 근성은 바로 학문 그 자체의 천민적 성격에서 유래하기 때문입니다.

학자들은 세계를 '있는 그대로', '객관적으로' 인식하고자 합니다. 그러나 학자들의 인식, 그들의 진리에의 의지는 그 어떤 생산도, 창조도 불가능한 불임의 인식입니다. 니체에게 이 객관적 세계 인식은 오류일 뿐만 아니라, 창조적 무능력이기도 합니다. 명백히 칸트를 겨냥하면서, 니체는 철학이 "인식론"으로 격하되었다고 말합니다. 그리고 그것은 "소심한 판단 중지"나 "금욕설"에 불과하다고 비난합니다.[61] 이러한 학문은 현재의 세계를 '객관성'과 '법칙'으로 정당화하고, 인간을 그러한 현재성의 노예로 삼고자 합니다. 끊임없이 생성·변화하는 세계로 인한 고통을 거부하고 편안히 안주하고자 하는 정신은 이미 노쇠하고, 피로하며, 약한 정신에 불과합니다. 강한 정신이란 기꺼이 변화를 감수하는 정신일 수밖에 없습니다. 객관적·합리적 세계 인식의 문제는 니체의 오래된 물음이기도 합니다. 최초의 저서 『비극의 탄생』은 이러한 세계 인식의 문제를 그리스적 정신의 몰락의 징후로 제시합니다.

> 그리고 한편으로 거꾸로 말한다면, 그리스인들이 바로 자신들의 해체와 약화의 시기에 훨씬 더 낙천적이고, 피상적이고, 배우 같고, 논리와 세계의 논리화에 더욱 열성적이고, 그러므로 "더 명랑하고" 동시에 "더 학문적"이 되었다고 한다면? 어떠한가? 민주주의적 취향의 모든 "현대적 이념들"과 편견들에 대항하여, **낙천주의**의 승리, 우세해진 **합리성**, 실천적이고 이론적인 **공리주의**, 그리고 공리주의와 함께 동시에 나타난 민주주의 자체가 어쩌면—약화되는 힘, 다가오는 노쇠, 생리적 피로의 징후인 것은 아닌가?[62]

세계는 결코 '객관적으로' 인식되지 않습니다. 그것은 한편으로는 불가능한 것이고, 또한 부당한 것이기도 합니다. 세계를 객관적으로 인식하는 자란 그저 "그늘 아래 시원하게 앉아 무슨 일에서나 관망자로 남기를 바라는", "태양이 작열하는 뜨거운 계단에는 앉지 않으려 하는" 이들에 불과합니다. 이러한 관조적 시선은 결코 어떤 변화를 인식하지 못하며, 오직 세계를 '있는 그대로' 인식한다는 거짓 아래, 현재의 세계를 그 자체로 긍정하고 맙니다. 이들의 관조적 시선이란 변화를 부정하며 두려워하는 시선이기도 합니다. 니체는 이들을 "때로는 전문가이자 대체로 모든 종합적인 과제와 능력에는 본능적으로 저항하는 방관자"[63]라고 말합니다. 철학이란 전문가가 사용하는 방법론이나 지식이 아닙니다. 철학이 '전문화'된다는 것은 그것이 기술처럼 다루어진다는 뜻입니다. 이러한 철학은 마치 자동차 정비 기술이나 유기농 야채 재배법, 재활용 처리 기술 등과 같은 일련의 체계적 지식처럼 다루어집니다. 이로써 학자들은 단지 자신의 전문화된 분야에 갇혀 있을 뿐이고, 세계에 대해 어떤 권위도 갖지 못하게 됩니다. 그들이 할 수 있는 일이라고는 "물레방아처럼 낟알을 잘게 빻거나", "시계 태엽을 감아주는" 일뿐입니다.

그런 철학은 없습니다. 그것은 철학이 아닙니다. 철학도, 철학자도 일련의 '전문적 지식'의 습득을 통해 가능한 것이 아닙니다. 철학은 사실 확인과 유용성에 대한 증명을 통해 자신의 존재 의의를 증명하는 기술/기술적 학문과 달라야 합니다. 단순히 객관적 외부 세계를 사실의 관점에서 철학적 용어로 재기술하는 활동은 철학이 아닙니다. 이는 니체가 비판하는 학문들이 하고자 하는 것으로, 그것들은 이런 방식으로 있는 그대로의 세계를 정당화하고, 그것을 반복하게 합니다. 과학적/객관적 관점에서 미래를 예측하는 이들은 그들 자신의 예측이야말로 그러한 미래를 가능케 하는 조건이라는 사실을 결코 파악하지 못합니다. 그들의 미래 예측은 '진정한 미래'를 불가능하게 하는 요소로 작용합니다. 그들은 단지 현재를 끈질기게 연장하여 거기에 미래라는 이름을 붙일 뿐입니다.

이러한 기술/전문성으로서의 학문과 전혀 다른 활동이 바로 철학입니다. 철학은 전문성이 사라진 곳에서 비로소 가능하기 때문입니다. 우리는 이와 비슷한 인간 활동을 알고 있습니다. 바로 정치와 사랑이 그것입니다. 철학(philosophia)이라는 말 속에 사랑(philo)이라는 말이 들어가 있는 것은 결코 단순한 우연이 아닙니다. 이들 활동의 공통점은 누구도 이러한 활동을 수행하는 데서 전문적일 수 없다는 사실입니다. 철학, 정치, 사랑은 그 활동이 결코 전문성을 통해 말해질 수 없다는 공통점이 있습니다. 전문적인 정치인이란 곧 직업 정치인일 텐데, 정치가 이러한 전문적 직업의 영역으로 국한된다면 그것은 정치의 소멸에 다름 아니게 됩니다. 사랑은 더 말할 것도 없습니다. 전문적인 사랑이란 사랑이 아니기 때문입니다. 정치가가 행하는 직업으로서의 정치가 정치가 아닌 것과 마찬가지입니다. 철학은 어떤가요. 직업으로서의 철학을 완강히 거부하지 않는다면 우리는 철학이 아니라 한때 철학이라고 불리었던 사유의 미라를 악취와 함께 만지작거리게 될 뿐입니다.

시인들에 대하여

이제 차라투스트라는 시인에 대해 이야기합니다. 이야기는 차라투스
트라의 설교에 대한 제자의 질문에서부터 펼쳐집니다. "불멸의 것이란 단
지 비유일 뿐"이라고 말하는 차라투스트라에게 제자는 그 의미를 묻습니
다. 그리고 차라투스트라가 이미 그런 이야기를 한 적이 있음을 상기시킵
니다. 2권의 2장 「지극한 행복의 섬에서」에 나오는 다음과 같은 구절이죠.

불멸하는 모든 것—그것은 단지 비유일 뿐이다! 시인은 거짓말을 너무
많이 한다.

거짓을 말하는 시인이라니! 시인이야말로 진실에 가장 가까이 있는
사람 아닌가요? 신은 그저 시인의 비유이자 궤변에 불과하며 그러한 궤
변이 만들어낸 신이 우리를 구름 위로 끌어올린다는 비판은 괴테의 『파
우스트』의 마지막 장면인 '신비의 합창'(Chorus Mysticus)을 겨냥합니다.
『파우스트』를 읽지 않으신 분들에게도 꽤 익숙한 대목일 겁니다.

일체의 무상한 것은
한낱 비유일 뿐,
미칠 수 없는 것,
여기에서 실현되고,
형언할 수 없는 것,
여기에서 이루어진다.
영원히 여성적인 것이
우리를 이끌어 올리도다.[64]

생성과 변화의 무죄를 주장하는 차라투스트라는 유일한 것, 완전한

것, 불멸하는 것이 한갓 비유에 불과하며, 그 모두가 거짓이라고 말합니다. 그러나 괴테와 같은 위대한 시인마저 생성과 변화에 유죄를 선언하고, 영원한 것에 의해 구원받기를 기원합니다.

원래 시인들이 거짓말을 너무 많이 한다는 비판은 플라톤에 의해 제기된 것이었습니다. 『국가』 제10권에서 플라톤은 철학과 시의 불화에 대해 이야기합니다. 그는 진리를 추구하는 철학과, 진리의 외양을 그저 흉내 내는 데 불과한 시와 회화를 대립시키면서, 시인들이 거짓을 말할 뿐이라고 격하합니다.

> 그렇다면 호메로스를 비롯한 모든 시인은 훌륭함(덕)의 영상들의 모방자들이며, 그들이 관련지어 짓고 있는 그 밖의 다른 것들의 모방자들이지, 진리를 포착하는 것은 아니라고 우리가 보지 않겠는가?
>
> [......]
>
> 영상제작자, 즉 모방자는 '실재'에 대해서는 아무것도 모르고 그것의 '현상'에 대해서만 알고 있다고 우리는 말하네.[65]

플라톤에게 시란 모방에 불과할 따름입니다. 그것도 이데아 자체를 모방하는 덕성을 지닌 인간들을 다시 모방하는 행위이므로 이중의 모방입니다. 진리로부터 두 단계나 떨어진 이 모방으로서의 시는 당연히 낮은 지위에 놓이게 됩니다. 플라톤은 심지어 도시에서 시인을 추방해야 한다는 주장을 펼칩니다.

그러나 여기서 차라투스트라가 시인들을 비난하는 관점은 플라톤의 그것과는 구분됩니다. 차라투스트라 역시 그들이 거짓말을 한다고 비판하지만, 플라톤과 달리 참된 이데아나 진리를 염두에 두고 있지 않습니다. 차라투스트라는 일체의 진리를 부정합니다. 그런데도 시인들은 아직 그것을 깨닫지 못하고, 불멸과 영원을 진리인 듯 이야기하면서 많은 사람들을 현혹합니다.

하늘과 땅 사이에는, 오직 시인만이 무언가를 꿈꾸게 하는 그토록 많은 것들이 있구나!

특히 하늘 위에는: 모든 신들은 시인의 비유, 시인의 거짓이기 때문이다.

실로 그것은 항상 우리를 끌어올린다.—바로 구름의 왕국으로; 그 위에 우리는 형형색색의 인형을 놓아두고는, 그들을 신이라거나 위버멘쉬라고 부르는 것이다.

그들은 구름의자에 앉을 정도로 충분히 가볍다!—이 모든 신들과 위버멘쉬들.

반드시 일어나야 한다는 이런 모자란 것들에 얼마나 지쳤는가! 아, 나는 시인들에게 얼마나 지쳤는가!

영원과 불멸을 말하는 시인들로부터 변화와 생성을 두려워하는 참회자들이 생겨납니다. 이것은 단지 참회자들의 문제만은 아닙니다. 이것이 차라투스트라가 시인을 비판하는 이유입니다. 고대 형이상학과 기독교에서 유래한 불멸에 대한 집착은 다만 과거의 것이 아닙니다. 이미 종교와 형이상학이 그 직접적인 영향력을 상실한 니체의 당대에 불멸성, 완전성의 진리에 대한 집착은 과학과 철학을 비롯한 학문 전반과 예술에 침투해 있었습니다. 차라투스트라에게 그것은 가면을 바꿔 쓴 형이상학이자, 종교입니다. 그것이 13장부터 이번 장까지 이어지는 일련의 장들에서 드러난 것입니다.

정신의 참회자들이 오는 것을 나는 보았다: 그들은 시인들로부터 생겨났다.

그런데 마지막으로 하나 짚고 넘어가야 할 점이 있습니다. 그것은 차라투스트라 자신이 이미 한 명의 시인이라는 사실입니다. 그는 스스로 "우리가" 거짓말을 너무 많이 하고 있다고 말합니다. 이 말은 시인으로서의 자기 반성이 아닙니다. 나 역시 시인이고 거짓말을 많이 하니 다른 시인을 비난할 자격이 없다는 의미는 더더욱 아니고요. 차라투스트라의 제자는 거리낌 없이 다음과 같이 말합니다. "나는 차라투스트라를 믿습니다." 그러나 차라투스트라는 답합니다. "믿음은 나를 구원하지 못하노니, 특히 나에 대한 믿음은 그렇다." 이는 『성경』의 "믿고 세례를 받는 사람은 구원을 얻을 것이요, 믿지 않는 사람은 정죄를 받을 것이다"[66]라는 구절의 패러디입니다. 그의 메시지는 이것입니다. 우리 시인들은 모두 거짓말을 한다, 우리가 진리라고 말하는 것을 함부로 믿지 말라. 그는 마치 모든 크레타 섬 사람들은 거짓말쟁이라고 폭로하는 크레타 섬 사람처럼 말합니다. 이것은 진리에 대한 전혀 다른 차원의 이야기입니다.

큰 사건에 대하여

"지극한 행복의 섬", 그리고 거기서 멀지 않은 곳에 있으며 저승의 입구라고 불리는 화산섬. 이 장에 나오는 두 섬은 니체가 실제로 여행을 다녔던 시칠리아 북부의 섬들을 연상시킵니다. 니체는 1882년 봄에 제노바에서 시칠리아로 여행을 했는데, 바로 이 시칠리아 북부에 아름다운 섬들이 모여 있는 에올리에 제도가 있습니다. 그리고 이 섬들 중 하나가 여전히 활동하는 화산인 스트롬볼리 산이 있는 스트롬볼리 섬입니다. 스트롬볼리식 분화라는 명칭이 유래한 이 화산은 이천 년 이상 용암을 분출하면서 분화하고 있습니다. 천둥소리를 내며 붉은 용암을 분출하는 이 산을 니체 역시 보았을 것입니다.

사라진 지 닷새 만에 제자들 앞에 선 차라투스트라는 '불개'와 나눈 대화에 대해 이야기합니다. 차라투스트라는 그 개를 교회, 국가와 동류라고 말합니다. "울부짖고 연기를 내뿜으며 말하기 좋아하는" 자들, "자유"와 "큰 사건"에 대해 말하는 자들, "분출하고 전복하는" 자들, 악의에 가득 차 분노하며 미친 듯이 날뛰지만, 결국 꼬리를 내리고 멍! 멍! 짖으며 자신의 동굴 속으로 들어가는 비겁한 자들. 차라투스트라는 불개에 대해 이렇게 말합니다. 이들은 원한에 사로잡힌 이들입니다. 이 불개를 사회주의자들로 해석하는 학자들도 있습니다. 이러한 해석을 전적으로 틀렸다고 할 수는 없지만, 저는 불개의 범주를 굳이 이렇게 국한할 필요가 없다고 생각합니다.

차라투스트라는 여기서 새로운 세계에 대해 이야기하고 있습니다. 불개는 바로 이 새로운 세계가 무엇인가를 두고 차라투스트라와 대립합니다. 차라투스트라가 일방적으로 몰아붙이긴 합니다만. 불개에게 새로운 세계란 기존의 세계를 전복하는 것입니다. 혁명, 불새는 혁명을 부르짖습니다. 그러나 니체는 이러한 혁명에 냉소적입니다. 이 시기의 유고에는 "불개와의 대화, 그의 열정을 조롱함, 혁명에 대한 반대"라는 간단한 메모가 있습니다.[67] 차라투스트라는 불개의 전복을 대지의 표피에서 일어나는 일, 그 표피의 병일 뿐이라고 비난합니다. 이 전복은 진정한 가치의 전도가 아닙니다. 하나의 국가가 무너지고 또 다른 국가가 오는 것, 하나의 교회가 무너지고 또 다른 교회가 세워지는 것과 다르지 않기 때문입니다.

불개와 차라투스트라의 차이, 그것은 곧 획득과 산출의 차이입니다. 가장 중요한 짐승이 되기 위해 한 도시를 미라로 만들고 입상을 진흙탕에, 바다에 내던지는 것, 그러한 '혁명'은 새로운 것을 산출하지 않고 그저 기존의 세계를 획득할 뿐입니다. 이 전복자들은 새로운 권력자입니다. 권력의 소유주가 바뀌는 것은 '새로운 세계'가 아니라고 니체는 말하고 있는 것입니다. 그러나 혁명에 대한 허무주의적 관점이 기존의 세계를 옹호하는 것은 아닙니다. 니체는 더 근본적인 창조를 말하기 때문입니다. 대지의 표피에 머무는 소음과 불꽃이 아니라, 대지의 심장으로부터 말하는 불개의 창조, 바로 새로운 가치의 창조입니다.

새로운 소음을 창조한 이의 주위가 아니다: 새로운 가치를 창조한 이들 주위를 세계는 도는 것이다; **소리 없이** 세계는 돈다.

가치의 창조는 주인과 노예를 구분하는 기준이기도 합니다. 누가 주인이 되는가. 새로운 가치를 창조하는 자들이 바로 주인입니다. 지배하는 자가 아닙니다. 권력, 명예, 부를 가진 자가 주인이 아닙니다. '힘에의 의지'를 그런 식으로 이해하면 우리는 니체를 통해서 원한에 가득 찬 이들의 권력욕 외에는 아무것도 말할 수 없게 됩니다. 힘에의 의지는 획득하는 것이 아니라, 창조하고 산출하는 것입니다. 그러므로 대지의 깊숙한 곳에 있는 뜨거운 심장은 끊임없이 덕을 베푸는 태양과 다르지 않습니다.

불개와의 대화를 앞뒤로 감싸고 있는 것은 "때가 왔도다!"라는 예언입니다. 그러나 이 예언은 차라투스트라 자신의 입을 통해 말해지지 않습니다. 니체는 이 장을 마치 바그너의 음악극처럼 화려하게 연출합니다. 불꽃을 내뿜는 화산 위에서 차라투스트라의 그림자가 날아오며 "때가 왔도다! 때가 무르익었다!"라고 외칩니다. 차라투스트라와 똑같은 모습을 한 이 그림자, 유령과 같은 그것은 어두운 무의식을 연상시키기도 합니다. 차라투스트라 자신은 모르고 있는 그 그림자의 외침을 그는 제자들에게서 전해 받습니다.

왜 유령은 '때가 왔도다! 때가 무르익었다!'라고 외쳤을까? 대관절 무엇을 위한 무르익은 때인가?

도대체 무엇을 위한 때입니까. 당연히 새로운 가치의 창조를 위한 때입니다. 그러나 이 선언이 차라투스트라 자신의 입이 아닌, 그의 그림자한테서 왔다는 사실을 소홀히 넘겨서는 안 됩니다. 차라투스트라에게 그림자는 단순히 태양 아래 검은 모상이 아닙니다. 그것은 그 어둠 속에 또 다른 세계를 가지고 있는 자이며, 차라투스트라이지만 차라투스트라가 아닌 자, 햄릿에게 나타난 아버지의 유령과도 같은 존재입니다. 아들 햄릿으로 하여금 "시간이 이음매에서 벗어나 있다(The time is out of joint)"[68]고 탄식하게 하는 바로 그 유령입니다. 새로운 시간은 기존의 시간이 어긋난 지점에서 발생합니다. 이 시간은 기존의 시간을 베고, 난입합니다.

낙타가 사자가 되고 사자가 아이가 되는 것이 시간의 축적으로 인한 자연스런 흐름이 아니듯이, 차라투스트라의 그림자가 말하는 새로운 때도 시간의 자연스런 흐름을 전제하지 않습니다. 그것은 모든 시간의 흐름을 멈추어버리는 신적인 선언이며, 역사에 대해 정지를 요구하는 선언입니다. 차라투스트라 자신마저도 차마 두려워 말하지 못한 이 세계의 종언과 새로운 시작을 그의 그림자가 대신합니다.

예언자

> 하나의 가르침이 공포되고, 하나의 신앙이 그와 더불어 퍼졌다: 모든 것은 공허하고, 모든 것은 같으며, 모든 것은 이미 있었던 것이다!

차라투스트라는 한때 예언자의 이 같은 말이 자신을 사로잡았다고 말합니다. 차라투스트라가 예언자라고 부르는 이는 아마도 쇼펜하우어를 가리킬 것입니다. 그리고 그의 가르침은 「전도서」의 "헛되고 헛되다. 헛되고 헛되다. 모든 것이 헛되다"[69]라는 익숙한 구절을 떠올리게 합니다. 「전도서」의 패러디를 통해, 차라투스트라는 쇼펜하우어의 니힐리즘이 기독교 도덕의 본질과 은밀히 공모하고 있음을 보여줍니다.

이 장에서 차라투스트라의 머릿속은 미래에 대한 불안으로 가득합니다. 그는 예언자의 말을 듣고, 슬픔에 잠깁니다. 어스름 속에서 자신의 빛을 잃어버리게 될까 봐 걱정합니다. 어스름은 이제 곧 올 시간입니다. 새로운 세계가 도래하기 전의 긴 어스름, 차라투스트라는 그 속에서 자신의 가르침과 그 가르침을 잇는 자들이 사라지지 않을까 걱정합니다. 그는 고뇌하며, 아무것도 먹지 못합니다. 그리고 깊은 잠에 빠져 꿈을 꿉니다.

예언자의 말은 차라투스트라의 꿈속에서 다시금 재현됩니다. 꿈에서 차라투스트라는 자신이 원치 않는 모습을 봅니다. 차라투스트라는 죽음의 외로운 산성에서 밤과 무덤을 지키는 자가 되어 죽음의 관을 지키고 있습니다. 위대한 정오가 아닌 밤의 시간이, 무한한 생성과 삶이 아닌 죽음과 재, 무덤과 관이 꿈을 지배하고 있습니다. 11장 「무덤의 노래」에서 차라투스트라는 이미 자신의 젊음을 무덤에 비유하여 이야기한 바 있습니다. 그러므로 무덤을 지키는 자가 되는 이 꿈은 차라투스트라 자신의 과거에 관한 것이기도 합니다. 그는 한때 쇼펜하우어에게 탐닉해 자신의 젊음을 무덤 속에 내버려두었습니다. 그러니 그것은 예언자의 예언이자, 차라투스트라 자신의 불안이 만들어낸 환영이기도 합니다.

우리는 2권 전체의 흐름을 다시 한 번 상기할 필요가 있습니다. 2권이 시작되면서 차라투스트라가 다시 하산한 것은 자신의 가르침이 괴물처럼 변해버렸기 때문입니다. 이제 2권의 마지막에 이르러, 그러니까 다시금 자신의 가르침을 남겨두고 떠날 때가 되어 차라투스트라를 사로잡는 건 바로 이 불안입니다. 그는 자신의 가르침이 어떻게 또 괴물이 될지 두려워하고 슬퍼합니다. 차라투스트라가 꿈에서 마주한 것은 어떻게 자신의 빛을 보존할 수 있을까라는 물음에 대한 실망스러운 대답입니다. 차라투스트라와 그의 가르침은 또다시 괴물처럼, 무덤을 지키는 문지기처럼 받아들여질 겁니다. 그것은 차라투스트라가 결코 마주하기 싫은 미래의 환영입니다. 예언자가 말했던 것, 차라투스트라를 슬픔에 잠기게 했던 것은 바로 이러한 미래입니다. 인간의 모든 노력과 성취는 영원의 시간 앞에서는 결국 무의미해질 수밖에 없습니다. 당연한 논리입니다. 이런 관점에서라면 니힐리즘은 당연한 논리적 귀결로 보입니다.

우리는 잘 수확했다: 그런데 왜 모든 열매가 썩어서 갈색이 되었는가? 지난밤 사악한 달에서 무엇이라도 떨어졌는가?

모든 노고가 헛된 일이 되었다. 우리의 포도주는 독이 되고, 사악한 눈길은 우리의 밭과 심장을 노랗게 태웠구나.

높은 산 위의 고독 속에서 태양과 이야기했던 차라투스트라는 이제 꿈속에서 죽음을 지키는 자가 되어, 타고 남은 재를 산 위로 나릅니다. 이는 차라투스트라가 원한 바가 아닙니다. 바로 여기에서 극적 전환이 일어납니다. 미친 듯이 열린 문과, 갑작스럽게 던져진 관 속에서 그를 덮치는 것은 그의 가르침 자체입니다. 차라투스트라를 반박하는 차라투스트라라고 말해도 좋을 듯싶습니다. 차라투스트라의 불안은 꿈속에서 자기 자신의 가르침에 의해 조롱당합니다. 관에서 나와 차라투스트라를 비웃는 어린아이, 천사, 올빼미, 바보, 그리고 큰 나비들은 그 자신의 가르침입니다. 미래에 대한 차라투스트라의 불안과 집착은 다 타버린 재를 산으로 가져가는 것과 같은 무의미한 일입니다. 그 자체가 생성을 부정하고, 삶을 죽음으로 만드는 것이며, 무덤을 지키는 행위이기 때문입니다. 그는 떠나야 합니다. 그의 가르침이 괴물로 변해버린다고 해도. 영원회귀는 이러한 무의미에 대한 인식이 우리에게 강요하는 니힐리즘과 생에 대한 부정, 혹은 거짓 목적으로의 도피로부터 삶을 새롭게 긍정하기 위해 반드시 통과해야 할 사유의 과정이기도 합니다. 영원히 되돌아오는 삶이란 미래, 목적, 종착점이 없는 삶이라는 말과 같기 때문입니다.

이 일련의 장면들은 니체가 쇼펜하우어적 허무주의/염세주의를 어떻게 극복했는가를 보여줍니다. 개별자로 존재하는 한 이 세계 속에서 고통을 피할 수 없다는 '개별화/개체화 원리'로 현상 세계를 파악한다는 점에서 니체 역시 쇼펜하우어와 견해를 같이합니다. 그러나 차이가 있습니다. 쇼펜하우어는 고통이 가득한 세계라는 니힐리즘에 빠져 현상 세계를 부정하고, 고통을 피하고자 했습니다. 그는 이 세계를 부정하면서도, 삶에 대한 소소한 애착을 버리지 못합니다. 당연한 이야기입니다. 삶에 대한 애착이 세계에 대한 부정을 낳기 때문입니다.

하지만 니체는 삶 자체에 집착하지 않습니다. 이것은 삶을 부정하는 것이 아닙니다. 오히려 그는 삶이 어떤 모습이어야 한다는 집착마저 모조리 부정하면서, 니힐리즘을 끝까지 밀어붙입니다. 여기에 어설픈 화해나 적절한 타협이 들어설 자리는 없습니다. 모든 부정의 끝에서 니체는 극적으로 전환하여, 세계를 긍정합니다. 이 세계의 긍정은 개별화의 긍정이며, 현존재의 긍정이고, 고통의 긍정입니다. 긍정이란 수동적인 수용이나 운명에의 순응과는 다릅니다. 그것은 기꺼이 감수하겠다는 용기이자 도전입니다. 감수한다는 것은 도피와 다릅니다. 쇼펜하우어가 고통에서 도피하고자 했다면, 니체는 고통을 감수하고 극복하고자 했습니다. 그리고 이것이 바로 니체의 '운명에의 사랑'에서 드러난 극적 전환의 핵심이기도 합니다. 개체화의 고통을 인식하고, 이를 기꺼이 감수하는 순간 운명과 세계는 긍정됩니다. 허무주의자들, 철학자들은 다릅니다. 그들은 세계가 자신의 의지로는 어쩔 수 없는 것임을 인식했을 때 세계를 산산조각 내고자 하는 자들입니다. 고통을 피할 수 없음을 깨달은 순간부터 그들은 현존재를 거부하고 저주합니다. 쇼펜하우어 역시 그러한 철학자입니다. 삶의 충만과 대립되는 삶의 궁핍으로 고뇌하는 인물이자 예술의 도취를 통해 구원을 꾀한다는 점에서 그는 바그너와 마찬가지입니다.

> 낭만주의란 무엇인가? 모든 예술과 철학은 성장하고 투쟁하는 삶에 봉사하는 치료제요, 구제 수단이라고 할 수 있다. 하지만 고뇌하는 자에는 두 가지 유형이 있다. 그 하나는 **삶의 지나친 충만성**으로 인해 고뇌하는 자들로, 이들은 디오니소스적 예술을, 그리고 또한 삶에 대한 비극적인 견해와 통찰을 원한다.—다른 하나는 **삶의 궁핍**으로 인해 고뇌하는 자들로, 그들은 휴식, 고요, 잠잠한 바다, 예술과 인식을 통한 자신으로부터의 구원을 추구하거나 도취, 경련, 마취, 광기를 추구한다. **후자**의 이중의 요구에 상응하는 것이 모든 예술과 인식에 있어서의 낭만주의다. 바로 여기에 해당하는 가장 유명하고 두드러진 낭만주의자들이 쇼펜하우어와 바그너이다.[70]

고통을 피하고자 하는 자들은 결국 삶의 궁핍으로 고뇌하는 자들과 같습니다. 차라투스트라의 불안, 악몽은 그러므로 아직 예언자의 말로부터, 혹은 그 말이 보여주는 은밀한 욕망으로부터 자유롭지 못한 상태를 보여줍니다. 꿈속에서 스스로에 대한 조롱을 본 것은 바로 그 때문입니다. 이제 차라투스트라는 더 이상 이곳에 집착하지 않을 것입니다. 2권 11장 「무덤의 노래」에서 차라투스트라는 중요한 이야기를 하나 한 적이 있습니다. "부활은 무덤이 있는 곳에만 존재한다."

그는 이미 제자들에게서도 차츰 멀어집니다. 꿈에서 깬 차라투스트라는 제자들과 멀리 떨어져 있습니다. 그의 가르침 소리는 "먼 곳에서 들리는" 것과 같습니다. 심지어 그는 제자들의 얼굴들을 알아보지도 못합니다. "사흘 동안 먹고 마시지도, 쉬지도 말하지도" 않은 뒤의 일입니다. 차라투스트라는 깊은 잠에서 깨어나 꿈에 대해서 말합니다. 제자는 그의 꿈을 해석합니다. 하지만 차라투스트라는 제자의 해석을 마뜩잖아 합니다. 제자가 차라투스트라를 죽음에 대해 승리를 거두는 자이자 예언자로 보기 때문이죠. 그는 차라투스트라의 불안과 그에 대한 조롱을 보지 못합니다. 제자는 그를 예수처럼 여기고자 합니다. 그러나 그것은 차라투스트라가 원하는 바가 아닐 것입니다.

구원에 대하여

여기 큰 다리를 건너고 있던 차라투스트라를 가로막는 자들이 있습니다. 불구자들과 거지들. 이들은 일찍이 예수에게 몰려들어 구원을 요구한 이들입니다.[71] 차라투스트라에게도 마찬가지여서 불구자들과 거지들은 언제나 그렇듯이 구원을 요구합니다. 그들이 원하는 구원은 기적입니다. 『성경』에는 예수가 모두 35번의 기적을 행했다고 기록되어 있습니다. 예수는 나병환자를 고치고, 눈먼 자의 눈을 뜨게 하고, 잘린 귀를 붙였으며, 보리떡 5개와 물고기 2마리로 수천 명의 사람을 배불리 먹게 했습니다. 죽은 나사로를 살려내고, 호수 위를 걸었으며, 폭풍을 잠재웠습니다.

이러한 기적은 믿음의 근거가 됩니다. 다리를 건너는 차라투스트라를 막은 이들이 요구하는 건 바로 이러한 기적입니다.

> 보라, 차라투스트라여! 사람들은 너에게 배우고 너의 가르침에 대한 믿음을 구한다: 그러나 너를 완전히 믿기 위해서는, 아직 하나가 더 필요하다—너는 우선 우리들 불구자들을 설득해야 한다! [……] 너는 눈먼 자들을 낫게 하고, 절름발이를 걷게 할 수 있다; [……] 이것이, 내 생각에는, 불구자들이 차라투스트라를 믿도록 하는 적절한 방법이다.

구원에 대한 그들의 요구는 차라리 협박에 가깝습니다. 그리스도교뿐만 아니라 모든 종교는 이 기적과 믿음의 굳건한 교환 관계 위에서 성립됩니다. 사람들이 차라투스트라에게 요구하는 것은 곧 기적이자 구원이요, 그러므로 하나의 종교이기도 합니다. 그러나 차라투스트라는 예상치 못한 대답을 합니다.

> 만약 등에서 혹을 뗀다면, 그에게서 정신을 떼어버리는 것이다—이것이 사람들이 가르친 것이다. 만약 장님에게 눈을 준다면, 그는 지상에서 너무도 많은 나쁜 것들을 볼 것이다: 따라서 그는 자신을 고쳐준 사람을 저주할 것이다. 그러나 절름발이를 걷게 만든 이는 그에게 가장 큰 해를 끼친다: 왜냐하면 그가 걷자마자, 그의 악덕도 그와 함께 걷기 때문이다.—이것이 사람들이 불구자에 대해 가르쳐준 것이다.

차라투스트라는 여기서 단순히 "혹"이 정신이라고, 혹은 불구자의 정신이 그의 불구 속에 머문다고 말하고자 하는 게 아닙니다. 정신을 떼어낼 수 없듯이 신체도 그 일부를 떼어낼 수 없습니다. 여기서 분할 가능한 신체와 분할 불가능한 정신이라는 플라톤 이래 서구 철학의 오랜 신념은 정면으로 반박됩니다. 이로써 파편화된 인간에 대한 차라투스트라의 강한 경멸이 드러납니다.

"뒤집힌 불구자"(umgekehrte Krüppel)라고 불리는 존재들, 그것은 차라투스트라가 경멸하는 현대인의 초상이기도 합니다. 이 뒤집어진 불구자들은 단순히 열등하고 무능력한 존재들이 아닙니다. 그들은 오히려 천재로 칭송받는 존재들입니다. 그러나 그들은 하나를 너무 많이 가진 존재들입니다. 이 많이 가짐으로 인해, 거꾸로 모든 것이 결핍된 존재가 됩니다. 결핍과 과잉은 불구적 인간의 두 가지 증상입니다. 인간을 각각의 분리된 능력으로 환원하고자 하는 시도는 분명 대량 생산의 산업화 시대의 분업이 가진 효율성을 목격한 이들의 감수성에서 기인하는 것입니다. 위대함의 진정한 가치를 모르는 이들은 결코 위대해질 수 없습니다. 위대함, 천재 같은 말들이 귀족주의와 은밀히 야합하는 개념처럼 여겨지는 오늘날, 이른바 '평등한 사회' 속에서 우리가 마주하는 것은 모든 이들의 범속함과 저열함에 대한 자기 합리화일 뿐입니다.

한 세대가 흘러 20세기 초반에 이르면, 이 장에서 니체가 제시하는 파편화되고 불구화한 사람들의 모습은 회화가 인간을 묘사하는 주요한 이미지가 됩니다. 조각난 몸통과 팔다리, 전쟁터나 푸줏간에서처럼 산산히 조각나 흩어진 섬뜩한 이미지는 그 이후로 더 이상 부정할 수 없는, 차라리 진부해져버린 현대인의 초상이 되었습니다.

구원은 그렇다면 어디서 오는 건가요. 차라투스트라는 왜 불구자들을 그대로 내버려두고자 하는 걸까요.

> 과거를 구원하는 것, 그리고 모든 "그러했다"를 "내가 그것을 원했다!"로 변형시키는 것 — 이것이 나에게는 구원이다.
>
> 의지 — 해방하는 자와 기쁨을 가져오는 자는 이렇게 말한다: 이렇게 나는 너희에게 가르치노니, 친구여! 이제 이것을 더 배워라: 의지 그 자체는 아직도 죄수이다.
>
> 의욕은 해방한다: 그렇지만 해방하는 자를 아직도 사슬에 묶어놓는 것을 무엇이라고 부를 것인가?
>
> "그러했다": 의지가 이를 가는 것과 가장 고독한 슬픔은 이렇게 불린다.

일어난 일에 대해 무력한 것―그는 모든 과거에 대해 나쁜 구경꾼이다.

의지는 돌아가기를 의욕할 수 없다; 왜냐하면 의지는 시간과 시간의 욕
망을 깨뜨릴 수 없기 때문에,―그것은 의지의 가장 고독한 비애이다.

이 대목은 세심하게 읽혀야 합니다. 의지는 해방하고, 기쁨을 가져옵
니다. 그러나 그는 아직 죄수입니다. 스스로 아직 죄수이면서 해방과 기
쁨을 가져오는 자, 우리는 차라투스트라가 이러한 존재에 대해 붙인 이
름을 알고 있습니다. 그것은 사자입니다. 사자는 극복하고자 하는 의지를
가진 자이지만, 모든 것을 긍정하지는 못합니다. 그의 의지는 아직 인간
의 의지, 개별자의 의지이기 때문입니다. 개체의 욕망은 아직 시간의 욕
망, 세계의 힘의 의지와 합일하지 못합니다. 그는 과거에 대하여 무력합
니다. 인간은 아이가 되어서야 비로소 과거로부터의 무력함을 넘어서게
됩니다.

의지와 시간의 관계를 통해서 계시되는 것은 시간과 구원의 관계입
니다. 어째서 차라투스트라가 기적을 부정했는지를 알 수 있습니다. 이제
까지의 모든 구원은 기적이었습니다. 이것은 시간을 새로 쓰는 것이기도
합니다. 기적이라는 이름의 구원은 시간에의 개입이며 시간의 단절이자
정지입니다. 그러나 이 기적, 신의 구원이란 신의 은총에 의한 복수에 지
나지 않습니다. 그것은 과거에 속박된 구원이자 현재를 끊임없이 부정하
는 구원이며, 결코 미래로 나아가지 않는 삶이기도 합니다. 그것은 시간
에 대한 원한 감정입니다.

차라투스트라는 원한 감정에서 자유롭습니다. 구원이 과거와 현재
의 부정, 곧 존재의 부정을 전제로 한다면, 이것이야말로 역설적으로 신
을 부정하는 것입니다. 신이 만든 세계 자체가 모조리 부정된다면, 신이
예외일 까닭이 있기는 한지 묻고 싶습니다. 그러므로 차라투스트라는 이
러한 사고를 전복하고자 합니다. 이 세계는 곧 신이자, 신은 곧 이 세계이
며, 그러므로 세계는 결코 그 자체로 부정될 수 없는 것이다, 구원이란 자
기 긍정이며 이 자기 긍정 속에서의 끊임없는 생성이다 등등. 우리 자신

이 신이 되어야 한다는 것은 이런 의미일 것입니다. 무한한 자기 긍정 속에서 우리는 신이 될 수 있습니다. 이러한 자기 긍정에는 어떤 역설이 존재합니다. 차라투스트라는 자기 자신을 부정하지 않으면서 자신을 극복하길 원합니다. 그것이 그가 가르치는 구원입니다. 차라투스트라의 구원이 자기 긍정의 구원이라면 그리스도교의 구원은 자기 부정의 구원입니다. 차라투스트라는 불구자를 고쳐주기를 거부합니다. 불구자를 고쳐준다고 이루어지는 구원은 진짜 구원이 아니기 때문입니다. 그렇다고 불구인 상태를 그대로 받아들이라고, 체념을 말하는 것도 아닙니다. 진정한 자기 극복은 불구의 상태인가 아닌가의 문제와는 무관한 것이기 때문입니다. 자기 극복은 어떤 상태를 지향하는 것, 절대적인 선, 절대적인 이데아를 지향하는 것과는 다릅니다. 그곳에 도달하여 완성되는 구원이라는 것은 존재하지 않습니다. 그것은 끊임없는 생성의 순간에 스스로를 두는 것입니다. 그러므로 자기를 긍정하는 자만이 생성, 변화의 흐름 속에 자연스레 몸을 맡길 수 있습니다. 그러나 자기를 부정하는 이들은 오히려 생성, 변화의 흐름에 역행할 수밖에 없습니다.

> 내 모든 시작詩作(Dichten)과 노력이란 파편과 수수께끼, 그리고 경악스러운 우연을 하나로 짓고 모으는 것이다.

차라투스트라가 구원하는 것은 인간이 아닙니다. 그가 구원하고자 하는 것은 우연의 의미입니다. 우연의 긍정은 과거의 긍정이며, 시간의 긍정이고, 궁극적으로 모든 존재의 긍정이 됩니다. 구원받을 수 있는 것과 구원받을 수 없는 것을 가르고, 선택하며, 그러한 선택의 삶을 강요하는 것은 존재 자체의 영원한 구원도, 전면적인 구원도 아닙니다. 심지어 그것은 이 세상이 아닌 내세를 요구하는 것입니다. 이곳이 아닌 다른 곳에 구원이 존재한다면, 이 삶의 존재 의미는 무엇인지 묻지 않을 수 없습니다. 다만 구원을 위한 통과의례로만 이 삶이 존재해야만 하는 것인가라고 말이죠.

2권의 2장 「지극한 행복의 섬에서」에서 차라투스트라는 창조란 고통으로부터의 구원이며, 삶을 가볍게 하는 것이라고 말한 바 있습니다. 구원이란 춤출 수 있는 삶을 누리는 것 외의 다른 것이 아닙니다. 모든 구원이 인간을, 세계를 다른 것으로 만드는 것이었다면, 차라투스트라는 오히려 인간과 세계를 있는 그대로의 모습으로 구원하고자 합니다. 차라투스트라의 구원은 신에 의한 인간의 구원보다 더 근본적인 구원입니다. 우연을 긍정함으로써 그는 모든 인간들이 스스로를 구원하도록 하기 때문입니다. 우연을 긍정함으로써 그는 모든 존재를 구원합니다. 영원한 생성 속에서.

인간의 영리함에 대하여

높이가 아니다: 두려운 것은 비탈이다!

흔히 사람들은 높이를 두려워한다고 말합니다. 하지만 차라투스트라의 말대로 우리를 두렵게 하는 것은 실상 높이가 아니라 비탈입니다. 상승이 아니라 하강, 몰락, 멸망, 그것이 우리를 두렵게 하는 것입니다. 그러나 차라투스트라의 긴 여정은 바로 몰락에서 시작되었습니다. 인간들을 위한 다리가 되기 위하여, 그들의 상승을 돕는 기구가 되기 위하여 차라투스트라는 기꺼이 아래로 가는 길을 택한 것입니다. 1권의 마지막 장인 「베푸는 덕에 대하여」에서 차라투스트라가 말한 황금의 덕, 베푸는 덕이란 바로 그러한 것을 말합니다. 베푸는 덕, 황금의 덕은 이미 두 방향의 힘을 함께 지닙니다. 베푸는 덕은 인간을 더 한층 고귀한 존재로 상승시키면서, 그로 하여금 저 아래의 사람들을 향하도록 합니다. 매일 아침 태양과 마주한 높은 산의 동굴에서 10년간 은둔 끝에 빠져나와 사람들 사이에 머물 수 있었던 것은 바로 이 베푸는 덕 때문이기도 합니다.

이렇게 상승과 하강의 대립적인 힘이 차라투스트라를 서로 당깁니다. 그러나 그가 함께 있고자 하는, 그가 기꺼이 다리가 되어주고자 하는 이 사람들은 어떤 사람들인가요. 광대의 줄타기를 구경하는 자들, 불구들과 거지들, 시장터의 파리 떼들, 덫을 쳐놓고 은밀하게 신호를 기다리는 거미들, 속삭이는 자들. 차라투스트라는 그들을 경멸하면서도 사랑합니다. 이러한 이율배반이 없었다면, 차라투스트라는 지금도 동굴 속에서 뱀과 독수리와 함께 은둔하였을 것입니다. 구원하고자 하는 의지와 그들을 벗어나 상승하고자 하는 의지. 니체는 지상의 하찮은 삶을 염두에 두지 않는 독수리의 비상을 긍정하고, 그것을 '거리의 파토스'(Pathos der Distanz)라고 이름 붙였습니다. 그러나 독수리는 그저 빈 허공만을 응시하지 않습니다. 차라투스트라-독수리는 끊임없이 아래를 내려다봅니다.

그러므로 차라투스트라에게는 인간들 사이에 살아가기 위한 영리함, 지혜가 필요합니다. 인간들 사이에서 마치 그들을 모르는 사람처럼 눈먼 자로 사는 것, 속이는 이들을 경계하지 않고, 허영에 찬 사람들에게 관대하게 굴며, 사악한 자들 보기를 마다하지 않는 것, 가면 쓴 자들을 보고자 하는 것. 이것이 삶을 위한 그의 영리함이기도 합니다. 차라투스트라는 기꺼이 말합니다. "조심할 필요가 없다는 이러한 섭리가 나의 운명에 놓여 있다."

가장 고요한 시간

가장 고요한 시간이 찾아오기 전에 차라투스트라에게는 무슨 일이 있었던가요. 2권 첫 장에서 우리는 괴물로 변해버린 자신의 모습을 거울 속에서 보고 비명을 지르는 차라투스트라를 만났습니다. 이 충격으로 인한 비명은 2권 전체에 울려 퍼지고 있습니다. 차라투스트라는 비명 속에서 또 말하고 있는 것입니다. 「예언자」에서 차라투스트라는 수수께끼 같은 꿈을 꾸었습니다. 그 꿈은 천 갈래의 웃음소리를, 수많은 조롱과 외침을 담고 있는 꿈이었습니다. 그러한 조롱과 오해, 왜곡과 변형은 차라투스트라를 다시 동굴에서 끌어내어 몰락시켰고, 그를 끊임없이 괴롭힙니다. 이러한 고통의 와중에 차라투스트라에게 새로운 깨달음이 나타난 것입니다. 1권이 위버멘쉬와 자기 극복에 대한 가르침을 담고 있다면, 2권은 영원회귀의 가르침이 거부할 수 없는 운명으로 서서히 엄습해오고 있음을 보여줍니다. 3권에서 이 영원회귀의 진리를 차라투스트라가 어떻게 겪는지 볼 수 있습니다.

18장 「큰 사건에 대하여」에서는 차라투스트라 자신이기도 한, 하나의 그림자이자 유령이 나타나 "때가 왔도다!"라고 외쳤습니다. 이제 차라투스트라의 신경은 점점 더 날카로워지고, 그에게 들리는 갖가지 외침은 크레센도를 이룹니다. 그런데 돌연 마지막 순간에 이르러 이 모든 소리들이 다 사라지는 것입니다. 차라투스트라를 공포에 떨게 했던 소리와 외침은 갑자기 침묵 속으로 사라져버렸습니다. 이러한 침묵의 극적 효과는 대단합니다. 이 묵음의 꿈을 꾸며 차라투스트라는 그 어느 때보다 커다란 두려움에 휩싸입니다.

> 나에게 무슨 일이 일어났는가, 나의 벗들이여? 너희들이 보다시피 나는 당황하여, 쫓기며, 마지못해 복종하면서, 갈 준비를 하였다─아, 너희들을 떠날 준비를.

차라투스트라는 이제 다시 벗들을 떠납니다. 그러나 이 떠남은 1권의 마지막과 사뭇 분위기가 다릅니다. 그의 제자이자 벗들에게 미래를 향한 축복을 기원하였던 1권에서의 이별과 달리, 이 이별에는 고통과 고독, 눈물이 있을 뿐입니다. 떠나는 것은 그의 의지가 아닙니다. 그것은 차라리 운명이라고 불리는 것, 그리고 명령이라고 불리는 것에 따른 결과입니다. 차라투스트라가 스스로 고백하듯이, 그의 말은 아직 어떤 산도 옮기지 못했고, 누구에게도 도달하지 못했습니다. 그에게 남은 것은 실패와 조롱뿐입니다. 여기서 차라투스트라가 듣는 목소리는 차라투스트라 자신의 목소리이자, 자기 안의 타자의 목소리이기도 합니다.

위대한 일을 하는 것은 어렵다: 그러나 더 어려운 것은 위대한 일을 명령하는 것이다.

그대의 가장 용서하기 힘든 것은 이것이다: 너는 힘을 가지고 있지만, 명령하지 않으려 한다.

그리고 내가 대답했다: "내게는 모두에게 명령을 내릴 사자의 목소리가 없다."

그때 그가 다시 속삭이듯이 나에게 말했다: "가장 조용한 말이, 폭풍을 몰고 온다. 비둘기의 걸음으로 오는 생각이, 세계를 조종한다."

오 차라투스트라여, 와야 하는 자의 그림자로서 걸어가야만 한다: 그렇게 그대는 명령하고, 명령하며 앞서갈 것이다"

사자의 목소리를 갖지 못했다고 말하는 차라투스트라에게, 꿈속의 목소리는 아이가 되어야 한다고 말합니다. 차라투스트라는 이제 아이가 되기 위해서, 기꺼이 명령하는 자가 되기 위해서, 다시 귀향길에 오릅니다.

제3권

방랑자

3권은 차라투스트라의 귀향에서 시작됩니다. 1권의 말미에서 도시를 떠나 자신의 산으로 향했던 차라투스트라가 산에서 하강하는 것으로 2권은 시작되었습니다. 산에서 내려와 사람들에게 설교를 전했던 차라투스트라는 이제 여기서 다시 산으로, 자신의 동굴로 향합니다. 차라투스트라는 상승과 하강, 떠남과 되돌아옴을 반복합니다. 삶이 끊임없이 반복되면서도 결코 이전 삶의 동일한 재현이 아니듯, 차라투스트라의 상승과 하강도 결코 동일한 상승과 하강의 복제가 아닙니다. 이러한 반복은 변주를 거듭하며 동일한 것 속에 끊임없이 새로운 것을 만들어냅니다. 들뢰즈는 영원회귀를 설명하면서, 차이를 드러내는 반복이라는 표현을 사용합니다. 이것이 바로 차라투스트라가 말하는 방랑의 삶입니다. 그리고 이러한 방랑은 차라투스트라에게 고스란히 투영된 니체 자신의 삶이기도 합니다. 니체 자신이 국적 없이 떠돌았던 끊임없는 방랑자이기도 했으니까요. wandern의 번역인 방랑放浪이란 물결처럼, 파도처럼 떠돈다는 말입니다. 니체는 언젠가 정확히, 파도와 같은 삶이라는 표현을 사용한 적이 있습니다. 방랑은 비록 목표 지점을 정하지 않는 어떤 내맡김이긴 하지만, 현재의 상태에 머무르지 않고 그것을 부정하는 적극성이기도 합니다.

니체는 『차라투스트라』 제2권의 「자기 극복에 대하여」에서 자기 극복을 위해서는 자신이 창조한 것을 스스로 부정해야만 한다고 말했습니다. 이 부정이라는 말을 조심스럽게 이해할 필요가 있습니다. 즉 이것을 헤겔식으로 현재의 상태를 지양하는 변증법적 부정으로 취급해서는 곤란합니다. 니체는 언제나 결핍이 아니라 충만함에서 가능한 운동에 대해 말하기 때문입니다. 그러므로 이 방랑은 아이의 놀이와도 같은 방랑입니다. 자신이 창조한 것에 붙들리지 않고, 다시금 새로운 미지의 세계로 기꺼이 나서는 일을 의미하지요. 어떤 결핍이 삶의 동력이 되는 경우를 우리는 일상적으로 목격합니다. 충만한 자들은 움직이지 않기 때문입니다. 그러므로 우리를 붙들어 매는 것은 새삼, 실패가 아니라 성공입니다. 그러나 니체는 이러한 결핍으로서의 삶의 동력을 부정했습니다. 그것은 계속된 결핍을 낳을 수밖에 없기 때문이며, 결국은 자신의 삶을 원한으로 가득 차게 만들기 때문입니다. 니체는 충만한 가운데 다시금 길을 나서는 자의 방랑에 대해 말합니다. 그러므로 방랑은 힘에의 의지의 긍정적인 표현이기도 합니다. 하강, 상승, 날아오름, 춤 등 끊임없는 움직임이 이러한 방랑 속에 내포되어 있습니다.

『차라투스트라』는 마치 바그너의 무한선율처럼 완전히 종결되지 않고, 끝없이 이어져 변주되면서 반복을 거듭하는 철학적 테마들로 이루어져 있습니다. 그러므로 차라투스트라의 방랑은 이 책의 철학적 주제들의 서술 방식을 암시합니다. 이 책을 쓸 때 니체는 이미 바그너와 결별한 뒤였습니다. 그러나 『차라투스트라』의 형식적 구조 속에서 우리는 바그너적 음의 진행을 들을 수 있습니다. 이러한 무한선율적 구조 때문에 독자들은 어쩌면 니체가 처음부터 끝까지 계속해서 비슷한 이야기만 늘어놓는다는 인상을 받을 수도 있을 겁니다. 어떤 의미에서는 맞는 이야기이기도 합니다. 하지만 이건 단순한 반복이 아닙니다. 차라투스트라는 끊임없이 반복하고, 끊임없이 새로이 말합니다. 즉 자신의 철학적 모티브들을 계속해서 반복하고, 그 의미를 다양한 비유를 통해서 확장해나갑니다. 파도가 끊임없이 반복되고 물결치면서 해안가로 밀려오듯이, 차라투스트라의 말들은 그렇게 계속됩니다. 이럴 때의 니체는 마치 강박증 환자와도 같습니다.

나는 방랑자요, 산을 오르는 자다, 그는 마음속으로 말했다, 나는 평지를 좋아하지 않으니, 나는 오래 가만히 앉아 있지 못하는 이처럼 보인다.

한곳에 머물러 있지 못하는 아이처럼, 차라투스트라는 계속해서 자신의 설교에 새로운 의미를 생산합니다. 마치 "이것이 당신이 진정 말하고자 하는 바인가, 나는 그것을 이제야 모두 이해했다"라는 말이 나오지나 않을까 극도로 두려워하는 자처럼 말입니다. 니체는 『차라투스트라』가 새로운 『성경』이 되길 바랐습니다. 그의 글들이 암송되고, 되풀이되면서, 계속 사람들에게서 새로운 의미를 생산하길 바랐다는 뜻입니다. 차라투스트라가 방랑하듯, 그의 문장들이 사람들 사이를 끊임없이 방랑하기를 원했다고 말할 수도 있을 것입니다. 따라서 그의 수많은 상징들과 비유들은 그러한 방랑 속에서 기존의 의미를 오히려 확장하고, 새로운 해석을 요구합니다.

방랑의 모티브는 단지 차라투스트라의 설교에 그럴듯한 이야기적 개연성을 부과하기 위한 배경 장치가 아닙니다. 우리는 방랑이 차라투스트라의 철학 그 자체의 성격을 보여준다고 이해해야 합니다. 니체의 말들은 다른 철학자들의 개념과는 달리 한정적 의미 부여를 통한 명석판명한 이해를 거부합니다. 예를 들어 칸트가 시간과 공간은 개념이 아니라 직관의 형식이라고 말할 때, 우리는 그가 말하고자 하는 바가 정확히 무엇인지를 알 수 있습니다. 그러므로 칸트의 철학적 명제들은 실정적인(positive) 개념을 바탕으로 한 명석하고 판명한 명제라고 할 수 있습니다. 이처럼 철학자들은 사유를 전개할 때 자신의 개념들을 정확하게 정의 내리는 데서 시작합니다. 그리고 새롭게 획득된 개념으로 사유를 종결짓습니다. 개념에서부터 개념으로, 그것이 우리가 알고 있는 철학적 사유입니다.

하지만 니체의 개념들은 어떤가요. 우리가 니체의 위버멘쉬에 대해 이해하고자 할 때, 일련의 사유를 거쳐 어느 순간 완전히 위버멘쉬를 이해했다고 말하는 단계에 도달할 수 있을까요. 영원회귀나 힘에의 의지 같은 다른 개념들도 마찬가지입니다. 니체는 끊임없이 위버멘쉬에 대해 말합니다. 수많은 비유를 통해서 말이죠. 그것들은 모두 분명 위버멘쉬에 대한 이야기입니다. 하지만 역시 위버멘쉬가 무엇인가라는 질문에 대해 우리는 정확한 정의(definition)를 내릴 수 없습니다. 그것은 결코 명확히 경계 지어지지(define) 않습니다. 그러나 이것이 위버멘쉬, 영원회귀, 힘에의 의지 등 니체의 개념이 가진 한계나 불가해성을 의미하지는 않습니다.

오히려 그것은 철학적 논증이라는 전통적 사유/서술 방식이 가진 한계로 이해해야 합니다. 니체의 언어는 결코 모호하거나, 난해한 것, 불명확하고 애매한 것이 아닙니다. 우리는 그의 시적 언어 속에 가장 명징한 니체의 사유가 있음을 보았습니다. 『차라투스트라』 해석의 난처함은 우리가 그의 언어를 철학적 논증으로 번역하려 하기 때문에 발생하는 것입니다. 이 또한 어쩔 수 없는 것이기는 합니다. 그것은 우리로 하여금 텍스트 이해에 대한 근원적 반성에 이르게 합니다.

텍스트를 이해한다는 것은 마술사가 하나의 마술을 설명하기 위해서 또 다른 마술을 보여주는 행위와 마찬가지가 아닐까요.[1] 마술이 마술로 설명되듯이, 개념은 다른 개념으로 이행할 뿐입니다. 우리가 하나의 개념을 완전히 이해한다는 것은 그 개념을 다른 개념으로 다시 쓴다는 의미와 다르지 않습니다. 그리고 그 개념이 마침내 우리에게 익숙한 개념으로 다시 쓰일 때 개념은 방랑을 멈추고 정착합니다. 즉 방랑하던 개념은 우리의 익숙한 땅에 그 머물 터를 마련하고, 정착하여, 뿌리를 내립니다. 차라투스트라가 한자리를 견디지 못한다는 것, 끊임없이 방랑하고자 한다는 점은 이런 맥락에서 이해할 수 있습니다. 자기 극복을 위한 영원한 방랑은 차라투스트라의 운명입니다. 그의 말은 말들 사이의 끊임없는 이행이라는 영원한 차이/반복의 고리에서 벗어날 수 없습니다. 이렇게 생각해보면 말들이 가진 것은 꽉 찬 내용물이 아니라, 다른 말로 이행하기 위한 표면입니다. 이처럼 차라투스트라의 방랑은 『차라투스트라』의 형식적 구조이자 차라투스트라의 철학 그 자체이기도 합니다. 니체 개인적 삶의 끊임없는 방랑은 차라리 그의 철학에 대한 부연에 불과합니다.

차라투스트라의 말들은 정착하고자 하지 않습니다. 익숙한 관념에 끝까지 저항하고, 끝까지 떠돌고자 합니다. 그것이 비록 거친 광야를 떠도는 괴로움을 낳을지라도 말입니다. 니체가 과도할 정도로 시적 언어에 매달린 것은 바로 그 때문일 것입니다. 그러므로 그것은 철학적 미숙함이나 광기와는 전혀 무관합니다. 자신의 언어들이 말들과 말들 사이를 방랑하다가 결국 익숙한 말들에 정착하는 것, 그것은 니체가 가장 바라지 않는 사태입니다. 방랑하는 말들은 명징함의 부족이 아니라 번역의 불가능성을 드러냅니다. 익숙한 말들로 정착되지 않는 명징한 사유가 여기에 있습니다. 니체의 텍스트는 방랑해야 합니다. 말들과 말들 사이로, 영원히.

환영과 수수께끼에 대하여

니체는 질바플라나 호수를 산책하면서 영원회귀의 사유와 조우하고 비로소 『차라투스트라』를 집필하게 되었다고 했습니다. 니체는 이러한 영원회귀의 사유가 하나의 계시처럼 그에게 왔음을 말한 바 있습니다. 그것은 데카르트적인 사유의 방식과는 전혀 다릅니다. 데카르트가 사유를 논리적으로 발전되는 단계적인 것으로 여겼다면, 차라투스트라는 자신조차 인지하지 못하는 어떤 순간, 그 일순간에 모든 것이 계시되는 경험으로 여겼기 때문입니다. 니체에게 닥친 영원회귀의 사유는 마치 환영이자 꿈, 그리고 계시처럼 다가옵니다.

> 오직 그대들에게 내가 본 수수께끼를 말할 것이다,—가장 고독한 자의 환영을.

이 장에서 차라투스트라는 영원회귀에 대한 본격적인 사유를 펼쳐냅니다. 영원회귀는 시간에 대한 그의 새로운 사유이기도 합니다. 시간에 대한 사유는 2권의 20장 「구원에 대하여」에서 이미 전해졌습니다. 하지만 이제 그 사유가 좀 더 본격적으로 펼쳐집니다. 「구원에 대하여」에서의 구원, 기독교적 시간 개념, 원한 감정으로부터의 자유 등의 가르침은 이제 '영원회귀'라는 『차라투스트라』 전체의 가장 핵심적 사유와 만납니다.

차라투스트라는 지금 배 위에 있습니다. 가르침은 선원들과 승객을 향해 말해집니다. 그들은 한곳에 머물며 무리 짓는 시장터의 인간들이 아닙니다. 이들은 얼룩소나 행복의 섬에 머무르지 않고, 새로운 곳을 향해 바다를 항해하는 자들이기 때문입니다. 차라투스트라는 이들을 모험가와 탐험가라고 부릅니다. 이들은 그와 마찬가지인 방랑자입니다.

니체는 이 장에서 영원회귀의 사유를 전달하기 위해 정교한 장치들을 마련해놓습니다. 종잡기 힘든 이미지들의 연쇄와 장면의 급작스러운 전환마저도 그 효과들을 위해 공들여 고안된 것처럼 보입니다. 여기서 우리는 하나의 일관된 사유로서의 영원회귀라기보다, 그 자체가 이미 수수께끼인 영원회귀를 만난다고 할 수 있습니다. 그것은 영원회귀의 사유가 결코 단편적인 것이 아니기 때문입니다. 이에 대한 자세한 설명은 차차 드리겠습니다.

전체의 장면들은 다음과 같이 이어집니다. 우선 차라투스트라는 배 위에 올라 사흘째 되는 날 마침내 입을 엽니다. 이는 예수의 부활을 패러디한 것처럼 보입니다. 그리고 자신이 본 환영에 대해 가르침을 시작합니다. 환영은 차라투스트라의 미래에 대한 계시입니다. 그러나 이 계시는 이미 과거에 그가 '본' 것입니다. 이는 차라투스트라의 환영이 과거와 미래의 시간이 현재의 '순간'에서 만나는 어떤 사건임을 말해줍니다. 환영의 첫 장면은 산 위를 오르는 차라투스트라입니다. 그러나 산 위로 오름과 동시에 차라투스트라는 자신의 심연으로 내려갑니다. 깊이와 높이는 지금 차라투스트라가 있는 배 위, 수면 위에서 만납니다. 상승과 하강의 결합은 과거와 현재라는 시간성의 결합과도 이어집니다. 전자가 수직적 차원에서의 결합이라면 후자는 수평적 차원에서의 결합입니다. 이러한 극단의 결합은 『차라투스트라』에서 낯설지 않습니다. 몰락/하강은 곧 상승으로 연결되고, 파괴는 창조와 하나가 되며, 과거와 현재는 순간에서 이어집니다. 그리고 이 장면에 난쟁이가 등장합니다. 이 난쟁이와의 대화는 2절까지 계속 이어집니다. 이 대화를 통해 우리는 영원회귀의 가장 핵심적 사유에 다가갈 수 있습니다. 그리고 니체 자신의 어린 시절 기억에 대한 이야기(니체는 아버지가 죽는 순간 개 짖는 소리를 들었다고 합니다)와 목자의 수수께끼가 뒤를 잇습니다. 그리고 마지막에는 다시 배 위로 돌아옵니다.

이 장에 나타난 난쟁이는 차라투스트라와 논쟁을 벌입니다. 일반적인 해석대로라면 이 난쟁이는 니힐리즘의 사유를 말하는 차라투스트라의 대립자입니다. 그러나 저는 이 난쟁이가 실은 차라투스트라 자신이라고 생각합니다. 그러므로 난쟁이와의 대화는 타자와의 대화가 아니라 자기 내면의 목소리와의 싸움입니다. 동시에 니힐리즘 사유의 자기 극복 과정이라고 말할 수 있습니다. 차라투스트라가 난쟁이의 말을 혐오스럽게 듣는 이유는 그가 진리를 말하기 때문입니다. 난쟁이가 말하는 것이 거짓이라면 그저 무시해버리면 될 일입니다. 차라투스트라는 난쟁이가 말한 것이 거부할 수 없는 진리임을 직감했기에 더 완강히 부정하는 것입니다. 그러나 이것을 순순히 받아들인다면, 그 또한 견딜 수 없는 일이 됩니다. 난쟁이의 목소리가 자기 안에서 나왔으되 자신의 목소리가 아닌 타자의 목소리처럼 들리는 것은 바로 이러한 이유에서일 겁니다. 이것은 마치 미국의 문학평론가 해럴드 블룸Harold Bloom이 셰익스피어의 인물들, 특히 햄릿을 설명하면서 한 말과 비슷합니다. 블룸은 셰익스피어의 인물들이 자신을 엿들으면서(overhear) 변화해간다고 말하고 있습니다. 자기한테서 발설된 것이지만 자신의 의지를 따르는 것도 아니고 자신의 의식에 포착되지도 않는, 그래서 타자의 것인 듯 들리는 목소리. 낯익음과 낯섦이 결합하여 발생시키는 섬뜩함 또는 공포. 그것을 우리는 프로이트식으로 '두려운/낯익은 낯섦'(Das Unheimliche)이라고도 할 수 있을 것입니다.

산을 높이 오르는 것과 동시에 차라투스트라는 내면의 심연으로 향합니다. 그 심연 속에 자리 잡고 있는 것은 바로 난쟁이이자, 중력의 악령입니다. 난쟁이는 삶을 극복하고 끊임없이 상승하고자 하는 차라투스트라를 비웃고 있습니다.

"오, 차라투스트라여, 그는 비웃듯 한 자 한 자 속삭였다. 너 지혜의 돌이여! 너는 자신을 위로 던졌지, 그러나 모든 던져진 돌은—반드시 떨어진다!

오, 차라투스트라여, 너 지혜의 돌, 투석용 돌, 너 별의 파괴자여! 너는 너 자신을 정말로 높이 던졌다,—그러나 모든 던져진 돌은—반드시 떨어진다!

너 자신에게 유죄 판결을, 투석형을 내린 것이다: 오, 차라투스트라여, 그래 너는 돌을 멀리 던졌다,—그러나 그것은 너에게 다시 떨어질 것이다!"

이러한 말을 하는 난쟁이는 바그너의 오페라 〈니벨룽의 반지〉(Das Ring des Nibelungen)에 나오는 미메^{Mime}와도 비슷해 보입니다. 하지만 그보다 더 직접적으로는 괴테의 『파우스트』에서 메피스토펠레스가 꺼낸 다음과 같은 말을 떠올리게 합니다.

소생은 항상 부정^{否定}을 일삼는 정령입니다!
생성하는 모든 것은 멸망하게 마련이니
그게 당연한 것 아닐는지요.
그러니 아예 아무것도 생겨나지 않는 편이 낫겠지요.[2]

모든 생겨난 것은 멸망하게 마련이다, 이것이야말로 니힐리즘의 목소리입니다. 2권의 「예언자」에서 차라투스트라는 이에 대해 이야기한 바 있습니다. 중요한 점은 니힐리즘이 단순히 부정되거나 거짓으로 치부될 상대가 아니라는 데 있습니다. 그건 극복되어야 하는 것입니다. 다시 말해 니힐리즘에는 어떤 진리가 숨겨져 있습니다. 어떤 것을 부정하는 것과 그걸 극복하는 일은 다릅니다. 차라투스트라의 가르침은 니힐리즘 자체가 오류임을 보여주는 게 아니라, 그것이 엄연한 진리를 내포함에도 거기에 굴복하지 않고 이를 극복하고자 하는 힘에의 의지가 있음을 보여줍니다. 영원회귀의 사유가 니체를 괴롭혔던 것은 그것이 필연적으로 어떤 니힐리즘을 동반하기 때문입니다. 니체의 저서에서 영원회귀의 사유가 최초로 등장하는 곳은 『즐거운 학문』의 341절입니다. 여기서 악령의 목소리는 더욱 섬뜩한 메시지를 전하고 있습니다.

최대의 무게—어느 날 낮, 혹은 어느 날 밤에 한 악령이 너의 가장 깊은 고독 속으로 몰래 다가와 이렇게 말한다면 어떻겠는가. "네가 지금 살고 있고, 살아왔던 이 삶을 너는 다시 한 번, 또 수없이 살아야 한다; 거기에 새로운 것이란 없으며, 오히려 모든 고통, 모든 쾌락, 모든 사상과 탄식, 이루 말할 수 없는 네 삶의 크고 작은 것들이 너에게 다시 올 것이다, 그리고 모든 것이 같은 차례와 순서로—나무들 사이의 이 거미와 달빛도 똑같이, 그리고 이 순간과 나 자신도 똑같이. 현존재의 영원한 모래시계가 거듭 뒤집힐 것이다—그리고 그와 함께 먼지 중의 먼지인 너도!"[3]

만약 이 세계에 일체의 목적이 부정되고, 목적 없는 삶, 그 순간순간이 끊임없이 반복된다면, 우리 삶의 의미와 가치는 어디서 찾을 수 있습니까. 악마가 어느 날 밤 니체에게 속삭였던 그대로, 이 세계가 모든 쾌락과 함께 끊임없이 고통을 되풀이할 뿐이라면, 도대체 삶을 어떻게 긍정할 수 있을까요. 끊임없는 이 세계의 생성 자체가 모든 것을 무의미의 나락으로 떨어뜨리는 과정이라는 부정할 수 없는 진리, 이것이 니힐리즘의 무게이며, 차라투스트라의 어깨 위에 앉은 악령의 무게일 것입니다. 쇼펜하우어의 염세주의 철학은 바로 이러한 방향으로 나아갔습니다. 결국 그 철학적 결론은 극단적인 니힐리즘일 뿐입니다. 차라투스트라의 가르침을 받은 수많은 이들이 —— 이는 4권에서 더욱 분명하게 이야기되지만 —— 니힐리즘, 수동적 니힐리즘이라고 부를 수 있는 일체의 가치 부정으로 귀결되는 것은 이러한 이유에서입니다.

하지만 차라투스트라는 여기에서 물러나지 않습니다. 오히려 그러한 운명을 더욱 적극적으로 받아들입니다. 이로부터 체념과는 전혀 다른 긍정이 등장합니다. 즉 차라투스트라의 사유는 이 깊은 심연 속에서 가장 높은 가치를 발견합니다. 그는 하늘 위로 던져진 돌이 끊임없이 떨어지는 것에 아랑곳하지 않고, 또 한 번 하늘 높이 돌을 던집니다. 모든 역사와 존재의 목적을 부정하고 오직 현재라는 순간만을 긍정함으로써 그는 삶에 대해 그 어떤 태도보다 강한 긍정을 보여줍니다. 차라투스트라의 "다시 한 번!"이라는 외침은 하늘로 던져진 돌이 다시금 떨어진다는 것을 아는 자의 행위입니다. 또한 그와 함께 쾌락뿐만 아니라 삶의 모든 고통이 되돌아온다는 것을 아는 자의 긍정입니다. 이것은 플라톤이 말하듯이 망각 이후에 새로운 육체를 통해 다시 태어나는 삶과는 전혀 다르죠. 당연히 기독교의 내세 개념과도 다릅니다. 여기서는 삶이 취사선택되는 것이 아니라, 반복되는 삶 속에서의 모든 순간이 온전히 긍정됩니다. 우리는 그것을 알고 이 삶을 순간 속에서 매번 새롭게 살기를 원합니다. 이것이 바로 운명에의 사랑(amor fati)입니다.

> 용기는 최고의 살해자다, 공격하는, 용기는. 죽음마저 죽인다, 왜냐하면 그는 이렇게 말하기 때문이다. **"그것이** 생이었던가? 자, 그럼! 다시 한 번!"

이제 난쟁이는 차라투스트라의 어깨 위에서 내려와 또 다른 돌 위에 웅크리고 앉아 대화를 이어갑니다. 여기서 대화의 주도권은 이미 차라투스트라에게로 넘어가 있습니다. 영원회귀에 대한 사유는 계속 이어집니다. 그는 시간, '순간'에 대해 말합니다.

> "여기 성문길을 보라! 난쟁이여!" 나는 계속 말했다. 길은 두 개의 얼굴을 가지고 있다. 두 길은 여기서 만난다. 아직 아무도 그 길을 끝까지 가보지 않았다.
> 뒤로 난 이 긴 길. 그것은 영원으로 통한다. 그리고 저 밖으로 난 저 긴 길―그것은 또 다른 영원이다.
> 이 길들은 서로를 반박한다. 그들은 서로 머리를 맞대고 있다.―여기, 이 성문길에서, 여기서 그들은 만나고 있다. 이 성문의 이름이 위에 쓰여 있다. "순간."

과거와 미래라는 두 길이 합쳐지는 성문은 서로 다른 두 방향을 바라보는 야누스를 떠올리게 합니다. 하나의 얼굴은 과거를, 하나의 얼굴은 미래를 보는 신이죠. 이 신은 또한 변화와 생성을 상징하는 신이기도 합니다. 그 신은 과거와 미래의 가운데에 서 있는 신이니까요. '순간' 역시 마찬가지입니다. 그것은 과거와 미래를 이어주는 시간입니다. 하지만 이 순간이라는 것은 하나의 공백이기도 합니다. 니체가 정오의 시간을 말할 때 그것이 하나의 새로운 시작을 말하는 공백의 시간인 것도 같은 맥락입니다. 정오는 오전과 오후를 이어주는 시간, 오직 그 둘을 연결시키는 것으로만 존재하는 어떤 시점이기 때문입니다. 순간도 마찬가지입니다. 『정오의 그림자』라는 책에서 알렌카 주판치치^{Alenka Zupančič}는 이 시간을 모서리에 비유해 설명합니다. 적절한 비유이지요. 기하학에서 모서리란 두 개의 면이 만나서 생기는 선분을 말합니다. 그러나 이 선분은 면의 접합으로만 존재할 뿐, 만약 면이 없다면 모서리도 동시에 없어지게 됩니다. 모서리 자체는 하나의 공백에 불과하지요.

> 니체의 "영원"은 시간의 끝없는 회전을 가리키는 것이 아니라, 두 가지 시간태의 조우——사건을 사건으로 변별시켜주는 조우——에서 이 원환성이 나타나고 우리 손으로 만져볼 수 있게 되는 드문 순간들을 가리킨다. 다른 말로(그리고 "미래"가 "과거"로 알아챌 수 없게 이행해 간다는 표준적이고 전통적인 시간의 논리에서 일탈하는 방식으로 표현하자면), 사건은 언제나 미래와 과거의 조우이며, 미래뿐 아니라 과거에도 영향을 미치는 어떤 것이다. 그런 연유로 니체는 사건을 "시간 안의 구멍"("영원의 우물")으로 제시하기를 즐긴다.[4]

니체의 시간에 대한 인식은 과거-현재-미래라는 일반적인 시간의 논리를 벗어납니다. 과거와 미래도 오직 현재에서 뻗어나간 것에 불과합니다. 이런 인식 속에서 과거란 결코 고정된 것이 아닙니다. 그것은 현재의 시간이라는 관점에 의해 얼마든지 재배열될 수 있는 것에 불과합니다. 우리는 과거의 역사에 의해 결정된 현재를 사는 게 아닙니다. 현재를 만드는 것은 과거가 아닙니다. 과거가 현재에 의해 만들어집니다. 그리고 우리에게 영원히 되돌아오는 것은 바로 지금이라는 순간입니다. 순간이란 과거와 미래를 잇는 시간의 '중심'이자, 모든 것의 '원인'이 됩니다. 동일한 사태의 반복이라는 조건을 통해서 정당화되는, 선형적 시간 개념을 기초로 한 과학적 인과율은 부정됩니다. 역사의 목적이라는 것도 여기서는 불가능합니다. 시간은 과거에서 현재를 거쳐 미래로, 결국 어떤 최종 지점/목적으로 향하지 않기 때문입니다. 역사적 진보 역시 이런 관점에서는 가능하지 않습니다. 진보란 오직 축적과 반복을 전제해야만 가능한 어떤 이념이기 때문입니다. 진리는 없다, 모든 것은 해석일 뿐이다라는 니체의 금언에 우리는 진리 대신 과거를 대입시킬 수도 있을 겁니다. 고정된 과거도, 고정된 역사도 없지요. 오직 현재의 순간만이 중요할 뿐입니다. 시간은 이 순간으로부터 과거로도, 미래로도 영원히 뻗어나가는 것입니다.

만물 중 달릴 수 있는 것이라면 이미 이 길을 달리지 않았겠는가? 만물 중 일어날 수 있는 것이라면 이미 일어났고, 행해졌고, 지나쳐 가버리지 않았겠는가?

이것이 영원회귀의 가르침을 통해 우리가 이해해야 하는 바입니다. 순간에 대한 사유는 시간의 영원성에 대한 사유로 이어집니다. 동일한 것의 영원회귀 속에서 우리는 현재라는 시간의 무한한 반복을 살아갑니다. 니체의 영원회귀의 사유를 제대로 모른 채, 그 인상만으로 불교의 윤회와 비슷하다고 이해하는 경우가 있는데, 이는 완전한 오해입니다. 윤회는 현재 삶의 행위의 결과들이 다음의 삶을 결정짓는다는 점에서는 기독교적 내세의 윤리와 다를 바 없습니다.

니체가 말하는 영원회귀란 공백의 시간으로서 '현재', '순간'이 끊임없이 반복되는 사태를 가리키며, 오직 반복되는 것은 이 순간일 뿐입니다. 영원회귀의 원환은 과거, 현재, 미래의 시간이 순서대로, 선형적으로 반복되는 것과 같은 윤회가 아닙니다. 이 시간 속에서 미래는 곧 과거가 되며, 과거는 또한 미래이기도 합니다. 이를테면 미래는 과거의 오래된 꿈이며, 과거는 앞으로의 미래가 만들어갈 새로운 세계이기도 합니다. 그리고 그러한 시간의 고리는 현재의 시간 속에서 자신의 원환을 완성합니다. 순간은 미래를 끌어당기고, 과거를 끌어당기며, 결국은 자신마저 끌어당깁니다. 차라투스트라는 "시간이 원을 이룬다"고 말한 난쟁이에게 화를 내고 있는데, 이는 난쟁이의 말을 부정하기 위해서라기보다, 영원회귀에서 말하는 시간의 원환이 너무 가볍게 여겨지지 않기를 원해서였습니다. 우리는 순간이라는 시간의 밖으로 갈 수 없습니다. 여기서 난쟁이는 차라투스트라 앞의 돌 위에 앉아 있습니다. 그것은 난쟁이가 시간의 밖에 존재한다고 말하는 것과 마찬가지입니다. 그는 시간의 밖에서 시간의 원환을 말하고 있습니다. 이러한 관점에서는 시간이 과거와 미래로 이어져 있다고 하더라도 하나의 선형적 시간처럼 보일 수밖에 없습니다.

영원회귀의 사유가 가진 독창성과 난해함은 실은 간단한 두 인식의 결합으로 탄생합니다. 즉 니체는 세계를 닫힌/완결된 공간과 열린/무한한 시간의 결합으로 파악합니다. 영원회귀는 이러한 시공간에 대한 인식의 필연적 귀결이기도 합니다. 하지만 모든 사건이 동일하게 반복된다는 것은 단순히 사건들이 선형적 시간 위에 일렬로 나열되고, 그것이 시작과 끝이 있어 계속해서 반복된다는 말이 결코 아닙니다. 시간 안에서, 순간 안에서 시간의 원환은 이렇게 이루어지지 않습니다. 과거와 미래로 영원히 이어진 길, 그 길의 가운데서 과거와 미래는 순간으로 조우합니다. 우리는 순간에 영원히 머물 수밖에 없습니다. 그리고 이 순간이야말로 모든 가능했던 일들이 일어났던 장소이자, 일어날 장소입니다. 그렇기 때문에 차라투스트라는 모든 일들이 이미 일어났다고 말하고 있는 것입니다. 미래와 과거로 난 길이 순간에서 조우하고 있다는 것은 이 모든 사건들, 모든 차이들 속에 최선의 것을 선택하는 것이 아니라, 그 모든 차이들을 긍정하는 것이며, 그것이 영원회귀의 사유를 통해 차라투스트라가 말하고자 하는 것입니다. 반복이란 이 세계가 무한한 차이, 즉 모든 가능한 사건들을 이 순간 속에서 긍정하고 있음을, 그러므로 모든 일들이 일어났고, 그러므로 일어날 것임을 말합니다.

여기서 한 편의 영화 이야기를 해보고자 합니다. 〈사랑의 블랙홀〉(Groundhog Day)이라는 영화입니다. 빌 머레이와 앤디 맥도웰라는 배우가 나오는 로맨틱 코미디물이죠. 이 영화에서 주인공인 필은 기상 통보관입니다. 매일의 기상 변화를 알려주는 일이 직업인 인물이죠. 그는 어느 날 '성촉절'(바로 이 영화의 제목으로 쓰인 Groundhog Day)을 취재하기 위해서 펜실베이니아의 작은 마을로 갑니다. 그런데 취재를 마치고 돌아가려다 폭설로 인해 마을에 하루 더 머물게 됩니다. 그런데 이 마을에서 그에게 믿을 수 없는 일이 생깁니다. 다음날 아침에 일어난 그는 그날이 바로 어제와 같은 날이라는 사실을 알게 되는 겁니다. 그 다음날도, 그리고 그 다음날도 그는 계속해서 반복되는 하루를 살게 됩니다. 모든 일이 어제와 똑같이 일어나지요. 그는 이 마을에 오면서부터 이 끔찍한 시골 마을을 벗어나고 싶어 했습니다. 그런데 그 모든 것들이 다시금 반복됩니다. 죽을 노릇이죠. 시시한 농담이나 하면서 보험을 팔려는 동창 녀석도 마음에 안 들고, 카푸치노나 에스프레소도 없는 데다 한겨울에 찬물만 나오는 호텔도 끔찍합니다. 무엇보다 시시한 축제를 마을 사람들 모두 흥겹게 즐기는 꼴도 못마땅하고요. 그런데 이 모든 일이 이렇게 매일매일 반복되다니. 그는 영원히 반복되는 시시한 삶이라는 저주에 걸린 것입니다.

내일이 없는 삶 속에서 필이 제일 먼저 착수하는 것은 모든 걸 마음대로 하는 겁니다. 내일이 없다면 우리 삶의 어떤 것도 책임질 필요가 없지 않겠습니까. 그는 차로 길가의 우체통을 들이받고, 보험을 권하는 오랜만에 만난 동창에게 주먹을 날리고, 결혼을 약속하며 여자와 하룻밤을 보내고, 돈을 훔치고, 축제를 엉망으로 만들어버리지요. 심지어는 수없이 자살을 시도합니다. 하지만 여전히 다음날 아침, 똑같은 시간에 똑같은 라디오 멘트를 들으면서 잠이 깨고 맙니다. 이 반복되는 시간 속에서 여전히 이전과 별로 다르지 않은 삶을 살았던 필은 이제 서서히 변해갑니다. 냉소적이고, 자기 중심적이었던 필이 모든 이에게 선한 인간 필로 거듭나는 것이지요. 그는 그 자신의 말대로 정말로 신과 같은 존재가 됩니다. 그리고 그 하루 동안 마을에서 아무도 죽지 않도록 하겠다고 마음먹습니다. 나무에서 떨어지는 아이를 살리고, 음식이 목에 걸려 질식하는 남자를 구하고, 추운 겨울 죽어가는 노숙자에게 따뜻한 식사를 대접합니다. 그는 이제 이전과는 전혀 다른 인간, 아니 아예 신이 되었습니다. 그에게는 무수히 많은 시간이 있기 때문입니다. 그리고 그를 그저 이기적인 속물로 보던 방송국 동료 리타는 마침내 그를 좋아하게 됩니다. 그의 삶이 이렇게 변화하자, 비로소 반복되었던 시간은 다시 흐르기 시작합니다. 사랑을 확인한 다음날 잠에서 깬 그를 기다리고 있던 것은 그토록 기다리던 새로운 내일이었죠. 영화가 던지고자 하는 건, 자신의 지루하고 반복되는 삶 속에서 스스로 변화하려고 최선을 다하는 자만이 오늘과 다른 내일을 살 수 있다는 교훈적인 메시지일 것입니다.

사실 이 매일매일의 반복이란 우리의 지루한 일상에 대한 흔한 비유입니다. 어제와 똑같은 하루라는 것이 그다지 새로운 표현은 아니니까요. 그런데도 이 영화가 매력적으로 느껴진다면, 이러한 비유를 직접적으로 형상화해내기 때문일 것입니다. 이제 여러분들은 제가 왜 이 영화에 대한 이야기를 드렸는지 아실 겁니다. 바로 이러한 아이디어가 표면적으로 영원회귀의 사유와 동일해 보이기 때문입니다.

"네가 지금 살고 있고, 살아왔던 이 삶을 너는 다시 한 번, 또 수없이 살아야 한다"는 악령의 말은 결코 내일을 살지 못하고, 매일을 반복할 수밖에 없는 필의 모습을 떠올리게 합니다. 니체의 영원회귀의 사유는 이처럼 우리의 삶이 이렇게 매일매일 반복될 뿐이라는 것을 말할까요. 하지만 영원회귀의 가르침과 영화 속에서 묘사된 반복되는 시간에는 분명한 차이가 있습니다.

반복을 되풀이하는 〈사랑의 블랙홀〉의 시간은 선형적으로 전개되는 시간의 개념, 즉 우리가 가진 역사적 진보에 대한 어떤 관념과 대립되는 것처럼 보입니다. 그러나 실상 이 둘은 동일한 시간 인식을 공유하고 있습니다. 왜냐하면 우리가 가진 역사적 진보에 대한 관념이 실상은 어떤 반복되는 시간을 전제로 하고 있기 때문입니다. 역사적 진보란 과거에 비해 미래가 더 나아질 것이라는 인식에 기초하고 있습니다. 그렇기 때문에 이러한 역사적 진보의 관념에서 과거는 결코 사라지는 존재가 아닙니다. 그것은 현재의 시간 속에서 일정한 법칙을 가지고 되풀이되는 것으로 사유됩니다.

〈사랑의 블랙홀〉에서 주인공인 필은 자신의 어제로부터 어떤 교훈을 얻을 수 있었기 때문에 더 나은 인간이 될 수 있었습니다. 자신을 뺀 모든 것이 반복되는 시간 속에서 필의 기억과 역량은 결코 사라지지 않고 축적됩니다. 그렇기 때문에 필은 한 번도 연주해본 적 없는 피아노를 잘 치게 되고, 나무에서 떨어지는 아이를 무사히 받을 수 있었으며, 스테이크가 목에 걸린 남자를 구할 수 있었습니다. 즉 이것은 역사에 대한 지식으로부터 미래를 기획한다는 선형적 역사 의식의 가장 기본적인 이념과 맞닿아 있습니다. 이것은 우리가 과거의 역사를 배우는 이유이기도 합니다. 우리는 과거의 역사를 유일무이한 사건으로 받아들이지 않습니다. 이 점에서 우리의 역사 인식은 아리스토텔레스의 그것과는 정확히 대립됩니다. 아리스토텔레스는 시와 역사의 차이를 비교하면서, 시는 보편적인 것을 다루지만 역사는 개별적인 것을 다룬다고 말했습니다. 다시 말해 역사란 하나의 이야기이며, 그것은 구체적 인물과 상황, 사건들로 이루어진 유일무이한 특수성을 갖는 것이지요. 이와 반대로 시는 인간을 어떤 보편성의 차원에서 다룬다고 보았습니다. 시에 등장하는 인물들은 하나의 구체적이고 우연적인 존재가 아니라 하나의 전형을 표현하기 때문이지요. 따라서 아리스토텔레스는 시는 역사보다 철학적이라고 말했습니다.

그러나 만약 역사적 사건을 개별적인 사건으로 보고 이에 특수성을 부여해버리면, 우리는 거기서 현재의 시간에 적용할 어떤 역사적 법칙도 이끌어낼 수 없게 됩니다. 가능한 것은 사후적이고 파편적으로 재구성된 사건의 인과 관계일 뿐이지요. 그런데 이 인과 관계는 우연성과 특수성에 의해 반복 불가능한 유일무이한 것에 불과합니다. 따라서 우리는 과거의 역사를 통한 현재 세계에 대한 인식을 시도할 수 없게 됩니다. 만약 이렇게 역사를 파악하게 된다면 역사의 진보라는 담론 역시 허무한 것이 되어버립니다. 역사가 우연과 특수성으로 점철된 사건들의 전개라면 거기에 어떤 방향성을 부여하는 것도, 따라서 진보를 말하는 것도 무의미해져버리기 때문입니다.

역사의 진보라는 담론은 그러므로 반드시 어떤 법칙의 반복을 말할 수밖에 없습니다. 그렇기 때문에 우연성이 아니라 필연성만을 긍정하게 되며, 역사 속에서 그러한 필연적인 법칙을 파악하고자 합니다. 물론 이러한 인식에서도 역사가 단순히 반복되는 것은 아닙니다. 당연히 모든 역사는 개별적이고 특수한 사건이기 때문입니다. 그러나 그 특수성을 한 꺼풀만 벗겨내면 개별적 사건들의 배후에 존재하는 어떤 법칙을 발견할 수 있다는 믿음이 이러한 담론에는 내재되어 있습니다. 이를테면 어떤 사건과 관련하여 역사적이고 필연적인 법칙이 존재한다는 주장은 역사의 전개 속에서 그러한 사건의 구체적인 양상이 동일하게 반복된다고 말하는 것과는 다릅니다. 동일한 법칙의 지배를 받더라도, 투입되는 조건이 달라지면 그 결과가 달라질 수밖에 없지요. 수학의 함수에서 어떤 수를 대입하는가에 따라 결과치가 달라지듯이 말이죠. 역사적 사건을 통해 개연성을 도출해낼 수도 있을 것입니다. 그것이야말로 역사를 진보하게 하는 인식의 힘일 것입니다.

과학적 인과율에 대한 니체의 비판적 견해는 바로 이 반복되는 시간성에 대한 사유를 비판하는 것이기도 합니다. 반복이 없다면 법칙을 말할 수 없기 때문입니다. 헤겔의 역사 철학을 유물론적으로 개량한 마르크스의 역사적 인식은 바로 이 필연적 법칙과 연관됩니다. 마르크스는 『공산당 선언』에서 계급 대립을 역사적 진보 속에서 되풀이되는 어떤 반복으로 파악합니다. "지금까지의 모든 사회의 역사는 계급 투쟁의 역사다. 자유민과 노예, 귀족과 평민, 영주와 농노, 동업 조합의 장인과 직인, 요컨대 서로 영원한 적대 관계에 있는 억압자와 피억압자가 때로는 은밀하게, 때로는 공공연하게 끊임없는 투쟁을 벌여왔다. 그리고 이 투쟁은 항상 사회

전체가 혁명적으로 개조되거나 그렇지 않으면 투쟁하는 계급들이 함께 몰락하는 것으로 끝났다."⁵ 따라서 그는 그처럼 반복되는 역사 속에서 어떤 법칙성을 발견하고자 하고, 그러한 법칙을 통해서 비로소 반복에서 벗어나고자 합니다. 이러한 설명을 통해 제가 말씀드리고자 하는 것은, 역사가 진보한다는 인식은 실은 역사가 반복된다는 인식으로부터만 가능하다는 사실이지요. 이러한 표현은 이상하게 들릴 것입니다. 하지만 진보가 반복되는 역사에 대한 예측을 통해서만 가능하다는 사실을 부정할 수는 없습니다.

영화 속에서 필은 어제와 똑같은 날이 반복된다는 것을 알고 처음에는 이렇게 말합니다. "버진아일랜드에서 한 여자를 만난 적이 있어. 랍스터를 먹고, 피나콜라다를 마셨지. 그리고 해변에서 사랑을 나눴어. 왜 하필 그날이 반복되지 않는 거지?" 이날은 아마 우리가 누구나 가지고 있는 가장 멋진 삶의 한순간일 것입니다. 하지만 그런 날은 반복되지 않습니다. 우리가 다시 살길 원하는 그런 날은 말이죠. 반복되는 것은 언제나 우리가 가장 끔찍해하는 바로 그런 날입니다. 바로 우리의 일상입니다. 언제나 우리가 벗어나고자 하는 바로 그런 매일이지요. 그런데 어떻습니까. 매일매일 반복해서 살아가는 와중에 필은 바로 그 반복되는 끔찍한 매일매일을 자신의 삶의 최고 순간들로 바꾸어놓습니다. 영화에서 리타의 사랑을 얻게 되자 비로소 내일이 온다는 것은 그러므로 또 다른 아이러니입니다. 즉 그것은 끔찍한 매일의 반복을 벗어나게 되었다는 것만을 의미하지 않습니다. 그 반복되는 매일이 가장 멋진 하루라는 사실이 되자마자 그는 다시금 새로운 삶을 살아야 합니다. 완벽한 삶이라는 것은 결코 영원히 지속되지 않습니다. 하지만 우리는 언제나 그런 영원하고 완벽한 시간을 원합니다. 생의 최고의 순간이 영원히 지속되기를 바라지요. 그러나 차라투스트라의 영원회귀의 통찰은 이러한 삶의 지속과는 무관합니다. 그가 영원회귀를 말하는 것은 현재/순간이라는 유일무이한 시간 속에서 일어나는 끊임없는 생성에 대해 이야기하고자 하기 때문입니다. 결코 어제와 같은 오늘, 작년과 같은 올해, 100년 전과 같은 역사 따위를 말하는 게 아닙니다. 존재하는 것은 모두 무수히 많은 차이들을 경유합니다. 니체는 차라투스트라였다가, 예수였다가, 석가모니였다가, 낙타였다가, 거미였다가, 파리 떼였다가, 산이었다가, 바다였습니다. 『차라투스트라』에 대한 최초의 구상을 기록한 유고에서 니체는 다음과 같이 적고 있습니다.

> 그러나 진지함에 대한 우리의 노력은 모든 것을 변하고 있는 것으로 이해하는 것이고, 개체로서의 우리 자신을 부정하는 것이고, 가능한 한 **다양한** 눈을 통해 세상을 보는 것이다.[6]

그리고 그 몇 주 뒤에 작성된 유고에서도 다음과 같은 문장을 발견할 수 있습니다.

> 끊임없는 변신—너는 짧은 기간 내에 다양한 개체들 모두가 되어야 한다. 그 방법은 **끊임없는 투쟁**이다.[7]

세계가 영원히 흩어지고 뭉친다고 말할 때 니체는 세계 내의 개별자가 다음 세계/생에서 어떻게 변할지에 대해 말하는 것이 아닙니다. 그것이 역사를 진보의 선형적 과정으로 파악하는 인식과 니체의 영원회귀의 인식이 갖는 핵심적 차이라고 말할 수 있습니다. 개별자는 니체의 영원회귀 속에서, 순간 속에서, 끊임없는 자기 극복, 힘에의 분출을 반복할 뿐입니다.

그리고 마지막으로 이러한 영원회귀의 사유가 보여주는 또 다른 실존적 차원이 있습니다. 기독교적 도덕 관념을 폐기하고자 하는 니체에게 삶의 정당화는 중요한 문제거리로 남을 수밖에 없습니다. 인간이 선을 행하는 존재가 아니라면, 그의 삶은 무엇을 지향해야 하는가. 그리고 선이 아니라면, 그의 삶은 과연 무엇을 통해 정당화될 수 있는가. 이러한 실존적 질문에 대해 영원회귀의 사유는 목적 없는 행위를 정당화하는 유일한 근거로 남을 수밖에 없습니다. 앞서 인용된 『즐거운 학문』의 341절에 이어 니체는 다음과 같이 말합니다. 이는 우리가 난쟁이의 말을 단순히 오류라고 취급할 수 없는 근거이기도 합니다.

> 그대는 땅에 몸을 내던지며, 그렇게 말하는 악령에게 이를 갈며 저주를 퍼붓지 않겠는가? 아니면 그대는 악령에게 이렇게 대답하는 엄청난 순간을 경험한 적이 있는가?: "너는 신이로다. 나는 이보다 더 신성한 이야기를 들어 보지 못했노라!" 그러한 생각이 그대를 지배하게 되면, 그것은 지금의 그대를 변화시킬 것이며, 아마도 분쇄시킬 것이다. "너는 이 삶을 다시 한 번, 그리고 무수히 반복해서 다시 살기를 원하는가?"라는 질문은 모든 경우에 최대의 무게로 그대의 행위 위에 얹힐 것이다! 이 최종적이고 영원한 확인과 봉인 외에는 **더 이상** 아무것도 **요구하지 않기** 위해서는, 어떻게 그대 자신과 그대의 삶을 만들어나가야만 하는가? —[8]

여기에는 신의 죽음 테제에서 본 것과 같은 대담한 사유의 도약이 있습니다. 신의 죽음이 새로운 신적 인간의 탄생을 요구하는 것처럼, 영원회귀의 사유가 보여주는 일견 니힐리즘적 세계관에는 오히려 이를 극복한 자기 충족적 삶에 대한 절대적 희구가 존재합니다.

영원히 반복되는 시간은 단순히 무책임함을 용인하는 것이 아닙니다. 〈사랑의 블랙홀〉에서 필도 처음에는 책임지지 않는 쾌락에 몰두합니다. 내일이 없다는 말은 어떤 것에도 책임을 지지 않아도 된다는 말이기도 하니까요. 시간의 현재성에 대한 니체의 사유와 기존 도덕에 대한 거부를 결합시켜 이러한 결론을 이끌어내는 경우를 종종 봅니다. 물론 명백히 니체의 텍스트를 무시한 오독 탓이지요. 현재가 영원히 반복된다는 명제는 결코 자신의 쾌락에 대한 무책임을 용인하지 않습니다. 오히려 그것은 '최대한의 무게'로 현재를 사유하게 합니다. 이 현재의 순간은 일상의 시간 이해에서는 지나가고 마는 한순간에 불과합니다. 하지만 이 순간이 끊임없이 반복된다는 영원회귀의 사유는 이 현재의 순간을 결코 지나쳐버리는 짧은 순간으로 취급하지 못하게 합니다. 우리는 이 순간을 우리 삶의 모두로, 아니 그것을 넘어 영원으로 고양해서 사유하게 되기 때문이지요. 그러므로 이 삶의 순간이 가진 무게는 삶 전체의 무게를 넘어섭니다.

따라서 만약 니체의 영원회귀의 사유를 제대로만 이해한다면, 그것이 결코 무책임한 쾌락에의 몰두를 긍정하는 사유가 아님을 알 수 있을 것입니다. 무엇을 할 것인가라는 물음에 대답하기 위해서는 이제 영원회귀의 사유가 필요합니다. 도덕적 선, 진리의 추구가 아니라 오직 스스로 하고자 하는 것을 하는 것. 그것은 가장 무거우면서, 가장 자유로운 것이기도 합니다. 영원회귀의 사유 속에서는 어떤 것도 결코 가볍지 않으며, 모든 것은 무한의 무게를 가지고 있습니다. 시간도, 시간 속의 존재도, 그 무엇도 덧없이 흘러가지 않습니다. 이것이 영원회귀의 윤리적/실존적 의미이기도 합니다.[9] 소설 『참을 수 없는 존재의 가벼움』은 바로 이 니체의 영원회귀 사유에서 시작합니다. 여기서 쿤데라는 영원회귀가 어떻게 역사에 대한 냉소적 관점을 극복하는지를 보여줍니다.

영원한 회귀란 신비로운 사상이고, 니체는 이것으로 많은 철학자를 곤경에 빠뜨렸다. 우리가 이미 겪었던 일이 어느 날 그대로 반복될 것이고 이 반복 또한 무한히 반복된다고 생각하면! 이 우스꽝스러운 신화가 뜻하는 것이 무엇일까?

뒤집어 생각해 보면 영원한 회귀가 주장하는 바는, 인생이란 한번 사라지면 두 번 다시 돌아오지 않기 때문에 한낱 그림자 같은 것이고, 그래서 산다는 것에 아무런 무게도 없고 우리는 처음부터 죽은 것과 다름없어서, 삶이 아무리 잔혹하고 아름답고 혹은 찬란하다 할지라도 그 잔혹함과 아름다움과 찬란함조차도 무의미하다는 것이다. 14세기 아프리카의 두 왕국 사이에 벌어진 전쟁 와중에 30만 흑인이 이루 말할 수 없이 처참하게 죽어갔어도 세상 면모가 바뀌지 않은 것과 마찬가지로, 인생의 잔혹함이나 아름다움 따위는 전혀 염두에 둘 필요가 없는 셈이다.

[......]

역사 속에서 단 한 번 등장하는 로베스피에르와, 영원히 등장을 반복하여 프랑스 사람의 머리를 자를 로베스피에르 사이에는 엄청난 차이가 있다.

그래서 영원한 회귀라는 사상은, 세상사를 우리가 아는 그대로 보지 않게 해 주는 시점을 일컫는 것이라고 해 두자. 다시 말해 세상사는, 세상사가 덧없는 것이라는 정상참작을 배제한 상태에서 우리에게 나타난다. 사실 이 정상참작 때문에 우리는 어떤 심판도 내릴 수 없다. 곧 사라지고 말 덧없는 것을 비난할 수 있을까? 석양으로 오렌지 빛을 띤 구름은 모든 것을 향수의 매력으로 빛나게 한다. 단두대조차도.

얼마전 나는 기막힌 감정의 불꽃에 사로잡혔다. 나는 히틀러에 관한 책을 뒤적이다 사진 몇 장을 보곤 감격했다. 내 어린 시절이 떠올랐기 때문이다. 나는 어린 시절을 전쟁통에서 보냈다. 내 가족 중 몇몇은 나치 수용소에서 죽기도 했다. 그러나 그들의 죽음이, 되돌아갈 수 없는 내 인생의 한 시절, 다시는 돌아오지 않을 그 시절을 떠올리게 해 줬던 히틀러의 사진에 비한다면 무슨 의미가 있을까?

이러한 히틀러와의 화해는 영원한 회귀는 없다는 데에 근거한 세계에 존재하는 고유하고 심각한 도덕적 변태를 보여준다. 왜냐하면 이런 세계에서는 모든 것이 처음부터 용서되며, 따라서 모든 것이 냉소적으로 허용되기 때문이다.[10]

여기서 쿤데라가 이해한 영원회귀는 이 장에서 차라투스트라가 말한 내용과는 차이가 있습니다. 영원회귀는 단순히 특정한 역사적 사건의 반복된 재현을 의미하는 것은 아니기 때문입니다. 그럼에도, 한 순간이 영원으로 고양됨으로써 가지게 되는 삶의 무게에 대해서만큼은 아주 잘 보여주고 있습니다. 지금 현재 하고자 하는 것이 영원히 반복되기를 원하는 것, 이것은 영원회귀의 인식이 아니라 영원회귀의 의지입니다. 운명에의 사랑은 현재에 대한 긍정이자, 그것이 뻗어나가는 과거와 미래에 대한 긍정이라는 점에서 이중의 긍정이며, 우연성을 긍정함과 동시에 필연성을 긍정한다는 점에서 또한 이중의 긍정입니다. 이것은 차라투스트라가 운명의 돌, 운명의 주사위를 던지는 행위와 마찬가지입니다. 차라투스트라는 자신의 돌을 기꺼이 던지고자 합니다. 설령 그것이 자신의 몸을 부순다고 하더라도 말이죠.

원치 않는 행복에 대하여

홀로 있음, 기뻐하는 양심, 맑은 하늘, 자유로운 바다. 고통을 극복한 차라투스트라를 수식하는 표현들입니다. 지복의 섬과 그곳의 벗들을 떠난 뒤 나흘째, 이제 그는 자신의 고통으로부터 자유롭습니다. 원래 이 장의 제목은 "망망대해에서"(Auf hoher See)였습니다. 끝없이 펼쳐진 바다는 차라투스트라의 자유이자 고독입니다. 니체는 초고에서 "새로운 땅을 발견하는 것은 망명자와 난파자였다. 예로부터 정복자는 반쯤 부서진 자였다"라고 말합니다. 망명자이자 난파자로서 그렇게 차라투스트라는 망망대해 위에 서 있습니다.

망망대해의 한가운데, 그리고 시간은 오후입니다. 오후의 시간은 정오의 시간 이후, 새로운 시작 이후, 니체가 새로운 동료를 찾는 시간입니다. 정오가 고독의 시간이라면, 이제 오후는 세상을 향하는 시간입니다. 창조하는 자는 동반자가 필요합니다. 단순히 자신의 뜻에 동조하고 복종하는 이가 아닌, 더불어 새로운 가치를 창조하는 자, 스스로 고독을 감수하는 자, 그리고 기꺼이 자신의 적이 되고자 하는 자. 모든 빛이 가라앉고, 모든 소리가 부드러운 구두 위를 지나는 시간, 바로 그 고독의 시간에 차라투스트라는 자신의 동반자와 아이들을 찾고자 합니다. 그러나 차라투스트라는 그들이 먼저 창조되어야 함을 깨닫습니다.

일찍이 창조하는 자는 동반자와 **자신의** 희망의 아이들을 찾았다. 그리고 보라, 그는 알게 되었으니 그가 먼저 아이들을 창조하지 않는다면 그들을 찾을 수 없다는 것을.

그러므로 그는 아이들을 잉태하고 창조해야만 합니다. 그리고 그들이 시련을 견디는지 지켜보아야 합니다. 차라투스트라는 밤새도록 불행을 기다린다고 말합니다. 무엇을 기다리는 걸까요. 차라투스트라가 원하는 것은 행복이 아니라 고통이며, 순탄한 항해가 아니라 난파의 위험입니다. 행복에 마취되지 않기 위해, 인간이란 극복되어야 할 무엇이기 때문에, 그의 의지는 행복에 반대합니다. 고독한 산에서 하산하면서 기꺼이 몰락하기를 원했던 것처럼, 행복이 아닌 불행을 바라는 것입니다. 그가 이토록 불행을 바라는 것은 그가 아직 심연의 사상을 마주할 준비가 되지 않은 탓입니다. 심연에 가두어진 것은 아직 완전히 해석되지 않았습니다. 그것은 더 많이, 더 새롭게 해석되고 바다 위로, 표면 위로 펼쳐져야 합니다.

아, **나의** 사상인 심연의 사상이여! 언제쯤 나는 그대가 무덤을 파헤치는 소리를 들어도 더 이상 떨지 않을 것인가!

네가 무덤을 파헤치는 소리를 들으면 내 심장은 목구멍까지 떨려온다! 너의 침묵은 아직도 나를 숨막히게 하는구나, 그대 심연처럼 침묵하는 자여!

아직도 감히 나는 너를 한 번도 이 **위로** 부르지 못했다: 나는 너를 지니고 있는 것으로도 충분하다! 최후의 사자의 용기와 오만함을 가질 만큼 충분히 강하지 못했다.

이 순간 차라투스트라는 고통을 기꺼이 바라고, 행복을 거부하면서도 두려움을 느낍니다. 마지막 결전의 시간, 도약, 승리이자 완성. 그것은 영원회귀의 사유를 완전히 받아들이는 일일 겁니다. 받아들인다는 것은 단지 수동적인 행위가 아닙니다. 아직은 의식의 저 어두운 심연에 있는 사유를 정면으로 마주하는 일이며, 그것을 생의 운명으로 인정하는 일이며,

그러한 낯선 사유의 번개를 품어 새로운 생명을 잉태해내는 일일 것입니다. 자신의 아이들을 창조하는 일, 그렇게 생명을 내어 대지 위에 그들을 심는 일. 차라투스트라는 행복 속에서 고통을 원하고, 그 고통 속에서 위대한 창조를 하고자 합니다.

해 뜨기 전에

오, 내 위의 하늘이여, 너 순수한 자여! 깊은 자여! 너 빛의 심연이여! 너를 바라보면서 나는 신성한 욕망으로 전율한다.

너의 높이로 나를 던지는 것 ―그것이 **나의** 깊이이다! 너의 순수함 속에 나를 숨기는 것 ―그것이 **나의** 결백(Unschuld)이다.

차라투스트라의 목소리는 여기서 또다시 고양되어 있습니다. 앞 장의 흥분된 목소리는 더욱 고조됩니다. 『차라투스트라』를 읽는 독자는 차라투스트라가 끊임없이 냉소와 환희, 탄식과 탄성을 반복하는 모습을 보게 됩니다. 이 장에서 차라투스트라는 한껏 고양되어 환호하고, 긍정의 목소리를 반복합니다. 이어지는 5장은 다시 당대의 문화를 비판하는 차분한 목소리로 돌아갑니다.

3권의 두 번째 장에서 영원회귀의 비밀이 드러난 뒤 이어지는 2개의 장에서 차라투스트라는 다시금 고독과 자기 극복에 대해 말하고 있습니다. 이 장의 제목을 이루는 "해 뜨기 전"이란 계시의 시간입니다. 해가 뜬 낮의 시간이 의식, 철학적 탐구, 계획과 수행의 시간이라면 해뜨기 전의 시간은 침묵 속에서 세계의 진리가 말해지는 시간입니다. 3권의 1장에서 차라투스트라는 이 항해가 최후의 정상에 오르고자 하는 항해임을 분명히 했습니다. 그 최후의 정상에서 차라투스트라는 자신과 자신의 별을 내려다보게 될 것입니다. 그러나 아직 차라투스트라는 겨우 섬을 빠져나왔을 뿐이고 하늘과 별은 아직 그의 머리 위에 떠 있습니다.

차라투스트라는 외칩니다. 하늘이여, 순수한 자여, 빛의 심연이여! 이제 차라투스트라에게 남은 길은 하늘이라는 빛의 심연에, 순수함과 명랑함에, 자신을 내던지는 것뿐입니다. "그대의 높이로 나를 던지는 것, 그것이 나의 깊이이다." 높이와 깊이를 연결 짓는 이러한 발상은 이미 3권의 1장「방랑자」에 등장한 바 있습니다.

> 가장 높은 산은 어디에서 오는가? 그렇게 나는 한때 물었다. 그때 나는 그것이 바다로부터 온다고 배웠다.
> 이 증거는 산의 바위에 새겨져 있다, 그리고 정상의 암벽에.
> 가장 높은 것은 가장 깊은 것으로부터 자신의 높이에 도달한다.

하늘의 높이로 자신을 던지는 것, 가장 깊은 곳에서 와 가장 높은 곳에 도달하는 것, 그것은 차라투스트라 자신이며, 영원회귀입니다. "나의 모든 의지는 오직 날아가고자, 네 안으로 날아가고자 한다!"는 이 장「해 뜨기 전에」의 외침을 통해 차라투스트라의 모든 방랑, 수많은 산행이 다름 아니라 하늘로 날아가고자 한 그의 의지의 작용임이 밝혀집니다. 차라투스트라는 어떻게 하늘로 날아가, 하늘 속에서, 그 하늘의 심연 속에 머물 수 있을까요? 영원회귀를 통해서입니다. 이 영원회귀의 비밀은 인간들이 이제껏 신성시해온 목적을 부정합니다. 목적은 모든 사물과 행위의 신성함을 박탈하기 때문입니다. '목적'이라는 개념이 내포한 비윤리성에 대해서 아감벤(Giorgio Agamben)은 다음과 같이 분명히 말하고 있습니다.

> 어떤 윤리 담론이든 간에 그 출발점은 인간이 정립하거나 실현해야 할 본질이나 역사적 혹은 종교적 사명, 생물학적 운명 따위는 없다는 사실이 되어야 한다. 이것이 윤리와 같은 것이 존재할 수 있는 유일한 근거가 된다. 왜냐하면 인간이 이런저런 실체이거나 실체이어야 한다면, 또 이런저

런 운명이거나 운명이어야 한다면 그 어떤 윤리적 경험도 가능하지 않을 것이기 때문이다. 그저 이루어야 할 과업이 있을 뿐이다.[11]

세계의 신성함이란 사물과 행동의 마음과 양심에 들어앉아 있지 않습니다. 그렇다면 신성함은 무엇인가요? 여기서 하늘을 축복하는 차라투스트라는 무엇을 말하고자 하는 것입니까. 그건 차라투스트라가 긍정하는 것 속에 있습니다. 바로 신성한 우연, 우발성이자 영원회귀! 영원회귀 속에서 만물은 되돌아옵니다. 내가 곧 만물이 되고, 만물이 내 속에서 되돌아오는 신비의 체험이 영원회귀 속에서 구현됩니다. 그리고 이 영원회귀 속에서 만물에게는 어떠한 목적도 있을 수가 없습니다. 목적은 최종 지점이요, 순환이 중지된 죽음을 의미하기 때문입니다. 생성의 세계 속에서 목적이란 있을 수 없습니다. 차라투스트라가 "그렇다!"라고 말하면서, 운명과 우연을 긍정하면서, 목적과 충동을 초월하여 만물에 걸어주는 하늘색 종은 우리의 머리 위에서 우리를 덮고 있는 둥근 지붕, 곧 하늘이자 천상이며, 우연의 세계 그 자체입니다. 여기서 차라투스트라는 종교적 이미지를 차용합니다. 그는 마치 사제처럼 축복을 내립니다. 만물은 선악을 넘어, 우연에 대한 긍정 속에서 축복되고, 세례를 받습니다. 세계는 이제 신성한 우연을 위한 무도장이며, 주사위 놀이를 위한 신의 탁자입니다.

참으로, 내가 가르치는 다음의 것들은 모독이 아닌 축복이다: 만물들 위에 우연(Zufall)의 하늘, 결백(Unschuld)의 하늘, 뜻밖(Ohngefähr)이라는 하늘, 자만(Übermuth)이라는 하늘이 놓여 있다.

"우연히"(Von Ohngefähr) ─ 그것은 내가 만물들에게 되돌려준, 세계의 가장 오래된 귀족이며, 나는 만물들을 목적에의 예속에서 구해냈다.[12]

이 자유와 천상의 명랑함(Heiterkeit)을 마치 하늘색 종처럼 만물 위에 걸면서, 나는 만물들의 위에, 혹은 만물들을 통한 어떤 "영원한 의지"도 없음을 가르쳤다.

작게 만드는 덕에 대하여

아이의 장난감과도 같은 작은 집들이 늘어서 있는 풍경, 그리고 작은 인간들. 차라투스트라는 당대의 유럽인들을 이렇게 묘사합니다. 차라투스트라의 눈에 유럽인들은 너무나도 왜소합니다. 그들은 편안하고 안락한 매일의 일상에 만족하고 행복을 느낍니다. "작은 행복을 검소하게 껴안는 것—그들은 이것을 '복종'(Ergebung)이라고 부른다!"

"나는 섬긴다, 너는 섬긴다, 우리는 섬긴다"—지배하는 자의 위선도 여기서는 이렇게 기도한다,—아, 제일의 주인이 **단지** 제일의 종이라니!

그들의 행복은 복종에 있습니다. 그렇습니다, 그들의 행복은 가짜입니다. 행복은 결코 복종에 있지 않으며, 그래서도 안 되기 때문입니다. 차라투스트라에게 행복, 기쁨이란 힘이 증대하는 느낌입니다. 불행, 고통은 그 반대로 힘의 감소에 대한 느낌입니다. 행복은 복종이 아닌 극복, 저항, 자신을 깨부수고 새롭게 태어나는 데 있습니다. 3장 「원치 않는 행복에 대하여」에서 차라투스트라가 행복을 피할수록 행복이 오히려 그를 쫓아오는 이유도 여기에 있습니다. 행복은 새롭게 태어난 자를 좋아합니다. 그러므로 오직 힘의 증대를 느끼는 자, 위버멘쉬만이 진정하게 행복할 수 있습니다. 스스로의 삶에 만족하고 행복하다고 생각하지만 왜소한 이들은 자신의 진정한 행복을 모릅니다. 차라투스트라는 그들을 이처럼 왜소하게 만든 덕에 대해 이야기합니다.

나는 군중들 사이를 눈을 뜨고 지나간다. 그들은 더 작아지고 다시 더 작아진다:—**그들의 행복과 덕에 대한 가르침이 이렇게 만들었다.**
그들은 바로 그들의 덕에 있어 겸손하다—그들이 안락함을 바라기 때문이다. 안락함과는 겸손한 덕만이 잘 어울린다.

인간을 작게 만드는 덕, 이것은 1권의 2장에서 현자가 가르쳤던 덕과 같은 것입니다. 고통받지 않고 인간을 편히 잠들게 하는 덕, 서로서로 원만하게 지내고자 하는 덕, 작은 문제에 신경을 곤두세우는 덕, 모든 이에게 친절한 덕, 겸손하게 복종하는 덕. 이것은 차라투스트라가 보기에 그저 작은 덕, 왜소한 덕, 하찮은 덕일 뿐입니다. 그러나 이 덕은 오랫동안 사람들에게 암기되어왔습니다. 그들은 자신의 덕을 자랑스러워합니다.

"우리는 우리의 의자를 한가운데 놓았다—그들은 히죽거리며 이렇게 말한다—죽어가는 검투사나 배부른 돼지에게서도 똑같이 멀리 떨어져서."
그러나 이것은—평균(Mittelmässigkeit)일 뿐이다: 그들이 이미 중용 (Mässigkeit)이라고 부를지라도.

여기서 중용(Mäßigkeit)이란 플라톤의 절제(sophrosyne/temperantia), 아리스토텔레스의 중용(mesotes)과 비슷한 의미를 가집니다. 중용이란 두 개의 악덕 사이에서 중간의 길을 택하는 것입니다. 비겁과 만용, 둔감과 방종, 인색과 낭비 사이에서 용기, 절제, 후덕함을 실천하는 것, 그것이 중용입니다. 그러나 차라투스트라는 그것이 그저 산술적인 평균일 뿐이라고 말합니다. 차라투스트라의 덕은 생성이요, 힘의 증대입니다. 그것은 상승과 몰락을 반복하고, 끊임없이 극복하며, 스스로에게 명령합니다. 그러나 절제와 중용은 그 어떤 생성도 거부하고, 안주하는 덕입니다. 이 왜소한 덕은 차라투스트라를 질리게 합니다. 차라투스트라는 알고 있습니다. 그들은 이 작은 덕으로 인해 점차 작아지다가 결국은 영영 사라지고 말 것이라는 사실을. 인간의 가능성의 소멸은 곧 인간의 소멸일 것입니다. 하지만 그들은 모릅니다.

이 군중들 사이에서 나는 나 자신의 선구자이고, 어두운 골목을 가르는 나 자신의 닭 울음소리이다.
하지만 그들의 시간은 온다! 그리고 나의 시간도 온다! 매시간 그들은 더 작아지고, 더 가엾어지고, 더 메마르게 된다, ㅡ가엾은 풀이여! 가엾은 땅이여!

이제 남은 것은 최후의 결전의 시간입니다. 그들의 시간과 나의 시간이, 최후의 인간과 사자가 맞서게 될 것입니다. 위대한 정오는 그렇게 다가오고 있습니다!

올리브 산에서

따뜻하고 양지바른 올리브 산과 얼음으로 뒤덮인 겨울 산. 차라투스트라는 여기서 두 개의 이미지를 교차시킵니다. 전자가 차라투스트라가 머무는 곳이자 자신의 모습이라면, 후자는 차라투스트라가 사람들에게 보이는 이미지를 의미합니다. 추위와 따뜻함, 북쪽과 남쪽은 독일적인 것과 이탈리아/프랑스적인 것의 대조를 암시하기도 합니다.

그렇게 나는 그들에게 나의 정상의 겨울과 얼음만을 보여준다 ㅡ 그리고 나의 산이 그 주위에 온통 태양의 띠를 두르고 있음을 보여주지 **않는다!**
그들은 나의 겨울 폭풍이 휘몰아치는 소리만을 듣는다: 내가 갈망하는, 무겁고, 뜨거운 남풍처럼 따뜻한 바다를 지나가는 것은 듣지 **못한다**.

자신의 말을 듣지 못하는 자들, 그러면서도 자신을 시기하고 질투하며 비방하는 자들, 급기야 차라투스트라의 영혼을 베어 가르는 자들. 겨울은 그들을 위한 차라투스트라의 가면입니다. 그러나 이 가면은 투명한 가면이고, 그러므로 차라투스트라 자신의 모습이기도 합니다. 다만 그는 그것을 숨기지 않고, 사람들은 그 겨울과 함께 있는 태양을 보지 못할 뿐입니다. 겨울은 "오래되고 밝은 침묵"이며, "태양마저 숨겨버린다"고 말해집니다. 사람들이 추위에 덜덜 떠는 차라투스트라를 동정할 때 차라투스트라의 두 다리는 양지바른 올리브 산을 이리저리 배회합니다.

올리브 산은 예루살렘 동편에 있는 산입니다. 예수가 로마군에게 잡히기 전에 제자들과 기도를 하던 겟세마네, 문둥이 시몬의 집이 있던 베다니 등이 바로 이 올리브 산 주위에 있습니다. 『구약』의 「사무엘 하」에서 다윗이 압살롬을 피해 도망간 길도 바로 이 올리브 산의 길입니다. 유대인들은 이곳이 메시아가 오는 곳이요, 부활이 일어나는 곳이라고 생각했습니다. 따라서 올리브 산은 수많은 유대인들의 묘지가 있는 곳이기도 합니다. 예수 역시 이곳을 통해 예루살렘으로 왔고, 이곳에서 예루살렘의 멸망을 예언했으며, 이곳에서 부활하고 승천했습니다. 차라투스트라가 올리브 산을 이리저리 배회한다는 것은 그가 이제 마지막 설교를 준비하고 있고, 사람들이 그의 가르침을 배신할 것이며(8장, 「변절자들에 대하여」), 그럼에도 그가 다시 부활할 것임(13장, 「건강을 회복하는 자에 대하여」)을 암시합니다. 바로 앞의 5장에서 차라투스트라는 최후의 순간이 다가오고 있음을 이야기했습니다("그것이 온다, 가까이 있다, 위대한 정오가!"). 차라투스트라의 가면은 그 최후의 순간을 위한 것입니다.

겨울과 밝은 침묵은 그렇게 차라투스트라의 깊이와 최후의 의지를 감춥니다. 최후의 의지란 태양의 의지입니다. 태양의 의지란 곧 힘에의 의지이기도 합니다. 그건 미래를 향해 열린 의지가 아닙니다. 우연에 내맡겨진 의지이며 제멋대로이자 자유로운 의지이기도 합니다. 태양이 우주에 종속된 존재이듯 우주의 질서에 종속된 의지이며, 필연성을 거부하지 않는 의지입니다. 그러므로 이것은 우리가 생각하는 자율적 의지와는 다릅니다. 이 의지 자체가 원인이 아니라 필연성의 결과이기 때문입니다. 결코 주체의 선택에 의한 자유 의지, 그러니까 나, 주체의 의지가 아닙니다. 자유 의지, 자율적 의지의 주체의 선택은 필연적으로 책임의 문제를, 더 나아가 도덕적 죄책감의 문제를 동반합니다. 주체가 고통스러워하는 것은 이 때문입니다. 그는 자유로우며, 스스로 선택하고, 모든 책임을 집니다. 그러나 책임에 대한 심리적 부담은 주체를 얽어매고, 자유로운 주체는 오히려 선택 앞에서 망설이며 자유롭지 못하게 됩니다. 그리고 그는 결국 도망가고 맙니다. 신이 주신 자유 의지를 말하면서도 끊임없이 신에게 의존하는 자가 되는 것이죠. 어찌 보면 당연한 귀결입니다.

그러나 차라투스트라의 의지, 최후의 의지이자 태양의 의지, 우연의 의지이자 운명의 의지는 주체에게 책임을 전가하지 않습니다. 이는 모든 선악을 넘어선 의지이고, 순진하고 결백한 의지이며, 제멋대로인 의지이기도 합니다. 이와 같은 태양의 의지 아래서 만물은 오히려 자유롭습니다. 그들은 자신이 어떤 걸 원하더라도 그게 힘에의 의지를 벗어난 것이 아님을 알기 때문입니다. 그러므로 힘에의 의지를 말하는 니체는 널리 알려진 대로 주의주의자主意主義者가 아닙니다. 니체 철학을 주의주의로 보는 이들로 인해 니체는 오랫동안 그 근본에서부터 오해받았습니다. 힘에의 의지는 의지의 힘에 대해 말하고 있지 않습니다. 오히려 차라투스트라를 자유롭게 하는 것은 새로운 인식이며, 이 인식이 이 우주가 영원히 회귀한다는 것을 선언합니다.

> 모든 좋은 사물들의 근원은 천 겹이다,—모든 좋고 제멋대로인 사물들은 기쁨을 향해 현존재 속으로 뛰어든다: 어떻게 그것들이 단지—한 번만 행할 수 있겠는가!

지나쳐 감에 대하여

예수가 올리브 산에서 예루살렘으로 들어가듯이, 차라투스트라도 올리브 산에서 큰 도시로 향합니다. 또한 이 장면은 차라투스트라가 최초로 산에서 내려와 얼룩소라는 도시로 들어가는 장면과 겹칩니다. 그러나 두 장면의 내용은 대조적입니다. 서문에서 얼룩소는 차라투스트라가 오랜 은둔에서 벗어나 최초로 자신의 사유를 가르치기 시작한 곳입니다. 그러나 이제 마지막 여행의 궤도에서 다시 만난 대도시는 이미 차라투스트라를 이끄는 곳이 아닙니다. 여기서 차라투스트라는 도시로 들어가지 않습니다. 이 도시는 너무나도 끔찍한 도시, 구역질 나는 도시가 되었기 때문입니다. 여기서 도시는 당대 유럽인들의 삶의 방식을 함축한 공간입니다.

도시에 들어가기에 앞서 차라투스트라는 그를 흉내 내는 이를 만납니다. "차라투스트라의 원숭이"라고 불리는 그 광대는 차라투스트라의 지혜와 화법을 빌려 쓰는 자입니다. 그리고 그는 이제 차라투스트라에게 혐오스러운 도시의 모습을 말하면서 차라투스트라의 앞길을 가로막습니다. 입에 거품을 물고, 열변을 토하면서. 이는 「시편」의 다음 구절을 연상시킵니다.

> 그들은 저녁만 되면 돌아와서, 개처럼 짖어대면서, 성안을 이리저리 쏘다닙니다.
> 그들은 입에 거품을 물고, 입술에는 칼을 물고서 "흥, 누가 들으랴!" 하고 말합니다.
> 그러나 주님, 주님께서 그들을 보시고 비웃으시며, 뭇 민족을 조롱하실 것입니다.[13]

광대는 말합니다. 도시는 "은둔자의 사유에는 지옥과 같은 곳", "위대한 생각이 산 채로 삶아지고, 작게 요리되는 곳", "위대한 감정이 모두 썩는 곳", "정신의 도살장과 무료급식소"이면서 "말의 구정물로 신문을 만드는 곳"입니다. 광대는 끔찍한 말들을 쏟아내며 도시를 혐오합니다. "이 대도시에 침을 뱉고, 돌아가라"고 권합니다. 그러나 차라투스트라는 알고 있습니다. 그가 왜 이토록 도시를 혐오하는지를. 그것은 광대 자신의 불만 탓입니다. 그는 사람들이 자신에게 아첨하지 않기 때문에 도시를 혐오하고, 그 혐오를 정당화하기 위해 계속해서 그 도시의 쓰레기 더미 위에 머무는 겁니다.

니체는 여기서 자신의 책을 읽는 독자들, 그의 철학을 연구하게 될 학자들에게 말하고 있는 것과 같습니다. 그의 글을 읽고 그의 지혜와 말투를 흉내 내는 자들이 차라투스트라의 원숭이이기 때문입니다. 그는 세상에 대한 복수심을 만족시킬 구실로 차라투스트라를 읽는 건 말 그대로 구역질 나는 일임을 경고합니다. 글을 읽고, 쓰는 자들은 무엇을 목적으로 하고, 무엇을 지향하는가, 그 밑바닥에서 그들은 무엇을 자신의 쾌락의 근거로 삼는가. 니체가 언제나 지적하듯이, 학문이 외치는 진리는 진리라는 이름의 지배가 아닌가. 그들은 그러한 지배에 만족하는 것입니다.

그러므로 차라투스트라는 말합니다. 눈길을 돌리는 것이 차라투스트라 유일의 부정의 형식입니다. 그저 스쳐 지날 것, 그것이 차라투스트라의 가르침입니다.

> 작별하며, 이 가르침을 너에게 주노라, 너 광대여: 사랑할 수 없는 곳에서는, **지나쳐 가야** 한다!

변절자들에 대하여

> "우리는 다시 경건해졌다"—변절자들은 이렇게 고백한다; 그리고 이들 중 많은 자들은 너무 비겁해 그렇게 고백조차 못한다.
>
> 그들의 눈을 나는 들여다본다,—그들의 얼굴을 바라보면서 그들의 붉은 뺨에 말한다: 너희들은 다시 **기도하는** 자들이 되었구나!

이 장에서 차라투스트라는 은둔에서 내려와 최초로 만났던 도시인 얼룩소에 있습니다. 한때 자유롭고자 했던 영혼들은 이제 다시 경건해지고,

기도를 드리는 자가 되었습니다. 차라투스트라가 오랜 은둔에서 나와 사람들을 만났을 때 그들은 차라투스트라의 말에 귀 기울이고, 그의 지혜와 그의 말을 흉내 냈습니다. 1권의 마지막 장면에서 차라투스트라는 자신의 가르침을 전하고 기쁜 마음으로 사라졌습니다. 그러나 2권과 3권은 차라투스트라의 가르침이 실패했음을 보여줍니다. 한때나마 그의 제자였던 이들이 이제는 대도시에서 신을 믿는 경건한 자로 살고 있을 뿐입니다.

> 이 젊은 영혼들은 이미 모두 늙어버렸고, ─ 결코 늙은 것이 아니다! 단지 지치고, 평범해지고, 게을러졌을 뿐:─ 그들은 이것을 "이제 우리는 다시 경건해졌다"라고 말한다.
> [······]
> 그들도 한때 빛과 자유 주변을 모기나 젊은 시인들처럼 날아다녔다. 조금 나이 들고, 조금 차가워졌다: 이제 그들은 어두운 자, 수군거리는 자, 난롯가에 쪼그리고 있는 자이다.

난롯가에 앉아 수군거리는 자들은 차라투스트라가 왜소한 인간들을 묘사하는 이미지입니다. 이와 똑같은 이미지가, 같은 3권의 12장 「낡은 서판과 새로운 서판에 대하여」에도 등장합니다.

> "만물은 근본적으로 정지해 있다", 이것이 올바른 겨울의 가르침이고, 불모의 계절에 적당한 말이며, 겨울잠을 자는 이들과 난롯가에 쪼그리고 있는 이들에게 좋은 위안이다.

왜소한 인간들에게 이 세계는 불모의 계절인 겨울입니다. 그 겨울을 나기 위해서 그들은 불가에 모여 수군거립니다. 큰 소리로 당당히 말하지 않고 자신들만이 들을 수 있는 목소리로, 차라투스트라에 대한 소문을 수군거리며 기도합니다. 그들은 믿음에 관해서도 음험하고 음침합니다. 그러나 차라투스트라는 그들을 비난하지 않습니다. 그들은 그렇게 행동할 수밖에 없는 자들이기 때문입니다. 차라투스트라는 이 어둡고 음험한 자들을 위한 심판의 자리를 따로 마련하지 않습니다. 어둡고 음험한 자들의 형벌은 그들의 어둠과 음험함 자체이기 때문입니다.

그들이 다르게 **할 수** 있었다면, 그들은 다른 것을 **원했을** 것이다. 이 반-반인 자들이 전체 모두를 망친다. 나뭇잎은 시들기 마련이다,—불평할 것이 무엇인가!

나뭇잎이 시들어 떨어지도록 하라, 오 차라투스트라여, 그리고 불평하지 마라! 차라리 바스락거리는 바람이 나무 아래로 불도록 하라,—

— 이 나뭇잎 아래로 불어라, 오 차라투스트라여: **시든** 모든 것이 너에게서 더 빨리 사라지도록!

위에서 반-반인 자들이란 이도저도 아닌 자들을 말합니다. 3권의 4장 「해뜨기 전에」에서 차라투스트라는 이들에 대해 이미 말한 바 있습니다. "우리는 이러한 중간에 있는 자들(Mittlern)과 섞여 있는 자들(Mischern)에게 분노한다, 이 떠다니는 구름들, 축복하는 것을 배우지도, 철저히 저주하지도 않는 이 반-반인 자들."

차라투스트라는 도덕적 판단을 내리지 않습니다. 그의 판단은 선악을 넘어 존재합니다. "다르게 할 수 있었다면, 다른 것을 원했을 것이다"라는 말은 뭘 의미합니까. 주체의 의지가 행위를 앞서는 것이 아닙니다. 행위와 의지는 하나의 사태에 대한 다른 이름일 뿐입니다. 힘이 곧 의지요, 의지가 곧 힘이기 때문입니다. 다르게 할 수 있었는데도 그렇게 하지 않았던 게 아닙니다. 그들은 단지 그것을 의욕할 수 있을 뿐이었고, 다만 그것을 할 수 있을 뿐입니다. 그러므로 차라투스트라는 단지 그들이 사라지기를 원합니다. 차라투스트라에게는 분노와 비탄 대신 웃음이 있습니다. 그는 지난밤 들은, 신에 관한 야경꾼들의 대화를 다음과 같이 전합니다.

"아버지로서 그는 자식을 제대로 돌보지 않아: 인간의 아버지도 그보다는 잘해!"

"그는 너무 늙었어! 그는 더 이상 자식을 돌볼 수 없어."

"도대체 그에게 아이가 **있나**? 그 스스로 증명하지 않으면 아무도 그것을 증명하지 못해! 나는 그가 언젠가 이것을 확실히 증명하기를, 오랫동안 바라왔어."

"증명한다고? 그자가 무엇인가를 증명이라도 한 것 같군! 증명이란 그에게는 무리야; 사람들이 그를 믿는 것만 소중하게 여기지"

"그래! 그래! 믿음이 그를 행복하게 하지, 그에 대한 믿음이. 그건 나이든 사람들의 방식이지! 우리도 마찬가지지!"

이들의 화제는 신이지만 여기서는 일말의 진지함이나 신성함, 경건함도 찾아보기 힘듭니다. 야경꾼의 말을 전하는 차라투스트라 역시 진지함이 결핍되어 있는 듯 보입니다. 그러나 차라투스트라의 진지함은 오히려 역설적으로 드러납니다. 그가 야경꾼들의 이야기를 농담처럼 가볍게 다루는 건 그게 신에 대한 믿음에 주어져야 할 가장 적합한 반응이기 때문입니다. 야경꾼의 말을 듣고 차라투스트라는 질식할 정도로 웃습니다. 신의 존재, 그것은 차라투스트라에게는 그런 농담, 우스꽝스러운 이야기에 불과하기 때문입니다. 그리고 웃음이야말로 그러한 농담에 대한 가장 진지한 반응이기 때문입니다.

오래된 신들은 이미 오래 전에 사라졌다: ─정말이지, 그들은 훌륭하고 즐거운 신들의 종말을 맞았구나.

그들은 죽음을 향해 "황혼을 맞은 것"이 아니었다, ─그것은 거짓말이다! 오히려: 그들은 딱 한 번 스스로 죽음을 향했던 적이 있다 ─**웃다가**!

신을 가장 부정하는 말이 신의 입에서 직접 나왔을 때 그 일은 일어났다, ─그 말이란: "신은 유일하다. 나 이외의 다른 신을 섬기지 마라."

─ 분노의 수염을 단 신, 질투하는 신은 이것을 잊었다:

그때 모든 신들은 웃었고 자신의 의자에서 흔들거리며 소리쳤다: "하나의 신이 아니라, 신들이 존재한다는 것이 신성한 것 아닌가?"

귀 있는 자, 들으라. —

귀향

오, 고독이여! 너 나의 **고향** 고독이여! 눈물 없이는 너에게 올 수 없을 만큼 너무 오랫동안 나는 거친 타향에서 살았다.

자신의 동굴로 돌아온 차라투스트라는 기쁨을 감추지 못합니다. 차라투스트라는 자신을 기다리던 고독에게 귀향을 알립니다. 이 장은 차라투스트라와 고독의 대화이기도 합니다. 니체는 『이 사람을 보라』에서 『차라투스트라』가 고독에 대한 송가라고 말했습니다. 또한 이렇게도 말합니다. "빛 속에 있는 태양의 고독에 대한 송가"라고.[14] 차라투스트라에게 고독은 인간들, 구역질 나는 인간들로부터의 구원입니다. 고독 속에서 차라투스트라는 비로소 맑은 공기를 마실 수 있기 때문입니다. 사람들 사이에서 그는 악취로 인해 제대로 숨쉴 수조차 없었습니다. 인간들에게 거리를 두면 둘수록, 차라투스트라는 인간에 대한 혐오에서 자유로워집니다.

어쩔 수 없을 때에는 고독이 필요한 것이다! [……] 나의 친구들이여, 이 것은 우리가 바로 우리 자신을 위해 간직해두었을 수도 있는 두 가지 가장 악질적인 전염병에 대해서 적어도 잠시라도 우리 자신을 지키기 위한 것 이다. 즉 **인간에 대한 커다란 혐오**에 대해서! **인간에 대한 커다란 동정**에 대해서![15]

반가움에 환호하는 차라투스트라에게 고독은 응답합니다. 여기서 화

자는 차라투스트라에서 고독으로 바뀝니다. 이러한 화자의 전환은 별다른 장치 없이 이루어집니다. 이것이 가능한 것은 차라투스트라에게 말을 걸거나 그에게 응답하는 목소리가 차라투스트라의 타자이면서 차라투스트라 자신이기도 하기 때문입니다. 차라투스트라는 자기 안에서 타자의 목소리를 듣습니다. 차라투스트라는 타자의 목소리에 때로는 놀라고, 때로는 반가워합니다. 중력의 악령, 가장 고요한 시간, 그리고 이 장에 나타나는 고독. 그것들은 차라투스트라 안의 수많은 목소리이기도 합니다. 천 개의 길은 천 개의 목소리로 차라투스트라의 내면에서 울립니다. 영원회귀의 세계 속에서 차라투스트라는 그 모든 목소리를 횡단합니다.

— [너는] 떠나면서 외쳤다: 너무 오랫동안 고독과 함께 있으니, 나는 침묵하는 것도 잊었다고! **그것을** 이제는 잘 배웠는가?"

오 차라투스트라여, 나는 모든 것을 알고 있다: 너 홀로인 자여, 나와 같이 있던 전보다, 더 많은 사람들 사이에서 너는 더욱 **고립되었으니.**

고립(Verlassenheit)과 고독(Einsamkeit)은 다른 것이다: **그것을** 이제 너는 배웠을 것이다! 사람들 사이에서 너는 언제나 거칠고 낯설게 되리라는 것을.

— 거칠고 낯설다, 그들이 너를 사랑할 때조차: 왜냐하면 그 무엇보다, 그들은 **보살핌받길** 바라기 때문이다!

차라투스트라에게 응답하며 고독은 고립과 고독의 차이에 대해 말합니다. 혼자 있는 자는 고립되지 않습니다. 고립은 언제나 사람들 사이에서 일어납니다. 10년간 고독 속에 은둔해 살던 차라투스트라는 인간들에게 덕을 베풀기 위해 하산했지만 인간들 속에서 고립되었습니다, 버림받았다고 해도 좋겠지요. 인간들은 타인들에게 신경 쓰지 않습니다. 그들은 자기애로 가득 차 있고, 머릿속에는 온통 자신이 아낌받는 데 대한 생각뿐이기 때문입니다. 그들은 차라투스트라에 대해서 끊임없이 말하면서도 차라투스트라를 생각하지 않는 자들입니다. 인간들에게 덕을 베풀고자 했던 차라투스트라는 인간들에게 한층 더 큰 혐오와 경멸을 느끼며 다시금 고독이라는 고향으로 돌아온 것입니다. 이제 차라투스트라가 고독에게 다시 말을 겁니다.

오 고독이여! 너 나의 고향 고독이여! 너의 목소리는 얼마나 행복하고 부드럽게 나에게 말하고 있는지!

우리는 서로에게 묻지 않는다, 서로에게 불평하지 않는다, 우리는 열린 문을 통해 함께 드나든다.

왜냐하면 너의 곁이 열려 있고, 환하기 때문이다; 그리고 시간도 여기에서는 더 가벼운 발로 달린다. 말하자면 빛 속에서보다 어둠 속에서 인간은 시간을 더욱 무겁게 지니게 된다.

여기서는 모든 존재의 말과, 말의 관櫃(Wort-Schreine)이 나에게 튀어온다: 모든 존재가 여기서는 말이 되고자 하며, 모든 생성(Werden)이 여기서 나한테 말하는 법을 배우고자 한다. 그러나 저기 아래에서는―모든 말이 헛되다! 거기서는 잊는 것과 지나치는 것이 최고의 지혜이다: 그것을 이제 나는 배웠다!

관에서 튀어나온 말은 죽음에서 부활한 말일 겁니다. 말의 죽음과 부활, 존재가 말이 되고 모든 생성이 말하는 법을 배우는 것. 이것은 생성이 그 어둠에서, 무덤에서 벗어나 생명력을 얻는다는 걸 의미합니다.

축복받은 코로 나는 다시 산의 자유를 숨쉰다! 마침내 나의 코는 모든 인간적인 것의 악취로부터 구원받았다!

거품 나는 와인처럼, 날카로운 공기에 간지럼을 당해, 내 영혼이 **재채기를 한다**―재채기를 하고 환호한다: 건강 조심하길!

세 가지 악에 대하여

『차라투스트라』에는 종종 차라투스트라가 꾼 꿈 이야기가 등장합니다. 그것은 하나의 계시와도 같습니다. 꿈은 우리의 의지도, 이성도 반영하지 않죠. 그건 자동 기술되는 이미지와 같습니다. 거기서는 어떤 논리적 인과 관계도 무시되지요. 우리는 꿈속에서 하늘을 날기도 하고, 바닷속 깊은 어둠 안으로 들어가기도 하며, 나무가 되었다가 고양이가 되기도 합니다. 그 어떤 것도 아니면서 그 모든 것이 될 수도 있습니다.

그런데 여기서 이런 질문을 제기해볼 수 있을 겁니다. 꿈속에서 우리는 사유를 하는가라고요. 만약 사유를 이성적 추론의 문제로 국한한다면 부정적인 대답이 나올 것입니다. 꿈에는 어떤 '논리'가 없기 때문입니다. 이때의 논리란 철저히 현실성으로 수렴됩니다. 이 논리는 사자는 독수리가 될 수 없고 우리는 하늘을 날 수 없다는 현상 세계의 인과율에 따라 구성되죠. 하지만 니체는 과학적 인과율이 진리의 문제가 아니라 현상적 차원의 관습일 뿐이라고 봅니다. 이러한 니체의 관점은 흄의 관점과 유사합니다. 흄 역시 인과율이란 다만 우리의 착각일 뿐이라고 말합니다. 다시 말해 원인과 결과란 시간적 선후 관계에 따라 일어나는 현상들에 불과합니다. 이러한 두 현상에 대한 반복된 경험이 우리로 하여금 마치 그 현상들 사이에 필연적이고 절대적인 인과 관계가 있다고 착각하게 하는 것입니다.

여기서 우리는 꿈과 사유의 관계에 대해 다시 물어야 합니다. 꿈이란 내가 꾸는 것이긴 하지만, 나의 의식적 의지를 반영하지 않습니다. 이 점에서는 사유, 생각도 꿈과 같습니다. 나의 생각 역시 언제나 나의 의지와 무관하게 스스로를 자동적으로 펼쳐나갑니다. 우리는 어떤 생각을 하고자 의지할 수 없으니까요. 그러므로 그것은 내 것이면서, 동시에 내 것이 아니기도 합니다. 이처럼 나의 사유는 나의 의식과 의지를 넘어선 곳에 존재합니다. 그러므로 나에게 타자적인 것이기도 합니다. 따라서 차라투스트라는 여기서 자기의 것이면서, 자기의 것이 아닌 꿈을 해석하는 자가 됩니다.

이 장의 맨 처음에 차라투스트라는 자신이 "세계의 무게"를 재는 꿈을 꾸었다고 말합니다. 세계의 무게를 재려는 자는 세계의 내부에 있어서는 안 됩니다. 그는 세계를 벗어나 세계 밖에 있어야 합니다. 즉 세계를 초월해서 존재해야만 하지요. 하지만 이것은 차라투스트라가 내내 조롱해왔던 생각이기도 합니다. 그런데 어떻게 차라투스트라는 세계의 무게를 재고 있는 걸까요. 이 꿈에서 그는 세계의 외부와 내부에 동시에 존재합니다. 그는 "어떤 곳에 서 있는" 자이면서, "세계 저편에서 저울을 들고 세계의 무게를 재는" 자이기도 합니다. 이건 일종의 분열이라고 할 수 있습니다. 마치 힘을 재는 일이 수라는 "여주인"을 필요로 하듯이, 자아를 사고하기 위해서는 자아를 사고하는 자아, 즉 반성적 자아를 설정할 수밖에 없듯이 말이죠.

이러한 사고가 분열적인 까닭은 그가 수를 '세계에 대한 왜곡'이라고 생각했기 때문입니다. 하지만 단지 왜곡이라고 말하는 것만으로는 충분하지 못합니다. 왜곡이기 때문에 우리는 수를 포기하고 버려야 할까요. 만약 진리를 욕망하는 자라면 이렇게 말할 수도 있겠지요. 하지만 니체에게 중요한 건 진리의 문제가 아닙니다. 자기를 극복하려는 자에게 진리의 문제는 결코 중요하지 않습니다. 오히려 인간이 자신을 극복할 수 있도록 하는 것은 언제나 이러한 왜곡이자, 오해입니다. 니체는 나라는 주체가 실은 존재하지 않는 허상과도 같다고 생각했습니다. 존재하는 것은 행위일 뿐, 주체가 아니기 때문이지요. 니체는 우리가 '나'라는 주체를 상정하는 것은 언어적 오류일 뿐이라고 생각했습니다. 그러나 언어가 어떤 진리의 사유를 왜곡한다고 본다면 다시 한 번 어떤 오류에 빠지는 일일 뿐입니다. 그건 왜곡되지 않는 진리를 다시 설정하는 데 불과하기 때문입니다. 언어를 통해 표현되지 않는 사유는 없습니다. 그러므로 모든 사유는 언어라는 외형을 가집니다. 이 언어는 그러므로 오류이면서, 우리가 도저히 피할 수 없는 오류이기도 합니다. 니체의 언어가 비유로 가득차 있으면서 정신분열적인 것은 바로 이 때문이기도 합니다. 결국 왜곡과 오해가 없는 곳에서는 사유나 행위도 중지됩니다.

우리가 꿈을 꾸다가 깨고 싶어 하지 않는다면 그것이 더없이 달콤한 꿈이기 때문이지요. 하지만 고통스런 꿈이라면 우리는 꿈에서 깨려고 할 겁니다. 종교와 형이상학은 이 삶을 바로 그러한 꿈으로 여겼습니다. 깨어나야 할 고통스런 꿈으로 말이죠. 종교와 형이상학을 부정하는 이들은 반대로 꿈에서 오직 달콤함만을 취하고자 했습니다. 오류를 넘어 진리를 추구하는 것, 아니면 진리를 포기하는 것. 길은 이 두 가지인 것처럼 보입니다. 자본주의의 삶을 그대로 받아들이고 오직 달콤함만을 취하거나, 이를 모두 부정하는 어떤 유토피아를 그려내거나 말이죠. 그렇다면 니체는? 그는 이 꿈 안에서 살아가야 함을 말했던 사람입니다. 물론 이것이 세계에 대한 단순한 긍정이 아님은 아실 것입니다. 우리는 이 세계가 오류로 가득 차 있음을 알고 있습니다. 진리가 사라졌기 때문이 아닙니다. 다만 모든 것이 오류이기 때문입니다. 그러나 우리는 그 오류를 살아야 합니다. 더 많은 오류를 범해야 합니다. 마치 우리가 영원히 꿈속에서 살아야 하듯이 말이죠. 그것이 설령 가장 고통스런 꿈이라고 할지라도요.

이 장에서 언급된 사과, 나무, 상자는 각각 관능적 쾌락(Wollust), 지배욕(Herrschsucht), 이기심(Selbstsucht)이라는 세 가지 욕망의 상징물입니다. 이 세 가지는 이제까지 악으로 여겨졌지요. 하지만 차라투스트라는 그것들의 무게를 다시 잽니다. 악의 무게를 재는 것, 그건 차라투스트라에게 세계의 무게를 재는 것이기도 합니다. 우리에게 세계란 곧 가치들이기 때문입니다.

관능적 쾌락은 감각적인 즐거움을 말합니다. 이것을 단순히 성적인 것으로만 국한할 수는 없습니다. 관능이란 오감이 세계를 마주해 취하는 즐거움을 통틀어 말하기 때문이죠. 다만 니체가 관능적 쾌락을 말할 때, 그 중심에 성적인 쾌락을 두고 있기는 합니다. 그런데 관능적 쾌락은 왜 악으로 치부될까요. 니체는 선악의 문제가 취향의 문제, 즉 결국은 신체의 문제라고 말합니다. 다시 말해 나에게 좋은 것과 좋지 않은 것의 문제일 뿐이라는 겁니다. 절대적인 선과 절대적인 악이란 개념적 허위일 뿐입니다. 그러므로 어떤 것을 악이라고 칭하는 자는 자신의 신체가 그걸 거부함을 뜻할 따름이지요. 이런 관점에서 관능적 쾌락을 악이라고 말하는게 어떤 의미를 갖는지가 드러납니다. 그것은 위험합니다. 바로 허약한 신체, 병든 신체, 추악한 신체에게 말이죠. 저편의 세계를 믿는 자들이 관능적 쾌락을 거부하는 이유는 바로 여기에 있습니다. 그들은 관능적 쾌락을 누릴 건강한 신체를 가지지 못한 병자들이기 때문입니다.

지배욕이란 언제나 니체를 둘러싸고 논란이 되었던 주제이기도 합니다. 흔히 나치즘, 파시즘과 연결되어 니체를 공격하는 도구로 사용되곤 했지요. 그러나 니체에게서 지배욕이란 자신의 힘을 사용하여 타인을 굴복시키는 권력을 말하지 않습니다. 자신의 의지를 타인에게 확장하고 타인을 자신의 신체로, 즉 수단으로 사용하는 것이 권력이라고 한다면 니체에게서 이러한 권력은 철저히 부정되는 것일 뿐입니다. 여기서 지배욕, 권력은 결국 베푸는 덕, 자신의 위대함을 고독 속에 내버려두지 않는 것을 말할 뿐입니다. 만약 이것을 지배욕이라고 한다면 우리는 타인에 대해 영원한 거리를 유지한 채 고독 속에 살아갈 수밖에 없을 겁니다. 지배욕(Herrschsucht)에서 지배한다(herrschen)는 것은 주인이 되고자 하는 것입니다. 그것은 니체에게서 덕의 이름이지, 악의 이름이 아닙니다.

지배욕. 그렇지만 고귀한 것이 권력을 탐해 아래로 내려오려고 갈망한다면, 누가 이를 **병적 욕망**이라고 하겠는가? 참으로 그러한 갈망과 내려감에는 병적인 것도 병적인 욕망도 없다!

고독함을 느끼는 높은 것이 영원히 고독을 맛보며 자족하지 않고, 산은 골짜기로 내려오고, 높은 곳의 바람은 낮은 곳으로 내려오려고 한다.

오, 그러한 그리움에 대한 올바른 세례명과 덕의 이름을 누가 발견하겠는가! '베푸는 덕' ─ 일찍이 차라투스트라는 이름 붙이기 어려운 것을 그렇게 불렀다.

이러한 지배욕은 자연스럽게 이기심과 연결됩니다. 이 이기심은 명예로운 이기심입니다. 위대한 자가 자신의 위대함을 베풀고자 하는 것이 주인이 되고자 하는 욕구라면, 이기심은 바로 위대한 자가 되고자 하는 욕구이기 때문입니다. 여기서 중요한 것은 이기심이 나쁜 것이 아니다라고 말하는 일이 아닙니다. 우리에게 상식적으로 통용되는 이기심이란 니체에게서도 당연히 부정됩니다. 하지만 단지 그뿐이라면 문제는 간단할 테죠. 우리가 이타심이라고 이야기하는 것조차 실은 노예의 속성이며, 주인의 속성, 즉 위대한 인간이 되고자 하는 지향과 별개의 것이라는 점을 여기서 놓치지 말아야 합니다.

중력의 영靈에 대하여

때 묻지 않은 것들을 먹고 갑자기, 서슴없이 또 조급하게 나는 것, 날아가버리는 것—그것이 바로 나의 방식이다: 어떻게 여기에 새의 방식과 같은 것이 없겠는가!

그리고 무엇보다도, 내가 중력의 영과 적이라는 것, 그것이 새의 방식이다: 그리고 정말이지, 불구대천의 원수이고, 숙적이며, 최대의 적이다. 오, 나의 적대감이 날아가지 않은, 날아 헤매지 않은 곳이 어디 있겠는가!

두 계열의 이미지/개념이 있습니다. 하나의 계열에는 무거움, 낙타, 타조, 강제, 규정, 독일적인 것, 군인들의 행진, 명령과 복종, 필요와 결과, 선과 악, 목적과 의지, 중력의 영이 자리합니다. 그리고 이와 반대되는, 이에 저항하는 이미지/개념의 계열이 있습니다. 가벼움, 어린아이, 창조, 선악의 저편, 상승, 수직적인 몸, 높이, 긍정, 춤이 이어지는 계열입니다. 『차라투스트라』 전체는 '중력의 영'에 대한 '춤추는 신'의 저항이자 극복이기도 합니다. 중력의 영은 이미 1권에서 등장합니다. 1권의 「읽기와 쓰기에 대하여」에서 차라투스트라는 중력의 영에 대해 다음과 같이 말했습니다.

나는 춤출 줄 아는 신만을 믿을 것이다.
그리고 내가 나의 악마를 보던 그때, 나는 그가 진지하고, 철저하며, 깊고, 엄숙하다고 생각했다: 그것은 중력의 영이었다, ─그를 통해 만물은 떨어진다.

그리고 2권의 「춤의 노래」에서 차라투스트라는 다시 한 번 그를 언급합니다.

눈물 젖은 눈으로 그가 너희에게 춤을 청한다면; 나 자신이 그 춤을 위해 노래 한 곡 부를 것이다.
"세계의 주인"이라고 불리는, 나의 최고의 강력한 악마인 중력의 영을 위한 춤의 노래와 조롱의 노래를.

3권의 「환영과 수수께끼에 대하여」에서 중력의 영은 반은 두더지, 반은 난쟁이인 자신의 모습을 드러냅니다. 중력의 영이란 말 그대로 무거움의 정신이며, 끊임없이 상승하고자 하는 차라투스트라의 힘에의 의지에 작용하는 반작용의 힘입니다. 중력을 벗어나는 비상의 움직임, 춤은 그러한 움직임이자 운동이요, 힘입니다. 춤을 통해 중력을 벗어난다는 건 가벼움, 상승, 생성의 힘이 고통이나 인내가 아닌 즐거움에 있음을 의미하는 것이기도 합니다. 그것은 어린아이가 보여주는 "거룩한 긍정"이자, "최초의 운동"입니다. 무거운 짐을 지는 낙타의 반대편에 중력을 거부하며 춤추는 아이이자 신이 있습니다. 바디우는 니체의 사유에 대한 글인 「사유의 은유로서의 춤」에서 이렇게 말합니다.

춤은 천진난만이며, 이는 춤이 몸 이전의 몸인 까닭이다. 춤은 망각이며, 이는 춤이 자신의 부자유를, 스스로의 무게를 잊은 몸이기 때문이다. 춤은 새로운 시작이며, 이는 춤 동작이 언제나 스스로의 시작을 만들어내는 것 같아야 하기 때문이다. 춤은 물론 놀이이기도 하며, 이는 춤이 사회적 모방으로부터, 진지함으로부터, 예의로부터 몸을 완전히 해방시키기 때문이다. 스스로의 힘에 의해 돌아가는 바퀴, 이것은 춤에 대한 매우 아름다운 정의일 수 있다. 사실 춤은 공간 속의 원 같은 것이지만, 그 원은 자신이 스스로의 원리인 원, 밖에서 그려지지 않은 원, 스스로를 그리는 원이다. 춤이 최초의 운동인 것은, 춤의 각각의 궤적, 매 동작은 다른 것의 결과가 아니라 운동성의 원천 자체인 것처럼 나타나야 하기 때문이다. 춤이 거룩한 긍정인 까닭은, 춤 속에서 부정적인 몸, 부끄러운 몸은 찬란하게 사라져버리기 때문이다.

[……]

춤은 대지 자체를 "공기 같다"고 부를 수 있게 해주는 것이다. 춤 속에서 대지는 지속적인 공기의 흐름을 내포하는 것으로 생각되고, 춤은 대지의 숨결, 대지의 호흡을 가정한다. 이는 춤의 중심적인 문제가 수직성과 인력 사이의 관계, 춤추는 몸 안을 통제하고, 춤추는 몸으로 하여금 대지와 대기가 서로 자리를 바꾸고 하나가 다른 것 안을 통과하는, 그러한 역설적인 가능성을 드러낼 수 있게 하는 수직성과 인력 사이의 관계이기 때문이다. 이런 모든 이유 때문에 사유는 춤 속에서 자신의 은유를 발견하고, 춤은 새, 샘, 어린아이, 만질 수 없는 공기라는 일련[의 은유들]을 요약하는 것이다.[16]

이렇게 보면 차라투스트라가 말하는 '높이', '상승'이 어떤 지위나 자격의 획득으로 이해될 수는 없겠지요. 그가 말하는 춤이란 운동 그 자체이며, 상승의 순간 자체입니다. 지위나 자격은 우리를 상승하게 하는 것이 아니라, 오히려 더 아래로 짓누릅니다. 그러한 지위나 자격은 기존의 세계에 복종함으로써 얻어진 것들이기 때문입니다. 중력의 영은 오직 가벼운 자들, 춤추는 자들, 상승하는 자들, 날아오르는 자들에게만 적이 됩니다. 대다수의 사람들에게 중력의 영이란 결코 적이 아닙니다. 오히려 그들은 그 중력/무거움 속에서 편안합니다. 그들에게는 차라투스트라의 말이 들리지 않습니다. 차라투스트라의 말을 들을 수 있는 자들은 "자기 자신을 알아낸 자들"이고, 이는 "자신의 선과 악"을 찾아낸 사람들을 의미합니다. 자신의 선과 악을 찾는 것은 진리의 문제가 아니라 취미(Geschmack)의 문제입니다. 여기서 차라투스트라는 비도덕주의자로서, 도덕의 문제를 취미, 미적 가치의 문제로 전환합니다. 선과 악이란 곧 자신의 취미를 의미하는 것이 됩니다. 차라투스트라는 가리지 않고 모든 걸 씹고 소화하는 것을 "돼지"의 속성이라고 말하며 조롱합니다. "존재와 세계는 오직 미적 현상으로서만 정당화된다"는 『비극의 탄생』의 저 유명한 명제가 여기서 다시 한 번 상기됩니다.

> 수많은 길과 방법으로 나는 나의 진리에 이르렀다; 나의 눈이 먼 곳을 헤매는 그런 높이에, 하나의 사다리로만 오른 것이 아니다.
> 그리고 늘 마지못해 길에 대해 물었을 뿐이다, ─언제나 그것은 나의 취미에 맞지 않는다! 오히려 나는 길을 물어보고 내 스스로 길을 시도했다.
> [……]
> "이것이 나의 길이다, 너의 길은 어디 있는가?" "길에 대해" 묻는 이들에게 나는 이렇게 대답한다. 결국 그런 길은 존재하지 않는다.

낡은 서판과 새로운 서판에 대하여

마침내 동굴로 되돌아온 차라투스트라 주위에는 낡고 부서진 서판들이 있습니다. 여기에 적힌 것은 낡은 도덕과 명령, 오래된 가치들입니다. 이제껏 선이라고 여겨졌던 가치들입니다. 모세가 시나이 산에서 서판에 새겨온 신의 명령은 오래도록 사람들을 지배했습니다. 남의 것을 빼앗지 말라, 이웃을 사랑하라, 살인을 범하지 말라. 하지만 이러한 가치들은 아무것도 창조할 수 없습니다. 이 가치 아래서는 모두 불임이 됩니다. 차라투스트라는 말합니다. "선한 자들 —그들은 언제나 종말의 시작이었다." 그리고 또 말합니다. **"부수어라, 선하고 의로운 자들을 부수어라!"** 여기서 선한 자들이란 자신의 덕을 만들어내지 못하고, 기존의 윤리에 복종하는 자들입니다. 이들은 다만 창조에 무능한 데 그치지 않습니다. 그들은 세계에 해를 끼치는 자들입니다. 예상치 못하게, 차라투스트라는 여기서 예수가 선한 자들의 본질을 꿰뚫어보았다고 말합니다. 그들은 그 자신의 덕을 만들어내는 자를 십자가에 못 박고 말았습니다.

> 오, 나의 형제들이여, 일찍이 어떤 이가 있어 선하고 정의로운 자들의 마음을 꿰뚫어보고, 이렇게 말했다: "이들은 바리새인들이다." 그러나 사람들은 그를 이해하지 못했다.
> [……]
> 선한 이들은 자신의 덕을 발견한 사람을 십자가에 **못 박을 수밖에 없다.** 그것이 진리이다!

차라투스트라는 말합니다. "이웃을 사랑하지 말고, 이웃 안에서 그대 자신을 극복하라". 창조란, 새로운 가치를 서판에 새겨넣는 일입니다. 이러한 창조는 사물들과 행위들을 직접 창조하는 것과는 다릅니다. 차라투스트라가 창조하고자 하는 것은 기존의 사물들과 행위들에 새로운 질서와 의미를 부여할 가치, 그러한 가치들의 목록이기 때문입니다. 이 새로운 가치들은 기존의 존재를 새로운 방식으로 긍정합니다. 그리고 세계는 다른 방식으로 해석되고, 긍정됩니다. 그러기 위해서, 이제 낡은 서판을 부수어버릴 시간이 온 것입니다. 이 장의 7절에서 차라투스트라는 이렇게 말합니다.

하나의 진리가 태어나기 위해서는, 선한 자들이 악이라고 부르는 모든 것이 모여야만 한다: 오 나의 형제여, 너희는 **이러한** 진리에 걸맞게 충분히 악한가?

무모한 감행, 오랜 불신, 탐욕스런 부정, 싫증, 살아 있는 것을 베기—이것이 함께 모이는 것은 얼마나 드문 일인가! 그러나 그런 씨앗으로부터 진리가 탄생한다!

양심의 가책과 **더불어**, 이제껏 모든 **지식은** 자라났다! 부숴라, 부숴라, 너희 인식하는 자들이여, 낡은 서판들을!

이 장은 『차라투스트라는 이렇게 말했다』에서 가장 긴 장이며, 30개의 절로 이루어져 있습니다. 그러나 이 장에서 차라투스트라가 하는 이야기들은 새로운 것이 아닙니다. 원래 니체는 『차라투스트라는 이렇게 말했다』를 3권까지 쓰고자 했습니다. 이 애초의 기획에 따르면 이 장은 최초의 하산에서의 귀향, 또 다른 하산과 귀향이라는 차라투스트라의 긴 여정을 최종적으로 정리하는 장입니다. 그러므로 차라투스트라는 자신의 가르침을 되풀이합니다. 이 되풀이 속에서 차라투스트라는 아직도 그러한 가르침을 반복해야 함을 한탄합니다. "나는 내가 아직도 시인이어야 한다는 사실이 부끄럽다!" 세계가 아직도 시인을 필요로 한다는 사실은 새로운 언어가 아직 만들어지지 않았음을 뜻합니다. 그가 4권의 「정오」장에서 말하듯이, 정오의 시간이 되면 시는 필요 없기 때문입니다.

낡은 서판은 부수어졌고, 새로운 서판은 반쯤 씌었다는 차라투스트라의 말은 니체가 자신의 작업에 대해 내리는 평가이기도 합니다. 낡고 오래된 가치를 대체할 새로운 가치는 아직 완전히 만들어지지 않았습니다. 그렇다면 이 새로운 가치를 찾는 일, 서판에 새로운 언어를 새기는 일은 언제 끝날 것인가. 그건 영원히 끝나지 않을 것입니다. 반쯤 씌었다는 표현은 그것이 영원히 완결되지 않을 것임을 암시합니다. 또 차라투스트라에 의해 완성된 서판은 다시금 부서질 겁니다. 그리고 반드시 부서져야 합니다. 새로운 서판에 쓰이는 가치는 결코 고정된 것이 아니기 때문입니다. 새로운 서판은 언제나 다시 씌어야 합니다. 끊임없이 몰락과 생성을 반복하는 세계 속에서 어떤 가치도 영원히 위대한 가치일 수 없습니다. 영원회귀를 통해 돌아오는 것은 지금, 현재만이 아닙니다. 모든 존재와 모든 가치가 끊임없이 새로운 인간의 새로운 말로, 영원히 다시 돌아옵니다.

> 차라투스트라는 자신을 그들을 위한 하나의 본보기로 삼는다. "나는 더 나은 배우를 위한 하나의 서막이다, 오, 나의 형제여! 하나의 본보기! 나의 본보기를 따라 행하라!"

차라투스트라의 가르침은 윤리적 규범이 아니라 그러한 윤리적 규범을 가능케 하는 근거에 대한 반성이라는 점을 상기할 필요가 있습니다. 차라투스트라의 윤리학은 규범 윤리학이 아닌 메타 윤리학(meta-ethics)입니다. 그런 점에서 니체를 규정하는 반도덕주의의 의미에 대해서는 좀 더 신중해야 합니다. 그는 도덕에 대한 반성을 통해 도덕의 가치, 가치의 가치를 묻고, 도덕의 보편성과 절대성에 대해 부정할 수 없는 이의를 제기합니다. 그러나 도덕이 한 사회의 공유된 가치이자 규범이어야 한다는 전제를 부정함으로써 마치 도덕 자체가 사라진 듯 보일 뿐입니다. 낡은 서판을 부순 뒤에는 새로운 서판에 새로운 가치의 목록을 새겨야 합니다. 여기서 니체는 새로운 진리를 위한 새로운 귀족을 요구합니다.

> 그러므로, 오, 나의 형제들이여, **새로운 귀족**이 필요하다, 모든 천민과 폭군들의 반대자가 되어, 새로운 서판에 "고귀하다"라는 단어를 써넣을 자가.
> 말하자면 많은 귀족들이, 여러 유형의 귀족들이 필요하다, **귀족이 존재하려면**! 혹은, 내가 언젠가 비유로써 말했듯이: "하나의 신이 아니라, 신들이 존재한다는 것, 그것이 바로 고귀함이다."

이 새로운 귀족은 차라투스트라가 계속해서 찾아 헤매는 친구입니다.

신은 홀로 존재하지 않습니다. 여러 신이 존재하는 것, 거기에 고귀한 것, 귀족적인 것이 있습니다. 차라투스트라가 하산과 은둔을 반복한 이유가 바로 여기에 있습니다. 친구로서 자신들의 가치를 새로운 서판에 새기는 이들, 또 적으로서 그러한 가치를 통해 대결하는 이들을 찾고자 하는 것. 이를 통해 새로운 가치들의 전쟁을 가능케 하는 것. 어떤 이들은 '귀족'이 필요하다는 표현 등을 근거로 니체의 주장을 엘리트주의인 양 오해합니다. 그러나 니체의 귀족, 주인의 덕은 엘리트주의와 아무런 상관이 없습니다. 엘리트라고 불리는 이른바 사회의 지배 계층은 니체에게는 낙타일 뿐입니다.

게다가 니체의 말을 제대로 이해했다면, 노예가 노예가 되는 데 주인이 꼭 필요하지는 않다는 사실을 알게 될 것입니다. 주인이 노예를 예속시켰기 때문에, 주인의 강제에 대한 귀결로 노예가 존재하는 게 아닙니다. 노예는 주인의 지배 이전에 이미 노예입니다. 그러므로 주인이 사라짐으로써, 주인의 지배가 사라짐으로써 자유를 얻게 되는 노예란 없습니다. 주인이 없는 세계는 노예들만의 세계일 뿐입니다. '귀족'이란 노예와의 상대적 관계 속에서 규정되지 않습니다. 귀족이 고귀한 것은, 그가 미래의 가치를 주도적으로 창조하는 자이기 때문입니다. 『선악의 저편』에서 니체는 "고귀한 영혼은 자신에 대한 경외심을 가지고 있다"고 말합니다.[17] 구할 수도, 찾을 수도 없고 잃어버릴 수도 없는 자기 자신에 대한 근본적인 확신과 믿음. 니체는 그것이 고귀함을 결정한다고 말합니다. 그리고 당대의 예술가들이나 학자들에게서 발견되는 고귀함을 위한 갈망에 이런 고귀한 영혼이 결핍되어 있음을 비판합니다. 차라투스트라는 귀족이란 "미래를 낳는 자, 미래를 가꾸는 자, 미래의 씨를 뿌리는 자"라고 말합니다. 이들을 규정하는 것은 출신이나 과거가 아닙니다. 이러한 언술들에서 엘리트주의를 읽어내기란 불가능하며, 그는 다만 위대한 자, 주인이 어떤 자인지를 말하고 있을 뿐입니다.

건강을 회복하는 자

니체는 종종 철학을 의술에 비유하곤 했습니다. 병든 자와 병든 시대를 치유하는 것은 니체가 스스로에게 부여한 철학적인 소명이기도 합니다. 니체는 유럽의 당대를 '데카당스의 시대'로 규정합니다. 모든 가치들이 인간의 타락과 쇠퇴를 불러오는 시대이자, 그러한 타락에 저항하지 못하는 왜소한 인간들이 넘쳐나는 당대의 유럽 문화에 대한 니체의 진단입니다. 니체는 바로 그런 시대를 극복하는 자이고자 합니다.

예를 들어 오늘날 '객관성', '과학성', '예술을 위한 예술', '의지에서 자유로운 순수 인식'으로 진열장에 전시된 것 가운데 대부분은 단지 성장한 회의나 의지 마비증에 불과하다. 유럽의 병을 이렇게 진단하는 데 대해서는 내가 책임을 질 것이다. 의지의 병은 고르지는 않지만 유럽 전체에 퍼져 있다.[18]

나는 더욱 퍼져나가 철학자들마저 휩쓸어 병들게 하는 동정의 도덕을 섬뜩하게 된 우리 유럽 문화의 가장 무서운 징후로, 새로운 불교와 유럽인의 불교, 허무주의에 이르는 우회로로 파악했다……[19]

니체는 유럽의 병을 진단하고, 이것을 고치는 의사가 되고자 합니다. 그러나 병을 고치는 일은 결코 간단하지 않습니다. 그 자신 이미 유럽 문화의 일부로서 니체 스스로 어떤 퇴락과 죽음으로 향하는 길 위에 서 있는 자이기도 하기 때문입니다. 니체는 "나는 내 아버지로서는 이미 사망했고, 내 어머니로서는 아직도 살아서 늙어가고 있다"[20]고 말합니다. 여기서 어머니란 니체를 기존의 낡은 시대에 붙들어 매는 살아 있는 망령이자 질병의 기호이기도 합니다. 열정으로 고양된 순간에도 니체는 언제나 이것을 차갑게 의식하고 있었습니다. 그 역시 당대 유럽의 한 인간으로서 단순히 그 시대를 벗어날 수 없습니다. 차라투스트라의 광증은 이러한 당대의 병에서 벗어나오기 위한 필연적인 증상, 비껴갈 수 없는 하나의 과정이기도 합니다.

유럽의 당대를 사는 일이 니체에게는 당대 유럽의 허무주의적 가치와 더불어 늙어가는 것, 죽어가는 것, 몰락하는 것을 의미했습니다. 그는 새로운 시대를 시작해야만 했습니다. 그의 철학은 그러므로 새로운 시대를 여는 것, 위대한 인간이 살아갈 새로운 시대를 선언하는 것이기도 했습니다. 바디우는 니체에 대한 짧은 논문에서 이러한 니체의 철학적 행위가 하나의 선언 그 자체라고 말했습니다. 그러므로 우리는 이렇게 말할 수 있습니다. 새로운 시대란 어떻게 열리는가? 하나의 선언으로 인해서.

이 선언의 의미에 주의해주십시오. 어떤 선언 후에 그 선언을 현실화하는 실천을 통해서 새로운 시대가 오는 게 아닙니다. 이 선언 자체가 새로운 시대의 증거입니다. 마찬가지 의미로 예수가 말한 새로운 시대는 언제 오는가 묻는 것은 올바른 질문이 아닙니다. 예수가 새로운 시대를 말하는 그 순간, 이미 새로운 시대는 도래한 겁니다. 다만 아직 사람들이 모르고 있을 뿐이죠. 니체의 말들은 무엇을 가능케 하는가 하고 물어도 마찬가지입니다. 그의 말은 바로 그 말 자체를 가능하게 하는 어떤 사건과도 같은 순간입니다. 선언 이후에 실천이 오는 것이 아닙니다. 철학의 행위란 바로 이 선언 이상도 이하도 아니기 때문입니다. 선언을 통해, 철학은 새로운 세계를 가능케 합니다. 그런데 이 선언이란 말하는 자뿐만 아니라, 듣는 자의 존재를 요구합니다.

동굴 속의 차라투스트라는 갑자기 잠에서 깨어 벌떡 일어납니다. 여기서 왜 차라투스트라는 인간이 아니라 동물들에게 말을 전하는 걸까요. 아마도 아직까지 인간들이 그의 말을 들을 준비가 되지 않았기 때문일 것입니다. 차라투스트라의 말을 들을 수 있는 귀를 인간들은 아직 갖지 못했습니다. 과연 우리는 언제쯤이면 그의 말을 들을 수 있을까요. 간단합니다. 우리가 그의 말을 들었을 때. 그러므로 차라투스트라의 말들은 그저 청중을 기다리는 것이 아니라, 청중을 새롭게 구성하는 말이기도 합니다. 그는 막연히 무엇인가를 기다리며 모여 있는 군중에게 말하는 것이 아닙니다. 예수는 그를 기다리고 있던 군중에게 말하지 않습니다. 예수가 말하는 그 순간, 예수의 말을 듣는 무리들이, 그를 따르는 무리들이 생겨납니다. "귀 있는 자 들으라"는 것은 예수의 말이지요. 『차라투스트라』의 맨 처음에 광장에 모인 무리들에게 자신의 말을 전하는 차라투스트라가 조롱만 받는 것은 그들이 그의 말을 들을 귀를 갖지 않았기 때문입니다. 그러므로 그의 말은 아직 말해지지 않은 것이기도 합니다.

> 나, 차라투스트라, 생의 대변인, 고통의 대변인, 원환圓環의 대변인—너를 소리쳐 부르니, 나의 가장 심연의 사유여!
> 만세! 네가 온다—네 소리가 들린다! 나의 심연이 **말하고**, 나는 나의 마지막 심연을 빛 속에 드러내었다!
> 만세! 이리로! 손을 다오!—아! 놓아라! 아아!—메스껍다, 메스껍다, 메스껍다—오, 제발!

잠에서 깬 차라투스트라는 이렇게 외칩니다. 그것은 말이라기보다는 병자가 발작 속에서 지르는 비명에 가깝습니다. 병에 걸렸다는 건 이미 그의 신체가 병든 신체임을 의미합니다. 이 신체를 치료하는 일은 병든 신체를 건강한 신체로 바꾸어놓는 일입니다. 이 과정은 단순히 특정한 환부의 제거로 끝나지 않으며, 신체 전체의 변화를 동반합니다. 거기에 따르는 것은 고통이고, 참을 수 없는 구역질입니다. 차라투스트라에게도 예외는 없습니다. 차라투스트라는 자신의 가장 깊은 심연을 빛에 드러내면서 동시에 참을 수 없는 구역질을 느낍니다. 이 구역질은 자신의 심연에 대해 스스로 갖는 거부 반응이기도 합니다. 그 심연은 이성을 가진 '자아'(Ich)가 미처 감당하지 못하는 '나'(Selbst)이기도 합니다.

'나'라는 것은 통제되지 않는 욕망이자, 제거되지 않는 어둠입니다. 무의식은 곧 그러한 "거대한 이성(신체)"의 일부이며, 이성보다 훨씬 더 근본적으로 인간 존재를 결정짓는 요인입니다. 무의식은 우리 스스로가 아직 인식하지 못한 정신이며, 그 모습을 온전히 드러내지 않은 정신이 기도 합니다. 그것이 바로 심연일 것입니다. 이것은 우리 자신이면서, 너무나도 낯선 우리 자신이기도 합니다. 욕망이란 단순히 내가 원하는 것을 뜻한다고 생각해서는 곤란합니다. 그렇다면 욕망의 추구란 결국 내가 하고 싶은 대로 하는 것이라는 유치한 발상에 그치고 맙니다. 오히려 욕망은 오히려 내가 가장 거부하고자 하는 어떤 것입니다. 우리의 자아는 이미 이성적 자아이자 사회적 자아로서 그러한 욕망을 거부함으로써 자신의 안정적 토대를 유지합니다. 그러므로 자아는 끊임없이 나 자신을 거부합니다. 이러한 구도에서는 개인의 욕망을 사회가 금지하는 게 아닙니다. 이미 사회화된 자아가 자신의 욕망, 미처 통제되지 않는 충동에 맞서는 것입니다. 심연으로 하여금 말하게 하는 것이란 곧 이 충동에게 자아를 맡긴다는 의미입니다. 자신의 가장 어두운 욕망을 마주하는 일은 결코 즐거운 일이 아닙니다. 그러니 이것은 우리를 고통스럽게 하고, 구역질이 나도록 합니다.

차라투스트라를 읽는다는 것, 차라투스트라를 겪는다는 것은 이 고통을 겪는 일, 참을 수 없는 구역질을 느끼는 일과 마찬가지여야 합니다. 우리는 이러한 사유를, 니체의 철학을, 내 삶을 좀 더 나은 것으로 고양하기 위해 활용할 수는 없습니다. 안타깝게도요. 마치 내 몸 어딘가의 종기를 치료하기 위한 고약처럼, 그렇게 니체를 가져다 쓸 수는 없습니다. 병든 것은 우리 몸 어느 부분, 우리 삶의 특정 부분이 아니기 때문입니다. 니체의 진단대로라면, 우리의 삶과 이 세계는 모두 병든 몸을 가지고 있습니다. 니체를 읽는 자는 그러므로 자신의 삶과 세계에 대해 참을 수 없는 구역질을 느낄 수밖에 없습니다. 만약 그가 니체의 말을 들을 수 있는 귀를 가졌다면 말이죠. 이 지점까지가 바로 건강을 되찾기 위한 첫 번째 과정입니다. 우리는 이제 우리의 몸이 병들었음을 알게 되었습니다. 심연의 소리를 들었기 때문입니다. 그리고 극심한 고통을, 구역질을 느낍니다. 그리고 실은, 니체의 철학이 우리를 제대로 인도하는 부분은 바로 여기까지입니다. 니체의 철학은 우리에게 답을 주지 않기 때문입니다. 그의 철학은 우리로 하여금 이 세계를 더 이상 견딜 수 없도록 만들 뿐입니다. 어쩌면 니체는 가장 무책임한 철학자일지도 모르겠습니다. 하지만 철학이란 것이 세계를 행복하고 즐거운 것으로 만들기 위해서 필요했던가요.

> 너의 동굴에서 걸어나오라: 세계가 정원처럼 너를 기다린다. 너를 바라는 바람이 진한 향기로 살랑거린다; 그리고 모든 시냇물이 너를 뒤따르고자 한다.
> 네가 7일을 홀로 보냈기 때문에, 만물이 너를 그리워한다—너의 동굴에서 걸어나오라! 만물이 너의 의사가 되려고 한다!
> 새로운 깨달음을 얻었는가, 시고도 무거운?

차라투스트라는 구역질을 느끼고 쓰러진 다음, 일주일을 그대로 있었습니다. 일주일이란 신이 세계를 창조한 시간이기도 하죠. 창조의 시간입니다. 그리고 이 일주일 후에 차라투스트라는 다시 동굴 밖으로 나옵니다. 그리고 짐승들의 목소리를 듣지요. 만물의 목소리를 듣습니다. 이것은 새로운 눈과 몸으로 다시금 세계를 만나는 순간이기도 합니다. 기존의 세계는 이미 사라지고 말았습니다. 이제 모든 것의 이름을 새롭게 불러주어야 하는 시간입니다. 여기서 신의 창조와 차라투스트라의 창조 사이의 차이를 말할 수 있을 것입니다. 신은 7일 동안 세계를 창조했습니다. 그 말은 이 7일 이후에는 아무것도 새롭게 만들지 않았다는 뜻입니다. 세계는 신이 창조한 그대로 계속해서 이어지죠. 하지만 차라투스트라는 이 7일 동안 잠들어 있었습니다. 그는 아무것도 창조하지 않고, 다만 쓰러져 자고 있을 뿐입니다. 신이 세계를 창조하는 시간 동안 차라투스트라는 침묵 속에서 서서히 회복하고 있었습니다. 다시 새로운 세계를 만나기 위해서, 존재하는 세계를 다시 만나기 위해서이지요. 신이 무에서 유를 창조했다면, 차라투스트라의 세계는 이미 존재하던 세계입니다. 그가 세계를 창조한다는 것은 세계에 새로운 이름을 부여하는 겁니다. 신이 세계의 이름을 붙이는 것은 무에서 유를 창조하는 것이고(creatio ex nihilo), 그러므로 진리의 창조이기도 합니다. 하지만, 차라투스트라의 창조란 존재하는 것의 이름을 다시 부여하는 일이므로, 거짓의 창조이기도 합니다. 하지만 이 창조는 인간을 만물 위에서 춤추게 하는 창조이기도 합니다. 이 창조, 계속되는 거짓, 그건 얼마나 사랑스러운가요.

사물에게 이름과 소리를 준 것은, 인간이 사물에게서 생기를 얻기 위함이 아닌가? 이야기한다는 것은 아름다운 바보짓이다: 그로써 인간은 만물을 넘어 춤춘다.

소리의 모든 거짓과 모든 말은 얼마나 사랑스러운가! 알록달록한 무지개 위에서 우리의 사랑은 소리와 더불어 춤춘다.

"오, 차라투스트라여" 동물들이 말했다. 우리처럼 생각하는 이들에게는 만물이 춤춘다: 그것은 왔다가, 손을 건네고, 웃고, 달아났다가 다시 돌아온다.

모든 것이 가고, 모든 것이 되돌아온다; 존재의 수레바퀴는 영원히 돌아간다. 모든 것이 죽고, 모든 것이 다시 꽃피며, 존재의 세월은 영원히 흘러간다.

위대한 동경에 대하여

호랑이 위의 디오니소스: 염소의 두개골: 한 마리 표범. 아리아드네는 꿈꾼다: "영웅에게 버림받고 초영웅을 꿈꾼다." 디오니소스에 대해 완전히 침묵하기![21]

니체는 『차라투스트라』를 위해 남긴 유고에 위와 같이 썼습니다. 이 장의 원래 제목은 '아리아드네'였습니다. 이 장의 시작부터 "오, 나의 영혼이여"라고 불리는 이는 그러므로 아리아드네입니다. 차라투스트라는 2권의 「숭고한 자들에 대하여」에서도 테세우스에게 버림받은 뒤 디오니소스를 만나는 아리아드네를 "영혼"이라는 이름으로 불렀습니다. 이 장에서 '나'는 차라투스트라이자 아리아드네이며, 디오니소스이자 테세우스이기도 합니다.

앞에서도 말했듯이, 신화에 의하면 테세우스는 아리아드네를 낙소스섬에 버리고 떠났다고 합니다. 디오니소스가 테세우스에게 아리아드네를 버리라고 명령해서 어쩔 수 없이 떠났다는 설이 있습니다. 초고에서 3권의 마지막 장인 「일곱 개의 봉인」의 첫 번째 노래에는 '디오니소스'라는 제목이 붙어 있었습니다. 니체는 원래 『차라투스트라는 이렇게 말했다』의 마지막 권이었던 3권의 마지막 장들을 이와 같이 아리아드네와 디오니소스에 대한 이야기로 채우고 있습니다. 이를 통해 아리아드네와 디오니소스의 모티브가 그의 사유에서 얼마나 중요한 의미를 가지는지 짐작할 수 있습니다. 여기서 차라투스트라는 자신이 영혼에게, 아리아드네에게 베푼 덕들에 대해 이야기합니다.

오, 나의 영혼이여, 나는 "언젠가"나 "이전에"처럼 "오늘"을 말하도록, 모든 여기와 거기와 저기를 넘어 윤무를 추도록 가르쳤다.

오, 나의 영혼이여, 나는 너를 모든 구석에서 구원했고, 너에게서 먼지와 거미줄, 어스름을 쓸어냈다.

[⋯⋯]

오, 나의 영혼이여, 나는 너에게 폭풍처럼 아니라고 말할 수 있고 열린 하늘처럼 그렇다고 말할 수 있는 권리를 주었다: 너는 빛처럼 조용히 서 있다가 이제 부정하는 폭풍 사이를 뚫고 지나간다.

오, 나의 영혼이여, 나는 너에게 창조된 것과 창조되지 않은 것에 대한 자유를 되돌려주었다; 누가 미래의 환희를 네가 알듯이 알겠는가?

현재-과거-미래, 여기와 저기와 거기가 차라투스트라의 춤 속에서 함께 어우러집니다. 그는 춤추면서 이곳을 넘어갑니다. 차라투스트라-테세우스-디오니소스는 그가 줄 수 있는 모든 것을 아리아드네에게 주었습니다. 그리고 이제 그의 손은 텅텅 비었습니다. 차라투스트라에서 아리아드네로의 이와 같은 이행은 남성적인 것과 여성적인 것의 결합, 그리고 여성에 의한 새로운 생명의 탄생을 의미합니다. 니체 이전의 철학은 철학에서 성별을 지움으로써 여성을 철학에서 제거해버렸습니다. 남성과 인간은 동일화되고, 여성은 타자화된 것입니다. 그러나 니체는 철학사에서 삭제된 성적 차이를 무대 위로 등장시킵니다. 그리고 두 성의 결합을 통한 새로운 가치의 탄생을 말합니다. 물론 디오니소스-아리아드네의 관계는 단순히 성적 차이의 관계가 아니라 차라투스트라-제자들의 관계처럼 사제 관계를 연상시키기도 합니다. 디오니소스가 아리아드네에게 모든 걸 주고, 또 이를 통해 새로운 생명을 탄생시키는 모습은 산으로 돌아온 차라투스트라가 여전히 인간에 대한 희망을 폐기하지 않고 있음을 간접적으로 보여줍니다.

철학자 이리가레(Luce Irigaray)는 철학에서 제거된 성차를 다시 소환한 니체의 반대 지점에 플라톤이 자리한다고 보기도 하였습니다. 이리가레는 플라톤의 '동굴의 비유'가 남성적 철학의 폭력적인 출산 방법임을 비판하였습니다.[22] 그녀는 동굴을 자궁에 대한 비유로 봅니다. 플라톤의 동굴의 비유에서 동굴 속 죄수들은 대낮, 진리의 세계로 강압적으로 끌려나와야 합니다. 어둠에서 빛으로 빠져나오는 이 과정이 철학적 인식이 이루어지는 과정입니다. 이러한 철학의 폭력성은 니체도 지적한 바 있습니다. 차라투스트라에게서 모든 걸 받은 아리아드네는 이제 새로운 생명을 잉태할 준비가 되었습니다. 거기서 생명은 풍요해지고 무르익어 열매를 맺습니다. 그녀의 시선은 그리움에 가득 차 먼 바다를 바라보고 있습니다.

오, 나의 영혼이여, 너무나 풍요롭고 무겁게 너는 거기에 서 있다, 꽉 찬 갈색의 황금 포도송이와 부풀어오른 젖가슴을 지닌 포도 넝쿨로.

또 다른 춤의 노래

vita femina, 여성적 삶. 니체가 이 장에 붙이려 했던 제목입니다. 이 제목은 '여성의 삶'을 말하는 것이 아니라, 삶이 '여성적'이라는 것을 의 미합니다. 『즐거운 학문』에는 동일한 표제의 절이 있습니다. 그곳에서 니 체는 다음과 같이 말합니다.

> **여성적 삶.**─한 작품의 궁극적 아름다움을 보기 위해서는─지식과 의 지만으로는 충분치 않다. 이 산봉우리에서 구름의 베일이 잠시 벗겨져 태 양이 그 위에서 빛나기 위해서는 지극히 드문 우연이 필요하다 [⋯⋯] **더 구나 그것은 우리에게 일회적으로만 그 모습을 드러낼 뿐이다!**─그리스 인들은 이런 기도를 올리곤 했다. "모든 아름다운 것이 두 번 세 번 주어 지기를!" 아, 그들은 신들에게 호소해야 할 충분한 이유가 있었던 것이다. 신적이지 않은 이 현실의 세계에서는 아름다운 것이 우리에게 전혀 주어 지지 않거나 한 번만 주어지기 때문이다. 내가 말하고자 하는 것은 이 세 계에는 아름다운 것이 넘쳐나고 있지만 그럼에도 이것들이 모습을 드러내 는 아름다운 순간은 너무 적다는 것이다. 하지만 이것이야말로 삶의 가장 강력한 마법일지도 모른다: 삶은 가능성이라는 황금실로 짜인 베일로 덮 여 있다. 약속하고, 반감을 품고, 수줍어하고, 냉소하고, 동정하고, 유혹하 는. 그렇다, 삶은 여성이다![23]

삶은 아름답습니다. 그러나 그 아름다움은 쉽게 드러나지 않습니다. 이 삶의 아름다움은 그저 지켜보는 자에게는 주어지지 않습니다. 춤출 줄 아는 자에게만 허락된 것, 그것이 삶의 아름다움이자 삶 그 자체이기 때 문입니다. 우리는 아름다운 삶을 발견하고 바라보는 것이 아닙니다. 우리 는 아름다운 삶을 살아야만 합니다. 차라투스트라는 말합니다. "너에게 가까이 가면 무섭고, 멀리 있으면 보고 싶다. 네가 달아나면 이끌리고, 찾으면 멈춰 서게 된다."

　삶에 대한 반성과 삶을 살아가는 것 사이의 거리는 바로 삶과 지혜의 거리이기도 합니다. 그러나 지혜로는 삶을 살 수 없습니다. 2권의 「춤의 노래」에서 드러난 것은 바로 이러한 차라투스트라, 삶, 지혜의 삼각관계였습니다. 거기서 삶과 지혜의 거리는 완전히 좁혀지지 않는 듯합니다. 하지만 이제 삶과 지혜가 서로에게 호의를 가지고 있음이 드러납니다. "너의 지혜가 언젠가 너에게서 달아나버린다면, 아! 바로 나의 사랑도 그곳으로부터 재빨리 달아날 것이다!" 지혜로는 삶을 살 수 없다는 진리 위에 또 하나의 진리를 추가해야 합니다. 삶을 이해하기 위해서는 지혜가 필요하다는. 그러나 인식이 삶을 살 수는 없습니다. 반성으로서의 인식, 그것은 거울에 비친 세계의 모습이며 가상입니다. 니체에게 그 가상은 오랫동안 여성의 삶을 위협하는 폭력적인 남성으로 비추어졌습니다. 그러나 그러한 가상이 없다면 우리가 '삶'을 산다는 것이 가능하기는 한가라는 질문을 하지 않을 수 없습니다. 우리가 사는 세계는 이미 자연 그대로의 세계가 아닌 인식으로서의 세계, 의미로서의 세계가 아닙니까. 그러므로 삶과 지혜, 춤과 노래는 분리될 수 없는 것이기도 합니다. 니체의 세계 속에서 이 모순은 결코 극복되지 않습니다. 그리고 모순의 이 극복되지 않음 속에 차라투스트라의 세계가 있습니다.

　우리는 이러한 춤과 노래의 관계 속에서, 차라투스트라의 춤을 이해해야 합니다. 앞 장에서 예언되었던 구원자, 황금의 기적을 보여줄 구원자가 이 장에서 그 모습을 드러냅니다. 그 구원자는 차라투스트라를 춤추게 하는 이입니다.

　　나의 발에, 춤에 미친 내 발에 너는 눈길을 던졌다. 웃고, 묻고, 마음을 녹이고, 흔들거리는 눈길을.

　　너는 작은 손으로 너의 짝짝이를 단지 두 번 쳤을 뿐이다―그러자 나의 발은 춤에 미쳐 이미 흔들거렸다.

　　나의 발꿈치는 들렸고, 나의 발가락은 너를 이해하기 위해 귀를 기울인

다: 춤추는 자는 자신의 귀를—발가락 속에 지니고 다닌다.

짝짝이를 치며 차라투스트라를 춤추게 만드는 이는 황금빛 배를 타고 온 구원자입니다. "작은 손으로"라는 표현은 이 구원자가 남성이 아니라 여성이라는 점을 암시합니다. 그의 구원은 다른 것이 아닙니다. 차라투스트라로 하여금 춤추도록 하는 것입니다. 중력의 악령에 사로잡혀 춤추지 못했던 차라투스트라는 부드러운 눈빛과 짝짝이 소리 두 번에도 반응합니다. 차라투스트라의 춤은 삶을 향하고, 삶은 다시 그로부터 도망칩니다. 차라투스트라의 삶에 대한 사랑과 증오가 여기서 끊임없이 교차됩니다.

삶의 여성성에 대해 이야기하기 위해서 우리는 심연과 표면에 대한 이야기를 해야만 합니다. 「또 다른 춤의 노래」는 2권의 「춤의 노래」와 똑같이 시작합니다. "나는 최근에 너의 눈을 들여다보았다, 오, 삶이여!" 다만 차라투스트라가 그 속에서 무엇을 보았는가는 달라졌습니다. 「춤의 노래」에서 차라투스트라가 삶에서 바라본 것은 심연으로 가라앉는 자기 자신이었습니다. "그리고 밑바닥을 알 수 없는 곳으로 나는 가라앉는 듯했다." 하지만, 이제 차라투스트라는 그 눈 속에서 황금을 봅니다. "나는 너의 밤과 같은 눈에서 황금이 반짝이는 것을 본다,—나의 마음은 환희로 고요해졌다."

그러나 두 번째 장에서 차라투스트라의 의도는 더욱 분명해지고, 이와 더불어 깊이를 잴 수 없던 심연이 의미하는 것 역시 점점 더 선명해집니다. 삶은 차라투스트라에게 이러저러한 불만을 토로합니다. 차라투스트라가 삶을 떠나고자 하기 때문입니다. 죽음을 재촉하는 듯한 차라투스트라는 자정의 종소리, 열두 번의 종소리와 함께 죽음에서 영원으로 이행합니다. 다음 장인 「일곱개의 봉인」에서 차라투스트라는 영원에 대한 사랑을 말합니다.

심연이란 빛이 사라지는 시간, 모든 것들이 하나가 되는 시간입니다. 그것은 죽음을 통한 이행이며, 정오의 정반대 편에 존재하는 시간입니다.

차라투스트라는 반복해서 말합니다.

세계는 낮이 생각했던 것보다 더 깊다!

이러한 심연은 영원회귀의 비밀과 연관됩니다. 영원회귀는 삶의 영원한 회귀이기도 하지만, 끊임없는 죽음의 반복이자, 개별적 삶들을 무한 긍정함으로써 역설적으로 그 개별적 삶 하나하나가 그 자체로는 아무런 의미가 없다는 것을 반복하는 가르침이기도 합니다. 그러므로 그것은 고통이자 쾌락이며, 고통으로서의 쾌락이자 쾌락으로서의 고통입니다. 밤, 고통, 쾌락, 영원은 무한히 회귀하는 삶의 비밀을 드러냅니다. 깊은 밤, 영원회귀하는 삶 속에서 개개의 삶들, 그 삶의 기쁨과 고통은 하나가 됩니다. 그러므로 이것은 결코 가벼운 것이 아니며, 차라투스트라가 영원회귀의 비밀을 중력의 악마에게서 듣자마자 가볍게 긍정할 수 없었던 이유이기도 합니다. 영원회귀란 현재의 삶을 그대로 인정하면서 받아들일 수 있는 손쉬운 입장 같은 것이 아닙니다. 일체의 삶 전체를 무의미한 것으로 부정하고 나서야 비로소 긍정할 수 있는 세계와 삶의 새로운 가치입니다. 영원한 쾌락과 영원한 고통이 어찌 그리 가볍게 긍정될 수 있을까요.

일곱 개의 봉인(또는, 그렇다와 아멘의 노래)

이 장은 차라투스트라의 「요한계시록」입니다. 차라투스트라의 위대한 패러디는 이 「일곱 개의 봉인」으로 끝을 맺습니다. 그러나 「요한계시록」의 섬뜩한 나팔 소리도, 우박과 번개도, 인간을 위협하는 천사도 여기에는 존재하지 않습니다. 차라투스트라가 기다리는 새로운 세계와 구원은 악인을 벌하는 것으로 오지 않기 때문입니다. 차라투스트라의 구원과 복음은 원한의 해소가 아닙니다. 지금 차라투스트라는 새로운 생명의 잉태에 대한 열망으로 가득 차 있습니다.

— 이렇게 잉태한 자는 행복하도다! 참으로, 언젠가 미래의 빛을 밝힐 자는 폭풍우로서 산에 오랫동안 걸려 있어야 한다! —

니체는 유고에 이 대목과 관련된 메모를 남겼습니다.

미지근한 모든 의지에 대해서 조심하라. 단호하게 나태한 상태로 있든지 아니면 단호하게 행동하라.
번개이고자 하는 자는 오랫동안 구름으로 있어야 한다.
그대들은 오랜 침묵을 배워야 한다.[24]

어설프게 움직이는 것보다는 차라리 나태한 것이 낫다고 니체는 말합니다. 그 말 그대로 차라투스트라는 때를 기다립니다. 춤은 그저 움직이는 것만으로는 가능하지 않습니다. 이런저런 충동의 흐름에 몸을 내맡기기만 해서는 춤이 될 수 없습니다. 춤을 추기 위해서는 몸의 움직임을 통제할 수 있어야 합니다. 제대로 움직이는 자라면 정지할 수 있어야 합니다. 번개가 오랜 시간 구름으로 머물러야 하는 것처럼. 그러므로 차라투스트라는 기다립니다. 그는 여기서 그의 가르침을 봉인하고, 영원을, 그의 신부를 기다리는 것입니다. 자신의 사유를 잉태하여 새로운 생명/사유를 탄생시킬 누군가를. 하강과 상승, 몰락과 고양, 떠남과 귀환을 반복하면서 마침내 자신의 동굴로 되돌아온 차라투스트라의 여정은 여기서 이처럼 끝을 맺습니다.

「또 다른 춤의 노래」와 「위대한 동경에 대하여」에 이어 차라투스트라는 남성적인 것과 여성적인 것의 결합을 통한 새로운 생명의 탄생에 대해 노래합니다. 삶과 영원, 이 모두는 차라투스트라와 결합할 여성으로 그려지고 있습니다. 이 둘의 관계를 어떻게 볼 것인가는 니체 연구자들 사이에서도 의견이 분분한 대목입니다. 그중 하나는 삶과 지혜로부터 벗어나 영원을 자신의 파트너로 삼는다는 관점입니다. 이와 다르게 삶과 지혜, 영원을 하나로 이해하고자 하는 연구자들도 있습니다. 마치 삼위일체의 신이 세 개의 서로 다른 모습으로 존재하는 것처럼 말입니다. 앞 장인 「또 다른 춤의 노래」에서는 삶이 차라투스트라에게 그가 자신을 머지않아 떠날 것을 알고 있다고 말하는 대목이 있습니다. 그리고 차라투스트라는 그녀에게 속삭입니다. 구체적으로 영혼과 삶, 지혜를 거쳐 차라투스트라는 마침내 영원에 이르게 됩니다. 차라투스트라의 열망은 영원을 향해 있습니다. 그는 영원에게 청혼하고, 그를 위해 노래합니다. 삶과 지혜, 영혼과 죽음마저도 영원과 더불어 새로운 생명을 탄생시키고자 합니다. 이렇게 비로소 풀릴 봉인 속에 차라투스트라의 새로운 가르침은 씨앗처럼, 조심스럽게 싸여 있습니다.

> 오 어떻게 내가 영원을 열망하지 않을 수 있겠는가, 반지 중의 결혼 반지를,—회귀(Widerkunft)의 반지를!
> 아직도 나는 내 아이를 낳을 만한 여자를 찾지 못했다, 내가 사랑하는, 이 여성이 아니라면, 오 영원이여!
> **왜냐하면 나는 너를 사랑하기 때문이다, 오 영원이여!**

차라투스트라는 새로운 생명의 잉태를 가로막는 것들, 낡은 서판들, 곰팡이 슨 말들, 신들과 교회의 무덤들을 분노와 조롱으로 몰아냅니다. 그리고 그는 기다립니다. 새로운 시대, 새로운 시간의 도래. 영원의 도래를.

마지막 장은 7개의 작은 장들로 이루어져 있습니다. 그리고 각 장들의 마지막에서 차라투스트라는 위의 구절을 반복합니다. 이러한 반복은 그의 말을 일종의 찬송으로 만듭니다. 우리는 이 장을 영원에 부친 노래라고 불러도 좋을 것이다. 원래는 『차라투스트라는 이렇게 말했다』의 최종 장이 되었어야 할 이 3권 마지막 장의 마지막 절인 7번째 절에서 차라투스트라는 이렇게 말합니다.

— 새의 지혜는 허나 이렇게 말한다: "보라, 위도 아래도 없다! 주위로, 밖으로, 뒤로 너를 던져라, 너 가벼운 자여! 노래하라! 더 이상 말하지 말라!"

— "모든 말들은 무거운 자들을 위해 만들어지지 않았는가? 가벼운 자에게는 모든 말이 거짓을 말하지 않는가? 노래하라! 더 이상 말하지 말라!" —

춤을 추기 위해서 필요한 것은 말이 아니라 노래입니다. 차라투스트라의 시는 노래가, 음악이 된 말입니다. 말의 무거움에 대항하는 노래의 가벼움, 노래의 비상, 노래의 도약. 그것은 영원을 향한 차라투스트라의 열망을 그대로 드러냅니다. 스스로가 음악가이기도 했던 니체에게 음악이란 단순히 예술의 한 장르가 아닙니다. 봉인에 감싸인 이 7개의 노래는 차라투스트라의 가르침이요, 새로운 생명의 씨앗입니다. 이제 이 씨앗은 영원의 대지를 만나 싹을 틔워야 할 것입니다. 이 열망 속에 차라투스트라는 자신의 이야기를 끝맺습니다. 그것은 또 다른 차라투스트라를 기다리는 것으로 갈무리됩니다.

제 4 권

꿀 제물

차라투스트라는 고독 속에서 오랜 세월을 보냈습니다. 머리도 하얗게 세었습니다. 차라투스트라는 나이 들었지만, 그가 뿌린 씨앗은 이제 열매를 맺을 때가 다 되었습니다. 그는 사람들을 기다리고, 사람들을 낚으려 합니다.

짐승들과 차라투스트라 사이의 대화로 이 장은 시작됩니다. 차라투스트라가 행복을 기다리고 있다고 말하는 짐승들에게 차라투스트라는 태연하게 답합니다. 그는 스스로의 행복에 무심하다고. 그러나 짐승들은 그러한 무심함이 그의 행복에서 비롯된다고 보았습니다. 짐승들은 차라투스트라가 "하늘색 행복의 바다" 위에 누워 있다고 말합니다. 그러나 차라투스트라에게 행복이란 오히려 떨어지지 않는 역청과도 같은 것입니다. 그가 행복을 좇지 않자, 행복은 그를 좇아와 그에게서 떨어지려 하지 않습니다. 그가 정작 신경 쓰는 것은 행복이 아닌 그의 과업입니다. 산속에서 짐승들과 함께 지내며 머리가 하얗게 세는 동안 기다린 것은 그가 뿌린 씨앗이 나무가 되고, 열매를 맺는 일입니다. 짐승들은 그를 이해하지 못합니다. 차라투스트라가 다만 행복 속에서 조용히 늙어가고 있다고 생각할 뿐입니다. 그러나 차라투스트라가 보기에 그들은 그저 광대들일 뿐입니다. 차라투스트라의 심연을 이해하지 못하기 때문입니다.

이윽고 그는 짐승들과 함께 산을 오릅니다. 차라투스트라는 산의 정상에서 꿀을 바칠 것이라며 짐승들에게 준비를 부탁합니다. 그러나 산의 정상에서 차라투스트라는 산에 오른 모든 짐승들을 물리치고 혼자가 됩니다. 짐승들과 같이 산을 올랐지만 그가 바란 것은 산을 오르는 것, 그뿐이었습니다. 짐승들과 함께 꿀을 제물로 바치는 것은 차라투스트라의 의도가 아니었습니다. 그는 짐승들을 속인 것입니다. 왜? 여기서 꿀이란 사람들을 낚기 위해 차라투스트라가 사용하는 미끼입니다. 사냥꾼과 어부들에게 반드시 있어야 할 것, 그게 꿀입니다. 차라투스트라는 그것을 제물로 바치지 않고 사람들을 낚는 데 씁니다. 행복이란 신에게 바쳐질 것이 아니라 사람들을 유혹하는 데 쓰여야 하기 때문입니다. 그리고 그는 그것을 아낌없이 낭비합니다.

무엇이 제물인가. 나는 내게 주어진 것을 낭비한다, 나는 천 개의 손으로 낭비하는 자다: 어떻게 내가 그것을 제물이라고 부르겠는가.

차라투스트라는 사람들에게 행복을 주고자 하는 이가 아닙니다. 그러나 행복은 사람들을 낚는 미끼, 차라투스트라의 높이로 사람들이 오도록 하는 미끼가 될 것입니다. 차라투스트라는 자신의 행복까지도 멀리 던져버린다고 말합니다. 사람들을 유혹하기 위해서입니다. 일출과 정오, 그리고 일몰의 사이에, 많은 인간-물고기가 그의 행복에 이끌려서 허둥지둥하지 않는지 보기 위해서입니다.

「마태복음」[1]을 패러디하면서, 차라투스트라는 사람들의 각성을 기다립니다. 사람들이 자신이 있는 곳으로, 높은 곳으로 올라오기를 바랍니다. 이제껏 차라투스트라는 사람들을 기다리지 못했습니다. 사람들이 스스로 높은 곳에 오르려 하지 않았기 때문입니다. 그러기에 그는 여러 번 자신의 고독으로부터 벗어나 사람들 사이로 하산했지요. 그러나 여기서 차라투스트라는 기다리고자 합니다. "교활하게 비웃으며" 기다리겠다고 말합니다. 여기서 차라투스트라가 대결하고 있는 상대는 타자가 아닙니다. 오히려 그는 자신 안에 아직도 완전히 사라지지 않은 동정심과 싸우는 것입니다. 신을 죽음에 이르게 했던 동정심이 차라투스트라 자신을 가만히 내버려둘 리가 없기 때문입니다. 그가 왜 매번 그렇게 산 아래로 내려갔는지를 동정심은 설명해줍니다.

그런데 이제 차라투스트라는 말합니다. 더 이상 "참을 필요"가 없다고. 이렇게 말하는 이유는 무엇입니까. 그는 씨를 뿌렸습니다. 그 씨는 언젠가 나무가 되고, 열매를 맺을 겁니다. 그것은 운명이자 필연이기도 합니다. 그러므로 그는 오래도록 기다려야 한다는 사실을 알고 있습니다.

번개를 내려치기 위해서 구름이 기다리듯이. 그는 사람들이 자신의 높이로 오기를 바랍니다. 사람을 낚는 차라투스트라의 최종적인 바람이 바로 여기에 있습니다. 그의 천년제국. 여기서 차라투스트라의 희원은 최초로, 뚜렷한 형태를 띠고 제시됩니다. 3권 마지막 장에 나온 7개의 봉인은 이 천년제국을 위해 마련된 것임이 명확해집니다. 그는 천년제국을 기다립니다. 그런데 차라투스트라는 특이하게 그것을 '어디'라고도, '무엇'이라고도 말하지 않고, "누구"(Wer)라고 말합니다. 차라투스트라에게 새로운 세계는 다수의 인간들이 만들어내는 어떤 시공간이자 공동체가 아닙니다. 그것은 말 그대로 어떤 '사람'입니다. 하나의 인간이 바로 하나의 왕국입니다. 그러므로 여기서 과장되게 강조되고 있는 천년제국이란 차라투스트라가 언제나 기다렸던 새로운 인간, 스스로 가치를 창조하며 수레바퀴를 움직이는 자, 어린아이라고 이해해야 합니다.

> 누가 언젠가는 와야 하며 지나쳐 가서는 안 되는가? 우리의 위대한 하자르(Hazar), 우리의 위대하고 먼 인간-왕국이자, 천년의 차라투스트라-왕국. ―

비명

> 모든 것은 똑같다. 그것은 아무 소용없다, 세계에는 아무 의미가 없고, 지식이란 구역질 난다.

이것은 이 장에서 차라투스트라를 괴롭히는 예언자의 말입니다. 그는 홀로 있는 차라투스트라에게 인기척도 없이 갑자기 나타나 그를 괴롭히고, 유혹합니다. 차라투스트라와 예언자는 2권 19장에서 이미 만난 적이 있습니다. 거기서 이 예언자가 쇼펜하우어를 암시한다는 점을 밝힌 바 있지요. 『차라투스트라』 4권에서 차라투스트라는 당대의 인물들을 소환하여 이야기를 전개해나가는데, 쇼펜하우어도 다시 불려나와 허무주의를 설파합니다.

게다가 그는 허무와 권태에 대해 말하는 데 그치지 않고 차라투스트라를 유혹하고자 합니다. 차라투스트라의 그림자 옆에 나타난 또 다른 그림자의 주인인 예언자가 차라투스트라를 유혹하는 방법은 최후의 수단인 동정심(Mitleiden)을 동원하는 것입니다. 이것은 차라투스트라의 마지막 약점이기도 합니다. 예언자는 심연에서 부르짖는 비명을 차라투스트라에게 들려줍니다. 예언자는 이 비명이 저 아래로부터 차올라 높은 곳에 있는 차라투스트라에게 넘치는 파도로 덮칠 것이라고 위협합니다. 차라투스트라로 하여금 끊임없이 저 아래의 세계로 향하게 했던 동정심이 지금 다시 그를 덮치려고 하는 것입니다. 곤궁(Not)과 비참(Trübsal)에서 나온 비명. 예언자는 그 비명이 '보다 높은 인간'의 것이라고 차라투스트라에게 말합니다. 보다 높은 인간이란 노예의 상태에서 벗어난 자, 그러나 아직 위버멘쉬는 아닌 자입니다. 예언자가 차라투스트라를 유혹하기 위해 그의 비명을 들려주는 데서 알 수 있듯이 이들은 차라투스트라에게 능히 동정심을 불러일으킬 만한 자입니다.

그는 나의 영역 안에 있다: 그 속에서 그가 화를 입어서는 안 된다! 그리고 진실로, 내 곁에는 사악한 짐승들이 많이 있다.

차라투스트라의 영역 안에 있다는 것은 단순한 극적 설정은 아닙니다. 보다 높은 인간들은 실제로 차라투스트라와 가장 가까이 있기 때문입니다. 이들이 있는 장소가 산 아래 도시의 시장터가 아니라 차라투스트라가 기거하는 동굴 근처의 숲속이라는 사실은 그들이 이미 시장터의 군중과는 다른 존재들임을 보여줍니다. 그들은 높은 곳을 향합니다. 그러나 아직 높은 곳에 도달하지 못했고, 완전한 깨달음을 얻지 못했습니다. 그들은 차라투스트라의 동정심을 자극합니다. 동시에 그들은 차라투스트라의 적이기도 합니다. 그 말은 차라투스트라가 극복했던 자신의 모습이라는 말과 이어집니다. 차라투스트라에게 극복의 대상은 외부에 있지 않습니다. 극복은 언제나 자기 극복이기 때문입니다.

차라투스트라는 그들이 진정으로 자신을 극복하길 원합니다. 4권의 13장 「보다 높은 인간에 대하여」에서 차라투스트라는 이 '보다 높은 인간'이 어떤 인간인지에 대해 말합니다. 그들은 경멸할 수 있는 인간들입니다. 위대한 경멸자가 곧 위대한 숭배자라는 말로, 차라투스트라는 그들이 경멸할 수 있다는 사실이 희망의 근거라고 말합니다. 또한 그들은 절망하는 인간이기도 합니다. 절망했다는 사실은 그들이 순종하지 못하고, 잔꾀를 부리지 못한 결과라고 차라투스트라는 진단합니다. 이러한 정황들은 차라투스트라로 하여금 그들이 능히 자신을 극복할 만한 자들이라는 생각을 갖게 합니다. 그래서 13장 「보다 높은 인간에 대하여」 3절에서 그는 이렇게 외칩니다.

극복하라, 보다 높은 인간들이여! 작은 덕, 작은 현명함, 모래알-배려, 개미떼 같은 자질구레함, 애처로운 안락함, "최대 다수의 행복"을!

하지만 그들은 아직 완전히 심연에서 벗어나오지 못하고 있습니다. 심연의 고통이란 자신과 완전히 화해하지 못한 자가 겪는 고통입니다. 그리고 그것이 마지막 유혹인 것을 알면서도, 차라투스트라는 동정심을 외면하지 않습니다. 그는 다급한 비명이 들리는 방향으로 서둘러 몸을 옮깁니다.

왕들과의 대화

차라투스트라가 비명소리를 듣고 간 숲속에서 만나는 인간은 모두 여덟 명입니다. 두 명의 왕, 양심적인 영혼을 가진 자, 마술사, 은퇴한 교황, 자발적 거지, 더없이 추악한 자, 그림자. 여기에 동굴 앞에서 만난 예언자를 더하면 그가 만나는 이들은 모두 아홉이 됩니다. 3장부터 8장까지는 차라투스트라와 이들의 만남을 다룹니다. 차라투스트라는 이들 모두를 자신의 동굴에 초대합니다.

차라투스트라가 처음 만난 이들은 당나귀 한 마리에 타고 있는 두 명의 왕이었습니다. 어째서 왕들은 화려한 행렬 대신에 이토록 초라한 모습으로 차라투스트라의 숲을 헤매고 있을까요. 그들은 무엇을 찾는가요. 그들이 찾는 것은 바로, 보다 높은 인간이었습니다. 왕이었지만, 그들은 천민들에게 질린 채 보다 높은 인간을 찾기 위해, 혹은 천민들로부터 도망치기 위해 이 숲으로 왔습니다. 그들은 차라투스트라의 가르침을 들었고, 그를 찾아 여기에 온 것입니다.

그들이 도망쳐 나온 천민들은 자신들의 사회를 "상류사회"라고 부르며, "바른 예절"을 강조합니다. 그러나 실상은 그저 알랑대며 치근거리는 개와 같은 자들입니다. 그러하기에 왕들은 천민을 경멸하고, 그러한 천민들에 의해 왕이 되어 왕 노릇을 하는 것이 천민적인 삶임을 깨달아 길을 나선 것입니다. 이 대목은 중요합니다. 천민이 되는 것과 천민들의 왕이 되는 것이 다르지 않음을 보여주기 때문입니다. 주인이 되는 것과 타자를 지배하는 위치에 있는 것이 동일하지 않다는 사실이 이러한 맥락에서 더욱 분명해집니다. 주인이 되어 지배하는 일은 언제나 가치의 문제와 연결됩니다. 천민들의 가치를 지켜내는 자로서의 왕은 그저 무거운 짐을 진 낙타에 지나지 않을 뿐입니다.

비명소리의 주인공은 아직 찾지 못했지만, 차라투스트라의 동정심은 왕들에게도 발휘됩니다. 그는 망설임 없이 그들을 초대합니다. 동굴에는 아마 예언자도 있을 겁니다. 차라투스트라의 고독을 책임지던 동굴은 이제 보다 높은 인간들이 모이는 곳이 되었습니다. 이어지는 다음 장들에 등장하는, 거머리를 연구하는 학자, 마술사, 그리고 은퇴한 교황까지, 이 모두는 더 위대해지고자 하는 자들입니다. 차라투스트라는 비명소리를 찾아 헤매이면서, 자신의 땅에서 헤매고 있는 많은 이들을 만납니다. 그러나 그들은 아직 왜소한 덕과 지혜를 완전히 극복하지 못한 자들입니다. 동시에 이들은 니체가 당대를 비판하기 위해 소환한 이들이기도 합니다.

보다 높은 인간들을 통해 차라투스트라는 허무주의에 대해 이야기하고 있습니다. 허무주의와 허무주의의 극복, 이러한 병적 상태에서 어떻게 회복할 것인가의 문제는 차라투스트라의 마지막 가르침에서 가장 강조되는 내용이기도 합니다. 차라투스트라의 산에 모여든 인간들은 모두 신의 죽음을 듣고, 자신의 가치를 찾으려 헤매는 자들입니다. 이들은 가치의 상실 아래 해체되고, 방황합니다. 이는 퇴행과 하강이며, 니체가 '수동적 허무주의'라고 말하는 것입니다. 니체는 허무주의를 능동적인 것과 수동적인 것으로 나누고 있습니다. 허무주의 자체는 병리적 상태입니다. 모든 걸 무가치하다고 보는 것 역시 니체의 표현대로 '끔찍한 일반화'이기 때문입니다. 그렇지만 그것은 자기 극복을 위해 한 번은 통과할 수밖에 없는 길이기도 합니다. 다만 수많은 이들이 이 과정에서 길을 잃고 병자의 상태에서 빠져나오지 못하였습니다. 신의 죽음의 메시지를 일체의 가치의 부정이라는 사태로만 이해하는 이들, 새로운 가치의 창조라는, 스스로 신이 되는 역할을 맡지 못한 이들의 모습은 절망적입니다. 모든 가치를 수용하는 듯한 상대주의자들도, 부정에 부정을 거듭하는 극단적인 회의론자도 결국 이러한 병에서 헤어나오지 못하는 자들입니다. 그리고 앞으로 이어질 내용에서 보게 되듯이 이들은 믿음 없이 다시 신에게 되돌아갑니다.

그것은 차라투스트라의 가르침이 불러올 수 있는 어떤 예측 가능한 귀결이기도 합니다. 4권은 니체가 추가적으로 집필한 것으로, 이것은 그의 가르침이 불러온 오해를 수정하고자 하는 사후 조치이기도 합니다. 이는 그러한 오해 자체가 그의 가르침에서 불가피하게 나올 수밖에 없음을 그가 충분히 인식하고 있었다는 점을 의미하기도 합니다. 안타깝게도 이러한 오해와 오류는 결코 수정되지 않은 채로 니체의 명성과 함께 부풀어 오릅니다. 아직 대부분의 사람들에게 니체는 결코 '제대로' 읽히지 않았습니다.

허무주의의 두 양상은 기존의 가치가 허물어진 뒤, 즉 신의 죽음 이후 가질 수 있는 주체의 두 가지 태도입니다. 수동적 허무주의는 보통 사람들의 흔한 반응일 것입니다. 그러나 진정한 자기 극복은 이러한 허무주의를 능동적으로 변화시키는 데 있습니다. 당연하게도 그것은 새로운 가치의 창조에 나서는 것을 의미할 테죠. 차라투스트라 역시 그러한 과정을 거쳤습니다. 새로운 가치의 창조는 기존의 가치 위에 덧대어지지 않기 때문입니다. 아래의 인용문은 이러한 능동적 허무주의와 수동적 허무주의의 차이를 선명히 구별하고 있습니다.

1. **허무주의. 정상적** 상태
허무주의: 목표가 결여되어 있으며: '왜?'라는 물음에 대한 대답이 결여되어 있다. 허무주의는 무엇을 의미하는가? — 최고 가치들이 탈가치화하는 것.
이것은 **두 가지 뜻**이 있다.

A)) **상승된 정신력**의 징후로서의 허무주의: **능동적 허무주의(Der Aktive Nihilismus)**로서.
이것은 **강함**의 징후일 수 있다: 정신력은 기존 목표들('확신들'과 신조들)이 그에게 더 이상은 적합하지 않게 될 정도로 증대할 수 있다.
— 믿음이라는 것은 일반적으로 **생존조건들**의 강제를 표현한다. 다시 말해 한 존재가 번창하고, **성장하며, 힘을 얻게 되는**……관계들의 권위에 복종하는 것이다
그러나 다른 한편 힘이 특정한 목표나 특정한 이유, 특정한 믿음을 다시

생산적으로 **설정할 정도로**는 강하지 않다는 것에 대한 징후이다.

이것은 상대적 힘의 **극대점에 파괴**하는 폭력적인 힘으로서 도달한다: 능동적 허무주의로서. 이러한 허무주의의 반대는 더 이상 공격하지 않는 지친 허무주의일 것이다. 이것의 가장 유명한 형식은 불교이다: **수동적 허무주의로서**

허무주의는 병리적 중간 상태를 표현한다(병리적이란 **전혀 아무런 의미도 없다**고 결론짓는 끔찍한 일반화를 말한다): 생산적인 힘들이 아직도 충분히 강하지 못해서이건: 데카당스가 아직도 주저하며 머물고, 데카당스의 치료책을 아직도 고안하지 못해서이건 간에.

B)) **정신력의 하강과 퇴행**으로서의 허무주의: **수동적 허무주의**(Der passive Nihilismus)

약함의 징후로서: 정신력이 지칠 대로 지쳐버리고 고갈되어버릴 수 있다. 그래서 **기존** 목표나 가치들이 이것에 적합하지 않게 되면, 더 이상 신뢰받지 않는다 —

(모든 강한 문화가 근거하는) 가치와 목표들의 종합이 용해되어버려 개별적인 가치들이 서로 싸운다: 해체

원기를 북돋우고, 치료하고, 안정시키고, 마취시키는 모든 것이 종교적, 도덕적, 정치적, 미적 등으로 다양하게 **위장**하고서 전면에 부각된다.[2]

차라투스트라가 그 다음에 마주치는, 거머리를 연구하는 학자는 과학자 혹은 다윈(Charles Darwin)을 암시합니다. 그러나 학문 전체를 포괄하는 은유로 읽어도 전혀 문제될 건 없습니다. 마술사는 바그너를 연상케 합니다. 마술사의 시들은 바그너가 후기에 사용한 작법을 패러디하고 있습니다. 쇼펜하우어를 암시하는 예언자까지 포함해 이들은 차라투스트라의 대결 상대들이면서, 그의 가르침을 오해하는 학생들이기도 합니다.

우리는 니체의 사유가 이리저리 잘려나가고 다시 기워져 누더기가 된 채로 파시스트들의 선전용으로 쓰였음을 잘 알고 있습니다. 독일인들,

민족주의자들, 군국주의자들, 집단주의자들, 니체가 가장 혐오했던 이들이 스스로를 정당화하기 위해 니체를 이용한 사실을 우리는 잘 알고 있습니다. 그의 도발적인 아포리즘들은 파시스트들을 격려하고 선동하는 웅변으로 소리 높여 암송되었습니다. 이것은 그러나 니체에게 예상 밖의 일이 아니었습니다. 『차라투스트라』 2권의 첫 번째 장에서 확인할 수 있듯이, 차라투스트라는 이미 괴물이 되어버린 자신의 모습을 거울에서 보았습니다. 그런데도 그는 경계하지 않습니다. 아래는 바로 다음 장인 「마술사」에서 그가 하는 말입니다.

> 나는 사기꾼들을 경계하지 않는다, 나는 조심해서도 **안 된다**: 나의 운명이 바라는 것이 그것이다.
> 너는—속여야만 한다: 거기까지 나 너를 안다! 너는 언제나 이중, 삼중, 사중, 오중적이어야 한다! 게다가 네가 지금 자백하는 것도, 내게는 결코 충분히 진실하지도 거짓되지도 않다.

그는 거리낌이 없습니다. 아니 한층 더 도발적으로 그러한 오해를 더욱 강도 높게 요구합니다. 만약 니체가 자신의 사유를 오해 없이 전달하도록 경계하고 조심스러워했다면, 그는 결코 니체가 아니었을 것입니다. 니체가 단지 철학자의 이름이 아니라, 시대를 둘로 나누는 다이너마이트와 같은 하나의 사건이 된 것은 그가 자신의 인식과 오류를 드러내는 데 거리낌이 없었기 때문입니다. 니체 스스로 자신과 너무 닮았다고 말했던 에머슨은 아예 이렇게 쓰고 있습니다.

> 그대는 분명 오해될 것이다. 그런데 오해받는 것이 나쁜 것인가? 피타고라스, 소크라테스, 예수, 루터, 코페르니쿠스, 갈릴레오, 뉴턴 등 육신을 가진 모든 순수하고 현명한 영혼은 오해받았다. 위대하다는 것은 오해된다는 것이다.[3]

예언자는 2권의 「예언자에 대하여」, 과학자는 2권의 「위대한 사건들에 대하여」에서, 마술사와 은퇴한 교황은 2권의 「사제들에 대하여」에서 이미 이야기되었던 이들이기도 합니다. 모두 사회적으로도 높은 지위에 올랐고 그에 따른 명성을 누리는 사람들입니다. 하지만 천민의 왕이 천민과 크게 다르지 않은 것처럼, 이들이 누리는 명성과 지위도 차라투스트라가 말하는 고귀함과는 무관함이 분명합니다. 이들과는 달리 더없이 추악한 인간, 거지, 그림자는 차라투스트라의 내면적 존재와 좀 더 밀접한 관련을 가집니다. 자발적으로 거지가 된 자는 붓다를 의미합니다. 그는 암소에게서 행복의 비밀을 발견하고자 애쓰는 자이자, 되새김질을 통해 고통을 치료하는 방법을 배웠다고 말하는 자입니다. 이들 모두는 그러나 더 높은 곳에 이르고자 하는 자들입니다. 허무주의의 병리 상태에서 이들은 스스로를 어떻게 구원할 것인가, 과연 구원할 수 있을 것인가, 차라투스트라는 여기서 또 어떤 역할을 할 것인가. 이러한 질문들이 앞으로의 장들에서 이어질 것입니다.

그림자

자발적으로 거지가 된 이에게서 벗어난 차라투스트라를 부르는 목소리가 다시 들립니다. 이제 그에게 들리는 목소리는 그 자신의 그림자의 것입니다. 차라투스트라는 더 이상 고독 속에 있지 못합니다.

이것은 내게 정말 너무 지나치다: 이 산중이 북적거리니, 나의 왕국은 이런 세상에 있지 않다. 나는 새로운 산이 필요하다.

차라투스트라는 자신의 고독을 그리워합니다. 그의 덕, 그의 가치는 그만의 것이어야 합니다(1권, 「환희와 열정에 대하여」). 산의 북적거림이란 수많은 사람들에 의해 그의 가르침이 마치 시장터의 흥정 소리처럼 오염되었음을 의미합니다.

그림자는 『차라투스트라』에서 다양한 의미로 등장합니다. 2권의 「지극한 행복의 섬에서」 마지막 부분에서 그림자는 차라투스트라를 찾습니다. 차라투스트라는 "초인의 아름다움이 그림자로서" 자신을 찾아왔다고 말합니다. 역시 2권의 「큰 사건에 대하여」에서도 차라투스트라의 그림자 같은 형상이 "때가 되었다! 때가 되었다!"고 선원들에게 말하며 하늘을 비행합니다.

> 그러나 내 그림자였을지도 모른다. 너희들은 이미 방랑자와 그의 그림자에 대해 듣지 않았는가?
> 분명한 것은 이것이다: 나는 그것을 짧아지게 해야 한다,—그렇지 않다면 그가 내 명성을 망칠 것이다.

2권의 마지막 장 「가장 고요한 시간」에도 '그림자'는 등장합니다.

> 오, 차라투스트라여, 너는 앞으로 와야 하는 자의 그림자로서 가야만 한다. 그렇게 너는 명령하고 또 명령하면서 앞장서야 한다.

이러한 반복적인 등장 속에서 그림자의 의미는 조금씩 달라집니다. 하지만 그건 모두 차라투스트라 자신의 모습이자, 차라투스트라의 가르침이 만들어낸 것입니다. 그림자는 차라투스트라를 뒤따르는 것이며, 그의 과거를 상징하기도 합니다. 이 과거는 니체가 쇼펜하우어와 바그너의 영향력 아래 놓여 있던 시기를 가리킬 수도 있습니다. 혹은 문헌학자였던 젊은 시절의 자신을 의미할지도 모릅니다. 그림자의 말은 마술사의 말과 닮아 있습니다. 마술사를 바그너에 대한 상징으로 읽는다면, 마술사와 그림자 모두가 니힐리즘에 대해 말한다는 점에서 이러한 해석 역시 타당하다고 볼 수 있을 겁니다. 신의 죽음 이후 자신의 가치를 찾지 못한 이들은 그림자처럼 끊임없이 방랑합니다. 차라투스트라가 기다리는 정오의 시간은 그림자가 가장 짧아지는, 혹은 그림자가 사라지는 시간이기도 합니다. 그림자가 길어진다면 자신의 명성을 망칠 테니 짧아지게 해야 한다고 말하는 것은 모든 가치가 부정된 세계에 오래 머물지 않아야 한다는 뜻입니다. 니힐리즘은 극복되어야 하는 무엇입니다. 그러나 우리는 이 니힐리즘을 피해갈 수는 없습니다. 극복이란 그것을 겪어낸다는 것을 의미하기 때문입니다. 사자의 단계를 거치지 않고서는 우리가 아이가 될 수 없는 것과 마찬가지입니다. 그러므로 그림자의 다음 장이 '정오'인 점은 바로 이러한 자기 극복의 단계와도 일치합니다. 그림자는 저녁이 될수록 더욱 길어진 모습으로 인간을 뒤쫓으며, 위협합니다. 차라투스트라가 태양을 향한다면, 그림자는 차라투스트라를 계속 따르면서도 그와 반대로 자신의 머리를 향합니다. 유령처럼, 검고, 속이 빈, 기진맥진한 그림자는 생에 대한 부정을 의미합니다. 그러므로 새로운 가치를 창조하고자 하는 자, 위버멘쉬는 이 그림자를, 일체의 니힐리즘을 뛰어넘어야 합니다. 그림자는 자기 극복과 가치 전환의 시간인 한밤중과 정오에는 사라지고 마는 존재이기 때문입니다. 이것이 2권 13장 「숭고한 자에 대하여」에서 차라투스트라가 강조한 바였습니다.

> 그리고 그가 자기 자신에게 몸을 돌릴 때야말로, 그는 자기 자신의 그림자를 뛰어넘어—그리고, 진실로! 자신의 태양을 향하게 될 것이다.

차라투스트라의 방랑은 생을 긍정하고 새로운 가치를 찾기 위한 것이었으며, 그에게는 높이 올라야 하는 산이 있었습니다. 그러나 그를 쫓아 방랑한 그림자는 오직 모든 가치의 부정과 세계에 대한 허무만을 얻었을 뿐입니다. 그림자가 어떤 말들을 하는지 잘 보시기 바랍니다. "아무것도 참된 것은 없다. 모든 것이 허용된다", "모든 선과 모든 부끄러움, 선에 대한 모든 믿음은 어디로 갔는가!", "나의 고향(Heim)을 이처럼 구하는 것

(Suchen): 오, 차라투스트라여, 이러한 구함이 나의 재앙(Heimsuchung)이었으며, 나를 먹어치웠다는 것을 잘 알지 않는가." 여기서 재앙으로 번역된 Heimsuchung이라는 단어를 조금 주목해서 보시기 바랍니다. 이 말은 그 자체로만 보면 '고향(Heim)을+찾는다(suchung)'는 뜻입니다. 그런데 어째서 이 말이 재앙과 같은 의미로 쓰이게 된 걸까요. 이것은 신의 재림과 관련이 있습니다. 신이 다시 오는 것은 심판을 하기 위해 오시는 것이며, 이것은 구원인 동시에 재앙이기도 하기 때문입니다(「요한계시록」을 떠올려보시기 바랍니다). 여기서 차라투스트라는 실상 고향을 찾는 것 역시 일종의 재앙임을 은밀히 암시하고 있는 것 같아 보이기도 합니다. 고향을 떠나 산으로 간 그에게 고향을 찾는다는 건 자신이 버리고 온 세계를 다시금 찾는 행위입니다. 이것은 타락이자, 데카당스입니다.

이 장에서 그림자의 말들은 모두 니힐리스트의 입에서 나온 말입니다. 우리는 차라투스트라의 가르침이 이와 같이 오해되지 않도록 주의해야 합니다. 이것은 독자들에 대한 차라투스트라의 경고이기도 합니다.

> 너의 위험은 작은 것이 아니다, 너 자유로운 정신이자 방랑자여! 너는 나쁜 하루를 보냈다: 조심하라, 너에게 더 나쁜 저녁이 오지 못하도록!
> 너와 같이 정처 없는 자는 마침내는 감옥마저도 행복한 곳으로 여긴다. 붙잡힌 죄수들이 어떻게 잠드는지 본 적 있는가? 그들은 조용히 잠든다, 그들은 그들의 새로운 안전을 즐기는 것이다.

차라투스트라와 그 그림자를 구별하는 것은 차라투스트라의 가르침이 모든 가치의 부정이라는 니힐리즘으로 귀결되지 않는다는 점을 아는 일입니다. 거듭 말씀드리지만, 차라투스트라의 진리 부정은 진리라는 관점에서 가치를 판단하지 않음을 의미합니다. 또 힘에의 의지를 통해 가치를 말하는 것이기도 합니다. 즉 충만된 힘에 의해 세계를 변화시키고자 하는 것, 세계를 끊임없이 변화시키는 힘에의 의지에 기꺼이 자신을 맡기는 것, 더 나아가 그 힘에의 의지에 방향성을 부여하는 것입니다. 가치 자체의 절대적 의미가 사라진 곳에서 중요한 것은 자신의 덕을 통해 끊임없이 충만된 힘에의 의지를 분출하는 사태 자체입니다. 힘이 이 세계를 가득 채우고 끊임없이 세계를 변화시킨다는 말은 힘 자체가 끊임없이 변화한다는 뜻입니다. 차라투스트라가 기독교를 노예 도덕이라고 비판한 까닭은 노예 도덕이 이 힘에의 의지를 거부하고, 끊임없이 결핍을 생산해내며, 무력하게 가상의 세계를 구한다는 데 있기 때문입니다. 그들이 추구하는 안전이란 기존의 세계를 변화시키지 않는 것입니다. 미래를 예측 가능한 대상으로 만들려는 일체의 시도 역시 세계의 불변성을 전제하는 관점에서는 다르지 않습니다.

그러므로 해석뿐인 세계는 결코 모든 가치의 부정을 의미하지 않습니다. 새로운, 자신의 덕을 찾는 일과 모든 가치를 부정하는 행위는 분명히 구분되어야 합니다. 모든 가치와 진리를 부정하는 그림자는 이러한 일체의 부정을 자신에 대해, 자신의 삶에까지 확장합니다. 그는 아무것도 신경 쓰지 않고, 아무것도 사랑하지 않으려 합니다. 이러한 니힐리즘은 가상의 세계를 이상화하고 삶을 부정하고자 하는 태도와 크게 다르지 않습니다. 그런 태도를 지닌 자들은 이 세계 속에서 그 어떤 편안함과 안전도 구할 수 없기에 차라리 감옥 안에서의 안전(Sicherheit)을 바라게 되는 것입니다. 편협한 신앙, 냉혹한 광기에 사로잡히는 일이 없도록 하라는 차라투스트라의 경고는 모든 가치를 부정하는 이가 얼마나 쉽게 광기에 사로잡힌 맹신자가 될 수 있는지에 대한 경고이기도 합니다.

정오

예언자의 등장 이후 비명소리를 듣고 숲속을 헤매는 사람들을 연이어 만난 차라투스트라는 자신의 동굴을 내어주고 홀로 나와, 더 이상 아무도 없는 곳에 이르렀습니다. 주위는 고요합니다. 그를 붙잡는 비명이나 사람들의 소리도 더는 들리지 않습니다. 때는 정오 무렵입니다. 그는 여기서 포도 넝쿨로 자신을 숨긴 나무를 발견하고 그 나무 옆에서 잠을 자려고 합니다. 완전한 정오의 시간에, 그렇게 나무 옆에 누워 낮잠을 청하려던 차라투스트라는 마음속으로 이와 같이 말합니다.

> 조용! 조용! 이제 막 세계가 완전해지지 않았는가? 도대체 내게 무슨 일이 일어났는가?

정오는 나무 아래에서 조용히 세계를 응시하는 시간입니다. 모든 것이 숨을 죽이는 시간, 이 시간 속에서는 가장 작은 것들이 세계의 완전함에 기여합니다. 그러니, 우리는 모두 숨을 죽여야 합니다.

> 가장 작은 바로 그것, 가장 조용한 것, 가장 가벼운 것, 도마뱀의 바스락거림, 숨결 하나, 한순간, 눈빛 하나—**작은 것**이 **최고의** 행복을 만든다. 조용!

차라투스트라에게 세계는 언제나 충만합니다. 그가 말하는 세계는 결핍에서 완성으로 나아가지 않습니다. 충만한 상태에서 변화하여 또 다른 충만한 상태로 이행하는 것, 그것이 차라투스트라의 세계입니다. 그렇다면 세계는 언제나 완전한 것이 아니었던가요. 그렇다면 여기서 세계가 완전해졌다는 말은 차라투스트라가 이 세계의 완전함을 온전히 인식했음을 의미할 겁니다. 정오의 잠은 차라투스트라 위에서 가볍게 춤춥니다. 그리고 이 정오의 시간에 차라투스트라는 잠이 깃털처럼 가볍다고 말합니다. 무거운 심연과 대비되는 한낮의 가벼움이 지금 이 순간 차라투스트라를 감쌉니다.

정오의 시간에 낮잠을 자는 차라투스트라는 그리스 신화의 판Pan을 떠올리게 합니다. 정오는 판이 잠드는 시간이기 때문입니다. 숲속을 지나는 사람들에게 공포를 유발하는 판의 소리(pan은 패닉panic이라는 말의 어원이기도 합니다)는 정오의 시간에는 들리지 않습니다. 판이 사냥을 끝내고 피곤한 몸을 쉬기 때문입니다. 여기서는 차라투스트라가 판이 됩니다. 자정이 차라투스트라의 가르침만이 들리는 시간이라면(2권 「밤의 노래」, 4권 「몽유병자의 노래」) 정오는 그 자신마저 편안히 잠드는 시간입니다. 가장 암울한 시간 속에서, 그 누구도 자신의 말을 듣지 않는 시간인 한밤에 홀로 끊임없이 솟아나오는 샘물처럼 자신의 말을 했던 차라투스트라는 이제 정오에 가르침을 전하고 휴식을 취합니다. 실은 차라투스트라 자신이 스스로를 완전히 구원하는 시간이 바로 이 정오입니다.

니체는 정오에 대해 "그림자가 가장 짧은 시간; 가장 길었던 오류의 끝; 인류의 정점"이라고 『우상의 황혼』에서 썼습니다.[4] 정오란 오류가 끝나는 시간이요, 차라투스트라가 등장하는 시점입니다. 세계의 완전함이란 영원회귀를 의미할 것입니다. 둥글고, 원숙하게 금빛으로 빛나며 완성되는 세계, 그것은 차라투스트라가 영원회귀의 세계와 조우했음을 의미합니다.

'동일한 것의 영원회귀'가 빚어지는 세계 속에는 모든 것이 언제나, 시간의 순서대로, 똑같은 방식으로 되돌아옵니다. 그러나 이 동일함의 영원회귀는 차이를 통해서만 가능한 것입니다. 즉, 동일한 것이 그대로 반복되기 위해서는 모든 차이를 경유해야 합니다. 세계가 완전해졌다는 것은 그 모든 차이를 경유했다는 것, 이 세계가 도달하지 못한 것이 없다는 사실을 의미합니다. 정오는 그것을 깨닫는 시간입니다.

정오란 시간을 나누는 시간이자, 시간이 합쳐지는 시간이며, 그 자신의 값이 없는, 시간 없는 시간입니다. 정오는 오전과 오후를 가르고, 합칩니다. 오전과 오후 사이에 정오는 존재합니다. 그러나 그것은 모서리와 같이 자신의 값이 없는 빈 시간이기도 합니다. 빈 시간이란 곧 모든 시간입니다. 변화 없는 한 점은 모든 변화의 시간을 자기 안에 갖습니다. 이러한 설명은 중세의 에크하르트([Meister] Johannes Eckhart)를 떠올리게 합니다. 그는 'nu'라는 개념을 통해 시간적 연장을 가지지 않는 현재, 순간, 찰

나를 표현했는데, 이는 과거와 미래를 나누는 점인 동시에 영원의 자리이기도 합니다. 원환으로 완성되는 영원의 시간이란 바로 이러한 시간입니다. 정오는 합치고, 또 나눕니다. 무엇이 합쳐지는 것입니까, 또 무엇이 나누어지는 걸까요. 정오의 시간 속에서는 남성과 여성, 정신과 신체, 자기와 타자, 독수리와 뱀, 진리와 거짓이 합쳐지고 또 나누어집니다. 그 모두는 이제 영원의 시간 속에 존재합니다.

또한 정오가 모든 것이 완전해지는 시간이라는 차라투스트라의 말 속에는 역사성에 대한 차라투스트라 특유의 인식이 내포되어 있습니다. 즉 세계의 역사가 아침-오후-저녁과 같이 완성을 향해서 나아간다는 도식은 이러한 시간의 비유에는 맞지 않습니다. 차라투스트라가 새로운 세계를 맞이하는 순간, 모든 게 완전해지는 시간이 정오라고 한다면 이제 이후의 시간은 타락의 시간일 것입니다. 하루의 끝이 아니라 오히려 그 정반대의 순간인 정오를 완전성의 시간이라고 본 것은 그런 이유에서이기도 합니다. 정오 다음의 시간은 몰락, 하강, 타락의 시간인 저녁놀의 시간이기 때문입니다. 정오의 완전함은 저녁놀의 몰락과 더불어 비로소 하나의 전체를 이루고, 다시금 되돌아오는 것입니다.

정오에 차라투스트라는 늘어진 영혼으로 만물의 흐름에 자신을 내맡기게 됩니다. 차라투스트라는 정오 속에서 영원의 샘 속으로 빠지듯, 떨어집니다. 그러한 인식은 그의 심장을 찌릅니다. 그러나 차라투스트라는 계속해서 잠들어 있지는 않습니다. 스스로 잠을 자고 있다는 걸 깨닫는 순간 그는 잠에서 빠져나옵니다. 정오에 계속 머물러 있는 자는 오후를 맞을 수 없을 것입니다. 정오의 행복은 차라투스트라의 심장을 산산히 부숩니다. 이것은 더 이상 그의 의지가 힘을 발휘할 수 없음을 의미하기도 합니다. 이럴 때 정오의 시간이란 곧 무력해진 의지가 됩니다. 이 늘어진 영혼을 구제하기 위해서는 잠에서 빠져나와야 합니다. 모든 것이 완전해지는 정오란, 곧 "무시무시한 심연"이기도 하기 때문이죠. 일체의 의지를 부정하는 곳, 모든 차이와 동일성이 영원히 반복되는 원환 속에서 전개되는 곳, 정오의 시간은 바로 그러한 시간이기도 합니다. 이 도취 속에서,

차라투스트라는 다시 일어납니다. 이 도취란 디오니소스의 도취입니다. 나무를 감싸고 있던 건 다름 아닌 포도 넝쿨이었습니다. 하지만 아직까지 차라투스트라는 아폴론이 필요합니다. 그러니 언제까지나 낮잠을 잘 수는 없는 노릇입니다. 다행히, 시간은 얼마 지나지 않았고, 그는 다시금 깨어납니다.

환영 인사

정오의 달콤한 잠에서 깨어난 차라투스트라는 마침내 동굴로 돌아옵니다. 아직 과업이 남았기 때문입니다. 그에게는 자신의 과업이 행복보다 더욱 중요합니다. 행복은 중요하지 않다는 말을 차라투스트라는 내내 반복해왔습니다. 정오의 잠에서 바로 깨어날 수 있었던 것도 아마 그 때문일 겁니다.

숲속에서 들리는 비명소리를 좇아가게 한 것은 차라투스트라의 동정심이었습니다. 극복해야 하지만 아직 극복하지 못한 동정심. 그는 이 비명소리를 찾아 하루종일 숲속을 헤매다가 헛걸음 끝에 다시 동굴로 돌아왔습니다. 그런데, 이제 자신의 동굴 속에서 퍼져 나오는 그 비명소리를 듣게 된 것입니다. 차라투스트라는 황급히 동굴로 뛰어들어갑니다. 그런데 동굴 속에서 그를 기다리는 자들은 그가 낮에 만났던 이들이었습니다. 그러니까 두 명의 왕, 늙은 마술사, 교황, 자발적으로 거지가 된 자, 그림자, 정신의 양심을 지닌 자, 그리고 슬픈 예언자와 나귀까지, 그들은 모두 사람을 낚는 자인 차라투스트라가 낚은 사람입니다. 이 점은 차라투스트라의 동정심을 되비추어줍니다.

그들은 모두 차라투스트라에게서 희망을 배우고자 합니다. 차라투스트라에 대한 그들의 찬사는 오른편 왕의 입을 빌려 말해집니다. 그는 차라투스트라에게 경배의 말을 아끼지 않습니다. 오른편의 왕은 차라투스트라를 소나무에 비유하면서, 그와 같은 나무 한 그루가 대지 전체에 생기를 돌게 한다고 말합니다. 그러나 이러한 찬사에 대한 차라투스트라의 응답은 단호합니다. "내가 이 산에서 기다린 것은 너희들이 아니었다." 그들은 차라투스트라가 기다린 보다 높은 인간이 아니었습니다! 차라투스트라는 크게 실망합니다. 그들은 충분히 높지도, 강하지도 않은 자들이기 때문입니다. 차라투스트라의 북소리만 듣고도 놀라서 달아날 자들입니다. 그리고 차라투스트라의 모습을 일그러뜨리는 우그러진 거울(2권 1장 「거울을 갖고 있는 아이」)과도 같은 존재들이죠. 여기서 '보다 높은 인간'에 대한 예언자의 거짓이 드러납니다. 예언자는 그들이 보다 높은 인간이라고, 숲속의 비명은 보다 높은 인간들에게서 나왔다고 차라투스트라에게 말했습니다. 그러나 그것은 예언자의 유혹일 뿐이었습니다.

그들은 차라투스트라가 기다린 인간들이 아닙니다. 천민들의 왕 노릇을 더 참지 못하고 차라투스트라를 찾아온 왕은 어쩌면 사람들한테 쫓겨났을지도 모릅니다. 근대의 평등주의, 민주주의는 왕을 왕좌에서 쫓아내버렸습니다. 한때 지녔던 높은 사회적 지위를 유지하지 못한 사람은 왕들만이 아닙니다. 교황의 권위는 땅에 떨어졌고, 마술사는 사회에서 추방되었습니다. 그러므로 이들이 차라투스트라를 찾아온 것은 그의 가르침을 오해했기 때문이라고 볼 수 있습니다. 즉 주인 도덕과 노예 도덕을 전통적인 주인-노예의 사회 체제에 대한 차라투스트라의 옹호로 읽어냈을 수도 있다는 뜻입니다.

보다 높은 인간과 높은 사회적 지위의 인간이 어떤 차이가 있는지를 정확히 인식하지 못한 그들은 차라투스트라가 자신들을 옹호한다고 착각했을 수 있습니다. 실제로 이후의 니체 수용사를 간략하게 그려본다면 이러한 오해는 예외적이라고 보기 힘듭니다. 그러므로 그들은 보다 높은 인간을 기다리는 차라투스트라 앞에 당당히 나타난 것입니다. 앞서도 비쳤듯이, 3권의 출간 이후 애초 기획에 없었던 4권의 출간은 자신의 철학에 대한 이런 식의 세간의 오해를 불식하고자 함이 아니었을까 하는 해석이

가능합니다. 3권까지 두드러졌던 시적 표현의 강도가 약해진 점도, 구체적인 당대의 사유들을 다루는 사실도, 이런 관점이라면 이해가 되는 측면이 있습니다. 3권까지의 『차라투스트라』가 차라투스트라의 새로운 음악이라면, 4권은 일종의 구체적인 지침서로 볼 수도 있을 것이기 때문입니다.

만약 이렇게 읽는다면, 이들의 비명은 실은 차라투스트라의 조롱의 대상이어야 합니다. 이러한 사정을 숨기고 예언자는 그 소리가 보다 높은 인간들의 비명소리라고 차라투스트라를 속였습니다. 예언자는 지위가 높은 자들을 보다 높은 인간이라고 말하지만, 그건 차라투스트라의 의도와는 정반대입니다. 그렇기 때문에 차라투스트라는 그들을 만났으면서도 자신의 동굴로 초대하기만 하고, 예언자가 말한 보다 높은 인간의 비명소리를 계속해서, 헛되이 찾아나선 것입니다. 그는 왜 그 비명소리에 움직였을까요. 그 소리는 자신이 중력의 악령을 만나 이 세계의 비밀을 듣고 난 후에 겪었던 열병을 떠올리게 했을 겁니다. 3권의 「건강을 회복하고 있는 자」는 그러한 심연의 고통에서 회복하는 차라투스트라의 모습을 보여준 바 있습니다. 비명소리를 듣고 자신의 땅에서 고통받는 자는 없어야 한다고 그를 찾아 헤매는 차라투스트라의 모습에서 우리는 그의 고통을 역으로 짐작해볼 수 있습니다. 그러나 알고 보니 예언자가 말한 보다 높은 인간이란 그저 지위가 높은 자들이었을 뿐이고, 아직까지 천민적인 것을 자기 안에 지니고 있는 인간들이었으며, 그들의 비명은 심연을 마주하며 겪는 존재의 비명이 아니라 그저 자신의 지위를 위협받아 지르는 외침에 불과했습니다.

차라투스트라는 그들에게 새로운 역할을 부여합니다. 그들의 역할은 보다 높은 인간을 위한 다리이자 계단이 되는 것입니다. 하지만 이 점에서는 차라투스트라 역시 예외가 아닙니다. 인간은 모두 다른 인간들을 위한 다리이기 때문입니다. 이제 그들을 넘어, 웃는 사자가, 새로운 아이들이, 새롭게 아름다운 종족이 나타날 것입니다. 이들이야말로 차라투스트라가 진정 기다리는 이들입니다.

최후의 만찬

　　차라투스트라의 환영 인사 뒤에 이어지는 것은 바로 만찬입니다. 차라투스트라가 보다 높은 인간에 대해 이야기하는 것은 만찬을 가진 다음입니다. 브레히트가 희곡 「서푼짜리 오페라」에서 말했듯이, 음식이 먼저고, 도덕은 그 다음입니다.[5] 차라투스트라가 말하는 섭생의 계율은 자신의 계율일 뿐입니다. 그것은 결코 만인을 위한 계율도 아니고, 정신과 도덕에 관련된 계율도 아닙니다. 여기서 그는 건강한 몸을 위한 계율의 필요성을 말하고 있을 뿐입니다. 그것이 전쟁과 축제를 즐기는 자의 섭생이어야 하기 때문입니다. 자발적으로 거지가 된 자만이 여기에서 차라투스트라의 말에 가벼운 조롱을 더합니다. 사제들과 마찬가지로 그 역시 금욕주의자이기 때문입니다. 그러나 차라투스트라는 기분 좋게 대답합니다: 곡물을 잘게 씹고, 물을 마셔라. 그것이 그대를 기쁘게 한다면!

　　그런데 이 만찬 자리에 보이지 않는 게 있습니다. 빵입니다. 차라투스트라는 비웃으며 말합니다. "은자는 빵을 가지지 않는다. 사람은 빵만으로 살지 않으며, 오히려 좋은 양의 고기로 산다." 빵이 없다는 것은 무엇을 의미할까요. 세 가지 정도를 언급할 수 있겠습니다. 첫째, 차라투스트라는 인간은 빵만으로 살 수 없다는 『성경』의 구절을 패러디하고 있습니다. 둘째, 빵은 포도주와 함께 최후의 만찬을 상징하는 음식이며 예수의 몸의 상징이기도 합니다. 셋째, 빵이란 곧 농업을 의미하고, 이는 정착 생활의 산물입니다. 따라서 그것은 차라투스트라의 식사가 아닙니다. 차라투스트라는 방랑하는 자이며 그에게 빵은 어울리지 않는 음식이기 때문입니다. 대신 그는 양고기를 준비합니다.

　　여기서는 거지와 왕이, 교황과 나귀가 함께 모여 식사를 합니다. 그들은 모두 차라투스트라의 손님이고, 차라투스트라는 그들 모두를 친절히 대합니다. 지위의 높고 낮음은 여기서 문제되지 않습니다. 니체를 계급주의적으로 읽는다면 이러한 만찬은 니체의 텍스트에서 이질적으로 보일 것입니다. 니체의 철학을 진지하게 이해하고자 한다면, 그의 문장들을 성급히 사회적 맥락으로 번역하지 않도록 주의해야 합니다. '보다 높은 인간'에 대해 이야기하는 이 4권에서는 더욱 그렇습니다.

보다 높은 인간에 대하여

위대한 사상을 지니고 홀로 있다는 것은 견딜 수 없다.

계획. 나는 이 사상[동일한 것의 영원회귀: 인용자]을 함께 나눌 수 있고, 그 점에서 몰락하지 않는 사람들을 찾고 부른다. 보다 높은 인간이라는 개념: 자기 자신뿐만 아니라, 인간에 대해 고통스러워하며, 자기 자신에 있어서도 단지 "인간"을 창조할 수밖에 없는 인간

[……]

우리를 구원하는 것은 "인간 자체"를 구원하는 것이다: 이것이 우리의 "이기주의"인 것이다![6]

위대한 사상을 위한 동료들을 찾는 일, 그것은 차라투스트라가 끊임없이 사람들을 향하는 이유입니다. 보다 높은 인간이란 새로운 인간을 창조함으로써 인간을 구원할 수 있는 그러한 인간입니다. 그러나 위에서 언급한 대로, 인간을 구원한다는 것은 선행을 의미하지 않습니다. 자기 구원과 자기 극복, 그건 인간 자체의 구원이기도 합니다. 마치 예술가가 끊임없이 자신으로 되돌아감과 동시에 다른 인간들로부터 가장 멀리까지 감으로써 인간이라는 존재를 재발견하듯이. 이것은 보다 높은 인간에 대한 이야기이면서, 동시에 보다 높은 인간에게 하는 이야기이기도 합니다. 형식적 측면에서 이 장은 「낡은 서판들과 새로운 서판들에 대하여」와 유

사합니다. 그러나 낡은 가치의 파괴와 새로운 가치의 창조에 대해서 말한 저 장과는 달리, 여기서 차라투스트라는 심연에 맞서 싸우는 법에 대해 이야기하고 있습니다. 이러한 가르침은 그가 이미 말한 것이기도 합니다. 각 절의 내용을 간략하게 정리하면 다음과 같습니다.

1. 1절부터 3절까지는 더 높은 인간의 존재를 부정하는 근대적 평등주의에 대한 비판입니다. 이 대목에서 차라투스트라는 자신의 실수를 고백합니다. 10년의 은둔 뒤 최초로 간 곳이 어리석게도 시장터였다는 겁니다. 그는 사람들에게 위버멘쉬에 대해 말했지만, 시장에서는 아무도 보다 높은 존재를 믿지 않습니다. 이제 차라투스트라는 다시 권합니다. 시장터를 멀리하라고. 그런데 더 높은 인간에 대한 천민들의 거부는 역설적으로 신의 존재에 대한 믿음과 결합되어 있습니다. 천민들은 자신들이 신 앞에서 평등하다고 말합니다. 차라투스트라가 여기서 신에 대한 믿음과 평등주의를 함께 거론하는 이유는 무엇일까요. 그에게 평등주의는 긍정적 힘이 아니라, 인간은 신이 되지 못한다는 원한 감정에 추동된 반동적인 힘, 패배주의에서 비롯되기 때문입니다. 그가 인간들 사이의 차별에 대해 말하고 있지 않음을 새삼 강조할 필요는 없을 것입니다.

2. 신은 죽었다, 그리고 이제는 보다 높은 인간이, 위버멘쉬가 나타나야 한다. 이것은 차라투스트라의 가장 강력한 메시지입니다.

3. 보다 높은 인간이란 순종하기보다 절망하는 자입니다. 위버멘쉬를 위해서는 순종, 겸손, 책략, 근면, 배려, "절대 다수의 행복" 등의 왜소한 덕에서 벗어나야 합니다. 보다 높은 인간이 아니라, 그 높이를 뛰어넘는, 스스로를 극복하는 인간이 필요합니다. 신 앞에서 인간은 평등하다고 말하는 자들은 그러한 절망을 이미 받아들여, 경멸과 절망에 익숙해진 자들입니다. 이 익숙함이 그들을 순종하게 하고, 겸손하게 하고, 경멸하지 않고, 절망하지 않게 합니다. 반대로 절망하는 인간이야말로 그야말로 절망

하지 않는 자이며, 경멸하는 인간이야말로 진정 숭배하는 자입니다. "오늘을 어떻게 살아야 할지 모르는 자들"이라는 말 속에 차라투스트라의 평가가 그대로 들어 있습니다. 들뢰즈는 보다 높은 인간들에 대해 다음과 같이 정리합니다.

> 그들은 다수이고 다양하지만, 하나의 동일한 기도를 꾀한다. 즉 신이 죽은 후에 신적인 가치들을 인간적인 가치로 대체하는 것이다. 따라서 그들은 문화의 생성이라는 것을, 혹은 신의 자리를 인간이 차지하게 하려는 기도를 상징한다. 가치평가의 원리는 동일한 채로 있고 가치전환은 수행되지 않기 때문에, 그들은 단적으로 니힐리즘에 속하며 차라투스트라 자체에 가깝기보다는 차라투스트라의 광대에 가깝다. 그들은 '실패한 자', '서툰 자'이며, 웃을 줄도 놀이할 줄도 모르고 춤출 줄도 모른다.[7]

4. 말하고자 하는 바는 선명합니다. 두려움을 모르는 자가 아니라, 두려움을 갖되 그것을 제어하는 자, 긍지를 품고 심연을 바라보는 자가 용기 있는 자입니다.

5. 위버멘쉬를 위해서 인간은 더 선하고 더 악해져야 한다고 말합니다. 현자들의 도덕주의에 대한 비판은 이미 수없이 반복되었습니다. 차라투스트라는 이 말들이 "귀가 긴 자들"에게 하는 말이 아니라고 덧붙입니다. 귀가 긴 자들이란 타인의 말에 부화뇌동하는 자들을 의미합니다. 시장터의 인간들이 바로 그러한 귀가 긴 자들, 나귀와 같은 자들입니다. 자신을 극복하기 위해서는 모든 자극에 일일이 반응해서는 곤란합니다. 고독에 대한 차라투스트라의 가르침을 생각해보시기 바랍니다.

6. 여기서 차라투스트라는 보다 높은 인간들에게 채찍을 가합니다. 그는 그들을 위해서, 그들이 편안하게 잠자도록, 새로운 길을 쉽게 찾도록 돕기 위해서 있는 것이 아닙니다. 보다 높은 자들의 삶은 더 가혹하고,

힘들어야 합니다. 보다 높은 자들은 시대와 불화하기 때문입니다. 그러나 그러한 불화는 아직 자신의 문제에 불과합니다. 이들은 니힐리즘에 시달리는 이들이기도 합니다. 차라투스트라는 보다 높은 자는 다리이자, 계단이어야 한다고 말합니다. 그러므로 인간의 존재에 대해, 인간의 문제로 고심하여야 합니다. 그것이 차라투스트라가 받고 있는 고통의 정체입니다. 그러나 그 고통을 감당하지 못하는 자는 결코 보다 높은 인간이 될 수 없습니다. 차라투스트라가 말하는 자기 극복은 고통의 해소가 아닌, 더 강한 고통에 대한 기대이기 때문입니다.

7. 빛이 되기 위해서가 아니라, 눈을 멀게 하기 위한 번개에 대해 말합니다. 지금 사람들에게는 숭배할 빛이 필요한 것이 아닙니다. 그들의 눈은 너무 많은 거짓들을 보고 있습니다. 자신의 운명을 볼 수 있는 자는 오히려 눈먼 자입니다.

8. 오늘날의 세상은 천민들의 것입니다. 그들은 언제나 거짓을 말하고, 언제나 구부러져 있습니다. 위대한 일을 하고자 하는 자는 천민들에게 자신을 과시하지 말아야 한다고 차라투스트라는 말합니다. 그것은 다만 "그럴싸한 벌레의 먹이"가 되는 데 불과합니다. 대중에게 복종하는 나귀/낙타에 대해 잊어서는 곤란합니다. 보다 높은 인간이 무엇인지에 대해 천민들이 말해줄 수는 없습니다. 자신의 위대함을 뽐내고자 하는 자는 결코 위대함이 무엇인지 알지 못하는 노예와 같은 자들에 불과합니다.

9. 천민들의 믿음에는 근거가 없습니다. 진리의 승리마저도, 천민들의 세계에서는 오류 위에 존재합니다. 진리와 오류는 모두 힘에의 의지에 불과합니다. 차라투스트라가 강조하는 불신은 이러한 천민들의 진리에 대한 순진한 믿음을 의심할 것을 주장합니다. 힘에의 의지의 차원에서 진리와 오류는 비로소 의미를 가질 수 있습니다. 차라투스트라가 4권의 첫 장에서 꿀을 가지고 짐승들을 속였던 걸 생각해보시길 바랍니다. 차라투

스트라는 또한 과학을 거론합니다. 과학자는 차갑고, 메마른 눈을 가졌습니다. 그들은 열정을 가지지 못했고, 모든 새들은 그들 앞에서 날개 뜯겨 죽임을 당합니다. 객관적 진리라는 오류. 그 오류는 아무런 결실을 맺지 못한다는 점에 있습니다. 이들에 대해서는 차라투스트라가 이후에 다시 말합니다.

10. 높은 곳에 오르고자 하는 이는 스스로의 발로 올라야 한다. 이는 6~8절에서 말한 것과 같은 맥락입니다. 간단하게는 두 가지 의미로 해석될 수 있을 겁니다. 차라투스트라도 그들을 도울 수 없다는 것, 혹은 천민들에 의한 명성에 기대해서도 안 된다는 것.

11. "인간은 자신의 아이만을 잉태할 수 있을 뿐이다." 이는 누구도, 보다 높은 인간들의 자기 극복을 도울 수 없다는 의미입니다. 자신의 가치는 자신만이 창조할 수 있을 뿐입니다. 모두를 위한 도덕이 아닌, 자신만의 덕. "뭔가를 위하여", "무엇 때문에"와 같은 말들은 이제 추방되어야 합니다. 그것들은 천민들을 위해 존재하는 말이기 때문입니다. 보다 높은 인간들이 이러한 말에 매여 있는 한, 그들 또한 천민에 불과하게 됩니다. 특히 차라투스트라는 '이웃을 위하여'라는 말을 경멸합니다. 이는 1권의 「이웃 사랑에 대하여」에서 이미 이야기된 바 있습니다.

12. 새로운 가치가 세상에 나오려면 그 이전의 가치의 흔적이 지워져야 한다는 것은 파괴와 창조가 결코 별개의 것이 아님을 보여줍니다.

13. 자신의 능력을 넘어서는 일을 하지 말아야 한다는 말이 여기서도 반복됩니다. 자기 극복의 힘은 자신의 능력이어야 합니다. 자신의 능력을 넘어서는 것이란 결핍에서부터 출발하는 일입니다. 이것은 당위나 방법론 이전에 자기 극복의 본질이기도 합니다. 여기서 차라투스트라는 조상의 덕을 따른다면서 그들의 악덕을 반복하는 무리들을 비웃고 있습니다.

14. 지금 큰일을 이루지 못했다고 해서 실패가 아닙니다. 자신이 실패했다고 해서 인류가 실패한 것은 더더욱 아닙니다. 여기까지는 사실 새로울 것 없는 이야기입니다. 그러나 차라투스트라는 한 걸음 더 내딛습니다. 설령 인류가 실패했다고 해서 무엇이 문제인가, 인류가 어떻게 되어야 한다는 목표가 존재하지 않는다면 애당초 실패라는 말이 무슨 의미가 있는가라고 반문합니다. 인간은 놀이와 조롱을 위한 거대한 탁자 위에서 주사위 놀이를 할 뿐입니다.

15. 14절에 이어 실패에 대해 다시 말하고 있습니다. 보다 높은 인간들에 대한 설교로 이루어진 이 장 전체가 차라투스트라의 애정 어린 가르침으로 채워져 있지만, 특히 여기서 차라투스트라의 말투는 온화합니다. 실패로부터 인류의 미래가 새롭게 열린다, 스스로를 비웃는 법을 익혀라. 차라투스트라는 보다 높은 인간들을 향해 용기를 북돋우고 있습니다. 그러나 나중에 17장 「각성」에서 보듯이 이러한 차라투스트라의 마지막 기대는 이루어지지 않습니다.

16~20. 사랑 대신 저주를 말하는 천민들에게 거리를 두라, 웃는 자에게 화가 있다고 말한 신이야말로 가장 큰 죄악을 범한 것이 아닌가. 차라투스트라의 말은 부정할 수 없습니다. 세계에 대한 혐오는 곧 자신에 대한 혐오에서 나온 것입니다. 춤을 출 수 있을 만큼 가벼워지려면, 인간은 중력의 악령에게서 벗어나야 합니다. 16절 이후 20절까지는 모두 웃음과 춤에 대해 말하고 있습니다.

우울의 노래

차라투스트라는 긴 가르침을 마치고 동굴 밖으로 나옵니다. 동굴 안의 공기가 보다 높은 인간들에게서 나는 악취로 가득 차 있었기 때문입니다. 차라투스트라는 언제나 맑은 공기를 찾습니다. 맑은 공기는 건강한 것, 고귀하고 귀족적인 것, 강한 것, 아름다운 것, 좋은 것 등을 상징합니다. 악취는 이와 반대입니다. 그것은 천민적이고 저급한 것, 더러운 것, 병에 걸린 것, 거칠고 조야한 것, 무력하고 궁핍한 것, 비천한 것을 상징합니다. 보다 높은 인간들이란 얼핏 고귀한 자들처럼 보이지만 실제로는 천민적인 인간들과 같은 부류입니다. 그렇기 때문에 차라투스트라는 동굴 안에서 그들과 오래 있지 못하고, 동굴 밖으로 나옵니다. 그리고 자신의 벗인 뱀과 독수리와 함께 상쾌한 공기를 마십니다.

동굴 안의 늙은 마술사는 이때를 놓치지 않습니다. 차라투스트라가 동굴 밖으로 나가 자리를 비운 사이, 늙은 마술사는 차라투스트라의 설교에 맞서 니힐리즘에 대해 설교하려고 합니다. 그의 가르침은 우울의 악마(schwermüthiger Teufel)를 대리합니다. 차라투스트라가 맑은 공기가 필요한 존재라면, 우울의 악마는 나쁜 공기를, 악취를 풍기는 존재입니다. 차라투스트라가 정오를 기다리는 존재라면, 우울의 악마는 저녁놀로 상징됩니다. 우울의 악마의 목소리가 된 마술사는 바그너를 닮아 있습니다. 그는 음악을 통해 거짓으로 감각을 자극하고, 대중을 유혹하고 마비시키는 존재입니다.

— 너희 모두, 나와 같이 **크나큰 역겨움에** 고통받는, 오랜 신이 죽고 요람과 포대기 속에 어떤 새로운 신도 두지 않은, 너희 모두를 나의 사악한 정신과 마법의 악마가 좋아한다.

우울의 악마의 목소리를 대신해 마술사는 이렇게 말합니다. 오랜 신은 죽고 새로운 신은 오지 않았다는 말은 가치의 상실 상태를 가리킵니다. 차라투스트라는 모든 걸 부정하는 니힐리즘의 끝에서 새로운 창조의 가치를 발견합니다. 스스로 신의 자리를 대신하고자, 위버멘쉬가 되고자 하는 것은 그러한 이유 때문입니다. 그러나 여기서 악마가 말하고 있는 것은 철저한 부정일 뿐, 그 외에는 아무것도 없습니다. 과거의 신도, 새로운 신도 모두 부정되었습니다. 이러한 극단적 니힐리즘 속에서 마술사는 차라투스트라를 비난하며 노래합니다.

> **진리의** 구혼자라고? 네가?—그들은 조롱했지—
> 아니! 단지 한 시인일 뿐!
> 한 마리 짐승, 교활하고, 약탈하며, 몰래 도망치는,
> 거짓말을 해야 하는,
> 알면서도, 고의적으로 거짓말을 해야 하는:
> 희생물을 탐내는,
> 색색으로 가면을 쓰고,
> 자기 스스로 가면이 되고,
> 자기 스스로 제물이 되는—
> **그런 자가**—진리의 구혼자라고?
> 아니! 어릿광대일 뿐! 시인일 뿐!
> 현란하게 말하는 것뿐,
> 어릿광대의 가면 뒤에서 색색으로 소리 지르고,
> 거짓된 말의 다리를 이리저리 오르며,
> 색색의 무지개다리 위를,
> 거짓 하늘과
> 거짓 땅 사이를
> 방랑하고, 떠도는
> 어릿광대일 뿐! 시인일 뿐!

이어 마술사는 고양이, 독수리, 표범 등으로 차라투스트라를 비난합니다. 그러나 이러한 표현들은 차라투스트라에게는 아무런 비판이 되지 못합니다. 온갖 우연으로 뛰어드는 고양이, 심연을 내려다보는 독수리, 어린 양의 영혼을 못마땅해하는 자, 표범(표범은 디오니소스를 상징하는 동물입니다)은 차라투스트라가 스스로를 위해 마련한 표현들이기 때문이죠. 마술사와 우울의 악마에게서 부정되는 가치들은 차라투스트라를 설명하는 말들이 됩니다. 그러므로 마술사의 비난은 아이러니하게도 우리로 하여금 차라투스트라를 가장 잘 이해하도록 하는 말들이 됩니다.

> 너는 인간을
> 신으로, 양으로 보았다.
> 인간 안의 양처럼,
> 인간 안의 신을 **찢어버리기**
> 그리고 찢어버리면서 **웃기** ―
>
> **그것이, 그것이** 너의 지복(Seligkeit)이다!
> 표범과 독수리의 지복!
> 시인과 어릿광대의 지복!

인간 안의 양과 신은 같은 것입니다. 양을 이끄는 것이 신이기 때문이며, 양이 없이는 신도 존재할 수 없기 때문입니다. 그리고 신과 양은 낡은 도덕 관념, 원한의 감정들, 새로운 것을 창조하지 못하는 결핍된 힘과 함께 존재합니다. 그것은 무리 짐승들 안에, 그들과 더불어 있습니다. 의식의 세계, 도덕과 규범의 세계는 이들이 지배합니다. 차라투스트라는 이것을 찢어버리고자 합니다. 인간을 찢고, 그것을 다시 그러모아 새로운 존재를 탄생시키는 장면은 디오니소스 신화가 보여준 바 있습니다. 이렇게 인간을 찢어놓는 것은 힘, 다시 말해 과잉된 힘입니다. 그것이 힘에의 의지이며, 창조가 무엇인가에 대한 차라투스트라의 대답이기도 합니다. 힘에의 의지는 진리를 넘어 나아갑니다. 진리란 기존의 세계에 불과하기 때문이지요. 그러니 "진리에게 내쫓긴 어릿광대이자, 시인"이라니, 차라투스트라에게 이보다 더 적절한 헌사가 어디 있겠습니까.

학문에 대하여

마술사의 노래는 악취를 풍깁니다. 그러나 보다 높은 자들은 이것을 깨닫지 못합니다. 그들은 둔한 감각과 둔한 정신을 가진 자들이기 때문입니다. 다른 사람들이 마술사의 노래에 빠져 있을 때, 정신의 양심을 지닌 자만이 마술사의 노래를 거부합니다. 그는 차라투스트라와 마찬가지로 신선한 공기를 원합니다. 그는 동굴 속의 다른 이들, 여전히 낡은 세계에 갇혀 있는 이들과는 다른 사람입니다. 이 장의 표제에서 알 수 있듯이 그는 학문으로 세계를 해석하는 자이며, 낡은 도덕, 낡은 규범을 부정하는 자입니다. 그의 덕은 학문/과학이자 합리적 사고입니다. 우리는 그를 근대의 계몽주의자, 합리주의자라고 이해할 수도 있을 겁니다. 그가 차라투스트라를 찾은 이유는 확실한 것, 안전한 것을 구하기 위해서입니다. 정신의 양심을 지닌 자는 다음과 같이 말합니다.

우리는 이 위에서 서로 다른 것을 **찾는다**, 너희와 나는. 나는 요컨대 **더 많은 안전**을 찾는다, 그래서 내가 차라투스트라에게 온 것이다. 그야말로 여전히 가장 견고한 탑이자 의지이다. —
— 모든 것이 흔들리고, 모든 땅이 진동하는 오늘날. 그러나 너희, 너희가 짓는, 너희의 눈빛을 볼 때, 너희는 **더 많은 불안전**을 찾는 것처럼 내게 보인다.

더 많은 안전은 더 많은 확실성이기도 합니다. 안전과 확실성은 다른 말이 아닙니다. 미래를 예측하는 능력, 현상 세계의 이면에서 법칙을 파악하는 능력, 사물을 인과 관계에 의해 논리적으로 이해하는 능력, 이러한 '확실성'을 위한 학문적 지식은 모두 '안전한' 삶을 위한 것입니다. 안전/확실성(Sicherheit)에의 열망, 그건 세계에 대한 공포에서 비롯됩니다.

공포는 말하자면—인간의 유전적이고 근원적인 감정이다: 공포를 통해 모든 것이 설명된다, 원죄(Erbsünde)와 타고난 덕(Erbtugend). 공포를 통해 **나의** 덕도 자란다, 그것이 과학이다.

이미 고대 그리스 엘레아 학파의 철학자인 파르메니데스는 생성에 대한 공포를 극복할 확실성을 요구하면서, 다음과 같이 이야기했습니다.

"신들이여, 저에게 오로지 확실성(Gewissheit)을 주소서!"가 파르메니데스의 기도이다. "그 확실성이 불확실성의 바다 위에서 눕기에 충분한 널빤지 하나라도 좋습니다! 생성하고, 풍요롭고, 다양하고, 번영하는 모든, 이 모든 것은 오직 당신께서 가지십시오, 그리고 내게는 빈약하고 공허하면서도 유일한 확실성만을 주소서!"[8]

파르메니데스는 진리와 보편타당성에 대한 그 누구보다 강한 열망으로 자신만의 독특한 '존재론'을 완성시켰습니다. 그는 사유와 존재의 일치를 주장했는데, 이는 최고 재판관인 사유의 독단 아래 현실과 존재가 검증되고, 판단되어야 한다는 주장입니다. 학문과 진리란 이러한 관점에서 인간에게 확실성/안전을 제공하는 것으로 이해됩니다. 알지 못하는 이는 언제나 불안할 수밖에 없습니다. 학문은 유용성에 의해 그 가치가 평가되는 지식이며, 그 목표는 새로운 가치, 새로운 삶의 창조가 아니라 기존의 삶을 보존하는 데 있기 때문입니다. 그러나 힘에의 의지는 삶의 보존이라는 균형을 지향하지 않으며, 언제나 힘의 증가와 감소라는 생성의 과정에 놓일 뿐입니다. 잘 아시다시피 아도르노와 호르크하이머는 『계몽의 변증법』에서 이러한 과학적 사고, 그들이 계몽이라고 통칭하는 사고의 개념을 다음과 같이 정리합니다.

> 진보적 사유라는 가장 포괄적인 의미에서 계몽은 예로부터 인간에게서 공포를 몰아내고 인간을 주인으로 세운다는 목표를 추구해왔다.[9]

과학/학문이 공포에서, 또 공포를 몰아내기 위해서 자라났다는 이 말은 과학이 세계를 보고 이해하는 방식을 그대로 드러냅니다. 세계는 공포스러운 것입니다. 그들에게 끝없이 생성을 거듭하는 세계는 공포 그 자체입니다. 신이 사라진 세계에서 이러한 공포를 해결하는 것은 이제 과학의 몫으로 남겨집니다. 과학적 지식은 이러한 공포에서 그들을 구제합니다. 그들은 이제 어떤 가치에 대한 존중 없이 객관적인 지식만을 숭배합니다. 그러므로 우리가 여기서 볼 수 있는 건 가치의 전도가 아니라, 가치의 상실입니다. 니체는 『도덕의 계보』에서 학문이 금욕주의적 이상, 양심의 가책의 은신처라고 말하고 있습니다. 그런 점에서 학문을 말하는 이 '정신의 양심'을 지닌 이는 결국은 일종의 풍자적 비난의 대상에 다름 아닙니다. 그 역시 늙은 신이 죽은 세계 속에서 어떤 긍정의 가능성도 찾지 못한 채 불안함에 시달리는 니힐리즘적 존재이며, 이제 그것을 과학이라는 또 다른 가상을 통해 해소하려는 데 불과하기 때문입니다.

> 이러한 현대 과학, 이것이야말로 진정한 현실 철학이며, 분명히 오직 자기 자신만을 믿고, 분명히 자기 자신에 대한 용기나 자기 자신에 대한 의지를 가지고 있으며, 지금까지 신이나, 저편 세계나, 부정의 덕목 없이도 잘 헤쳐나갔다. 하지만 이러한 소음 같은 소리나 선동가의 잡설은 나를 설득시키지 못한다: 이러한 현실적 나팔수들은 보잘것없는 음악가들이며, 그들의 소리는 심층에서 나오는 것으로 들리지 **않는다**. 그들의 입에서 나오는 말은 과학적 양심이라는 심연의 소리가 **아니다**.—왜냐하면 오늘날

과학적 양심은 하나의 심연이기 때문이다 ─. 이러한 나팔수의 입에 오르내리는 '과학'이라는 용어는 단지 음란함, 남용, 뻔뻔스러움이다. 진리란 여기에서 주장되고 있는 것과는 정반대되는 것이다. 과학은 오늘날 자기 자신에 **대한** 이상은 말할 것도 없고, 자기 자신에 대한 믿음을 전혀 가지고 있지 못하다. 그리고 과학이 요컨대 정열, 사랑, 격정, **고통**인 경우에도, 이것은 저 금욕주의적 이상의 반대가 아니라, 오히려 그것의 **가장 최근의 가장 고귀한 형식** 자체이다. [……] 그러나 오늘날 과학에서 엄격한 작업이 이루어지고 있고, 그것에 만족해하는 노동자들이 있다고 해서, 이것이 전체로서의 과학이 오늘날 하나의 목표, 하나의 의지, 하나의 이상, 커다란 믿음에 대한 정열을 지니고 있음을 증명하는 것은 결코 아니다. 이미 말했듯이, 그 반대야말로 사실이다: 과학이 가장 최근에 나타난 금욕주의적 이상의 형식이 아닌 경우에─여기에서 문제가 되는 것은 이로 말미암아 전체적인 판단의 방향을 바꿀 수 있기에는 너무 진귀하고, 고귀하며, 특별한 경우들인데─과학은 오늘날 모든 종류의 불만, 불신, 설치류 벌레, 자기 멸시, 양심의 가책 등이 숨는 **은신처**이다.─과학은 이상 상실 자체의 불안이며, 위대한 사랑의 결여에서 오는 고통이며, 본의 아닌 만족 상태에 대한 불만이다.[10]

우리는 『즐거운 학문』에서도 이와 관련한 구절들을 찾아볼 수 있습니다.[11] "학문의 목표에 관하여"라는 표제가 붙은 이 장에서 니체는 이제까지의 학문은 "삶에서 최소한의 불쾌를 느끼기 위해 최소한의 쾌락을 욕구하는 일에 열중"했다고 말합니다. 고통의 감소는 곧 쾌락의 감소이기도 합니다. 니체는 반대의 것을 학문에게 요청합니다. 그것은 더 커다란 고통이자, 더 커다란 쾌락입니다. 그리고 우리는 이러한 고통과 쾌락이 힘의 증감을 드러내는 표현임을 잘 알고 있습니다.

따라서 정신의 양심을 지닌 자가 확실성과 안전을 차라투스트라에게서 구하는 것은 차라투스트라의 가르침에 대한 오해에 불과합니다. 그는 낡은 선악의 개념, 노예 도덕의 원한에서는 벗어나 있을지 몰라도 여전히 삶 자체에, 삶에의 의지에 매여 있는 자입니다. 그에게 과학은 삶을 안전하게 영위하기 위해서 필요한 도구입니다. 세계의 불확실성을 제거하고, 미지의 것에 대한 공포를 과학적 지식으로 해소한다는 그의 생각은 가상의 신에 대한 믿음으로 이 세계의 불안을 해소시키려는 태도와 크게 다르지 않습니다. 신을 통해 그 불확실성과 불안을 해소하려는 자, 일체의 가치를 부정함으로써 부정적 니힐리즘의 세계에 빠지는 마술사, 그리고 과학에 대한 믿음을 통해 이 세계의 불확실성을 제거하려는 이, 이들 중에 차라투스트라가 기대한 인물은 찾을 수 없습니다. 차라투스트라는 공포와 다른 것으로, 미지에 대한 용기와 모험을 말합니다. 이 세계의 불가해함을 적극적으로 겪어내고자 하는 주인의 도덕이야말로 이러한 용기와 모험을 유일하게 가능케 합니다.

사막의 딸들 사이에서

그러자 그들은 예수를 만류하여 말하였다. "저녁때가 되고, 날이 이미 저물었으니, 우리 집에 묵으십시오."[12]

부활한 예수에게 사람들이 그랬던 것처럼, 차라투스트라의 그림자이자 방랑자는 동굴을 떠나려는 차라투스트라에게 가지 않기를 애원합니다. 그러나 사람들에 대한 차라투스트라의 호의는 이제 한계에 다다른 듯 보입니다. 차라투스트라의 그림자를 괴롭히는 건 마술사의 노래, 어떤 신도 존재하지 않고 어떤 우월한 가치도 존재하지 않는다는 우울의 노래입니다. 그는 차라투스트라가 새로운 가치의 주인이 되길 원합니다. 그는 아직까지 신의 죽음의 의미를 전혀 깨닫지 못한 자입니다. '신이 죽었다'는 상황과 그로부터 야기될 불확실성을 두려워하는 이에게, 차라투스트라는 그저 공포를 해소하기 위한 수단에 지나지 않습니다. 하지만 신이 죽은 곳에 필요한 것은 새로운 신이 아닙니다. 그 자신이 신과 같은 존재가 되어야 한다는 차라투스트라의 가르침은 여전히 제대로 수신되지 않았습니다.

그림자는 하나의 노래를 시작합니다. 이 노래는 디오니소스 찬가(Dionysos-Dithyrambus)입니다. 그림자는, 차라투스트라가 주변의 공기를 맑게 하는 것처럼, 사막의 딸들과 있을 때 맑은 공기를 느꼈다고 말합니다. 그림자이자 방랑자가 사막의 딸들을 위해 지은 노래는 괴테의 『서동시집』(West-Östlicher Divan)을 연상시킵니다. 사막의 딸들은 니체 자신의 문화적 토양인 유럽과 구별되는 장소(동양이든, 아프리카이든)를 의미할 것입니다. 이는 니체가 차라투스트라를 자신의 대변자로 삼은 것처럼, 유럽은 스스로를 극복하기 위해서 타자를 만나야 한다는 인식을 보여줍니다. 사막이라는 공간 자체가 이미 유럽적인 공간은 아닙니다. 사막과 오아시스 역시 이질적 공간의 결합을 의미합니다. 이는 남성과 여성이 하나가 되는 공간이기도 합니다.

사막이란 고독 속에서 낙타가 사자로 변하는 곳이며, 사자가 용과 맞서는 곳입니다. 다시 말해 사막이란 차라투스트라가 살았던 산속의 동굴과 마찬가지로 고독을 위한 공간입니다. 2권의 「명성이 높은 현자들」에서 차라투스트라는 이렇게 말합니다.

> 진실된 자—신이 없는 사막으로 가서 자신의 존경하는 마음을 찢어버린 이들을 나는 이렇게 부른다.

또 이렇게도 말합니다.

> 진실된 자, 자유정신들은 예로부터 사막에서, 사막의 주인으로 거주했다: 그러나 도시에는 잘 먹고, 명성이 높은 현자가—수레 끄는 짐승이 살고 있다.

그리고 이제 그림자의 시에 등장하는 이미지들은 차라투스트라가 지금껏 말한 것들을 반복하고 있습니다. 도시, 북쪽, 유럽, 나이 든 남성, 정신, 도덕적인 원숭이가 남쪽의 아프리카, 어린 소녀, 신체, 사자를 만납니다. 시 속에서 방랑자는 아프리카의 사막에 최초로 허용된 유럽인입니다. 그런데 이 사막은 그 속에 오아시스를 숨기고 있습니다. 사막이 고독을 상징한다면, 오아시스는 그 고독 속에서 새롭게 창조되는 생명을 의미합니다. 도시와 사막의 이중성은 사막과 오아시스, 사막 내부의 이중성으로 이어집니다. 오아시스는 또한 쾌락의 순간을 보여줍니다. 시는 이러한 육체적 쾌락의 이미지들로 가득합니다. 게다가 시 속에서 '소녀-고양이들'이라고 불리는 두두와 줄라이카는 니체가 만났던 매춘부들의 이름이기도 합니다. 그리고 이 사막 속에서 남성과 여성은 대립하지 않습니다. 이들은 신체적 쾌락 속에서 하나가 됩니다. 심지어 그들은 자신의 성별까지도 바꿉니다. "남자가 되어라, 줄라이카! 용기! 용기!"

그러나 시의 제6연까지 점점 상승하던 시의 정조는 7연에서 갑자기 바뀝니다. 시의 마지막에 등장하는 것은 소위 '유럽인의 존엄/품위/위엄(Würde)'입니다. 여기서는 일체의 쾌락이 부정되고 다시금 유럽인이, 신에게 기도하는 도덕적 유럽인이 등장합니다. 차라투스트라의 그림자가 아직까지 그림자인 이유이기도 합니다.

하! 솟아라, 존엄이여!
덕의 존엄이여! 유럽인의 존엄이여!
불어라, 불어라 다시,
덕의 풀무여!
하!
다시 한 번 울부짖어라,
도덕적으로 울부짖어라!
도덕적인 사자로서
사막의 딸들 앞에서 울부짖어라!

— 왜냐하면 덕의 포효는,

너희 가장 사랑스러운 소녀들이여,

모든 유럽인들의 열정, 유럽인들의 갈망

이상이기 때문이다!

그러니 나 거기 서 있다,

유럽인으로서,

나 어쩔 수 없으니, 신이여 나를 도우소서!

아멘!

사막 한가운데 가서도 여전히 고향에서 벗어날 수 없는 존재. 그가 차라투스트라를 잡는 것입니다. 차라투스트라는 이 그림자를 뛰어넘을 수밖에 없습니다.

각성

이 장은 2개의 절로 나누어져 있는데, 두 절의 분위기가 사뭇 다릅니다. 1절에서는 그림자이자 방랑자의 노래가 끝나고 동굴 안의 보다 높은 이들이 일제히 웃고 떠들기 시작합니다. 즉 방랑자의 노래가 동굴 속 사람들의 무거움, 중력의 악령을 쫓아냈음을 의미합니다. 나귀도 여기에 끼어 함께 소리를 냅니다. 이러한 나귀의 웃음소리가 지닌 의미는 곧바로 드러납니다.

차라투스트라는 그들의 웃음소리를 회복의 증거로 받아들입니다. 3권의 「건강을 회복하는 자」에서 차라투스트라 자신이 중력의 악령에서 벗어나 회복했듯이 여기서도 사람들은 중력의 악령을 물리칩니다. 그러나 이들에 대한 차라투스트라의 태도는 이중적입니다. 차라투스트라는 보다 높은 인간들이 내는 시끄러운 소리에 욕지기를 느끼면서도, 그들이 기존의 세계에서, 병든 세계에서 회복하고 있는 이들이라고 말합니다. "그들은 늙은 사람들"이라는 말은 그들이 새로운 시간이 아닌 과거의 시간, 낡은 기성의 세계에 근거하고 있음을 의미합니다. 그들의 웃음이 자신에게 배운 웃음이 아니라고 차라투스트라가 말하는 이유 또한 마찬가지입니다. 그들은 그저 모방하는 이들에 불과합니다. 그들은 결코 새로운 가치를 창조함으로써, 영원회귀를 적극적으로 긍정함으로써 중력의 악령을 물리친 게 아닙니다. 그렇기에 그들의 웃음은 차라투스트라의 가르침에 대한 조롱처럼 들립니다. 보다 높은 인간들은 일체의 가치를 거부하고 적극적으로 쾌락의 상태에 몰입함으로써 중력의 악령을 물리칩니다. 이들이 호응하는 그림자가 부른 노래는 일체의 가치에 대한 부정과 쾌락에의 몰입을 보여줍니다. 이렇게 그들 '나름대로의 방식'으로 중력의 악령, 영원회귀가 던져주는 삶의 무게를 극복합니다. 그들은 새로운 가치를 창조하지는 못하지만 —— 그렇기 때문에 늙은 자들이라고 불리는 겁니다 —— 기존 가치의 숭배에서 벗어난 자들입니다. 그렇기에 자신의 방식대로 건강을 되찾고 있다고 차라투스트라는 말합니다.

그런데 이런 분위기가 2절에서는 완전히 바뀝니다. 동굴 속으로 다시 온 차라투스트라가 보는 것은 1절과는 완전히 다른 모습입니다. 웃고 떠들던 동굴 안의 사람들은 갑자기 경건해져서 나귀를 경배하며 기도합니다. 이 장면은 사람들에게 돌아온 모세가 우상을 섬기는 이들을 본 장면과 겹쳐집니다. 보다 높은 이들은 다시 신을 찾지만 그들의 기도에 응답하는 것은 나귀입니다. 나귀는 유럽의 우화에 자주 등장하는 동물이죠. 니체는 이러한 우화의 탄생이 비극의 몰락과 관계된다고 말한 바 있습니다. 나귀는 『차라투스트라』의 다른 권에서도 여러 번 등장합니다. 2권의 「명성이 높은 현자에 대하여」, 3권의 「배신자에 대하여」와 「중력의 악령에 대하여」에서도 나귀는 나타납니다. 나귀는 현자이자 사제이며, 언제나 "이-아"라고 말하며 고분고분하게 순종하는 모습을 보여줍니다. 긴 귀를 가졌다는 것은 그들이 이것저것 가리지 않고(차라투스트라는 "돼지와 같은"

이라고 말하기도 합니다) 모두 복종하며 긍정하기 때문입니다. 그러므로 나귀의 긍정은 거짓된 긍정에 불과합니다. 복종하는 나귀란 기독교적 동물입니다.

> 그는 긍정한다는 것은 짐을 지고 나르는 것, 즉 받아들이는 것을 의미한다고 믿는다. 당나귀는 무엇보다도 기독교적인 동물이다. 그는 소위 '삶 위에 존재하는' 가치들이라는 짐을 지고 나른다. 신이 죽은 후 그는 자기 자신을 짊어지며 '인간적인' 가치들이라는 짐을 지고 나른다. 그러나 그는 자신이 '있는 그대로의 실재'를 받아들이고 있다고 자부한다. 그때부터 그는 '더 높은 인간들'의 새로운 신이다. 시종일관 당나귀는 디오니소스적인 긍정의 희화이며 배반이다. 그는 긍정하지만 니힐리즘의 산물밖에 긍정하지 않는다. 이 때문에 그의 긴 귀는 디오니소스와 아리아드네의 작고 둥글고 미궁迷宮 같은 귀의 대극에 존재한다.[13]

2권의 「명성이 높은 현자에 대하여」에서 우리는 이러한 나귀의 모습을 잘 볼 수 있습니다. 나귀는 완고하면서도 교활한 이, 즉 현자의 모습으로 드러납니다. 이 현자는 도시에 살면서 대중이라는 수레를 끄는 짐승으로 묘사됩니다. 즉 대중의 기호에 영합해 명성을 얻는 지식인으로, 이들은 새로운 가치를 창조하고 이를 명령하는 주인으로서의 철학과 선명히 대비되는 존재입니다. 『이 사람을 보라』에서 니체는 스스로를 반당나귀라고 부릅니다.

> 나는 탁월한 반당나귀(Antiesel)이며, 동시에 세계사적 괴물이고—그리스어로, 단지 그리스어로만이 아니라, 안티크리스트이다.[14]

그러나 차라투스트라의 모든 가르침에도 불구하고, 짐을 지는 짐승인 나귀는 보다 높은 인간들에게 새로운 신으로 숭배받습니다. 나귀를 다시 숭배하는 보다 높은 사람들의 모습은 차라투스트라에게 절망을 던져주기에 충분합니다. 신은 죽었지만, 그들은 여전히 무언가를 숭배합니다. 여기서 나귀에게 바치는 기도는 『성경』을 패러디한 것들입니다.

날마다 우리의 주님을 찬송하여라. 하나님께서 우리의 짐을 대신 짊어지신다. 하나님은 우리의 구원이시다.[15]

'나 주는 노하기를 더디 하고, 사랑이 넘치어서 죄와 허물을 용서한다. 그러나 나는 죄를 벌하지 않은 채 그냥 넘기지는 아니한다. 나는, 아버지가 죄를 지으면 본인뿐만 아니라 자손 삼사 대까지 벌을 내린다' 하고 말씀하셨으니,[16]

주님께서는 사랑하시는 사람을 징계하시고, 받아들이시는 아들마다 채찍질하신다.[17]

그러나 예수께서 말씀하셨다. "어린이들이 내게 오는 것을 허락하고, 막지 말아라. 하늘 나라는 이런 어린이들의 것이다."[18]

아이들아, 악인들이 너를 꾀더라도, 따라가지 말아라.[19]

독자들은 이러한 구절들이 나귀에 대한 기도에서 어떻게 패러디되는지 어렵지 않게 알아볼 수 있을 겁니다. 나귀에 대한 숭배는 신에 대한 숭배가 신의 존재에서 기인하는 것이 아니라, 노예들의 복종에서 기인함을 보여줍니다. 그들은 스스로 사유할 수 없는 자들, 신의 죽음 이후 스스로 신이 될 수 없는 자들, 복종하는 것으로만 스스로를 유지할 수 있는 자들에 다름 아닙니다.

나귀 축제

이 장은 초고에서는 '나귀 축제' 대신에 '낡은 믿음과 새로운 믿음'이라는 부제를 가지고 있었습니다. 여기서 낡은 믿음이 (광인에 의해 그 죽음이 말해졌던) 그리스도교의 신이라면, 새로운 믿음은 이 죽은 신을 대체한 갖가지 모습의 또 다른 신을 의미합니다. 낡은 신을 숭배하던 자들은 신의 죽음을 견디지 못하고 다시금 새로운 신을 찾습니다. 그것이 숭배에서 자신의 안전을 찾던 이들의 자연스러운 태도이기 때문입니다. 그렇게 보다 높은 인간들은 이제 나귀를 새로운 신으로 숭배합니다. 참지 못하고 기도하는 이들 사이로 뛰어들어간 차라투스트라는 그들이 한 명씩 하는 말을 듣습니다. 자신이 숭배하는 새로운 신에 대해 이야기하는 이들의 말 속에서 독자는 어째서 이들이 차라투스트라와 같이 위버멘쉬를 향한 길을 걷지 않고 새로운 우상에게 자신을 내맡겼는지 알 수 있습니다. 신의 죽음이 만들어놓은 공백을 그들은 우상으로, 과학으로, 문화로 채워놓습니다.

늙은 교황은 눈에 보이지 않는 신을 경배하기보다 차라리 형상이 있는 신을 숭배하겠다고 합니다. 이 지상에 아직 숭배할 만한 대상이 있다는 사실을 기뻐하는 교황의 말에서 우리는 어렵지 않게 그를 기쁘게 하는 것의 정체를 알 수 있습니다. 그건 '숭배' 자체입니다. 왜냐하면 그가 복종하는 인간이기 때문입니다. 그림자이자 방랑자 역시 다시금 우상을 숭배하고 성직을 떠받듭니다. 그는 신이 죽은 세계에서 온 세상을 방랑하며 자신의 목표를 실현하고자 했습니다. 이러한 노력이 결코 결실을 맺을 수 없었음을 우리는 이미 앞에서 보았습니다. 죽은 신을 대체할 새로운 가치를 —— 들뢰즈는 이것을 문화라고 말합니다[20] —— 찾고자 하지만 실패하고 만 그는 여기서 신의 죽음이 오해였다고 말하며 다시금 신에게 귀의합니다. 기존의 가치 일체를 부정한 니힐리즘이 자기 극복을 통한 새로운 가치의 긍정에 도달하지 못할 때 그 귀결은 끊임없는 공포와 우울, 퇴행일 수밖에 없음을 4권 마지막의 장들은 분명하게 보여줍니다. 그림자는 신이 다시 깨어난 것도 스스로의 책임이 아니라 더없이 추한 자의 탓이라고 말하면서 비겁한 모습을 보입니다. 정신의 양심을 지닌 자는 느리고 우둔한 나귀야말로 자신이 믿을 만한 신이라고 말합니다. 과학의 철저함/정확함(Gründlichkeit)은 이 느림도 인식에 속한다고 생각합니다.[21] 신의 불멸성과 영원성은 과학이라는 이름으로 다시금 부활합니다.

이렇게 보다 높은 인간들은 각각의 이유로 다시 신을 숭배합니다. 나귀 축제는 다시금 그들이 맞이한 신들을 위한 축제입니다(그러나 이제 다시 살아난 신은 과거의 신과 같은 것이 아닙니다). 이처럼 차라투스트라는 신의 죽음 이후로 우상, 문화, 과학 등 온갖 것들이 다시금 신으로 숭배받는 사태를 보여줍니다. 신의 죽음 이후 스스로가 신이 될 수 없는 자들, 즉 그 자신이 나귀이자 노예인 자들을 기다리고 있는 운명이 이보다 더 명확할 수는 없습니다. 이는 당대 유럽의 문명과 문화 전반에 대한 냉혹한 비난입니다. 신은 죽었지만, 예배당 안의 기도 소리는 아직도 사라지지 않았습니다. 마치 나무꾼이 없는 빈 숲에 들리는 도끼 소리처럼 그들의 기도는 아직도 허공을 맴돌고 있습니다.

더없이 추한 자는 그림자에 의해, 신을 다시 깨운 자로 지목당합니다. 신의 연민을 견딜 수 없어 신을 살해한 자인 더없이 추한 자는 인간에 대한 연민으로 고통스러워하는 자입니다. 그는 차라투스트라의 말을 통해 차라투스트라를 비판합니다. 웃으면서 타인을 죽인다는 차라투스트라의 말을 여기서 더없이 추한 자가 그대로 되돌려줍니다. 그는 차라투스트라가 노여워하지 않고 웃으면서 세계를 파괴하고 없애버리는 자라고 규탄합니다. 차라투스트라의 모든 가르침은 거꾸로 세워지고, 조롱당합니다. 차라투스트라는 그들이 어린아이가 되었다고 답합니다. 이 어린아이는 1권의 첫 부분에 등장하는 낙타-사자-아이의 그 아이가 아닙니다. 여기서 보다 높은 사람들이 어린아이가 되었다고 말할 때 차라투스트라는 하늘나라가 어린아이의 것이라는 「마태복음」 19장의 구절을 떠올리게 합니다. 그러나 차라투스트라는 천국을 거부하고, 이렇게 말합니다.

그러나 우리는 결코 하늘나라에 가지 않을 것이다: 우리는 어른이 되고
자 한다,—**그렇게 우리는 지상의 나라(Erdenreich)를 원한다.**

다시금 경건해진 신의 아이들은 천국으로 향하지만, 성숙한 어른인
차라투스트라는 지상의 왕국에 살고자 합니다. 여기까지만 보자면 차라
투스트라는 보다 높은 인간들에게, 결코 자신을 극복하지 못하고 스스로
신이 될 수 없는 자들에게 실망해야 마땅한 것처럼 보입니다. 그런데 3절
에서 차라투스트라는 그들이 다시금 즐거워진 걸 기뻐하는 듯이 말합니
다. 그리고 그들에게 축제를 제안합니다. 이러한 차라투스트라의 이중적
태도는 독자를 혼란스럽게 합니다. 이러한 태도는 낡은 시대의 종언과 새
로운 시대의 도래를 기다리는 차라투스트라의 이행적 상황을 보여줍니
다. 그것은 '거칠게 몰아치는 바람'처럼 신의 죽음에 대한 과잉된 반작용
으로 반드시 거쳐가야 하는 단계이기도 합니다. 그러므로 차라투스트라
는 어떤 '징조'를 느낍니다. 몰락의 최후의 순간이야말로 새로운 시대를
위한 시간에 가까워왔음을 알리는 징조입니다. 디오니소스와 아리아드네
의 이야기에서 보듯이, 니체에게서 최악의 상황은 언제나 상승을 위한 계
기가 됩니다. 죽음 이후에 부활이 오는 것처럼, 최후의 인간 이후에 위버
멘쉬가 도래하는 것처럼 말입니다.

몽유병자의 노래

슐레히타 판^版[22]에서 이 장은 "취한 노래"(Das trunkene Lied)라는 제
목으로 출간되었습니다. 니체 연구자로 이름 높은 카우프만(Walter
Kaufmann)의 영역본도 이에 따라 "The Drunken Song"이라는 표제를 채
택한 바 있습니다. 그러나 콜리-몬티나리 판에서는 이를 수정하여 "몽유

병자의 노래"(Das Nachtwandler-Lied)를 제목으로 달았습니다. 이러한 변경에 대해 콜리-몬티나리의 학습판 전집 주석에서도 특별한 설명은 없습니다. 저자 보존용 책과 그로스옥타브 판(Großoktavausgabe)[23]에서도 "Das trunkene Lied"라는 제목을 채택한다는 설명만이 있을 뿐입니다. 내용상으로 차라투스트라가 밤길을 걸으며 가르침을 전하는 점으로 보아서도 "몽유병자의 노래"라는 제목은 무리가 없는 듯합니다. 다만 이 장의 주된 내용이 영원회귀에 관한 디오니소스적 가르침이며, 여기서 영원회귀에 대해 말하는 가장 추한 자가 포도주를 많이 마셨다는 서술을 고려해볼 때는 슐레히타 판의 "취한 노래"라는 제목이 더 적절해 보이기도 합니다. 그러나 여기서는 현재 니체 전집의 정본으로 인정되는 몬티-콜리나리 판을 따라 "몽유병자의 노래"를 이 장 제목으로 삼았습니다.

깊은 자정은 한낮의 정오와 마찬가지로 이행/변화의 시간입니다. 동시에 차라투스트라의 가르침이 홀로 들리는 시간이기도 합니다(2권 「밤의 노래」). 그러나 아무도 자신의 말을 듣지 않는 깊은 밤에 홀로 솟는 샘물처럼 이야기했던 차라투스트라는 이제 많은 이들에게 둘러싸여 있습니다. 차라투스트라는 깊은 밤에 동굴 밖으로 나와 보다 높은 인간들의 즐거움에 대해 생각합니다. 이때 놀라운 일이 벌어집니다. 자정이 거의 다 가왔을 때, 더없이 추한 자는 마침내 지상에서의 삶에 대해 말합니다.

> "**이것**이 삶이란 것인가?" — 나는 죽음에게 말하고자 한다. "자, 그럼! 다시 한 번!"

이제 그 마지막 장에서 보다 높은 인간인 더없이 추한 자는 이처럼 영원회귀의 비의에 대한 차라투스트라의 말을 스스로의 입으로 말합니다. 나귀에게 바치던 기도의 목소리가 "자! 다시 한 번!"이라는 차라투스트라의 말로 바뀌는 겁니다. 이 말은 들은 보다 높은 인간들 모두는 차라투스트라에게 달려들어 그에게 고마워하고, 웃고 울며, 춤을 춥니다. 이처럼 영원회귀를 긍정하는 말이 더없이 추한 자에 의해 말해집니다. 『차라투스트라』 전체를 통틀어 가장 중요한 이 말은 앞서 3권의 「환영과 수수께끼에 대하여」에서 차라투스트라 자신에 의해 말해진 바 있습니다. 그러나 여기서 이 말은 자신을 그 누구보다 깊이 경멸한 가장 추한 자에 의해 말해진 것입니다. 이것은 의미심장합니다. 이제 그는 자신과 자신의 삶에 대한 경멸을 극복하고, 생을 긍정하며, 그것이 다시 돌아오기를 바랍니다. 하지만 그는 아직도 "차라투스트라를 위해"라고, "내가 전 생애를 살았다는 것에 처음으로 만족한다(zufrieden)"고 말합니다. 이 "만족"은 고통과 함께 존재하는 "쾌락"(Lust)과 대조됩니다. 이 고통과 쾌락에 대한 차라투스트라의 가르침은 이 장의 후반부인 6절부터 본격적으로 등장합니다.

가장 추한 자는 영원회귀의 가르침을 받아들이고 환호하지만, 차라투스트라는 아직 그가 자신의 가르침인 힘에의 의지와 영원회귀의 근본적 의미를 아직 완전히 이해하지 못했다고 여깁니다. 이것은 4권에 등장하는 보다 높은 인간들 전체에 적용되는 평가이기도 합니다. 그들은 춤을 춥니다. 그러나 차라투스트라는 그런 그들에게 "충분히 높게 날아오르지 못했다"고 말합니다. 4권에서 차라투스트라가 보다 높은 인간들에 대해 가지는 태도는 만족과 실망, 이해와 경멸을 왔다 갔다 합니다. 그들은 차라투스트라가 기다리는 '아이들'은 아닙니다. 그들은 세계의 영원회귀를 바라지만, 고통마저도 긍정하는 자, 고통이 곧 쾌락임을 깨달은 자, 자기를 파괴하고 창조하는 과정을 통해 끊임없이 넘쳐나는 힘에의 의지를 분출하는 자라고 보기는 어렵습니다. 그들은 그저 '만족'하기 때문입니다.

더없이 추한 자의 말 이후에 차라투스트라는 한껏 고양된 도취의 상태를 보여줍니다. 여기서 그는 과거와 미래를 무거운 구름처럼 떠돈다고 묘사됩니다. 이러한 표현은 3권의 「일곱 개의 봉인」을 반복하고 있습니다. 과거와 미래 사이, 이는 새로운 세계로의 이행의 시간을 가리킵니다. 정오, 자정 역시 모두 이러한 이행의 시간에 해당하죠. 「일곱 개의 봉인」에서 과거와 미래 사이를 거닐던 차라투스트라는 새로운 빛을 밝힐 자, 위버멘쉬, 새로운 아이들을 기다리고 있습니다. 여기서 이러한 구절의 반복은 다음 장에서 차라투스트라가 그러한 아이들을 찾아 자신의 동굴을 떠난다는 것을 암시합니다.

자정의 종소리가 은밀하게 차라투스트라에게 말을 걸듯이, 차라투스트라 역시 보다 높은 인간들에게 은밀하고도 위험하게 말을 겁니다. 이러한 장면들에서 차라투스트라의 모습은 그가 정오에 나무 그늘 아래 휴식을 취하면서 세계의 완전성을 인식하던 것과는 정반대의 모습처럼 보입니다. 그는 흥분해 있고, 그 흥분을 동료들에게 전염시키고자 합니다. 취한 자처럼, 몽유병에 걸린 사람처럼 그의 입에서 나온 말들은 취한 말이자, 꿈이며, 차라리 하나의 환영처럼 여겨집니다.

보다 높은 인간들에 대한 그의 어조가 양극단을 오고가는 것처럼 그의 노래 역시 격렬한 외침과 은밀한 속삭임을 오고 갑니다. "오라! 오라! 자정이 가까워오고 있다!", "오라! 오라! 오라! 이제 거닐자! 때가 되었다. 밤 속으로 거닐자!"라고 말하는가 하면, "그 어떤 인간보다 더 많은 경험을 한 자신에게 자정의 종이 말하듯, 은밀하게, 두렵게, 진지하게" 속삭입니다. 보다 높은 사람들에 대한 이중적 태도는 노래의 외침과 속삭임이라는 두 대조적인 음조를 왕복합니다. 동시에 이러한 대조는 낮과 밤, 고통과 쾌락 속에서도 이어집니다. 음침하고 투박한 것이 낮이라면, 깊고 오히려 밝은 것이 밤입니다. 이제 이 두 세계, 죽음과 삶 사이에서 차라투스트라는 도취된 채로, 영원회귀에 대해 이야기합니다.

> 오 사람들이여! 명심하라!
> 깊은 자정은 무엇을 말하는가?
> "나는 잤다, 나는 잤다 —,
> "깊은 꿈에서 나 깨어났다: —
> "세계는 깊다,
> "그리고 낮이 생각한 것보다 더 깊다.
> "그것의 고통은 깊다 —,
> "쾌락 — 마음의 고통보다 훨씬 더 깊다:
> "고통이 말한다: 사라져라!

"그러나 모든 쾌락은 영원을 원한다 —,

"— 깊은, 깊은 영원을 원한다!"

여기서 차라투스트라는 「또 다른 춤의 노래」에 나왔던 노래를 되풀이하고 있습니다. 이 노래는 차라투스트라가 영원회귀의 비밀을 담아서 부르는 노래이기도 합니다. 그리고 이 장의 3절부터 각 절의 마지막은 이 노래의 가사를 반복합니다. 이 장 전체가 이 한 곡의 노래를 위해 쓰였다고 말할 수 있을 정도입니다. 그 노래는 쾌락과 고통에 관한 노래입니다.

깊은 자정은 빛이 가장 적은 시간입니다. 사물들의 경계가 흐려지는 시간이며, 일체의 존재들이 하나로 녹아들어가는 시간입니다. 디오니소스적 시간이라고 말할 수 있을 겁니다. 이 시간은 또 다른 이행의 시간인 정오와 조응합니다. 이 깊은 자정은 다음 장의 정오를 향한 새로운 아침과 이어집니다. 이 장은 모두 12개의 절로 이루어져 있습니다. 그건 또 12번의 종소리를 의미합니다. 자정과 정오, 그리고 12번의 종소리는 영원회귀의 원환을 완성합니다. 고통과 즐거움, 선과 악이 자정의 시간 속에서는 자신의 경계를 허물어뜨리고 결합합니다. 그뿐만이 아닙니다. 세계는 잠들고, 시간마저 사라집니다. 과거와 현재도 더 이상 없습니다. 이 속에서는 차라리 죽음을 바라게 됩니다.

— 이제 그들은 죽고자, 행복에 겨워 죽고자 한다. 너희 보다 높은 인간들이여, 이 냄새가 나지 않는가? 어떤 냄새가 비밀스럽게 솟아오른다.

— 영원의 향기와 냄새, 오랜 행복으로부터 온 장밋빛 갈색의 황금 와인의 향기.

— 세계는 깊고 **낮이 생각한 것보다 더 깊다**!라고 노래하는 취한 자정의 죽음의 행복의 향기.

이 죽음은 고통스러운 죽음이 아닙니다. 행복과 죽음이 여기서는 다르지 않습니다. 지극한 행복 속에서 그들은 죽고자 합니다. 고통을 피하기 위한 죽음이 아니라, 새로운 창조를 위한 죽음이며, 삶의 긍정으로서 죽음의 긍정이기도 합니다. 1권의 「신체를 경멸하는 자에 대하여」에서 이미 차라투스트라는 "창조하는 자기는 존중과 경멸을 창조한다. 쾌락과 고통을 창조한다"고 말한 바 있습니다. 자정과 죽음은 힘에의 의지가 삶을 긍정하는 또 다른 시간이자, 방식입니다. 영원회귀는 영원히 되돌아오는 삶에 대한 긍정이기도 하지만, 동시에 필연적으로 영원히 반복되는 죽음에 대한 긍정이기도 하기 때문입니다. 우리는 기꺼이 죽음을 바람으로써 다른 존재가 되는 것입니다. 그러므로 이건 자신의 삶을 안전하고 확실하게 유지하려는 노력이 아닌, 무한한 생의 다원성으로 자신을 내던지는 행위입니다.

이러한 죽음의 향기는 취한 노래, 디오니소스의 노래입니다. "세계는 깊다, 낮이 생각한 것보다 더 깊다"라는 구절은 3권의 「환영과 수수께끼에 대하여」와 「또 다른 춤의 노래」에 등장했던 구절입니다. 그리고 이 장 전체의 핵심 메시지이기도 합니다. 고통은 상속자를 원하지만, 쾌락은 오직 자신만을 원할 뿐입니다. 그러나 쾌락은 고통마저도 원한다고 차라투스트라는 말합니다. 쾌락을 긍정하는 이는 온갖 고통을 동시에 긍정한 것이 됩니다. 이것은 단순한 "만족"과는 다른 것입니다. 삶에게 "다시 한 번!"이라고 말할 수 있는 이는 그 점을 누구보다 잘 이해하는 이입니다. 위버멘쉬, 자기를 극복하는 자는 염세주의의 나락에 빠지지 않으면서 이 고통에 대해 기꺼이 긍정하는 자, 그것이 삶과 결코 다르지 않음을 긍정하는 자입니다. 쾌락과 고통은 선택의 문제가 아닙니다. 고통을 거부하고자 하는 이들, 그 고통을 견딜 수 없는 이들은 배후의 세계를 만들어내고, 신을 섬겼으며, 신의 죽음 이후 온갖 가치들을 신으로 만들어 모셨습니다. 그들이 모신 당나귀는 이러한 데카당스의 모습을 극명하게 보여줍니다. 고통은 쾌락을 위협하는 동시에 쾌락의 존재를 가능케 하는 근거이기도 합니다. 그리고 여기서 차라투스트라는 한 개인의 고통만을 말하는 게 아닙니다.

너 낡은 종이여, 너 감미로운 리라여! 모든 고통이 너의 심장을 찢어버린다, 아버지의 고통(Vaterschmerz), 아버지들의 고통(Väterschmerz), 인류 조상의 고통(Urväterschmerz), 너의 말은 무르익었다, ―

자신의 고통, 아버지의 고통, 조상들의 고통과 태초의 인간의 고통까지, 모든 고통이 영원히 되돌아오는 삶과 함께 되돌아옵니다. 한 개체가 영원회귀를 통해 경유하는 모든 삶의 고통이 긍정되지 않는다면, 고통은 긍정되지 않는 것과 마찬가지입니다. 모든 쾌락과 모든 고통, 차라투스트라가 영원회귀의 비밀을 듣고 그토록 심한 열병을 앓았던 것은 이상한 일이 아닙니다. 그리고 이 고통마저도 원하는 쾌락만이 생의 영원한 회귀를 긍정할 수 있습니다. 그리고 이 쾌락이란 힘에의 의지의 긍정, 힘에의 의지 자체를 통해서만 주어질 수 있는 것입니다. 영원회귀는 오직 힘에의 의지를 통해서만 긍정됩니다.

고통이 쾌락과 하나이듯이, 삶과 죽음도 마찬가지의 관계입니다. 죽음은 삶을 위협하지만, 죽음이 없다면 삶조차 무의미한 것이 되어버립니다. 4절에서 차라투스트라가 "나는 이미 죽어 있다"고 말하는 것도 이런 맥락에서입니다. 2권의 「예언자」에서 차라투스트라가 죽음의 외로운 산성에서 밤의 파수꾼이 되는 꿈을 꾼 장면, 3권의 「환영과 수수께끼에 대하여」에서 유령의 존재를 믿는 개의 모습을 묘사한 장면, 3권의 「또 다른 춤의 노래」에서 삶을 떠나려는 차라투스트라를 보여주는 장면에서 우리는 이러한 죽음의 이미지들을 계속해서 만나왔습니다. 이러한 장면들은 어떤 이행과 자기 극복의 모습을 보여주는 장면들입니다.

영원회귀는 결코 삶의 완성을 위해 존재하는 것이 아닙니다. 우리는 영원히 되돌아오는 삶 속에서 오직 현재의 삶만을 살아갈 뿐입니다. 시행착오를 통해 완성을 지향하는 삶과 같은 것은 영원회귀의 삶이 아닙니다. 쾌락과 함께 고통마저도 긍정하는 자, 이러한 자야말로 삶에 대해 "다시 한 번!"을 외칠 수 있습니다. 이를 통해 차라투스트라가 왜 보다 높은 인간들에 대해 끊임없이 이중적인 태도를 보이는지도 설명됩니다. 차라투스트라에게 삶이란 그러한 자들을 온전히 부정하고 제거함으로써 긍정되는 것은 아니기 때문입니다. 쾌락과 더불어 고통이 존재하듯이, 보다 높은 인간들은 완전히 부정될 수도, 순진하게 긍정될 수도 없는 존재들입니다. 쾌락과 고통, 사랑과 증오처럼 보다 높은 인간들과 차라투스트라는 영원히 되돌아오는 삶 속에서 결코 부정될 수 없는 계기들입니다.

징조

마침내, 마지막 장에 이르렀습니다. 3권에서 영원회귀에 대해 말하는 「또 다른 춤의 노래」는 마지막 장인 「일곱 개의 봉인」으로 넘어가면서 영원회귀에 대한 무한 긍정을 드러냅니다. 4권에서도 마찬가지입니다. 「몽유병자의 노래」는 마지막 장인 「징조」로 넘어가면서 그 위대한 긍정을 마무리합니다. 4권의 첫 부분에서 우울함에 시달렸던 차라투스트라는 이제 더 이상 없습니다.

그는 아침 해와도 같이 동굴을 나섭니다. 보다 높은 인간들은 아직 술에서 깨지 못해 동굴 속에서 자고 있습니다. 이들은 소크라테스의 '향연'을 떠올리게 합니다. 동굴을 빠져나온 차라투스트라의 모습은 독자가 차라투스트라와 조우한 최초의 순간을 연상시킵니다. 서문의 첫 장에서 차라투스트라는 자신의 동굴에서 빠져나와 태양에게 인사하며 새로운 아침을 맞이하였습니다. 이제 마지막 순간에, 니체는 차라투스트라를 처음의 그 장소와 그 순간으로 돌려놓습니다. 많은 것이 달라졌습니다. 차라투스트라의 고독을 품고 있던 동굴은 이제 많은 인간들로 북적거립니다. 이 동굴은 차라투스트라의 내면이며, 그가 극복한 것들이기도 합니다. 그러나 그는 아직까지 자신의 가르침의 수취인을 제대로 찾지 못했습니다("그러나 아직도 나에게는 참된 인간[rechten Menschen]이 없다!"). 그러므로 그에게는 모든 게 산을 떠나던 최초의 순간과 마찬가지이기도 합니다. 4권의 주요한 주제 중 하나는 차라투스트라의 마지막 유혹인 동정심입니다. 동굴 속 인간들이 상징하던 차라투스트라 내면의 마지막 갈등은 사자의 포효 한 번에 사라지고 말았습니다. 3권의 「낡은 서판과 새로운 서판에 대하여」의 1절에서 차라투스트라는 이미 이 마지막 순간을 예언했습니다.

나는 지금 기다린다: 나의 시간이 되었음을 알리는 징조가 가장 먼저 나에게 반드시 올 것이므로,—그것은 비둘기 떼와 함께 오는 웃는 사자.

비둘기 떼와 함께 나타나는 사자. 이것은 무엇을 의미하나요. 비둘기 떼는 온통 푸드덕거리며 차라투스트라를 감쌉니다. 그리고 비둘기들 사이로 웃는 사자가 등장합니다. 차라투스트라는 그 사자의 갈기에 손을 넣습니다. 그리고 곧 아이들이 가까이 있음을 알아차립니다. 낙타에서 사자로, 사자에서 다시 아이로의 변화가 지금 여기서 일어나고 있습니다. 웃는 사자는 아이가 가까이 있음을 예견합니다. 그리고 사자 스스로 이제 곧 아이가 될 것입니다. 차라투스트라는 웃는 사자나 아이가 아니라 울부짖는 맹수의 사자였습니다. 『차라투스트라』는 거대한 용과 싸우며 낙타를 조롱하는 사자로서 차라투스트라의 방랑을 다루고 있습니다. 마지막 순간에도 그는 사자의 포효를 통해 자신을 유혹하는 이들을 내쫓고 있습니다. 그러나 이제 그 유혹마저도 이겨낸 순간에, 마침내 마지막 징조를 통해 새로운 이행을 예고하고 있는 것입니다. 새로운 제국이 지금 바로 근처까지 와 있습니다. 차라투스트라가 기다리고 있는 아이는 차라투스트라 그 자신이기도 합니다. 이제 차라투스트라의 무르익음과 아이들이 가까이 있음은 서로 별개의 사건이 아닙니다.

이윽고 차라투스트라는 동굴을 떠납니다. 그는 어디로 갔을까요. 아마도 아이들을 맞이하러 갔을 것입니다. 차라투스트라는 알고 있습니다. 아이들이, 위버멘쉬가, 새로운 제국이 가까이 있다는 사실을: "아이들이 가까이에 있다, 내 아이들이." 차라투스트라는 그의 아이들을 만났을까요. 우리는 알 수 없습니다. 니체는 마지막 장에서 다만 새로운 존재를 암시하는 징조만을 이야기함으로써 이 질문을 수수께끼로 만들어놓았습니다. 그러나 차라투스트라의 마지막 모습이 어두운 산에서 떠오른 아침 해와도 같았음을 우리는 알고 있습니다. "나의 아침이 왔다, 나의 낮이 시작되었다: 이제 솟아라, 솟아라, 너 위대한 정오여!"라고 말하는 차라투스트라에게 이 모든 것은 새롭게 시작되고, 반복됩니다.

그것이 생이었던가? 자, 그럼! 다시 한 번!

주석

찾아보기

주석

머리말

1 Douglas Burnham, Martin Jesinghausen, *Nietzsche's Thus Spoke Zarathustra*, Indiana University Press, 2010.
2 Stanley Rosen, *The Mask of Enlightenment: Nietzsche's Zarathustra*, Yale University Press, 2004.
3 吉沢伝三郎, 『ツァラトゥストラ』, ちくま学芸文庫, 1993.
4 블레즈 파스칼, 『팡세』, 김형길 옮김, 서울대학교출판문화원, 1996, 32쪽.

여는 글

1 블레즈 파스칼, 『팡세』(1670), 김형길 옮김, 서울대학교출판문화원, 1996, 411쪽.
2 에메 세제르, 『귀향 수첩』(1936), 이석호 옮김, 그린비, 2011, 21~22쪽.
3 이하 『차라투스트라』로 약칭함.
4 KGW VI-3(EH), Also sprach Zarathustra, 1, 332~334쪽(「이 사람을 보라」, 『니체 전집』 15, 책세상, 2002, 419~421쪽). 앞으로 니체의 인용은 책세상에서 출간된 『니체 전집』(이하 『전집』으로 약칭한다)과 이 전집이 번역 대본으로 삼고 있는 콜리-몬티나리 판版을 기준으로 한다. 콜리-몬티나리 판은 니체의 유고 전체를 담은 유일한 판본이며(새로운 원고가 발견되면 추가할 수 있는 편집 형태를 채택했다), 현재 니체 저작물의 정본으로 인정되고 있다. 이는 이탈리아 학자인 조르조 콜리Giorgio Colli와 마치노 몬티나리Mazzino Montinari의 책임 아래 독일 발터 데 그루이터Walter de Gruyter 출판사에서 니체 슈투디엔Nietzsche-Studien의 후원으로 1967년부터 발간되었다. 이 판본은 고증전집판(KGW: *Kritischen Gesamtausgabe Werke*)으로 칭한다. 현재까지 9권 40책으로 발간되었다. 이후 1980년부터는 학습용 고증판(KSA: *Kritische Studienausgabe*)이 축소된 형태로 발간되었으며, 여기에는 니체 저작의 해석과 연구를 위한 주석서가 포함되어 있다.
5 KGW V-2, 11(141), 392쪽(『전집』 12, 487~488쪽).
6 KGW V-2, 11(195, 196, 197), 417~418쪽(『전집』 12, 518~520쪽).
7 1882년 1월 29일에 페터 가스트에게 쓴 편지. http://www.nietzschesource. org/#eKGWB/BVN-1882,191. 영어 번역본은 아래 주소에서 볼 수 있다. https:// en.wikisource.org/wiki/Selected_Letters_of_Friedrich_Nietzsche#Nietzsche_To_ Peter_Gast_-_January,_1882.
8 1883년 2월 1일 페터 가스트에게 보낸 편지. http://www.nietzschesource. org/#eKGWB/BVN-1883,370. 영어본 htps://en.wikisource.org/wiki/Selected_Letters_ of_Friedrich_Nietzsche#Nietzsche_To_Peter_Gast_-_February,_1883.
9 KGW VI-3(NCW), 2, 420~421쪽(「니체 대 바그너」, 『전집』 15, 526~527쪽).
10 KGW VI-3(EH), Warum ich ein Schicksal bin, 2, 365쪽(「이 사람을 보라」, 『전집』 15,

458~459쪽).

11 하인츠 슐라퍼, 『니체의 문체』, 변학수 옮김, 책세상, 2013.

12 위의 책, 12쪽.

13 KGW VI-1(JGB), 27, 41쪽(「선악의 저편」, 『전집』 14, 54~55쪽).

14 1884년 4월 말 베니스에서 쓴 글로, 문필가 파울 란츠키에게 보내려고 쓴 편지의 초안이다. http://www.nietzschesource.org/#eKGWB/BVN-1884,506a.

15 KGW VI-1(JGB), 26, 39~40쪽(「선악의 저편」, 『전집』 14, 52쪽).

16 페터 슬로터다이크, 『인간농장을 위한 규칙』, 이진우·박미애 옮김, 한길사, 2004, 40~41쪽.

17 Th. W. 아도르노, M. 호르크하이머, 『계몽의 변증법』, 김유동 옮김, 문학과지성사, 2001, 199쪽.

18 KGW VI 3(GD), 51쪽(『우상의 황혼』, 『전집』 15, 73쪽).

19 이하, 『차라투스트라는 이렇게 말했다』(*Also sprach Zarathustra*)에서 인용하는 부분은 콜리와 몬티나리가 편집한 고증전집판(KGW)을 텍스트로 삼아 필자가 번역한 것이다. 니체의 다른 저작들과 달리 이 책에 대해서는 인용문의 출처를 주석에 따로 밝히지 않기로 한다.

제1권

1 프란시스 베이컨, 『신기관』(1620), 진석용 옮김, 한길사, 2016, 50쪽.

2 KGW V-2(FW), Vorrede zur zweiten Ausgabe, 4, 19쪽(「즐거운 학문」, 『전집』 12, 29~30쪽).

3 KGW VI-2(GM), Vorrede, 259쪽(「도덕의 계보」, 『전집』 14, 337쪽).

4 KGW VI-2(GM), Erste Abhandlung: "Gut und Böse", 13, 293쪽(「도덕의 계보」, 『전집』 14, 377쪽).

5 KGW VII-3, 38(12), 338~339쪽(『전집』 18, 435~436쪽).

6 파르메니데스에 대한 니체의 해석과 반론은 다음을 참고할 것. KGW III-2, 9~13, 329~345쪽 (「그리스 비극 시대의 철학」, 『전집』 3, 394~414쪽).

7 KGW III-2, 14, 346쪽(「그리스 비극 시대의 철학」, 『전집』 3, 415쪽).

8 Fr. Schlegel, *Friedrich Schlegel's Lucinde and the Fragments*, translated by Peter Firchow, Univ. of Minnesota Press, 1971, 57쪽.

9 KGW III-2, "Die dionysische Weltanschauung 1", 1, 51쪽(『전집』 3, 64쪽).

10 미셸 푸코, 둣치오 뜨롬바도리, 『푸코의 맑스 - 미셸 푸코, 둣치오 뜨롬바도리와의 대담』, 이승철 옮김, 갈무리, 2004, 72쪽.

11 KGW V-2(FW), 125, 159쪽(「즐거운 학문」, 『전집』 12, 201쪽).

12 위의 책, 159~160쪽(『전집』 12, 201쪽).

13 위의 책, 158쪽(『전집』 12, 199~200쪽).

14 KGW VI-3(AC), 27, 196쪽(「안티크리스트」, 『전집』 15, 250쪽).

15 「마가복음」 15장 34절.

16 들뢰즈, 『니체와 철학』, 이경신 옮김, 민음사, 1998, 201쪽.

17 KGW VI-3(AC), 35, 205쪽(「안티크리스트」,『전집』15, 261~262쪽).

18 「요한복음」1장 14절.

19 KGW VI-3(AC), 39, 209쪽(「안티크리스트」,『전집』15, 266~267쪽).

20 KGW V-2(FW), 125, 159쪽(「즐거운 학문」,『전집』12, 200~201쪽).

21 위와 같은 곳.

22 이러한 해석은 강용수,「니체의『차라투스트라는 이렇게 말했다』의 밧줄에 대한 은유적 해석 - 춤의 공간적 구조에 대한 분석을 중심으로」,『니체연구』, Vol. 12, 2007년 가을, 171~200쪽을 참고했다.

23 자기 초월적 의지를 지닌 존재로서 차라투스트라와 이카로스의 유사성에 대한 설명, 브레히트의「울름의 재단사」에 대해서는 류신, 노영돈,「이카로스와 차라투스트라의 유사성 연구」,『카프카 연구』, 제28집, 한국카프카학회, 2012, 319~341쪽 참고.

24 베르톨트 브레히트,『살아남은 자의 슬픔 - 브레히트 선집 1』, 김광규 옮김, 한마당, 1999, 81~82 쪽.

25 요한 볼프강 폰 괴테,『파우스트 2』, 정서웅 옮김, 민음사, 2002, 278쪽.

26 KGW V-1(M), 177, 156~157쪽(『전집』10,『아침놀』, 194쪽).

27 모리스 블랑쇼,『문학의 공간』(1955), 이달승 옮김, 그린비, 2010, 14쪽.

28 KGW VI-3(EH), Morgenröthe, 2, 328쪽(「이 사람을 보라」,『전집』15, 415쪽).

29 KGW VI-2(JGB), 213, 152쪽(「선악의 저편」,『전집』14, 192쪽).

30 윌리엄 블레이크,『블레이크 시선』, 서강목 옮김, 지만지, 2012, 80쪽. 블레이크는 1789년에 판화 작품과 19편의 시를 모아 *Songs of Innocence*라는 시집을 출간한다. 그리고 5년 후인 1794년에는 위 시집의 시들을 1부로 삼고, 'Songs of Experience'라는 제목 아래 묶인 26편의 시를 2부에 실어 *Songs of Innocence and of Experience*라는 시집을 펴낸다. "The Garden of love"는 바로 이 시집 2부의 15번째 시이다.

31 질 들뢰즈,『들뢰즈의 니체』, 박찬국 옮김, 철학과현실사, 2007, 43쪽.

32 "오늘날의 테러리즘이 주는 교훈은 바로, 만일 신이 있다면, 모든 일이, 심지어 아무 상관없는 수백 명의 무고한 이들을 날려버리는 일조차도, 신의 의지를 행사하는 도구로서 신의 뜻을 직접 받들어 행동한다고 주장하는 이에게 허용된다는 점이다"(슬라보예 지젝,『폭력이란 무엇인가 - 폭력에 대한 6가지 삐딱한 성찰』, 정일권, 김희진, 이현우 역, 난장이, 2011, 194쪽).

33 미셸 푸코,『사회를 보호해야 한다 - 콜레주드프랑스 강의 1975~76년』, 김상운 역, 난장, 2015, 371쪽, 역자 해제.

34 고병권,「헤라클레이토스의 단편들」,『문학과경계』1(2), 2001, 408쪽.

35 KGW III-2, "Die Philosophie im tragischen Zeitalter der Griechen", 7, 324쪽(「그리스 비극 시대의 철학」,『전집』3, 387쪽).

36 KGW VI-2(JGB), 32, 47쪽(「선악의 저편」,『전집』14, 62쪽).

37 Kritische Studienausgabe, Kommentar zu Band 1-13. Herausgegeben von Giorgio Colli und Mazzino Montinari(이하 KSA으로 약칭), 14, Walter de Gruyter, 1999, 286쪽.

38 "주님은 나의 목자시니, 내게 부족함 없어라"(『성경』구약편의「시편」23편 1절). 이하, 이 책에서『성경』의 인용은 모두 '성경전서 새번역' 판에 의한다.

39 "간음하지 못한다"(「출애굽기」20장 14절), "너희 이웃에게 불리한 거짓 증언을 하지 못한다"(「출애굽기」20장 16절), "너희 이웃의 집을 탐내지 못한다. 너희 이웃의 아내나 남종이나 여

종이나 소나 나귀나 할 것 없이, 너희 이웃의 소유는 어떤 것도 탐내지 못한다"(「출애굽기」 20장 17절).

40 "네 이웃의 불의를 용서하여라. 그러면 네가 간청할 때 네 죄도 없어지리라"(「집회서」 28장 2절), "계명을 기억하고 이웃에게 분노하지 마라. 지극히 높으신 분의 계약을 기억하고 잘못을 눈감아 주어라"(「집회서」 28장 7절).

41 "마음이 가난한 사람은 복이 있다. 하늘 나라가 그들의 것이다. 슬퍼하는 사람은 복이 있다. 하나님이 그들을 위로하실 것이다"(「마태복음」 5장 3~4절).

42 "사람은 누구나 위에 있는 권세에 복종해야 합니다. 모든 권세는 하나님께로부터 온 것이며, 이미 있는 권세들도 하나님께서 세워주신 것입니다. 그러므로 권세를 거역하는 사람은 하나님의 명을 거역하는 것이요, 거역하는 사람은 심판을 받게 될 것입니다"(「로마서」 13장 1~2절), "같은 이유로, 여러분은 또한 조세를 바칩니다. 그들은 하나님의 일꾼들로서, 바로 이 일을 하는 데 힘쓰고 있습니다. 여러분은 모든 사람에게 의무를 다하십시오. 조세를 바쳐야 할 이에게는 조세를 바치고, 관세를 바쳐야 할 이에게는 관세를 바치고, 두려워해야 할 이는 두려워하고, 존경해야 할 이는 존경하십시오"(「로마서」 13장 6절).

43 그러나 끊임없이 화평함을 강조하는 이러한 현자의 가르침에 대하여 우리는 「마태복음」의 다음과 같은 구절을 떠올리지 않을 수 없다. "너희는 내가 세상에 평화를 주려고 온 줄로 생각하지 말아라. 평화가 아니라 칼을 주려고 왔다. 나는, 사람이 자기 아버지와 맞서게 하고, 딸이 자기 어머니와 맞서게 하고, 며느리가 자기 시어머니와 맞서게 하려고 왔다"(「마태복음」 10장 36절).

44 KGW IV-2, 36, 57쪽(『인간적인 너무나 인간적인 I』, 『전집』 7, 65쪽).

45 잠과 꿈에 대한 니체의 이야기는 『햄릿』의 가장 유명한 다음 대사를 떠올리게 한다. "사느냐 죽느냐, 그것이 문제다. 변덕스런 운명이 쏘아 대는 돌덩이와 화살을 맞아야 하나, 아니면 고난의 파도에 맞서 무기를 들고 대항하다 끝장을 내야 하나. 어느 쪽이 더 고결한가. 죽는 건—잠드는 것, 그뿐이다. 잠 한숨으로 육신이 상속받은 고뇌와 피할 길 없는 수천 가지의 불화를 마감한다 한다면, 그건 애써 간구해야 할 귀결이다. 죽는 건, 잠드는 것. 잠들면, 아마도 꿈을 꾸겠지—아, 거슬린다. 이 뒤엉킨 삶의 허물을 떨쳐 냈을 때 죽음이란 잠 속으로 어떤 꿈이 찾아올지 생각하니 멈출 수밖에 없다—불행한 삶일망정 그토록 질질 끄는 것도 그러한 까닭이다. 세월의 채찍과 멸시, 압제자의 횡포, 거만한 자의 욕설, 모멸당한 사랑의 아픔, 늑장 법집행, 관청의 오만불손, 겸손한 공로자가 하찮은 놈한테 받는 발길질, 이 모든 걸 그 뉘라 감당하겠는가"(셰익스피어, 『햄릿』, 백정국 옮김, 꿈결, 2014, 3막 1장, 126~127쪽).

46 한국어로는 그 표현이 매우 어색한 '배후 세계자들'이라는 말은 'Hinterweltern'을 번역한 것이다. 이것은 니체의 조어로서 배후의 세계를 믿는 사람들, 내세를 믿는 사람들 등등으로 번역될 수 있는 의미를 가진다. 이 단어는 이해를 위해 풀어서 쓰면 오히려 니체가 의도했던 뉘앙스를 살리지 못한다고 보아 위와 같이 번역했다. 참고로 독일어에는 Hinterwäldler라는 단어가 있는데, 이는 '세계와 동떨어진 자, 시대에 뒤진 사람'이라는 의미를 가진다. 니체가 Hinterweltern 이라는 표현을 통해 가리키는 이들은 비교적 선명하다. 형이상학자, 사제, 신학자 등이 그들이다. 차라투스트라가 서문에서 제일 먼저 마주친 이가 바로 은둔자(Hinterwädler)인데, 그는 동시에 배후 세계를 믿는 자(Hinterweltern)이기도 하다.

47 "모든 표상은, 모든 대상은 그 어떤 종류이든 간에 현상이다. 물 자체만이 유일하게 의지인 것이다." 쇼펜하우어, 『의지와 표상으로서의 세계』(1819), §21, 곽복록 옮김, 을유문화사, 1994, 161쪽.

48 하지만 니체는 이러한 쇼펜하우어의 생각에 대해 점점 더 반감을 가지게 된다. 니체의 쇼펜

하우어 비판의 주요한 요지는 다음과 같이 정리해 볼 수 있다. 쇼펜하우어의 '의지' 개념은 여전히 형이상학적 이분법에 뿌리를 두고 있고, 2) 목적론적 세계관을 전제하고 있으며, 3) 절대적 선악의 개념들에 대한 미련을 버리지 못하고 있다. 쇼펜하우어에 대한 니체의 태도 변화는 다음의 한 문장에 압축적으로 표현된다. "삶에의 의지? 그 자리에서 나는 항상 단지 힘에의 의지만을 발견한다"(KGW VII-1 5[1] 1, 191쪽[『전집』 16, 245쪽]). 다음과 같은 부분도 참고할 것. <"힘에의 의지"가 "의지"의 한 종류인가, 아니면 "의지"라는 개념과 동일한 개념인가? 그것이 갈망한다인가? 아니면 명령한다는 것인가? 쇼펜하우어가 생각하는 의지인가? 의지가 "물 자체"라는?: 나의 명제는 이렇다: 기존의 심리학의 의지는 정당화되지 않은 일반화이다. 그런 의지는 전혀 존재하지 않는다. 하나의 특정한 의지가 다양한 형식들로 형태화된다고 하는 대신에, 사람들은 의지의 내용과 어디에로?를 삭제함으로써 의지의 특성을 없애버린다……>(KGW VIII-3 14[121], 93쪽[『전집』 21, 120쪽]).

49 KGW VI-2(JGB), Vorrede, 4쪽(『전집』 14, 11쪽).

50 KGW VI-3(AC), 15, 179~180쪽(「안티크리스트」,『전집』 15, 230~231쪽).

51 KGW VI-3(GD), Die Vernunft in der Philosophie, 6, 72쪽(「우상의 황혼」,『전집』 15, 102쪽).

52 KGW VI-3(GD), Moral als Widernatur, 4, 79쪽(「우상의 황혼」,『전집』 15, 109쪽).

53 "신에 대한 믿음과 병은 개별적 인간들에게 우선적으로 일어나는 일이 아니다. 그보다 그것은 사회적이고 문화적인 현상이며, 제도와 함께 완수되고(교회) 문화적 행위와 생산물들을 낳는다"(Douglas Burnham, Martin Jesinghausen, *Nietzsche's Thus Spoke Zarathustra*, Indiana University Press, 2010, 34~35쪽).

54 KGW V-2(FW), Vorrede zur zweiten Ausgabe, 2, 16~17쪽(「즐거운 학문」,『전집』 12, 27쪽).

55 플라톤,『소크라테스의 변론/크리톤/파이돈/향연』, 천병희 옮김, 숲, 2012, 123~124쪽.

56 KGW VII-3 37(4), 302~303쪽(『전집』 18, 393쪽).

57 "정신에 대한 긍지 ― 동물에서 인간이 유래했다는 설에 저항하면서 자연과 인간 사이에 커다란 거리를 두려는 인간의 긍지, ― 이 긍지는 정신의 본질에 대한 편견에 근거한다. 이러한 편견은 비교적 새로운 것이다. 인류의 긴 선사 시대에 사람들은 정신이 모든 것들 속에 존재한다고 생각했고 그것을 인간의 특권으로 존중하려 하지는 않았다. 반대로 사람들은 정신적인 것을 (모든 충동, 악의, 경향과 함께) [다른 생물들과의] 공유 재산으로 생각했다. 이에 따라 정신적인 것은 일반적인 것으로 여겨졌기 때문에, 사람들은 자신이 동물이나 나무에서 유래했다는 사실을 부끄러워하지 않았고 (신분이 높은 종족은 그러한 우화를 통해 자신이 존엄을 갖게 된다고 믿었다) 정신을 통해 우리가 자연과 분리되지 않고 자연과 결합된다는 것을 깨달았다. 따라서 사람들은 겸손하게 자신을 훈육했다. 이것 역시 편견의 결과이다"(KGW V-1[M], 31, 37쪽[『전집』 10,『아침놀』, 47쪽]).

58 KGW VII-3, 35(35), 248쪽(『전집』 18, 325~326쪽).

59 KGW VIII-3 14(81), 53쪽(『전집』 21, 71쪽).

60 KGW VII-3, 382쪽(『전집』 18, 489쪽).

61 이 탁월성이라는 표현은 '눈의 탁월성', '다리의 탁월성'과 같은 용례로 쓰이기도 했다.

62 KGW IV-2(MA), 99, 94쪽(『전집』 7,『인간적인 너무나 인간적인 I』, 110쪽).

63 KGW VI-2(JGB), 258, 216~217쪽(「선악의 저편」,『전집』 14, 273쪽).

64 KGW IV-2(MA), Vorrede 6, 14쪽(『전집』 7,『인간적인 너무나 인간적인 I』, 17~18쪽).

65 KGW V-7, 35(72), 263쪽(『전집』18, 344쪽).

66 하인리히 괴젤리츠에게 보낸 편지에 다음과 같은 구절이 있기는 하다. <도스토예프스키를 알고 있나? 스탕달을 제외하고는 누구도 나에게 이 정도로 즐거움과 놀라움을 준 이가 없었다네: 심리학, 그것을 통해 "나는 나를 이해하네">(http://www.nietzschesource.org/#eKGWB/BVN-1887,800).

67 KGW VI-2(JGB), 229, 172쪽(「선악의 저편」,『전집』14, 216쪽).

68 위의 책, 229, 172~173쪽(『전집』14, 217쪽).

69 KGW VI-2(GM), Erste Abhandlung: "Gut und Böse", "Gut und Schlecht", 13, 293쪽(「도덕의 계보」,『전집』14, 377~378쪽).

70 KGW V-2(FW), 57쪽(「즐거운 학문」,『전집』12, 81~82쪽).

71 KGW VII-I, 3(2), 107쪽(『전집』16, 136쪽).

72 이 만남의 장면은 「요한복음」에서 나다니엘과 예수가 대면하는 장면과 유사하다. <나다니엘이 예수께 물었다. "어떻게 나를 아십니까?" 예수께서 대답하셨다. "빌립이 너를 부르기 전에, 네가 무화과나무 아래에 있는 것을 내가 보았다>(「요한복음」 1장 48절). 여기서 무화과나무는 전통적으로 유대교의 교리를 배우는 장소를 의미한다. 「마태복음」 19장 16절 이후에서도 이와 비슷한 장면을 볼 수 있다.

73 "바람은 불고 싶은 대로 분다. 너는 그 소리는 듣지만, 어디에서 와서 어디로 가는지는 모른다. 성령으로 태어난 사람은 다 이와 같다"(「요한복음」 3장 8절).

74 KGW V-2(FW), 19, 64쪽(「즐거운 학문」,『전집』12, 90쪽).

75 KGW VI-3(GD), "Sprüche und Pfeile", 8, 54쪽(「우상의 황혼」,『전집』15, 77쪽).

76 KGW V-2(FW), 283, 206쪽(「즐거운 학문」,『전집』12, 261~262쪽).

77 KGW III-3, Fünf Vorreden. Homer's Wettkampf, 277쪽(「씌어지지 않은 다섯 권의 책에 대한 다섯 개의 머리말」,『전집』3, 330쪽).

78 JGB, 259쪽(「선악의 저편」,『전집』14, 273~274쪽).

79 KGW III-3, Fünf Vorreden. Homer's Wettkampf, 279쪽(「씌어지지 않은 다섯 권의 책에 대한 다섯 개의 머리말」,『전집』3, 332쪽).

80 위의 책, 284~285쪽(『전집』3, 339쪽).

81 위의 책, 285쪽(『전집』3, 339쪽).

82 KGW III-3, 10(1), 357~358쪽(『전집』4, 440~441쪽).

83 Th. W. 아도르노, M. 호르크하이머,『계몽의 변증법』(1969), 김유동 옮김, 문학과지성사, 1994, 202~203쪽. 여기서 겹따옴표 안에 재인용된 부분은 토크빌의 글이고 출처는 다음과 같다. A. de Tocqueville, De la Démocratie en Amérique, Band II, Paris, 1864, S. 151.

84 KGW IV-2, 472, 312~313쪽(『전집』7,『인간적인 너무나 인간적인 I』, 372~373쪽).

85 Douglas Burnham, Martin Jesinghausen, Nietzsche's Thus Spoke Zarathustra, Indiana University Press, 2010, 52쪽.

86 「이 사람을 보라」,『전집』15, 346쪽.

87 이와 관련하여 하이델베르크의 교수직을 학문적 자유를 이유로 정중히, 그렇지만 단호하게 거절한 스피노자의 이야기는 한번 짚고 넘어갈 만하다. 평생을 고독 속에서 —— 여기서 고독은 대중 앞에 나서지 않았음을 의미한다. 하이델베르크 대학의 교수직 제안이 들어올 정도로 이미 당대 유럽은 스피노자를 알고 있었다 —— 학문적 연구에 집중했던 스피노자야말로 철학과 고독의 관계가 어떠한지를 잘 보여주는 사례라고 할 수 있을 것이다. 흥미롭게도 니체는 이러한 스

피노자의 '은둔'을 여러 번 비난하는데, 그것은 스피노자의 삶의 방식에 대한 비난이라기보다는 그의 철학이 가지고 있는 '은둔적 성격', 다시 말해 철저히 추상적, 합리적인 추론에 의지한 방식에 대한 비판이라고 보는 것이 더 설득력 있는 듯하다. 스피노자를 은둔자로 비난한다면, 물론 스피노자만큼은 아니지만 니체 역시 그와 크게 다르지 않은 삶을 살았다고 말할 수 있기 때문이다. "만약 제가 대중적인 기존 종교를 훼방하는 것으로 보이지 않으려면, 철학적으로 사색하는 자유가 어떤 범위로 한정되어야 하는지를 저는 알지 못합니다. 분열은 종교에 대한 열렬한 헌신에서 생긴다기보다는, 오히려 사람들의 서로 다른 기질 혹은 올바르게 말해진 것들조차, 모든 것들을 그들로 하여금 왜곡하거나 비난하도록 이끄는 모순적인 그들의 사랑을 통해서 생기기 때문입니다. 이제 저는 개인적이며 고독한 삶을 사는 동안에 이것을 이미 경험했기 때문에, 제가 이러한 중요한 자리를 제안받았음에도 불구하고 더욱 두려운 느낌이 듭니다. 그러므로 매우 존경하는 선생님, 당신은 제가 꺼리는 것이 더 좋은 운을 기대하기 때문이 아니라, 제가 평화를 사랑하기 때문임을 알 것입니다. 제가 공개적으로 강의하는 것을 그만둔다면, 저는 어떠한 방법으로든 평화를 누릴 수 있다고 믿습니다"(스티븐 내들러, 『스피노자』, 김호경 옮김, 텍스트, 2011, 589쪽).

88 KGW VI-2(GM), Dritte Abhandlung: was bedeuten asketische Ideale?, 14, 386쪽(「도덕의 계보」, 『전집』 14, 491쪽).

89 KGW III-1(UB), III, 3, 349~350쪽(「반시대적 고찰」, 『전집』 2, 410쪽).

90 샤를 보들레르, 『벌거벗은 내 마음』, 이건우 옮김, 문학과지성사, 2001, 80장, 162쪽.

91 "인간들 중에서 가장 위대해지기를 매일 원할 것", 위의 책, 70, 152쪽.

92 KGW V-1, 177, 156~157쪽(『전집』 10, 『아침놀』, 194쪽).

93 KGW III-1(UB), III, 3, 388쪽(「반시대적 고찰」, 『전집』 2, 454쪽).

94 강용수, 「니체의 대중문화 비판」, 『철학연구』, Vol. 61, 철학연구회, 2003 참고.

95 KGW VII-3, 37(14), 315쪽(『전집』 18, 408쪽).

96 KGW VI-3(NW), Wo ich Einwände mache, 418쪽(「니체 대 바그너」, 『전집』 15, 522~523쪽).

97 KGW VII-1, 4(211), 172~173쪽(『전집』 16, 221쪽).

98 KGW V-2, 14, 61쪽(「즐거운 학문」, 『전집』 12, 86쪽).

99 위와 같은 곳.

100 KGW V-2, 14, 61쪽(「즐거운 학문」, 『전집』 12, 87쪽).

101 KGW VI-2(JGB), 262, 224쪽(「선악의 저편」, 『전집』 14, 282쪽).

102 위의 책, 13, 21~22쪽(『전집』 14, 31쪽).

103 알랭 바디우, 『사도 바울』(1997), 현성환 옮김, 새물결출판사, 2008, 121쪽.

104 위의 책, 122쪽.

105 KGW VI-3(AC), 16, 181쪽(「안티크리스트」, 『전집』 15, 232쪽).

106 위의 책, 16, 180~181쪽(『전집』 15, 232쪽).

107 KGW VI-2(JGB), 262, 226쪽(「선악의 저편」, 『전집』 14, 283~284쪽).

108 마르틴 하이데거, 『존재와 시간』(1927), 소광희 옮김, 경문사, 1995, 185쪽. '세인'에 대한 논의는 그 책의 § 27, 「일상적 자기 존재와 세인」을 참조할 것.

109 위와 같은 곳.

110 위와 같은 곳.

111 위와 같은 곳.

112 『論語』, 「陽貨」 13장.

113 『孟子』,「盡心 下」 37장.

114 KGW VII-1, 4(18), 115~116쪽(『전집』 16, 147쪽).

115 <율법학자들 가운데 한 사람이 다가와서, 그들이 변론하는 것을 들었다. 그는 예수가 그들에게 대답을 잘 하시는 것을 보고서, 예수께 물었다. "모든 계명 가운데서 가장 으뜸되는 것은 어느 것입니까?" 예수께서 대답하셨다. "첫째는 이것이다. '이스라엘아, 들어라. 우리 하나님이신 주님은 오직 한 분이신 주님이시다. 네 마음을 다하고, 네 목숨을 다하고, 네 뜻을 다하고, 네 힘을 다하여, 너의 하나님이신 주님을 사랑하여라.' 둘째는 이것이다. '네 이웃을 네 몸같이 사랑하여라.' 이 계명보다 더 큰 계명은 없다." 그러자 율법학자가 예수께 말하였다. "선생님, 옳은 말씀입니다. 하나님은 한 분이시요, 그 밖에 다른 이는 없다고 하신 그 말씀은 옳습니다. 또 마음을 다하고 지혜를 다하고 힘을 다하여 하나님을 사랑하는 것과, 이웃을 자기 몸같이 사랑하는 것이, 모든 번제와 희생제보다 더 낫습니다." 예수께서는, 그가 슬기롭게 대답하는 것을 보시고, 그에게 말씀하셨다. "너는 하나님의 나라에서 멀리 있지 않다." 그 뒤에는 감히 예수께 더 묻는 사람이 없었다>(「마가복음」 12장 28~34절). 이 외에도 「마태복음」 22장 34~40절, 「누가복음」 10장 25~28절에 이와 동일한 내용이 실려 있다. 다만 강조점이나 대화의 상황은 기록에 따라 조금씩 다르다.

116 KGW VI-2(GM), Dritte Abhandlung, 18, 401쪽(「도덕의 계보」, 『전집』 14, 505쪽).

117 프로이트, 『문명 속의 불만』(1930), 김석희 옮김, 열린책들, 1997, 286~287쪽.

118 위의 책, 288쪽.

119 KGW VI-2, 6, 211, 148~149쪽(「선악의 저편」, 『전집』 14, 188쪽).

120 칸트, 『실천이성비판』(1788), 백종현 옮김, § 7, 「순수 실천의 이성의 원칙」, 86쪽.

121 주디스 버틀러, 에르네스토 라클라우, 슬라보예 지젝, 『우연성, 헤게모니, 보편성』(2000), 박대진, 박미선 옮김, 도서출판 b, 2009, 49쪽.

122 장-뤽 낭시, 『무위의 공동체』(1986), 박준상 옮김, 인간사랑, 2010, 11~12쪽.

123 KGW VI-2(JGB), Vorrede, 3쪽(「선악의 저편」, 『전집』 14, 9쪽).

124 KGW VI-3(EH), Warum ich so gute Bücher schreibe, 5, 303쪽(「이 사람을 보라」, 『전집』 15, 385쪽).

125 FW, 2판 서문, 4쪽.

126 <천사가 마리아에게 대답하였다. "성령이 그대에게 임하시고, 더없이 높으신 분의 능력이 그대를 감싸줄 것이다. 그러므로 태어날 아기는 거룩한 분이요, 하나님의 아들이라고 불릴 것이다. 보아라, 그대의 친척 엘리사벳도 늙어서 임신하였다. 임신하지 못하는 여자라 불리던 그가 임신한 지 벌써 여섯 달이 되었다. 하나님께는 불가능한 일이 없다">(「누가복음」 1장 34~37절).

127 KGW VI-3(EH), Warum ich so gute Bücher schreibe, 5, 303쪽(「이 사람을 보라」, 『전집』 15, 385쪽).

128 KGW V-2(FW), Vorrede zur zweiten Ausgabe, 3, 17쪽(「즐거운 학문」, 『전집』 12, 28쪽).

129 질 들뢰즈, 펠릭스 가타리, 『철학이란 무엇인가』(1991), 이정임, 윤정임 옮김, 현대미학사, 1995, 13쪽.

130 KGW VI-3(GD), Vorwort, 51쪽(「우상의 황혼」, 『전집』 15, 73쪽).

131 위의 책, Sprüche und Pfeile, 8, 54쪽(『전집』 15, 77쪽).

132 <"사람끼리 죄를 지으면 하나님이 중재하여 주시겠지만, 사람이 주님께 죄를 지으면 누가 변호하여 주겠느냐?" 아버지가 이렇게 꾸짖어도, 그들은 아버지의 말을 듣지 않았다. 주님께서 이미 그들을 죽이려고 하셨기 때문이다>(「사무엘 상」 2장 25절).

133　"네 뺨을 치는 사람에게는 다른 쪽 뺨도 돌려대고, 네 겉옷을 빼앗는 사람에게는 속옷도 거절하지 말아라"(「누가복음」6장 29절).

134　KGW VI-2(GM), Erste Abhandlung, 14, 295쪽(「도덕의 계보」, 『전집』14, 380쪽).

135　KGW VI-2(GM), Erste Abhandlung, 14, 294~295쪽(「도덕의 계보」, 『전집』14, 382~383쪽).

136　KGW VI-2(GM), Erste Abhandlung, 15, 298~299쪽(「도덕의 계보」, 『전집』14, 384~385쪽).

137　KGW IV-2(MA), 426, 287~288쪽(『전집』7, 『인간적인 너무나 인간적인 I』, 342쪽).

138　KGW VII-1, 5(1), 46, 196쪽(『전집』16, 252쪽).

139　KGW IV-2(MA), 406, 278쪽(『전집』7, 『인간적인 너무나 인간적인 I』, 330쪽).

140　위의 책, 378, 273쪽(『전집』7, 323쪽).

141　KGW III-3(GT), 5, 43쪽(「비극의 탄생」, 『전집』2, 56쪽).

142　위의 책, Versuch einer Selbstkritik, 2, 8쪽(『전집』2, 12쪽).

143　KGW VII-1, 3(1), 112, 66쪽(『전집』16, 84쪽).

144　페터 슬로터다이크, 『인간농장을 위한 규칙』(1999), 이진우·박미애 옮김, 한길사, 2004, 213쪽.

145　부채와 죄의 관계에 대해서는 니체의 『도덕의 계보』두 번째 논문을 통해 상세히 규명된다. 이러한 설명에서 죄는 부채 개념의 추상화를 의미하는 것으로 행위의 교환 관계 속에서 추상화된 개념이다.

146　장-뤽 낭시, 『무위의 공동체』, 박준상 옮김, 인간사랑, 2010, 119~120쪽.

147　「누가복음」8장 4~8절.

148　라이너 마리아 릴케, 「오르페우스에게 바치는 소네트 5」, 『두이노의 비가·오르페우스에게 바치는 소네트』, 한기찬 역, 청하, 1986, 67쪽.

제2권

1　앞 장에서 인용한 「마태복음」10장 33절, 또 "음란하고 죄가 많은 이 세대에서, 누구든지 나와 내 말을 부끄럽게 여기면, 인자도 자기 아버지의 영광에 싸여 거룩한 천사들을 거느리고 올 때에, 그를 부끄럽게 여길 것이다"(「마가복음」8장 38절).

2　KGW VI-3(AC), 2, 168쪽(「안티크리스트」, 『전집』15, 216쪽).

3　위의 책, 7, 170~171쪽(『전집』15, 219~220쪽).

4　KGW IV-2(MA), 50, 68~69쪽(『전집』7, 『인간적인 너무나 인간적인 I』, 78쪽).

5　KGW VI-3(AC), 7, 171쪽(「안티크리스트」, 『전집』15, 220쪽).

6　해리 클리버, 『사빠띠스따 - 신자유주의, 치아빠스 봉기 그리고 사이버스페이스』, 이원영 옮김, 갈무리, 1998, 34쪽.

7　KGW VI-3(AC), 15, 179쪽(「안티크리스트」, 『전집』15, 230쪽).

8　위의 책, 33, 203쪽(『전집』15, 258~259쪽).

9　위의 책, 29, 198쪽(『전집』15, 252쪽).

10　Douglas Burnham, Martin Jesinghausen, *Nietzsche's Thus Spoke Zarathutra*, 83~84쪽.

11 블레즈 파스칼, 앞의 책, 681장, 468쪽.

12 KGW VI-3(AC), 183쪽(「안티크리스트」,『전집』15, 234쪽).

13 KGW VI-2(JGB), 212, 151쪽(「선악의 저편」,『전집』14, 191쪽).

14 "인민 주권──자기입법self-legislative인 인민의 힘──이 언제, 어떤 곳에서 선언될 때, 혹은 오히려 '스스로 선언할 때', 그것은 정확히 한순간에 선언된다기보다는 일련의 발화 행위를 통해, 혹은 오히려 수행적인 실행performative enactment을 통해 선언된다"(주디스 버틀러, 「우리, 인민 — 집회의 자유에 관한 생각들」, 알랭 바디우 외,『인민이란 무엇인가』, 서용순, 임옥희, 주형일 옮김, 현실문화, 2013, 74쪽).

15 칼 맑스, 프리드리히 엥겔스,『저작선집 1』, 최인호 외 번역, 박종철 출판사, 1991, 433쪽.

16 KGW VI-2(JGB), 211, 149쪽(「선악의 저편」,『전집』14, 189쪽).

17 미셸 푸코,『감시와 처벌』(1975), 오생근 옮김, 나남출판, 1994, 57쪽.

18 KGW VI-3(EH), Also sprach Zarathustra, 4, 338~389쪽(「이 사람을 보라」,『전집』15, 425~426쪽).

19 해럴드 블룸,『세계 문학의 천재들』, 손태수 옮김, 들녘, 2018, 27쪽에서 재인용.

20 KGW VI-3(EH), Also sprach Zarathustra, 7, 343쪽(「이 사람을 보라」,『전집』15, 432쪽).

21 Stanley Rosen, 앞의 책, 154쪽.

22 KGW VI-3(EH), Warum ich so klug bin, 10, 295쪽(「이 사람을 보라」,『전집』15, 373~374쪽).

23 KGW VI-3(EH), Also sprach Zarathustra, 8, 346쪽(「이 사람을 보라」,『전집』15, 435쪽).

24 질 들뢰즈,『들뢰즈가 만든 철학사』, 박정태 엮고 옮김, 이학사, 2007, 247쪽.

25 이에 대해서는 위의 책에 실린 또 다른 논문인 「권력 의지와 영원회귀에 대한 결론」을 참고할 것. 물론 단행본『니체와 철학』전체는 바로 이 긍정과 차이의 문제를 다루고 있다. 또한 이 긍정과 차이는 들뢰즈가 스피노자와 니체를 이을 수 있는 중요한 개념이기도 하다.

26 KGW VI-3(DD), Klage der Ariadne, 398~399쪽(「디오니소스 송가」,『전집』15, 497~501쪽).

27 <인간이 이 세상에 왔다. 그 앞에 미로가 펼쳐져 있다. 삶의 미로. 죽음에 이르렀을 때 당당히 고개를 젖히고 저 너머 세계의 빛을 두 눈 가득 받기 위해서는 그 미로를 통과해야만 한다. 그리고 그 끝까지 가봐야 한다. "그럼 이게 미로를 찾아서인가요?" "그렇습니다. 테세오처럼 그 미로 한가운데를 찾아 그 안에 정착하면 중심이 되는 거지요……. 원모양(球)으로 이루어진 소우주와 대우주, 눈물의 계곡과 천국의 왕국, 물질 세계와 정신 세계와 같은, 상반된 두 개의 반구체로 나누어져 있는 현상 세계의 모든 요소들의 집합점이지요. 중심이 된다는 것은 균형을 이루는 것이요, 조화되고 완벽한 인간이 되는 것입니다. 테세오는 오른손에는 칼(양)을, 왼손에는 아리아드네가 건네준 실 끝(음)을 들었습니다. 이 두 가지 상호보완적인 것 덕분에 테세오가 자신 앞에 펼쳐진 함정과 장애물들을 극복하고, 두려움과 피곤함을 억누를 수 있었습니다. 위험에 직면해, 미노타우루스, 혹은 각 개인의 잠재의식과 집단 무의식 속에 존재하는 괴물들에 맞서 싸우고, 중심으로 향하는 길을 발견할 수 있습니다. 발견하는 바로 그 순간부터, 삶은 골치 아픈 문젯거리가 아닙니다"> (페르난도 산체스 드라고,『아리아드네의 실』, 권미선 옮김, 자작, 2000, 194~195쪽).

28 질 들뢰즈,『들뢰즈가 만든 철학사』, 251~252쪽.

29 KGW VI-3(DD), Klage der Ariadne, 399쪽(「디오니소스 송가」,『전집』15, 502쪽).

30 질 들뢰즈, 『들뢰즈가 만든 철학사』, 256쪽.

31 니코스 카잔차키스, 『그리스인 조르바』(1943), 이윤기 옮김, 열린책들, 2009, 세계문학판, 104쪽.

32 위의 책, 22쪽.

33 KGW III-3, Die Geburt des tragsischen Gedanken, 74쪽(「비극적 사유의 탄생」, 『전집』 3, 92쪽).

34 아이스퀼로스, 「결박된 프로메테우스」, 『아이스퀼로스 비극전집』, 천병희 옮김, 숲, 2008, 227쪽.

35 아리스토텔레스, 『형이상학』, 김진성 옮김, 이제이북스, 2007, Λ 1075 a 10-2, 529쪽.

36 KGW II-2(GT), 10, 69쪽(「비극의 탄생」, 『전집』 2, 86쪽).

37 위의 책, 16, 104쪽(『전집』 2, 126~127쪽).

38 위의 책, 16, 104쪽(『전집』 2, 127쪽).

39 KGW VIII-2, 9(42), 18쪽(『전집』 20, 27쪽).

40 KGW VI-3(GD), Die "Vernunft" in der Philosophie, 1, 68쪽(「우상의 황혼」, 『전집』 15, 96쪽).

41 KGW VII-3, 38(11), 337~338쪽(『전집』 18, 435~436쪽).

42 KGW VII-2, 26(231), 208쪽(『전집』 17, 276쪽).

43 KGW VI-2(GM), 12, 329~330쪽(「도덕의 계보」, 『전집』 14, 421쪽).

44 질 들뢰즈, 『들뢰즈가 만든 철학사』, 249쪽.

45 칸트, 『판단력 비판』, 백종현 옮김, 아카넷, 2009, 202쪽.

46 KGW III-2, Die Philosophie im tragischen Zeitalter der Griechen, 3, 310쪽(「그리스 비극 시대의 철학」, 『전집』 3, 369쪽).

47 KGW VI-2(JGB), 208, 142~143쪽(「선악의 저편」, 『전집』 14, 181쪽).

48 KGW V-2(FW), 370, 302쪽(「즐거운 학문」, 『전집』 12, 373쪽).

49 KGW III-1(UB), 1, 158~159쪽(「반시대적 고찰」, 『전집』 2, 186~188쪽).

50 KGW III-1(UB), 2, 162쪽(「반시대적 고찰」, 『전집』 2, 191쪽).

51 KGW V-2(FW), Vorrede zur zweiten Ausgabe, 4, 19쪽(「즐거운 학문」, 『전집』 12, 29~30쪽).

52 KGW III-1(UB), 2, 161쪽(「반시대적 고찰」, 『전집』 2, 186~188쪽).

53 밀란 쿤데라, 『참을 수 없는 존재의 가벼움』(1984), 이재룡 옮김, 민음사, 1999, 383~384쪽.

54 위의 책, 387~388쪽.

55 이 미래의 가능성은 니체의 '역사적 감각'이라는 개념과 연결된다. 니체는 이러한 미래의 인간에 대해 『즐거운 학문』 337절에서 장엄한 어조로 말하고 있다. 『선악의 저편』 224절도 참고할 것.

56 KGW VI-2(JGB), 207, 139쪽(「선악의 저편」, 『전집』 14, 176쪽).

57 위의 책, 205, 136쪽(『전집』 14, 173~174쪽).

58 위의 책, 204, 135쪽(『전집』 14, 172쪽).

59 위의 책, 206, 137쪽(『전집』 14, 174쪽).

60 위의 책, 207, 139쪽(『전집』 14, 176쪽).

61 위의 책, 204, 135쪽(『전집』 14, 172쪽).

62 KGW III-1, Versuch einer Selbstkritik, 4, 10~11쪽(「비극의 탄생」, 『전집』 2, 15~16쪽).

63 KGW VI-2(JGB), 204, 134쪽(「선악의 저편」, 『전집』 14, 170쪽).

64 Alles Vergängliche / Ist nur ein Gleichnis; / Das Unzulängliche, Hier wird's Ereignis; / Das Unbeschreibliche, / Hier ist's getan; / Das Ewig-Weibliche / Zieht uns hinan(Goethe, Faust 2, 12104~12111행; 괴테, 『파우스트 2』, 정서웅 역, 민음사, 1999, 388~389쪽).

65 플라톤, 『국가·政體』, 박종현 역주, 서광사, 1997, 601a-c, 624~625쪽.

66 「마가복음」 16장 16절.

67 KGW VII-1, 10(28), 387쪽(『전집』 16, 483쪽).

68 자크 데리다, 『마르크스의 유령들』, 진태원 옮김, 그린비, 2014, 17쪽.

69 「전도서」 1장 2절.

70 KGW V-2(FW), 370, 302쪽(「즐거운 학문」, 『전집』 12, 373쪽).

71 "많은 무리가, 걷지 못하는 사람과 지체를 잃은 사람과 눈먼 사람과 말 못하는 사람과 그 밖에 아픈 사람을 많이 데리고 예수께로 다가와서, 그 발 앞에 놓았다. 그러자 예수께서는 그들을 고쳐 주셨다"(「마태복음」 15장 30절).

제3권

1 "문학 교사들이 흔히 떠올리는 질문이 있다. '작가의 의도는 무엇인가?' 요컨대 '이 친구가 하려는 말이 도대체 뭐냐?' 그런데 나는 일단 책을 쓰기 시작하면 오로지 이 책을 끝내야겠다는 생각 말고는 아무 생각도 하지 않는 사람이다. 따라서 집필 동기와 발전 과정을 설명해달라는 요청을 받으면 '영감과 연상의 상호작용'처럼 케케묵은 표현을 빌릴 수밖에 없는데, 솔직히 이런 답변은 마술사가 어떤 마술을 설명하려고 다른 마술을 보여주는 것과 마찬가지이다"(블라디미르 나보코프, 『롤리타』, 김진준 옮김, 문학동네, 2013, 500쪽). 이 인용문에서 나보코프의 어조는 자못 냉소적이다. 그러나 이러한 설명이야말로 개념 및 언어 이해의 중요한 한 측면을 의미심장하게 보여준다고 생각한다.

2 요한 볼프강 폰 괴테, 『파우스트 1』, 정서웅 옮김, 민음사, 1999, 80쪽.

3 KGW V-2(FW), 341, 250쪽. 인용문은 책세상판 『니체 전집』의 해당 부분(「즐거운 학문」, 『전집』 12, 314~315쪽)을 참조하여 필자가 다시 번역한 것이다.

4 알렌카 주판치치, 『정오의 그림자』, 조창호 옮김, 도서출판b, 2005, 37쪽.

5 http://marxists.org/korean/marx/communist-manifesto/ch01.htm.

6 KGW V-2, 11(141), 392쪽(『전집』 12, 488쪽).

7 KGW V-2, 11(197), 418쪽(『전집』 12, 520쪽).

8 KGW V-2(FW), 341, 250쪽(「즐거운 학문」, 『전집』 12, 314~315쪽).

9 들뢰즈는 영원회귀를 크게 두 측면에서 이야기하고 있다. 그리고 그 대척점에 칸트를 세운다. 다음의 구절을 참고할 것. "우리는 물리 이론으로서의 영원회귀가 사변적 종합의 새로운 진술이었음을 주목했다. 윤리적 사유로서의 영원회귀는 실천적 종합의 새로운 진술이다. 즉 네가 의욕하는 것, 그것을 네가 영원회귀를 의욕하는 것과 같은 식으로 원하라"(질 들뢰즈, 『니체와 철학』, 이경신 옮김, 민음사, 1998, 132쪽).

10 밀란 쿤데라, 『참을 수 없는 존재의 가벼움』(1984), 9~10쪽.

---

11 조르조 아감벤, 『도래하는 공동체』, 이경진 옮김, 꾸리에, 2014, 65쪽.

12 'von Ohngefähr'라는 말은 '우연히', '뜻밖에' 등의 의미를 가진 표현이다. 여기서 니체는 Von이라는 말에 착안하여 이 말을 하나의 고유명사이자 귀족을 가리키는 말처럼, 즉 '우연히 공(公)' 정도의 의미로 사용하고 있다.

13 「시편」 59편 7절.

14 KGW VI-3(EH), Also sprach Zarathustra, 8, 346쪽(「이 사람을 보라」, 『전집』 15, 435쪽).

15 KGW VI-2(GM), Dritte Abhandlung: was bedeuten asketische Ideale?, 389~390쪽(「도덕의 계보」, 『전집』 14, 491쪽).

16 알랭 바디우, 「사유의 은유로서의 춤」, 『비미학』, 장태순 옮김, 이학사, 2010, 110~111쪽.

17 KGW VI-2(JGB), 287, 243쪽(「선악의 저편」, 『전집』 14, 305쪽).

18 위의 책, 208, 144쪽(『전집』 14, 181쪽).

19 KGW VI-2(GM), Vorrede, 264쪽(「도덕의 계보」, 『전집』 14, 344쪽).

20 KGW VI-3(EH), Warum ich so weise bin, 1, 262쪽(「이 사람을 보라」, 『전집』 15, 331쪽).

21 KGW VII-1, 13(1), 453쪽(『전집』 16, 569쪽).

22 Luce Irigaray, *Speculum of the Other Woman*, trans. by Gillian C. Gill, Cornell University Press, 1985, 278~283쪽.

23 KGW V-2(FW), 339, 248~249쪽(「즐거운 학문」, 『전집』 12, 312~313쪽).

24 KGW VII-1, 17(58), 584(『전집』 16, 738쪽); KGW VII-1, 22(1), 647(『전집』 16, 819쪽). 이 두 메모의 내용은 동일하다.

제4권

1 "나를 따라오너라. 나는 너희를 사람을 낚는 어부로 삼겠다"(「마태복음」 4장 19절).

2 KGW VIII-2, 9(35), 14~15쪽(『전집』 20, 22~23쪽).

3 Ralph Waldo Emerson, *The Complete Essays and Other Writings of Ralph Waldo Emerson*, The Modern Library, 1940, 152쪽.

4 KGW-VI 3(GD), 75쪽(『우상의 황혼』, 『전집』 15, 104쪽).

5 "Erst kommt das Fressen, dann kommt die Moral". 국내에 출간된 선집에는 "우선은 배불리 처먹어야 도덕심이 생긴다오"로 번역되어 있다. "신사 여러분, 사람이 어떻게 하면 착하게 살며 / 죄와 악행을 피할 수 있는가를 가르치고 계시지만 / 우선은 우리에게 먹을 것을 주셔야지요 / 그리고 나서야 모든 것이 시작된다고 말할 수 있지요. / 자신의 똥배와 우리들의 착함을 자랑하는 그대들 / 한 가지만은 확실히 알아두시오: / 우선은 배불리 처먹어야 도덕심이 생긴다오. / 우선은 가난한 사람들도 호화로운 밥상에서 / 자기 몫을 차지할 수 있어야 해"(베르톨트 브레히트, 「서푼짜리 오페라」, 『브레히트 선집 1』, 한국브레히트학회, 연극과인간, 2011, 254~255쪽).

6 KGW VII-3, 29(8), 48쪽(『전집』 18, 64쪽).

7 질 들뢰즈, 『들뢰즈의 니체』(1965), 박찬국 옮김, 철학과현실사, 2007, 72~73쪽.

8 KGW III-2, 11, 339(「그리스 비극 시대의 철학」, 『전집』 3, 406쪽).

9 Th. W. 아도르노, M. 호르크하이머, 『계몽의 변증법』(1969), 김유동 옮김, 문학과지성사, 1994, 21쪽.

10 KGW VI-2, Dritte Abhandlung: was bedeuten asketische Ideale?, 23, 414~415쪽

(「도덕의 계보」, 『전집』 14, 521~522쪽).

11 KGW V-2(FW), 1, 12, 57~58쪽(「즐거운 학문」, 『전집』 12, 82~83쪽).

12 「누가복음」 24장 29절.

13 질 들뢰즈, 『들뢰즈의 니체』(1965), 박찬국 옮김, 철학과현실사, 2007, 68쪽.

14 KGW VI-3(EH), Warum ich so gute Bücher schreibe, 2, 300쪽(「이 사람을 보라」, 『전집』 15, 380쪽).

15 「시편」 68편 19절.

16 「민수기」 14장 18절.

17 「히브리서」 12장 6절.

18 「마태복음」 19장 14절.

19 「잠언」 1장 10절.

20 질 들뢰즈, 『들뢰즈의 니체』(1965), 2007, 75쪽.

21 KGW V-2, 231, 190쪽(「즐거운 학문」, 『전집』 12, 240쪽).

22 슐레히타 판(Schlechta-Ausgabe)은 1959년 칼 슐레히타에 의해 칼 한저 출판사에서 출간된 니체의 저작 및 선별된 유고를 가리킨다. 그는 『문헌학적 보고』(*Philologische Nachbericht*, 1957)에서 니체의 여동생인 엘리자베트 푀르스터-니체가 니체의 유고를 일부 위조했음을 밝힘으로써 이와 관련된 논쟁을 촉발시켰다. 대표적인 것이 슐레히타에 의해 해체되어 유고로 남게 된 『힘에의 의지』이다. 슐레히타 판본은 니체의 유고를 선별해서 담고 있는데, 이후 칼 뢰비트Karl Löwith, 에리히 포다흐Erich F. Podach 등에 의해 비판을 받았다.

23 1894년부터 1913년까지 모두 19권으로 발간된 니체 저작집. 나우만Nauman 출판사에서 출간되다가 크뢰너Kröner 출판사로 옮겨 출간되었다.

찾아보기